Potenziale der inneren Kraft

Entwicklung des Bewusstseins

von

Peggy Phoenix Dubro
&
David P. Lapierre

KOHA

Widmung

Euch, die ihr wisst,
dass die Wirklichkeit mehr ist als das, was wir sehen können,
und die ihr den Mut habt, das, was ihr wisst, näher zu erkunden.

und

Meinem Mann und Lehrer Stephen
in tiefer Dankbarkeit
für seine grenzenlose Liebe
und dafür, an der Vision festzuhalten!

Peggy Phoenix Dubro

Dieses Buch widme ich
Meinem Bruder Philip, der
das Licht in seinen Händen entdeckt hat
und dieses Projekt durch brüderliche Liebe
an einem kritischen Knotenpunkt in meinem Leben
auf unschätzbar wichtige Weise unterstützt hat.

Meinen beiden Söhnen Michael und Justyn,
denen es bestimmt ist,
eine andere Sicht der Wirklichkeit zu entdecken,
denn wir sind für immer verbunden.

und

Euch allen, die in sich selbst auf diese Informationen stoßen
in ihrem Bemühen, das Licht des Verständnisses
durch eine neu entstehende Sicht
der Natur der Wirklichkeit strömen zu lassen.

David P. Lapierre

Potenziale der inneren Kraft

Entwicklung des Bewusstseins

von

Peggy Phoenix Dubro
&
David P. Lapierre

KOHA

Kapitel 1, 3, 9 und 10 sowie alle darin enthaltenen Abbildungen:
Copyright Peggy Phoenix Dubro
Kapitel 2, 4, 5, 6, 7 und 8 sowie alle darin enthaltenen Abbildungen, Einleitung, Anhang A, Anhang B, Glossar und Anmerkungen zu den Kapiteln: Copyright David P. Lapierre.
Vorwort: Lee Carroll.

Das EMF-Logo ist ein Warenzeichen der Firma Energy Extension, Inc.
EMF Balancing Technique® ist ein Warenzeichen der Firma Energy Extension, Inc.
UCL (Universal Calibration Lattice)® ist ein Warenzeichen der Firma Energy Extension, Inc.
Das Copyright für das UCL (Universal Calibration Lattice)® -Material und die Abbildungen liegt bei Energy Extension, Inc., 595 W. Main St. PMB 77, Norwich, CT 06360, USA.

Redaktionsteam: Steve Dubro, Mark Greenia und Mary Preuss Olsen. Stichwortregister von Mark Greenia. Buchproduktion der amerikanischen Fassung BookMasters, Inc.

Nichts in diesem Buch ist als Ersatz für den Rat Ihres Hausarztes zu verstehen. Die Autoren bieten keine medizinische Beratung, noch empfehlen sie die Anwendung einer Technik zur Behandlung medizinischer oder körperliche Symptome ohne Rat eines Arztes. Das vorliegende Material wird lediglich für Menschen zur Verfügung gestellt, deren Interesse primär persönliches und spirituelles Wachstum ist. Was unsere Leserinnen und Leser damit in der Praxis anfangen, unterliegt ihrer eigenen Verantwortung.

Titel der Originalausgabe:
»Elegant Empowerment«, first printing 2002
Aus dem Englischen von Silvia Autenrieth
Die Deutsche Bibliothek – CIP-Einheitsaufnahme
Deutsche Ausgabe: © KOHA-Verlag GmbH Burgrain

– 1. Auflage: April 2003
Lektorat: Wolfgang König
Layout: Satjana's
Gesamtherstellung: Karin Schnellbach
Druck: Bercker
ISBN 3-929512-22-X

INHALT

KAPITEL VIER
MULTIDIMENSIONALE SCHALTKREISE

KAPITEL FÜNF
ZUNEHMENDE BEWUSSTHEIT

KAPITEL SECHS
REGENBOGENHÄNDE

KAPITEL SIEBEN
FARBENPRÄCHTIGE INTERAKTIVE PHÄNOMENE

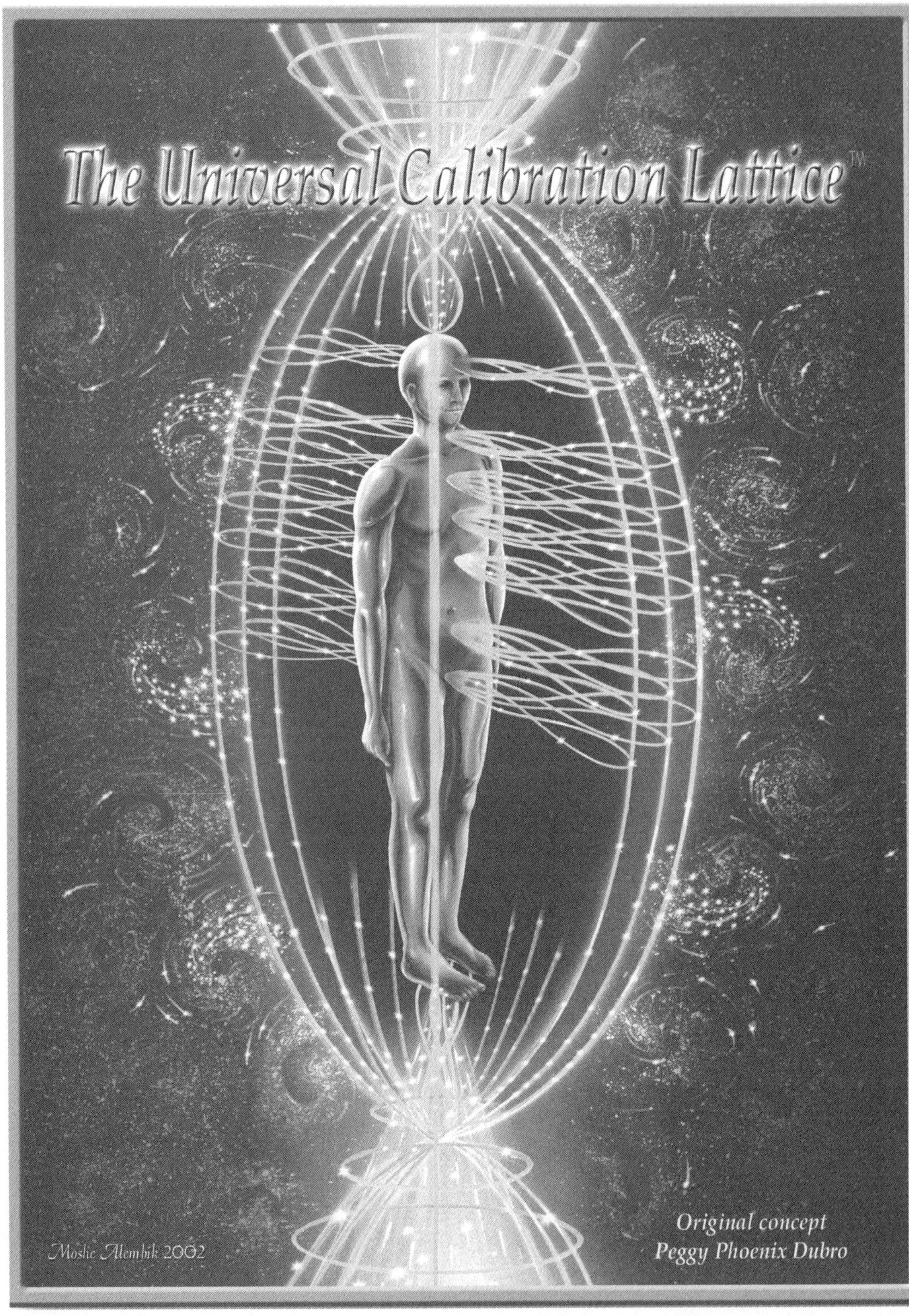
The Universal Calibration Lattice™
Moshe Alembik 2002
Original concept
Peggy Phoenix Dubro

Dank

Im Resonanzfeld von Lee Carroll zu sein, ist beglückend und wirklich ein Privileg. Seine so offensichtliche Liebe zum Schöpfer bildet das Fundament unserer inneren Verwandtschaft. Mich erfüllt grenzenlose Dankbarkeit für die letzten fünf Jahre, die mein Mann Stephen und ich mit Lee Carroll und Kryon arbeiten konnten. Diese gemeinsame Zeit lässt sich am besten als Lernerfahrung am kosmischen College beschreiben. Lees Wissensdurst und sein Drang, dazuzulernen, ist unverkennbar und inspirierend. Er sagte einmal, jeder könne Kryon channeln. Zu Ehren der einigartigen Struktur seiner heiligen Grundmuster und seines erwachten Bewusstseinsniveaus sage ich euch mit Überzeugung, dass niemand Kryon channeln kann so wie Lee Carroll.

Bei unserer ersten Begegnung sagte mir Jan Tober, die Energie dieser Arbeit sei bereits so fein, dass andere wohl noch eine gewisse Zeit bräuchten, um sie wirklich sehen zu können. Es hat in der Tat noch etwas gedauert, und Jan ist immer eine Freundin und beharrliche Unterstützerin dieser Arbeit gewesen. Ich danke ihr für ihre spielerische Art und die Liebe, mit der sie Stephen und mich so großzügig beschenkt hat.

Dank auch an *Trish* und *Winston Ellis*, unsere australischen Freunde und Sponsoren, die von Anfang an die Wirkung dieser Arbeit erkannten und sie noch heute stark unterstützen.

An *Stephen Dubro*, der jedem Gedankengang den Nährboden zum Wachsen schuf und mich beharrlich eine Wertschätzung von Integrität und Klarheit gelehrt hat, die bei allen Aspekten meines Lebens durchscheint.

An *David Lapierre* für die brillante Arbeit, die er hier als Mitverfasser dieses Buches präsentiert – deine Erkenntnisse werden viele Herzen berühren, David.

Mark Greenia für seine bewundernswerte redaktionelle Arbeit und dafür, wie er mit leichter Hand alles auf den Punkt brachte. *Mary Olsen* für ihre liebevolle Mitwirkung im Redaktionsteam. *Dielle* für ihre Abbildungen. Als ich die wunderbaren Arbeiten von Dielle zum ersten Mal sah, hatte ich das Gefühl, sie war bei einigen meiner wirklich heiligen Erfahrungen dabei gewesen, hatte sie aufgezeichnet. *Joanna Bernstein*, die mir viele Stunden lang zuhörte und mir half, die ersten Worte zu Papier zu bringen und so den allerersten Entwurf dieses Buches Gestalt annehmen ließ. Dank an *Tina Pearce*, diese Engländerin mit dem umwerfenden Humor, die versuchte, mir richtiges Englisch beizubringen. *Jacqueline Janes* und *Joy Patton*, zwei der weisesten und geduldigsten Frauen, die ich kenne – danke für eure Freundschaft, die mir so viele Jahre erhalten geblieben ist.

Shana, schöne Tochter, dir danke ich für all deine Anregungen, deine harte Arbeit und bedingungslose Unterstützung.

Krista, schöne Tochter, dir danke ich für deine Unterstützung und Feststellung , »dass ich wusste, was ich anderen da beibrachte.«

Die Resonanz, die davon ausgeht, euch beiden Mutter zu sein, ist eine Ehre und trägt bei zu allem, was ich bin.

All den wunderbaren »Lernbegierigen« auf der ganzen Welt, die an unseren EMF-Seminaren teilgenommen haben, ein aufrichtiges

»Dankeschön« für euer Vertrauen, eure Liebe und eure Ermutigung. Ihr wart und seid Lehrer, die uns immer wieder in Staunen versetzen.

Und, last, but not least:
Dank an Ahnya.
Peggy Phoenix Dubro

VORWORT

von
Lee Carroll

Liebe Leserinnen und Leser,
Es ist schwer zu sagen, was Ihren Blick auf diese Seite fallen ließ. Vielleicht wollten Sie vor dem Kauf erst einmal mehr über das Buch erfahren. Vielleicht lesen Sie einfach prinzipiell immer das Vorwort? (Viele tun das nicht.) Wie dem auch sei, ich will Ihnen einen Satz zum Nachdenken geben, bevor Sie das Buch aus der Hand legen: Wenn Sie denken, Sie wüssten etwas über Heilen, darüber, das Gleichgewicht des Körpers wiederherzustellen, und über Energiearbeit oder vielleicht auch zu denen gehören, die an nichts von all dem glauben: was hier kommt, ist anders, völlig anders.
Heute ist ein neues Zeitalter angebrochen, in dem Physiker die Wirklichkeit neu erfinden. Astronomen verkünden, dass ein guter Teil von all der Energie des Universums sich irgendwo »verstecke« (sie nennen sie »dunkle Energie«, da man sie nicht sehen kann und sie zum Zeitpunkt der Entstehung dieses Buches nicht wissen, wo sie ist). Die Zeit, wie wir sie kennen, wird derzeit daraufhin untersucht, ob sie vielleicht gar nicht wirklich existiert, und die Wissenschaft hat sich mittlerweile mit der String-Theorie angefreundet – einem eleganten, komplexen mathematischen Modell, das verlangt, dass alle Materie interdimensional ist. Damit haben wir alle eine wissenschaftliche Bestätigung dafür, dass vieles an unserer Wirklichkeit zwar da ist, aber unsichtbar. Mehr und mehr von dem, was ehemals einmal als »merkwürdig und verschroben« galt, wird zum Gegenstand unterschiedlichster wissenschaftlicher Untersuchungen, und es ist der perfekte Zeitpunkt für das Aufkommen einer neuen Wissenschaft, nämlich des Studiums bislang verborgener universeller Energie und der menschlichen Fähigkeit, direkt auf sie zuzugreifen.
Peggy Phoenix Dubro und ihr Ehemann Steve, der sie bei ihrer Arbeit unterstützt, sind die Pioniere dieser Wissenschaft. In der Geschichte haben schon viele mit Energie gearbeitet, um andere zu heilen, den Körper ins Gleichgewicht zu bringen und – darum dreht es sich im Grunde immer wieder – einander zu helfen. Daraus haben sich einige metaphysische Systeme entwickelt, die äußerst profund sind, und vielleicht wenden einige von Ihnen, die dies hier lesen, sie noch heute an. Was Sie in diesem Buch erwartet, steht nicht in Konkurrenz zu irgendetwas, was Sie wissen oder verstehen. Worum es beim Universal Calibration Lattice (Universellen Kalibriergitter) und der EMF Balancing Technique (Verfahren zum Ausgleich des elektromagnetischen Feldes) wirklich geht, ist die sich entfaltende Geschichte der Expansion von Wissen um die Fähigkeit von Menschen, Zugang zu »verborgener« universeller Energie zu erlangen, deren Existenz gerade in diesem Jahr von der Wissenschaft anerkannt worden ist. Was Sie also auch anwenden mögen, dies hier mag seinen Kern erklären und der Beginn eines weiterführenden Studiums sein, worum es sich bei dieser Energie wirklich handelt und wohin sie sich entwickelt.
Fast alles, was zur Energiearbeit »vorliegt«, wird nun durch diese neue Wissenschaft allmählich erklärt. Peggy und Steve sind Hüter dieser neuen Informationen geworden, da sie die ersten waren, die dokumentierten, wie das Ganze funktioniert, Wege darlegten, auf diese Energien zuzugreifen und sich dann daran machten, andere Lehrerinnen und Lehrer auszubilden, um dies in die vorherrschende (Denk-)Richtung einzubringen. Vorherrschende Richtung? Ja. Irgendwann interessierte sich eine Wissenschaftlergruppe der US-Marine so sehr für die EMF-Arbeit, dass sogar die NASA

darauf aufmerksam wurde, und zwar deshalb, weil die Methode Resultate erzielt, die klar zu sehen sind für diejenigen, die sich mit der Messung menschlicher Reaktionen befassen.
Viele haben diese Energie in den heraufdämmernden Jahren des neuen Jahrtausends »gespürt«, beinahe so, als wäre sie etwas, das vom Universum hierher überbracht wurde, in diesem neuen Zeitalter nun auf grandiosere Weise zur Verfügung stünde. Es hat sich in seiner Tiefe entfaltet wie nie zuvor, direkt in die Obhut seiner Verwalter Peggy und Steve hinein, die nun die Experten geworden sind. Sie streben unbeirrbar danach, diese Studien und ihre Weitervermittlung rein zu halten, in Einklang mit der Integrität ihrer offenkundigen Verantwortung gegenüber allen Betroffenen. Viele haben sich blitzschnell aufgemacht, diverse spezialisierte Einsatzmöglichkeiten dafür zu finden oder Menschen die Energie »spüren« zu lassen. Sie ist überall, und sie wird uns ausgesprochen stark übermittelt, daher wird es einfacher, sie zu »sehen« und zu fühlen. Einige haben noch nie von Peggy und Steve gehört, aber ihnen ist diese neue Energie sehr vertraut... wenn sie auch noch keinen Namen für sie haben, aber so kraftvoll, dass es leicht fällt, auf ganz elementare Weise Zugang zu ihr zu finden oder sie zu »spüren«.

Aber für die vollständige Entfaltung und Erklärung dieser neuen Kraft gibt es nur eine umfassende Informationsquelle. Sie stammt von denen, die in den letzten zehn Jahren fast ihre gesamten wachen Stunden damit verbracht haben, ihre Nuancen zu deuten. Das sind auch diejenigen, die einen reifen Umgang mit ihr manifestieren werden und dieses System weiterentwickeln werden, um Zugang zu ihm in seinen vollsten Ausdrucksmöglichkeiten zu erlangen.

Peggy mag es zwar nicht ansprechen, aber eine der größten Schwierigkeiten beim Schreiben dieses Buches war, dass ihr jeden Monat mehr offenbart wurde. Wann hört man da auf mit dem Schreiben und veröffentlicht? Wann ist es abgeschlossen? Wie Peggy und Steve mittlerweile wissen, ist es nie abgeschlossen. Daher ist dies das erste Lehrbuch. Es wird die Einleitung zu etwas so Tiefgründigem und wissenschaftlich Bedeutsamen sein, dass wir vielleicht irgendwann zurückblicken und uns fragen, warum wir es uns nicht schon früher »zugespielt« wurde.

Peggy und Steve reisen mit mir um die Welt. Ich bin Referent, Energiearbeit ist nicht mein Gebiet. Ich habe zunächst aus dem Hintergrund beobachtet, unvoreingenommen, und geschaut, was passierte. Australien, Kanada, Frankreich, Belgien, Deutschland und Israel – überall sahen die Menschen Peggy an und sagten: »Ja ja, wieder eine neue Form sonderbarer Energiearbeit.« Dann bemerkte ich, wie die Teilnehmer nach rund einer Woche Ausbildung große Augen machten, und heute gibt es Zweige dieser Arbeit in allen diesen Ländern. Einstige Kritiker wurden ihre stärksten Befürworter. Das liegt daran, dass die Arbeit funktioniert und die Ergebnisse deutlich sichtbar sind. Natürlich bin ich jetzt voreingenommen – ich bin voreingenommen dafür, weil die EMF Balancing Technique funktioniert.
Begleiten Sie Peggy auf ihrer Erkundungsreise und sehen Sie, wie sich Ihnen das Universelle Kalibriergitter erschließt. Es wird Zeit, dass wir verstehen, was um uns herum geschieht und uns erlaubt, unsichtbare Energien anzuzapfen – Energien, bei deren Erwähnung viele bis zum Jahr 2000 nur die Augen verdrehten. Mittlerweile ist das alles wissenschaftlich untermauert.

Und ich sage Ihnen, diese Energiearbeit ist anders als Altbekanntes, ganz, ganz anders!

Lee Carroll,

Autor der »*Kryon*«-Bücher und Co-Autor der Bestsellerreihe zum Thema »*Indigo-Kinder*«.

VORWORT

von
Peggy Phoenix Dubro

Um die eigene Achse rotierend umkreist ein Planet eine Sonne, Teil eines unermesslichen, wirbelnden Universums. Vielleicht haben wir ja schon ein wenig den »Drehwurm« von all dem. Ob wir es verstehen oder überhaupt nur merken: unsere gemeinsame Existenz vollzieht sich in diesem Zustand der Bewegung. Mitten in dieser Wirklichkeit mit-erschaffen wir persönlich und kollektiv ein neues Paradigma, eine Wirklichkeit der Paradoxien. Wir stärken gleichzeitig unsere Individualität, während wir neue Ebenen des Respekts voreinander entwickeln bei der Entdeckung, wie eng wir alle miteinander verbunden sind.

Ursprünglich wollte ich dieses Buch schreiben, um Erkenntnisse über das Universelle Kalibriergitter (Universal Calibration Lattice, UCL) weiterzugeben, ein bestimmtes System innerhalb unserer energetischen Anatomie, bei dem es allerdings stets im Blick zu behalten gilt, dass alle Systeme in der physischen und energetischen Anatomie in Wirklichkeit ein vereintes Ganzes sind. Um miteinander stabile Fundamente in der neuen Energiedynamik zu schaffen, ist es wichtig, zu wissen, wie das UCL funktioniert. Dieses Verständnis wird helfen, die neue Energiedynamik in unserem Alltag schnell und klar zu integrieren. Das UCL entwickelt sich innerhalb unserer energetischen Anatomie, während die Menschheit den nächsten Schritt in ihrer Evolution unternimmt und den Archetypus des kollektiven Ganzen weiterentwickelt.

Die Informationen hier habe ich bei meinem eigenen Suchen, Finden, Lehren und Reisen über eine Zeit von fast dreißig Jahren gesammelt. Diese Beobachtungen passen zu vielem, was wir heute auf dem Gebiet Energiearbeit verstanden haben. Meine Arbeit auf der ganzen Welt mit unterschiedlichen Kulturen und in mehreren Sprachen hat mir neue Erkenntnisse zum Funktionieren des UCL geschenkt. Bei der Arbeit mit Dolmetschern beobachte ich manchmal, wie die Energie der Anwesenden schon reagiert, bevor sie die Worte verstehen. Wir kommunizieren ständig in der Sprache der Energie, miteinander, mit dem Universum und sogar mit uns selbst, direkt durch die zellulare Ebene unseres Seins hindurch. Es ist wichtig, das Wesen dieser energetischen Sprache zu verstehen: was sagen wir, und was bedeutet es?

Es ist mir ein Vergnügen, hier den Physiker und Geophysiker David Lapierre vorstellen zu können. Auch er praktiziert und lehrt die EMF Balancing Technique. Bei unserer engen Zusammenarbeit während des Trainings erkannten wir, dass jeder von uns ergänzendes Wissen über die elektromagnetische Beschaffenheit des UCL und den Mechanismus der EMF Balancing Technique besaß.

Dave sagte zu mir: »Deine Arbeit beweist meine Theorien, und meine Theorien beweisen deine Arbeit.« Schließlich lud ich ihn ein, doch einen Anhang zu diesem Buch zu verfassen, und er willigte ein. Als ich die Informationen las, die er dort präsentierte, und mir klar wurde, wie tief er in die Materie eingedrungen war, wusste ich, dass es angemessen wäre, noch einen Schritt weiter zu gehen und ihn zu bitten, Co-Autor dieses Buches zu werden. Die Fähigkeit, kritisches Denken auf das Verstehen von Informationen anzuwenden, die uns eingegeben werden, ist für uns alle zu diesem Zeitpunkt in unserer Evolution von größter Bedeutung. Meine Hoffnung geht dahin, dass dieses Informationsmaterial als eine weitere Brücke zwischen der metaphysischen und wissenschaftlichen Welt dient und so zu der eleganten Vermählung von Wissenschaft und Spiritualität beisteuert.

Viele bezeichnen die Erde als den »Planeten der Entscheidungsfreiheit« oder als »Zone des freien

Willens«. Wir sind Neulinge auf diesem Gebiet der Entscheidungen, und das ist eine spannende Neuigkeit. Wie definieren wir Freiheit? Wie definieren wir das Leben der Erleuchteten, der Menschen, die zu höherer Erkenntnis gelangt sind? Ich denke oft an einen meiner Vorfahren, John Hart, der zu den Erstunterzeichnern der amerikanischen Unabhängigkeitserklärung gehörte, und an die Vision von Freiheit, die er und seine mutigen Zeitgenossen hatten, als sie dieses Dokument unterzeichneten. Die Antworten zu den hier gestellten Fragen sind nicht politischer Natur, sie sind sehr persönlich und vielfältig, je nach der Auffassung jedes Individuums von Freiheit und Erleuchtung.

Ich habe eine Leidenschaft für das Recht jedes Menschen, über seine Stärkung bescheid zu wissen und sie zu zeigen. Unabhängig von euren derzeitigen Lebensumständen habt ihr das Recht, *jetzt* eure eigene Macht und Kraft zu kennen. Wenn ihr euch machtlos fühlt oder ein intensiveres Gefühl der Freiheit und Unabhängigkeit möchtet, ist der nächste Schritt eine Weiterentwicklung des Bewusstseins. Ihr steht bereits in einer universellen Partnerschaft. Ihr kommuniziert bereits jetzt auf wechselseitige, holografische Weise mit dem gesamten Universum. Wenn ihr bereits bewusst in der Resonanz dieser Beziehung lebt, dann weiter so! Lernt mehr, und vor allem: praktiziert das, was ihr lernt. Wir sind gerade dabei, die Möglichkeiten und Grenzen unserer Fähigkeit zu testen, bei der Erschaffung der Wirklichkeit mitzuwirken. Bitte seht über Worte oder Vorstellungen in diesem Buch hinweg, die sich vielleicht nicht mit eurer eigenen Einstellung vertragen. Ich ehre eure Einstellung genau so, wie sie ist, und biete diese Information als praktischen Führer an, der euch helfen soll, bei der Erschaffung eines Lebens mitzuwirken, das so aufgeklärt und so von höherer Erkenntnis getragen ist wie nur irgend möglich!

Friedvolle Stärkung wünscht euch,

Peggy Phoenix Dubro

VORBEMERKUNG ZUR LEKTÜRE DIESES BUCHES

von
David P. Lapierre

Liebe Leserin, lieber Leser,
hier kann ich mich also an Sie persönlich wenden, als würden wir uns zur gleichen Zeit am gleichen Ort befinden. In diesem Text werden Ihnen etliche Vorstellungen und Beobachtungen begegnen, die wir wahrscheinlich schon miteinander teilen. Vielleicht ist nur die Sprache, in der sie ausgedrückt werden, anders. Machen Sie sich nicht zu viel Sorgen, falls Ihnen die in diesem Buch präsentierten Begriffe noch nicht vertraut sind, und lassen Sie sich in keiner Weise von ihnen entmutigen. Viele heutige Wissenschaftler können spontan auch nichts mit ihnen anfangen. Das Glossar am Ende dieses Buches soll dafür sorgen, dass wir alle dieselbe Grundlage haben, um so einen maximalen Ideenaustausch zu ermöglichen. Die beiden Ausführungen im Anhang sind mehr etwas für Menschen mit mehr technischen Neigungen, obwohl einige Teile davon leicht zu lesen und sprachlich allgemeinverständlich gehalten sind. Ich habe angenommen, dass Sie nicht unbedingt wissenschaftlich vorgebildet sind, oder zumindest nur am Rande. Dementsprechend habe ich mich bemüht, für Sie eine Grundlage zu schaffen. Sie sind insofern im Vorteil, als sie wahrscheinlich keine vorgefassten engen Meinungen zur Natur der Wirklichkeit haben! Wie sagte Robert Monroe doch? *Unsere größte Illusion ist die, dass wir eingeschränkt seien«*

Die Mühe, die Sie dafür aufwenden, sich durch den Stoff hindurchzuarbeiten, in Ihrem eigenen Tempo, wird sich sehr bezahlt machen. Am Ende werden Sie im Hinblick auf bestimmte gedankliche Vorstellungen eine Sprache gefunden haben, die sich selbst in Gesprächen mit Fachleuten aus unterschiedlichen Berufsgruppen als nützlich erweisen wird. Es ist nicht nötig, dass Sie allen hier präsentierten Vorstellungen oder Theorien zustimmen. Wir haben nicht auf alles eine Antwort, und was die unsichtbare Wirklichkeit angeht, werden wir sie wahrscheinlich auch nie haben. Dennoch versichere ich Ihnen, dass die gesamte »Branche« auf der Stufenleiter gedanklicher Vorstellungen einen Schritt höher gelangen muss, wenn wir auch nur ansatzweise eine Wirklichkeit begreifen wollen, in der das Sehen von Dingen, die andernorts geschehen, einfach Fakt ist, Zeitreisen mehr als Spekulation sein können und alle sonstigen »paranormalen« Phänomene sich weigern, unter den Teppich gekehrt zu werden.

Diejenigen unter uns, die »subtile Energien« entweder um sich selbst oder bei ihren Begegnungen mit anderen spüren, braucht man nicht erst von deren Existenz zu überzeugen. Andere, die bereit sind, sich durch Übung für den Energiefluss zu öffnen, werden merken, wie faszinierend es ist zu entdecken, dass mit der Energie unserer Hände zu spielen ein Gefühl ist, als würden wir mit Magneten herumspielen. Spielen Sie mit Magneten, dann spielen Sie im Hyperraum! Der Hyperraum gilt als Domäne dieser feinstofflichen Energie. Wenn Sie diese Energie im Hyperraum anzapfen, zapfen Sie das Unendliche an. Und dann wiederum ist jeder und jede Einzelne von uns ein Spiegel des Unendlichen!

Frieden,

David P. Lapierre

INMITTEN EINER ZEIT DER VERÄNDERUNGEN

Wir besetzen in dem von uns definierten Raum und der so genannten Zeit einzigartige Koordinaten. Wie ein auftauchender Wal hat die Menschheit eine Bresche geschlagen und findet sich im 21. Jahrhundert wieder. Was wir da gerade hinter unter uns haben, war mehr als ein kalendarisches Ereignis. Es gab etliche Fälle, wo historische Weltereignisse des 20. Jahrhunderts die Wahrscheinlichkeit in sich trugen, diesen Planeten samt seinen Bewohnern in eine völlig andere Erfahrungszeitlinie zu versetzen. Gelegentlich hätte es nicht mehr gebraucht als das einfache Drehen einer Wählscheibe oder Drücken eines Knopfes, um uns dorthin zu schicken.

Die Zeitlinie, die wir derzeit erfahren, kennzeichnet einen Triumph für die Menschheit. Wir haben uns kollektiv dafür entschieden, einen Weg zu erfahren, der Großes verheißt. Beim Blick in die nahe Zukunft sehen wir, dass die Menschheit auf ihrem Weg etwas Bemerkenswertes erwartet. Wir sprechen von dem Umschwung, der uns bevorsteht. [1]

BEVORSTEHENDE VERÄNDERUNGEN

Um uns herum stehen Veränderungen an auf Ebenen, die unser Begriffsvermögen übersteigen. Das spiegelt sich in der folgenden Aussage wider:

Aufgrund der geomagnetischen Veränderungen, einer ausgeprägten Sonnenaktivität und der Raumverschiebung im Raum-Zeit-Kontinuum ist es zu einer Veränderung im natürlichen Pulsschlag der Erde und der Sonne gekommen, der nicht elektromagnetischer, sondern skalar-tachyonischer Natur ist. Wir sind nun absolut sicher, dass diese kosmischen Veränderungen von einer hoch entwickelten extraterrestrischen* Intelligenz zum Zweck der Evolution des Bewusstseins, der Menschheit und der Mutter Erde orchestriert/überwacht werden. Wir erwähnten in früheren Texten, dass die fundamentalen Konstanten des Universums in Veränderung begriffen sind und dass die Raum-Zeit-Struktur eine kolossale Verdrehbewegung oder ein Verziehen durchläuft, welches der eigentliche Mechanismus ist, der die physikalischen quanten-relativistischen kosmischen Veränderungen hervorruft. Kurz und einfach ausgedrückt hat dies enorme Auswirkungen zunächst auf Geist, Psyche und feinstoffliche Körper des Menschen, und dann auf den physischen Körper, vor allem das Gehirn, das Zentralnervensystem und den DNS-RNS-Komplex. Ereignisse werden beschleunigt und Emotionen fast hundertfach vergrößert. [2]

Dieser Textausschnitt stammt aus *Ancient Wisdom & Modern Physics*, veröffentlicht 1999. Von der Sprache her klingt er eher nach *Star Trek*. So könnten wir uns einen Bericht vorstellen, den wir als Beobachter auf der Kommandobrücke des Raumschiffs Enterprise hören. Doch was die Autoren der obigen Aussage präsentieren, ist alles andere als Science Fiction. Vielleicht sind nur ein paar Wissenschaftlerköpfe auf diesem Planeten wirklich in der Lage zu verstehen, was diese ganze wissenschaftliche Terminologie bedeutet. Und für die übrigen von uns werden die Bedeutung und Wirkung, die das Ganze im Hinblick auf unseren menschlichen Organismus haben kann, ziemlich klar ausgesprochen.

* Man beachte, dass hier »extraterrestrisch« als Adjektiv oder rein deskriptiv verwendet wird, und nicht als Substantiv im Sinne von »Außerirdische«. Die lexikalische Definition hierfür wäre: »außerhalb der Erde entstehend, angesiedelt oder auftretend«. Nach Auffassung der Redaktion ist hier eine Intelligenz gemeint, die jenseits der irdischen Ebene angesiedelt ist (z. B. eine höchste spirituelle Intelligenz«, ein »Alles-Was-Ist«, eine »Schöpferkraft« etc.).

INNERES GLEICHGEWICHT ALS NOTWENDIGKEIT

In seinem aufschlussreichen Buch *Science and Human Transformation – Subtle Energies, Intentionality and Consciousness*, lädt uns William A. Tiller, Ph. D., ein emeritierter Physikprofessor der Stanford University, zu einem Gedankenexperiment ein: Was, wenn wir unter dem Einfluss von Veränderungsparametern stehen, die unser persönliches Energiesystem beeinflussen?
Stellen wir uns aber einmal vor, durch irgendwelche energetischen Bedingungen auf der spirituellen oder mentalen Ebene des Kosmos entwickelt sich ein Muster, das die Chakren aller Mitglieder des Menschheitsensembles dazu zwingt, sich schneller und schneller zu drehen. Sollten sich derartige kosmische Bedingungen in der Tat entwickeln, so würden die Betreffenden ihre Chakren schneller und schneller rotieren lassen, energetische Unausgeglichenheiten in ihrem Körper würden zunehmen und sich zunächst als erhöhte Anspannung und dann als neurale Entladungen und Entladungen anderer Bahnen im Körper zutage treten (ganz ähnlich wie bei einem Spannungsdurchschlag. [3]
Tiller erklärt, dass der menschliche Organismus für den Fall, dass solche Umstände eintreten sollten, eine Reihe von Phänomenen durchleben würde, einige davon mit Auswirkungen auf das innere Gleichgewicht, »es sei denn, die Betreffenden erlernen die Methoden zur innerlichen Bewältigung und zum Energieausgleich...« [4]
In einem späteren Kapitel spricht Tiller das Hüten und Bewahren unseres Heimatplaneten an. Hierbei geht er auf die Beziehungen ein, die Menschen erfahren, und untergliedert sie in drei Kategorien:
(1) Mensch und Kosmos; (2) Mensch und lokales Ich; (3) Mensch und Gesellschaft.
Bei der von ihm angesprochenen Sorge um die notwendige Transformation auf allen Ebenen unserer Beziehungen führt uns Tiller zu seiner Erkenntnis:
»Ein Weg zur Beschleunigung der gewünschten Transformation von Individuen und Gesellschaften führt über Wechselwirkungen zwischen den menschlichen Energiefeldern.« [5]
Das ist, wie er ausführt, möglich und bringt großen Nutzen, da wir alle eine Energiequelle aus dem Kosmos anzapfen, und aus dieser Energie bauen wir letztlich auf einzigartige Weise Muster innerhalb unserer Energiefelder auf.
Wir verfügen über innere Mechanismen, um die kosmische Energie in Muster umzuwandeln, die energetisch unsere Handschrift dessen tragen, wer und was wir sind. Diese Muster strahlen wir aus. Wenn sich unsere Muster qualitativ mit dem sich erweiternden Bewusstsein weiterentwickeln, üben sie positiven Einfluss auf die Menschen in unserer Umgebung aus.
Für diese Zeit, in der wir die Einflüsse der Veränderungen in uns spüren und daran arbeiten, unsere inneren Mechanismen und Schaltkreise darauf einzurichten und dem anzupassen, gibt uns Tiller vielversprechende Ermutigungen. Wenn wir unser individuelles Bewusstsein erhöhen, verbreitern wir das von uns ausgestrahlte Spektrum und »auf diese Weise kann jeder von uns einen gewissen Einfluss auf die Transformation der Massen ausüben – durch seine persönlichen Strahlungsfelder.« [6]

TIEFENTRANSFORMATION

Der Weg der Transformation verheißt Veränderungen auf der zellularen Ebene bis hin zur DNS. Hinweise hierauf wurden schon im Hinblick auf unsere INDIGO-KINDER angesprochen. Uns ist klar geworden, dass unsere DNS von äußeren Energiequellen beeinflusst wird. Diese Hypothese spiegelt sich in der nachfolgenden Aussage von Col. Philip J. Corso nach seinen Gesprächen mit dem Forscher Dr. Gislero Flesch in den vierziger Jahren des letzten Jahrhunderts wider:
Es war eine wilde und, so dachte ich, übernatürliche Theorie zu dem, was er als das Filament (feinen Faden) in jeder Zelle bezeichnete. Aktiviert wurde das Filament durch eine kosmische Einwirkung oder eine Form von elektromagnetischer Strahlung, mit der die Erde unaufhörlich

aus dem äußeren Weltraum bombardiert wurde und die in Resonanz zu einer beständigen Auffrischung elektrischer Aktivität aus dem Gehirn stand.« [7]
Natürlich lesen wir aus dieser Aussage, dass externe Faktoren, die auf unsere DNS einwirken, kein neuer Gedanke sind. Auch gab es offenbar unter den Wissenschaftlern in der Zeit von Dr. Flesch einige, die das keinesfalls eine unerhörte Idee fanden.

WAS IST WIRKLICHKEIT?

Bewusstseinserweiterung steht und fällt damit, dass wir unsere Wahrnehmung der Wirklichkeit hinterfragen. Um irdische Belange zu verstehen, brauchen wir Wissen um die Geschichte und die tatsächlichen Ereignisse um uns herum. Während wir vielleicht darum ringen, unsere dreidimensionale irdische Realität zu verstehen und die Wahrheit in ihr zu finden, wird dieses Buch euch in das Reich des Unsichtbaren und nicht Greifbaren entführen.
Die menschliche Evolution ist durch die Entdeckung der Existenz neuer Dimensionen und abstimmbarer Schaltkreise in unserer Energiedynamik gekennzeichnet. Diese Dimensionen existieren als Elemente der Schöpfung und sind aus unserer eigenen multidimensionalen Konfiguration heraus zugänglich. Bewusstseinserweiterung umfasst die Erkenntnis, dass wir die Dynamik unserer inneren Architektur bewusst ändern können. Indem wir dies tun, vergrößern wir unseren Blickwinkel nach außen, damit er einen größeren Ausschnitt aus dieser Schöpfung umfasst.

Das menschliche Energiefeld und das Universelle Kalibriergitter existieren jenseits unseres Wirklichkeitssinnes. Wenn unser Bewusstsein wächst, steht zu erwarten, dass unsere Vorstellung von der Wirklichkeit sich über die derzeitigen Wahrnehmungen des Homo sapiens hinaus ausdehnen wird. In diesem Buch machen wir die Leserin oder den Leser mit neuen Aspekten der menschlichen Energieanatomie bekannt. Ferner führen wir den Gedanken ein, dass wir durch zwischenmenschliche Wechselwirkung die Energiefelder eines anderen Individuums beeinflussen können. Diese Vorstellung ist keine Hypothese, die dem wissenschaftlichen Denken fern wäre. Wir verweisen hier auf die folgende Bemerkung von Thomas E. Bearden:
Es gibt eine solide skalare elektromagnetische Grundlage – eine durch und durch wissenschaftliche Grundlage – für die alte Vorstellung vom ‚Heilen der Aura' oder von Aurakörpern. [8]

Hier wird der Begriff »Aurakörper« in stärker verallgemeinerter Form für alle Konzepte von einem »feinstofflichen« Energiekörper verwendet. So das Wort von Bearden, Hauptvertreter der Skalarelektromagnetismustheorie und Erfinder von »Overunity«-Energievorrichtungen (zum Extrahieren von Energie aus dem virtuellen Raum, dem Dirac-Meer, dem Kosmischen Gitter). Bearden betrachtet das Gehirn als:
»Skalarer Interferometerdetektor von Überlichtmengen. Dies ermöglicht das Sehen von anderswo Geschehendem, Hellsehen, Hellhören, Telepathie, Zukunftsschau, Vergangenheitsschau, Psychokinese etc.. Tatsächlich lassen sich alle Phänomene der klassischen Parapsychologie unmittelbar durch die Theorie des skalaren Elektromagnetismus erklären.« [9]
Was wir heute als paranormal betrachten, mag eines Tages für den Menschen normal sein, während wir weiter lernen, die Hyperfunktionen unseres Gehirns zu erforschen und zu entwickeln, sowie auf allen Ebenen unseres Seins zellulare Umwandlungsprozesse durchlaufen.

DAS WIRKEN VON BEWUSSTSEIN UND INTENTION

Während wir uns in eine Ära neuer Theorien und neuer Physik hineinbegeben, sagen uns Bearden und andere progressive wissenschaftliche Denker wie Tiller, dass Geist und INTENTION eine bewusste, verursachende Rolle in unserer Wirklichkeit spielen. In unserem Buch und innerhalb unseres Wirklichkeitsparadigmas sehen wir die INTENTION als eine reale Kraft an. Unsere einzige Möglichkeit, diese Kraft zu charakterisieren, liegt darin, sie als *metaphysisch* (jenseits der Physik) anzusehen, da eine solche Kraft die Vorstellung der orthodoxen Physik übersteigt.

Im Kontext einer Wirklichkeit, die sich auf unsichtbare Organisationsmuster in unsichtbaren Dimensionen stützt, stellt die INTENTION die Kraft dar, die dazu dient, diese Primärmuster zu ändern, wählen, formen, modifizieren und organisieren. Sobald einer dieser Einflüsse auftritt, werden die Informationsfelder, die dieser Welt der Materie ihr Gesicht geben, verändert. Diese Veränderung schlägt sich als die physische Veränderung nieder.

Wenn wir unsere Vorstellung über die einengende Sichtweise hinaus erweitern, wie ein »Beobachter« den Ausgang eines Experiments in der Teilchenphysik beeinflusst, betreten wir den Boden eines Reichs, in dem wir unsere Wirklichkeit miterschaffen. Das Miterschaffen unserer Wirklichkeit steckt auch in der folgenden Botschaft, wenn uns deutlich wird:

»Die Räder der zyklischen Tai Chis wirken aufgrund eines unbewussten Magnetismus. Dieser hilft beim Niederschlag als voll ausgereifter Magnetismus bewusster Möglichkeiten oder Wirklichkeiten.« [10]

So die treffende Beschreibung des Physikers P. Stephen Petersen, Ph.D., in seinem Buch *The Quantum Tai Chi - Gauge Theory: The Dance of Mind over Matter.* Petersen schildert dort ferner, wie das Bewusstsein in Wechselwirkung mit dem » Lebensplan« tritt:

»[Der Lebensplan]... erzeugt eine Geometrie für das Lebensfeld. Dieses steht mit der Kraft in Verbindung, welche die Ströme von Feldquellen durch den Körper bewegt. Diese Matrix kann in dem Bewusstsein oder Gehirn auch über Eichwinkel (Tai Chis) programmiert werden, die mit dem genauen Sitz im Körper zusammenhängen.« [11]

Matrix, Lebensplan, Gitter, Muster – alles das bezieht sich auf geometrische Formen. Die Geometrie ist die Grundlage für die Entwicklung alles Lebendigen.

»De facto sind alle Formen von Leben diese geometrischen Muster, aber dem beiläufigen Beobachter fällt dies nicht auf.« [12]

Gut erklärt wird dies von Drunvalo Melchizedek, Physiker und Begründer von »Flower of Life« (Blume des Lebens). Was für den auf Kausalität bedachten Blick nicht offenkundig ist, wird von der »impliziten (verborgenen) Ordnung« orchestriert. Dies ist ein Begriff, den der Physiker David Bohm verwendet, um zu erklären, inwiefern unsere Wirklichkeit eine »sich entfaltende« Manifestation eines organisierenden Potenzials und einer organisierenden Intelligenz ist, die für uns nicht unmittelbar sichtbar sind.

»Bohm zufolge wird das, was in der Raumzeit geschieht, dennoch davon bestimmt, was sich in einer nichtlokalen Wirklichkeit jenseits der Raumzeit ereignet.« [13]

Amit Goswami, Ph. D., geht auf diesen Gedanken in seinem Buch *The Self Aware Universe – How Consciousness Creates the Material World* ausgiebig ein.

HOLOGRAFISCHE VERBINDUNGEN IN EINER MULTIDIMENSIONALEN WIRKLICHKEIT

David Bohm, ein Physiker, dessen Erkenntnisse zum Gebiet der Quantenphysik immens viel beigesteuert hat, schafft für uns »holografisch« eine Verbindung zu jedem einzelnen Aspekt der Materie, des Bewusstseins sowie der sichtbaren und unsichtbaren Universen. Wir alle sind Teil einer unermesslichen »Holobewegung«. Getrenntheit ist wirklich eine Illusion. Bohm zufolge sind wir im Grunde alle »untrennbar« miteinander verbunden – trotz der Illusion, die wir mit uns herumtragen, dass wir getrennt seien. [14] Diese Verbundenheit erstreckt sich über riesige Gebiete unsichtbarer Aspekte einer komplexen und dabei eleganten Struktur unseres sichtbaren Universums. Denn in den Hintergrund dieses Universums eingewirkt findet sich ein Netz, das sich durch unzählige Dimensionen erstreckt. Dieses Netz verknüpft ein multidimensionales Geflecht, als wäre es eine endlose Kette, pulsierend mit genau der Lebenskraft allen Daseins. Brian Greene beschreibt das so beredt in seiner Feststellung im Rahmen von *Das elegante Universum*:

» Die Struktur unseres Universums ist ein vielfältig verflochtenes, mehrdimensionales Labyrinth, in dem sich die Strings des Universums endlos verdrehen und schwingen, wobei sie rhythmisch die Gesetze des Universums trommeln.« [15]

TIEFE VERBINDUNGEN

Wenn wir unsere Bewusstheit erhöhen, werden wir eines Tages dahin gelangen, nicht nur die Existenz unserer persönlichen Energiefelder und unserer paranormalen Fähigkeiten voll und ganz zu würdigen, sondern auch die multidimensionalen Facetten und Wesenszüge unseres Seins. Wir werden auch dazu gelangen, unsere Verbundenheit mit dem Universum und miteinander zu verstehen sowie die tiefreichende Natur zwischenmenschlicher Verbindung.

KAPITEL EINS

INITIATION INS LICHT

Peggys Geschichte

»Wir vermögen uns aus unserer Unwissenheit zu erheben,
dürfen uns als höhere Wesen von Können und Intelligenz verstehen.
Wir werden frei sein!
Der Höhenflug ist erlernbar!«

Richard Bach,
Die Möwe Jonathan

Mit unserem ersten Atemzug werden wir eingeweiht
in die Schule des Lebens auf dem Planeten Erde.
Atmen vertieft unsere Einweihung in die heilige Schule des Lebens.

Wie alles begann...
Es gibt eine Menge Vorstellungen dazu, wie unsere Inkarnation auf diesem Planeten vor sich geht, von der Gnade Gottes über das Schlangestehen, um hierher zu kommen, bis zu dem kosmischen Zufall. Im meinem Fall verhielt es sich so, dass ich so schnell geboren wurde, dass die Dienst habende Schwester meiner Mutter nicht glaubte, als sie rief, dass ich da sei. »Ihr Baby *kann* noch gar nicht da sein!« tönte die Schwester aus dem Nebenzimmer. Worauf meine verblüffte Mutter zurückrief: »Wenn mein Baby noch nicht da sein kann, was ist dann das hier?« Diese denkwürdige Begrüßung bei meiner Ankunft auf dem Planeten Erde bringt mich noch heute jedes Mal zum Lachen, wenn ich an sie denke.

Ich kann mich noch an lebhafte Träume erinnern, bei denen ich unter fünf war. Man könnte sagen, ich hatte das Zweite Gesicht – oder viel Phantasie. Ich nahm die »Gefährten« um mich herum wahr. Meine besten Spielkameraden waren imaginäre Lichtwesen, mit denen ich mich stundenlang unterhielt. Ab und zu sah ich noch andere leuchtende Wesen mit einer sehr unfreundlichen Energie. Instinktiv wusste ich, dass ich mich mit ihnen nicht weiter abgeben sollte. Ich war nicht im Geringsten neugierig auf sie, da ihre Energie mich abstieß. Manchmal denke ich noch an diese frühen Erlebnisse und mache mir so meine Gedanken über das Unterscheidungsvermögen und Nicht-Urteilen, das uns allen heute abverlangt wird.
Mit fünf war ich dabei, als mein Vater wie von Sinnen unsere ganze Wohnung kurz und klein schlug. Als er von einem Zimmer ins andere stürmte, kam er an eine Wand, wo meine Mutter Fingermalereien von mir aufgehängt hatte. Ich hatte sie in dieser Woche gerade im Kindergarten fabriziert. In seiner blinden Zerstörungswut riss mein Vater sie herunter. Als er die Bilder in Fetzen riss, passierte etwas Merkwürdiges in mir. Es fühlte sich an, als würde um mich herum ein Kokon aus Energie entstehen, der mich irgendwie abschirmte. Das Gefühl der »Verbundenheit« mit meiner Umwelt, das ich immer gehabt hatte, war wie abgestellt, und gleichzeitig verschwand mein Zweites Gesicht. Es war, als stünde ich nun nur noch mit einem einzigen Energiefaden da, an dem ich mich festhalten konnte, und das war dankenswerterweise einer, der eine schlichte Hoffnung und Freude in sich barg.

Von diesem Punkt an begleitete mich der Alkoholismus meines Vaters wie ein dunkler Schatten. Das Ganze geschah Mitte der fünfziger Jahre, zu einer Zeit, wo man über solche Verhältnisse von Missbrauch Stillschweigen bewahrte, also mühte sich meine Familie nach Kräften, alle so gut wie möglich zusammenzuhalten. Es gab nicht ohne weiteres soziale Hilfsprogramme für sozial schwache Familien, und mit Hilfe oder Unterstützung durch die Gemeinde war es auch nicht weit her. Im Laufe der Jahre verschlimmerte sich der Zustand meines Vaters – der Alkohol forderte seinen Tribut. Schließlich diagnostizierte man bei ihm eine paranoide Schizophrenie.

Meine ersten Schuljahre verbrachte ich in der katholischen Schule. Schon vom allerersten Tag dort wurde ich als Unruhestifterin abgestempelt: man beschuldigte mich zu Unrecht, im Unterricht gesummt zu haben. Ich hatte dort von Anfang an einen schweren Stand. Meine Lehrerin, eine Nonne aus dem dortigen Kloster, drohte mir, sie würde mich aus der Klasse werfen, und zwar so schnell, dass mir »der Kopf schwirren« würde. Ich war wie ein Fremdkörper unter den anderen Kindern; teilweise, weil fast alle dort (die Nonnen inbegriffen) über mein häusliches Umfeld die Nase rümpften, und dann auch deshalb, weil ich noch immer viel Zeit allein verbrachte. In der dritten Klasse fragte die Nonne, die unsere Lehrerin war, einmal, wer unter uns denn später einmal Nonne werden wolle. Mir schien ein Nonnendasein ein fabelhaftes Leben. Für mich war das Schwesternkloster wie eine prächtige Villa. Ich hielt mich leidenschaftlich gerne in der Kirche auf – und ich liebte Gott. Freudig stand ich auf. Die Lehrerin warf mir einen vernichtenden Blick zu und sagte schneidend: »Da hast du aber noch einen weiten Weg vor dir, junges Fräulein, bevor ausgerechnet du Nonne wirst!« Gedemütigt und verwirrt fragte ich mich, was ich ihr denn wohl getan hatte, dass sie so aufgebracht war. Mir war nicht bewusst, dass meine Familie und ich wegen der Zustände bei uns zu Hause ein solcher Schandfleck in der Gemeinde geworden waren.

Die Entschlossenheit meiner Mutter, uns zu beschützen und für uns zu sorgen, war durch nichts ins Wanken zu bringen. Wider Erwarten ließ meine Mutter sich dann schließlich von meinem Vater scheiden, als ich zehn Jahre alt war. Sein Alkoholismus war ein Stück weit behandelt worden, und nach einem erbitterten Rechtsstreit gewährte ihm das Gericht Besuchsrecht, aber nur dann, wenn ich das wünschte. Ein solcher Gerichtsentscheid war höchst ungewöhnlich, wenn man bedenkt, dass ich erst zehn war. Meine Familie war sehr von christlichen Idealen geprägt und daher leicht bereit, zu verzeihen. Wir alle wollten glauben, dass mein Vater sich verändert hatte, also willigte ich ein, ihn sonntags immer zu besuchen. Zuerst schien alles in Ordnung. Schon kurze Zeit später jedoch begann ich mich zu fragen, ob da wirklich alles so stimmte. Ich fragte mich, ob meine jüngeren Geschwister und ich ihn wirklich gefahrlos besuchen könnten. Das war in unserer Kultur nicht gerade eine Zeit, in der man Kindern ermutigte, »den Mund aufzumachen«. Daher behielt ich es für mich, als ich merkte, dass mein Vater wieder Alkohol im Haus hatte.

Eines Tages stand ich, als er bei uns eintraf, um uns zu einem Besuch abzuholen, im zweiten Stock am Fenster meines Kinderzimmers, blickte nach draußen, und sah sein Energiefeld. Da stimmte etwas nicht mit seiner Energie – sie fühlte sich für mich »unfreundlich« an. Ich wusste mit einem Mal, dass wir ihn nicht mehr sehen sollten. Ohne jemandem zu sagen, was ich vorhatte, marschierte ich die Treppe hinunter und ging nach draußen. Vor den Augen der ganzen versammelten Nachbarschaft, so kam es mir jedenfalls vor, zog ich meine Geschwister regelrecht mit körperlichem Einsatz aus dem Auto. Ich konfrontierte meinen Vater mit meiner Entdeckung und sagte ihm, er würde uns nicht mehr zu Gesicht bekommen. Natürlich begann er zu toben. Die letzten Worte meines Vaters an mich waren: »Das zahle ich dir eines Tages heim, Peggy Ann!« In genau diesem Moment kam der starke Mann, der eines Tages mein Stiefvater werden

sollte, nach draußen, um zu schauen, was es mit dem Spektakel auf sich hatte. Ich spürte seine Gegenwart hinter mir und konnte nun zu dem stehen, was für mich die Wahrheit war.
Mein Vater versuchte nie wieder, uns zu Gesicht zu bekommen, und ich blickte nie zurück. Ich wusste, was ich gesehen hatte. Mit elf Jahren wurde mir klar, dass wir alle von etwas befreit worden waren, mein Vater inbegriffen.

AUS LIEBE ZU GOTT

Diese Ereignisse im Vorfeld wurden zur Kulisse für die nächste Stufe meiner Initiation. Gerade erst elf Jahre alt, begann mein Blick wieder offen zu werden für die Dinge, die ich vor meinem inneren Auge sah. Ich war schon immer ein religiöses Kind gewesen. Jetzt wuchs mein Interesse an Gott und Religion noch mehr. Im Laufe der nächsten paar Jahre besuchte ich regelmäßig diverse Kirchen: die episkopale, kongregationalistische und methodistische. Ich sang immer im Kirchenchor und übernahm beim alljährlichen Krippenspiel oft die Rolle des Verkündigungsengels. Ich war fünfzehn, als ich zum ersten Mal die Erfahrung machte, die Energie Gottes zu spüren. Ich war damals in einer spirituellen christlichen Gruppe für junge Mädchen. Beim Bibelstudium hatte ich gelesen, dass im Vergleich zu Gottes Glanz und Herrlichkeit selbst die Berge verblassen würden. Mit einem Mal begann ich das Ausmaß Seiner Gegenwart zu ahnen. Jede Zelle meines Körpers bebte, und ich verspürte ein starkes, pulsierendes Gefühl, das mich von Kopf bis Fuß erfasste. Ich dachte, ich stünde davor, zum Gipfel des Berges befördert zu werden. Ich war überwältigt und verängstigt – und schlug schnell meine Bibel zu. Die Energie des Schöpfers versuchte sich zu zeigen, aber ich war noch nicht so weit.

Ein paar Jahre später fasste ich den Entschluss, von zu Hause wegzugehen. Ich wollte mir die Freiheit erobern, die mir zustand. Wie viele Jugendliche, vor allem die, die in religiösen Elternhäusern aufgewachsen sind, fand ich meine Familie zu streng. Ich machte meinen Highschoolabschluß, und gleich an meinem achtzehnten Geburtstag heiratete ich, wobei ich meiner Familie feierlich erklärte, von jetzt an würden für mich nur noch meine eigenen Regeln gelten.
Mein Mann wurde zum Militär eingezogen und diente ein Jahr lang in Vietnam. Einige Zeit nach seiner Rückkehr konnte ich beobachten, wie ich mir wie viele andere die großen Fragen im Hinblick auf das Leben stellte. Das war Ende der Sechziger-, Anfang der Siebzigerjahre. Das Wassermannzeitalter machte sich bemerkbar. Bald sollte der Vietnamkrieg vorbei sein, und der nächste Schritt in unserem kollektiven Wachstumsprozess sollte in Richtung Selbsterfahrung gehen. Zwar war ich an der wilden Selbstvergessenheit der Sechziger nicht direkt beteiligt, aber natürlich beeinflusste sie mich. Und bald sollte ich auch mit aufspringen auf die Welle in unserer Evolution, die von dieser Ära aus auf die nachfolgenden überschwappte. Mittlerweile war ich Anfang zwanzig. Endlich hatte ich mein Leben selbst in der Hand. Ich war mit meinem Liebsten aus Kindertagen verheiratet, ich hatte einen tollen Job und eine bildschöne Wohnung. Und doch wusste ich, dass da etwas fehlte. Etwas war da in mir, das sich nach wie vor leer anfühlte.

Während all der Zeit, in der ich Gott andächtig verehrt hatte, spürte ich noch nicht die Verbindung, nach der ich mich sehnte. Man hatte mir beigebracht, dass jemand, der tatsächlich »das Antlitz Gottes« erblickte, nicht lebte.In meiner Jugend und Naivität glaubte ich, dass die Warnung buchstäblich den Tod bedeutete. Aber mein Enthusiasmus und meine Sehnsucht wurden so heftig, dass sie sich nicht mehr verdrängen ließen. Ich hatte eine Leidenschaft für Gott und folgerte, dass dann, wenn Gott mein Vater wäre (von der Muttergöttin wusste ich damals nichts), ich ja irgendwann einmal ein Teil von Gott gewesen sein musste. Soweit meine Überlegungen, und sie beflügelten mich, mir meine Einheit mit Gott in Erinnerung zu rufen

– nicht mit dem Gott aus uralten Zeiten, sondern dem Gott des JETZT. Ich war nicht einmal ganz sicher, was das bedeutete. Ich wusste nur, dass es meiner tiefsten Sehnsucht entsprach, Gott in meinem Sein, meiner Biologie zu kennen – in dieser Zeit, an diesem Ort, genau an diesem Punkt in meinem Leben. Ich wusste damals nicht, dass mein Verlangen, Gott zu kennen, auch eine Sehnsucht war, mich an den göttlichen Geist in mir selbst zu erinnern. Und so wurde aus mir eine Suchende.

Ob Gott überhaupt existierte, war eine Frage, die mir nie in den Kopf kam. Ich hielt nicht Ausschau nach einem Zeichen seiner Existenz: ich wusste immer, dass Gott existierte. Was ich suchte, war das Einswerden mit Ihm! Wie erfährt man diese Vereinigung? Rückblickend überrascht es mich nicht, dass mein erster Anlauf ziemlich komisch war. (Habt ihr je das Gefühl gehabt, eine kosmische Unterhaltungsshow zu liefern? Dann seid ihr nicht allein!) Ich las ein Buch, in dem empfohlen wurde, sich mit einer Kerze in einen dunklen Raum zu setzen. Das kam mir unheimlich vor, aber wie schon zuvor erwähnt, wollte ich das Einswerden mit dieser Kraft wirklich. Ich verhängte das Fenster mit einer Decke, zündete eine Kerze an, knipste das Licht im Schlafzimmer aus und fragte Gott drei Mal: »Bist du hier?« Ich dachte mir, wir sollten einander zunächst einmal »Hallo« sagen, bevor wir in diesen Zustand des Einsseins übergingen. Die beiden ersten Male stellte ich die Frage sehr behutsam: »Bist du hier?« Da nicht die leiseste Andeutung einer Antwort kam, fragte ich beim dritten Mal schon viel energischer: »Bist du hier?« Plötzlich ertönte drei Mal ein lautes Klopfen, als würde jemand auf meine Frisierkommode hämmern. Die Decke, mit der ich den Raum verdunkelt hatte, löste sich vom Fenster, und Licht strömte in den Raum. Ich war so durcheinander, dass ich buchstäblich nach draußen rannte. Nur weg von dieser Wohnung! Als ich draußen in der Mittagssonne stand, wusste ich, dass der Schöpfer sagte: »Ja, ich bin hier. Und du kannst mit dem Spuk aufhören!« Also musste ich die Sache wohl anders angehen.

Damals wusste ich nichts über Meditation oder Mantras. Trotzdem begann ich ununterbrochen vor mich hin zu sagen: »Ich erinnere mich, ich erinnere mich, ich erinnere mich.« Ich konzentrierte mich auf Christus und sagte dabei immer wieder: »Ich und der Vater sind eins.« Ich wollte dieses Einssein mit jedem Atemzug erfahren.
Als ich zum ersten Mal das kobaltblaue Licht vor mir tanzen sah, sträubten sich mir die Nackenhaare. Ich bat doch darum, Gott kennen zu lernen – hatte ich aus Versehen Kontakt mit etwas anderem bekommen? Das funkelnde blaue Licht wurde mein ständiger Begleiter. Es war bei mir, wo ich auch hinging. Mit der Zeit überwand ich die Angst, und meine Neugier erwachte. Ich streckte die Hand aus und berührte das Licht. Es fühlte sich angenehm elektrisch an, lebendig und sehr friedvoll. Es faszinierte mich, wie es um und durch meine Hände zu tanzen schien. Da war eine Verbindung zwischen diesem Licht und mir. Obwohl ich nicht verstand, was es mitzuteilen versuchte, fühlte es sich doch richtig an.

Abb. 1.1 »Schöpfung«

Eines Nachts ließ mich dieses Licht nicht einschlafen. Während ich im Bett lag, stand es über mir, funkelnd und sich bewegend. Wer sollte bei einer solchen Lightshow ein Auge zutun! Ich verließ mein Bett und ging ins Wohnzimmer. Als das Licht intensiver wurde, wurde mir etwas beklommen zumute, und ich griff nach meiner Bibel, um sie dicht an mein Herz zu halten. Während ich noch immer nicht sicher war, was ich da sah, stieg eine Frage aus meinem tiefen Inneren auf – nicht aus meinem Kopf, sondern aus meinem Solarplexus. Ich fragte das Licht: »Was hast du mich zu lehren?« Endlich die richtige Frage, und die Antwort ließ nicht lange auf sich warten. Ich spürte, wie mich eine plötzliche Freude durchflutete. Außerdem fühlte ich, wie um mich herum feierlicher Jubel ausbrach, während das Licht sich weiter verstärkte, bis es zu einem großen Lichtschleier wurde. Dann fiel der Schleier, und von oberhalb meines Kopfes nach unten begann durch jeden Teil von mir Energie zu fließen. Plötzlich erinnerte ich mich! In einem überwältigenden Energieausbruch wurde ich »ohne Anfang und ohne Ende«.

Diese köstliche Energie strömte in meinen Körper ein und wieder aus ihm hinaus, durch jede Faser meines Seins. Überall war Licht, was ein Gefühl entstehen ließ, dass ich aus der Zeit heraus getreten war. Von dieser Energie und diesem Licht erfüllt, fühlte ich die bedingungslose Liebe von Gott, dem Schöpfer – kein Gerichthalten, nur unendliche Liebe. Ich wusste, Gott lebte und es ging Ihm gut, und Er war ein sehr liebevoller Gott. Ich erlebte eine Vision von Christus am Kreuz (was auf meinen stark christlichen Hintergrund zurückging). Er strahlte eine starke Energie aus und sprach Worte der Liebe zum Schöpfer. Die Energie intensivierte sich, und es fühlte sich an, als wären sämtliche Zellen meines Körpers auf volle Energie aufgedreht worden, und diese Energie hatte meine Schaltkreise überlastet. Es war, als ginge ein Stromstoß von 220 Volt durch einen Körper, dessen Drähte nur für 110 Volt ausgelegt waren. Die Ekstase war kaum auszuhalten. Ich weinte vor Freude und Dankbarkeit. Ich weiß nicht, wie lange dieser Zustand anhielt, aber jedenfalls schlief ich in dieser Nacht nicht. Das Leben war für mich für immer verändert. Solche Liebe, solches Licht... und, o je, solche Verwirrung!

Ja! Gott war alles, was ich geahnt hatte, und noch mehr. Gott war ein liebender Gott. Unbeschreiblich! Ausrufe wie dieser brachen fortan immer wieder aus meinem Mund hervor, und, damit ihr es euch richtig plastisch vorstellen könnt – mir quollen regelrecht die Augen aus dem Kopf. Angesichts dessen kam ich schnell in den Ruf, eine Exzentrikerin mit Schaum vor dem Mund zu sein (oder Schlimmeres). Ich versuchte verzweifelt zu verstehen, was da in mir passiert war. Ich wollte mich auf diese neue Ebene des Bewusstseins einstellen, um die Fähigkeit zu entwickeln, das Erlebte zu wiederholen und dann darin leben.

Unsicher, bei wem ich Rat und Antwort finden würde, sprach ich diejenigen an, die es ja bestimmt wissen mussten: die kirchlichen Würdenträger in meinem Leben. Aber ihre Reaktion war nicht ganz so erhellend, wie ich gehofft hatte. »Warum solltest ausgerechnet du ein solches Erlebnis haben? Ach was, du bist doch gerade erst zweiundzwanzig. Du stammst aus einer geschiedenen Ehe, und du kommst aus diesem berüchtigten Viertel. Irgendwie bist du überhaupt reichlich merkwürdig. Warum um alles auf der Welt sollte Gott mit dir reden?« Leicht entmutigt, aber nicht soweit, aufzugeben, fand ich schließlich jemanden, der wirklich zuzuhören schien und vielleicht ein paar Antworten hätte. »Sehen wir uns das einmal näher an. Diese Vision begann mit Lichtern?« fragte sie. »Ja, ja, herrliche Lichter!« bestätigte ich. Die Frau stellte noch ein paar weitere Fragen. Anscheinend konnte sie detailliert etwas damit anfangen. Endlich hatte ich das Gefühl, weiterzukommen. Diese Person musste etwas wissen. Dann das große »Aha!« Ihr Fazit war eine Warnung an mich: »Vergiss nie, dass der Satan der Engel des Lichts ist und groß im Täuschen.« Seufzen. Mir wurde klar, dass es Zeit war, nicht mehr über mein Erlebnis zu reden und weiter zu suchen.

VOM LICHT VERWIRRT

Ich war fest entschlossen, diesen Zustand bedingungsloser Liebe noch einmal zu erfahren, und das nächste Mal, so gelobte ich mir, würde ich »an ihm festhalten und ihn mir nicht wieder entgleiten lassen«. Von diesem Wunsch beseelt, studierte ich in den nächsten fünfzehn Jahren alles, von dem ich dachte, es könne helfen, die intensive Liebesenergie zu erklären, die ich empfunden hatte, und damit wiederzuerlangen. Ich versenkte mich in eine umfassende und intensive Auseinandersetzung mit zahllosen unterschiedlichen Auffassungen und Disziplinen. Ich machte mich daran, alles Mögliche zu finden, das irgendeine Energie ahnen oder fühlen ließ, ein Aufblitzen dieser bedingungslosen göttlichen Liebe.

Hier nun ein stark verkürzter Überblick über einige meiner Erkundungsabenteuer – ich bin sicher, viele von euch haben zum Teil dieselben Wege eingeschlagen. Ich begann mit Büchern und wurde zu einer Initiantin, die ein Buch nach dem anderen verschlang. Ich konnte gar nicht mehr aufhören – kaum hatte ich ein Buch aus der Hand gelegt, musste ich das nächste haben. Die Bücher bestärkten mich und trugen erheblich zu einem Gefühl persönlichen Friedens bei. Mir wurde deutlich, dass ich mit meiner Suche nicht allein war. Menschen, die heute zu mir nach Hause kommen, sichten oft meine Bibliothek und bemerken mir gegenüber, dass auch sie viele dieser Klassiker gelesen haben. Es ist wunderbar, heute zu erkennen, wir sehr synchron wir in unseren frühen Jahren auf der Suche nach Bewusstsein waren.

Während der Zeit, in der ich so intensiv las, befasste ich mich auch mit Bauchtanz. Ich war wild entschlossen, die Energie durch meinen Körper zu bewegen. Ich trug beim Tanzen himmelblau und nannte mich »Electra«. In unserer Tanzgruppe lernte ich eine Frau kennen, die mich mit der Silva-Mind-Methode bekannt machte, die noch bis zum heutigen Tag einer der Ansätze geblieben ist, die ich am meisten schätze. Ich engagierte mich in Gruppen Gleichgesinnter. Einige davon waren Studiengruppen, einige waren Gebetsgruppen und ich traf Menschen, die physisch mit Energie arbeiteten.

Als nächstes wandte ich mich dem Zen-Buddhismus zu. Durch meine Beschäftigung mit östlicher Philosophie lernte ich Leute kennen, die sich makrobiotisch ernährten. Ich begann getreulich meinen Naturreis 35 Mal pro Mundvoll zu kauen, damit er für die Verdauung optimal durchspeichelt würde. Ich kontemplierte über grundlegende »uralte« Weisheiten, wie etwa die Bedeutung der Tatsache, dass alles eine Vorder- und eine Rückseite hat. Mich faszinierte all das, was ich da lernte, und die Weisheitslehren waren wie Wasser für meine halb verdurstete Seele. Die Warnung, dass solche Dinge zu verstehen ein ganzes Leben in Anspruch nehmen würde, konnte mich nicht einschüchtern.

Schließlich zog es mein Herz zum Sufismus, und Pir Vilayats *Toward the One* wurde meine Bibel. Die praktischen Anleitungen in diesem Buch vermittelten mir eine solide Richtung für die weitere Vertiefung meines Selbstausdrucks als spirituelles Wesen. Dann verbrachte ich mehrere Jahre in einem leidenschaftlichen Wiedergeborenwerden durch die Wiedergeborenen Christen. Während dieser Zeit machte ich auch Erfahrungen mit Rebirthing und Rolfing. Es folgten Jahre in Siddha Yoga und die persönliche Begegnung mit Swami Muktananda, die mir einige der kostbarsten Erfahrungen auf meiner Lebensreise schenkten.

Dann wurde der Schamanismus Teil meines »Unterrichts«. Ich begann mit einem afrikanischen Schamanen, dann ging es mit einem brasilianischen Schamanen weiter. Ich fühlte mich zunehmend in den Weisheitslehren der nordamerikanischen Indianer heimisch und studierte bei einer Pfeifenträgerin der Lakota, einer sehr schönen Frau. Ich erinnere mich noch an den Tag, an dem Little Hawk behutsam ihre Pfeife auswickelte und in den Händen hielt. Sie sah mich einen Augenblick lang an und sagte: »Ich sehe, du hast es nicht nötig, die Energie eines anderen zu stehlen.« Daraufhin legte sie mir die Pfeife in die Hände, worauf mehrere Jahre der Unterweisung folgten.

Ich befasste mich mit den Kampfsportarten – Tae Kwon Do, Tai Chi und Kung Fu. Ich versuchte alles, um diese wunderbare Energie beständig aktiv in mein Leben zu bekommen. Tatsächlich brachten alle meine Studien großartige spirituelle Prinzipien hervor, etwa »Die Wahrheit ist in dir, und auch alle Antworten sind in dir« und »Wir sind strahlende Wesen und zur Meisterschaft fähig«. Das gab mir Hoffnung, aber dennoch tat ich mich schwer, diese Lehrsätze in meinem Alltag anzuwenden. Sie erzeugten nicht die intensive Liebesenergie, die ich unbedingt noch einmal erfahren wollte. Ich war in Berührung mit dem Grenzenlosen gekommen und hatte auch weiterhin tiefgründige Visionen, doch in meinem Alltag spiegelte sich Machtlosigkeit. Um die Wahrheit zu sagen: trotz meines jahrelangen Bemühens waren mein Leben, meine Arbeit und mein Zuhause ein Chaos. Meine Frustration nahm zu, aber meine Liebe zu Gott und mein Verlangen, Ihn/Sie kennen zu lernen blieb.

DIE WEIBLICHE GÖTTLICHE KRAFT

Da stand ich also nach fünfzehn Jahren der Suche und des Wartens auf die göttliche Wirklichkeit, von deren Existenz ich wusste. Mir war klar, dass ich ein Triebwerk hatte, aber wie konnte ich es einschalten? Das war meine ständige Frage während der Jahre meines Studiums und der vergeblichen Bemühungen um Einheit mit Gott. Immer wieder war mein Herz übervoll, während ich ein gewisses Verständnis der uralten Wahrheiten und der Erkenntnis gewann, dass wir alle eins sind. Dennoch sehnte ich mich leidenschaftlich danach, noch einmal die elektrische Ladung dieser Wahrheit in mir zu spüren. Nach dieser ganzen Zeit des Suchens und Nichtfindens fragte ich aufrichtig und nicht ohne Verzweiflung: »Wenn alle Antworten in mir sind, dann will ich wissen, *wo* in mir sie sind – und *wie* ich an sie heran komme.« Am Frühlingsanfang 1988 hatte ich dann endlich wieder ein spektakuläres leuchtendes Erlebnis, ich machte wieder die freudige Erfahrung von »kein Anfang und kein Ende«.

Dieses Mal war ein hoch aufgeschossener, dunkelhaariger Krieger des Lichts da, der mich durch die Erfahrung hindurch begleitete. Er führte mich aus meinem Körper heraus und geleitete mich durch das Labyrinth des Kosmischen Gitters, der unbegrenzten Energie des Universums. Mir wurde deutlich, wie verletzlich und naiv ich auf dieser ätherischen Ebene war und wie sehr ich es zu schätzen wusste, ihn zum Führer zu haben. Wir begaben uns weit in den Kosmos hinein. Als ich auf die universelle Wirklichkeit zurückblickte, wo ich nur Harmonie und eine herrliche Sinfonie wahrzunehmen erwartete, begegnete mir statt dessen eine Kakophonie unendlich vieler Formen von Leben, die in den Kampf zwischen Freiheit und Sklaverei verstrickt waren. Dann betraten wir einen Ort – ein geräumiges, wunderschön möbliertes Zimmer mit einer herrlichen Aussicht. Vor uns war das größte Fenster, das ich je gesehen hatte. Man blickte von dort in das unendliche All. An dem Ort befanden sich mehrere Frauen. Sie waren meine Freundinnen, und wir alle waren gerade dabei, uns auf etwas vorzubereiten.
Als ich unverwandt auf das herrliche, schwarze Universum hinausblickte, das sich dort ausdehnte, begann sich das Ereignis weiter zu entfalten. Am linken äußeren Rand des großen Fensters bildete sich mit einem Mal ein prächtiges weißes Licht. Ein herrliches Pferd aus weißem Licht galoppierte durch die Schwärze des Alls, und auf seinem Rücken saß eine hell erstrahlende weibliche Lichtgestalt. Der Anblick war atemberaubend. Ich drehte mich um, um mit meinem Krieger-Führer zu sprechen, und merkte, dass er verschwunden war. Nun scharten sich die Frauen um mich, und Gefühle der Liebe und des Friedens wurden von überall her ausgestrahlt. Ich wandte mich noch einmal dem weiblichen Lichtwesen zu und stellte fest, dass mein Krieger-Führer sich dort draußen bei der Gestalt befand. Ich lachte, als ich merkte, dass er sich an ihrer Schönheit erfreute. Dann begann er zu meiner Überraschung das Pferd, auf dem sie ritt, in meine Richtung zu führen. Als nächstes hießen mich die Frauen, mich ein

Stück weit auf einer von Licht erstrahlenden Couch zurückzulehnen. Je näher der Krieger-Führer und die Lichtgestalt kamen, desto stärker verspürte ich eine vollkommene Stille in meinem Innern. Schließlich trennte uns nur noch das Fenster. Die Lichtgestalt ließ sich von ihrem Pferd gleiten und schwebte anmutig durch das Fenster, als wäre es gar nicht da. Sie kam mit ihrem wunderschönen Lichtgesicht direkt vor meines. Ich spürte, wie unsere Energien miteinander in Einklang kamen, und sie lächelte mich an. Sie hatte ein strahlendes Lächeln, und ich empfand reinen Frieden.

Dann fand das Ereignis statt, das mich am meisten in Ehrfurcht versetzte und noch heute tief in mir nachwirkt. Langsam und stetig verschmolzen wir miteinander und wurden so ein einziges Wesen. Die Energie war immens kraftvoll und verzehrend. Ich wusste auf der Stelle, dass mich die letzten fünfzehn Jahre auf dieses Ereignis vorbereitet hatten. Die Kraft des Lichts und der Energie war so groß, dass ich nun begriff, dass ich bis zu diesem Augenblick gar nicht dafür bereit gewesen war. Während das Lichtwesen und ich eins wurden, beschwichtigten meine neuen Freundinnen meine aufsteigenden Ängste, indem sie aus ihrem Herzen heraus »Aahh« sangen. Dieser Klang war so tröstlich für mich. Die Anspannung fiel von mir ab, und ich wurde zu einer Art Säulen und Fasern aus Licht und Energie, und dabei wurde ein stetiger Strom von Information auf mich übertragen. Ich habe keine Ahnung, wie lange dieses Ereignis dauerte – solche Ereignisse sind zeitlos. Ich weiß aber, dass ein Großteil der Energie aus dem Erlebten für mich präsent blieb, als ich hier auf der physischen Ebene die Augen aufschlug. Obwohl ich mich absolut energiegeladen fühlte, konnte ich mich erst wieder rühren, nachdem ich noch das kleinste Bisschen dieser Energie in jede Zelle meines Körpers aufgesaugt hatte, und dann setzte ich mich auf und wollte, so absurd es auch klingen mag, dass jemand für mich »Happy Birthday« singt.

Abb. 1.2 »Amour«

Wer war diese herrliche Gestalt aus Licht und Energie? Sie definierte sich selbst als das Weibliche Immer, die weibliche Form des Göttlichen. Die männliche Form des Göttlichen, Gott Vater, ist der Yang-Aspekt des Schöpfers. Ich glaube, mir begegnete und ich verschmolz mit dem Yin-Aspekt des Schöpfers. Diese Verschmelzung übertrug oder aktivierte ein Lichtmuster in meinem gesamten Energiefeld. Ich sollte später dieses Energiemuster als das Universelle Kalibriergitter (Universal Calibration Lattice, UCL) verstehen. Ich war zu den Licht- und Energiefasern des UCL geworden und spürte die »elektrische Ladung meiner Wahrheit«. Das war mein erstes Erlebnis mit Channeling, und es war immens kraftvoll. Ich erhielt bei diesem einen bedeutungsvollen Ereignis eine riesige Menge an Information, einschließlich zusätzlicher Energiemuster, woraus schließlich die EMF Balancing Technique (wörtlich übersetzt: das Elektromagnetfeld-Ausgleichsverfahren) wurde. Naiverweise dachte ich damals, ich sei spirituell am Ziel angekommen, dass dies die Transformation war, auf die ich gewartet hatte. Ich dachte mir, es hätte sich ein wundersames spirituelles Tor aufgetan, und von jetzt an wäre mein Leben leicht und voller Schutzengel. Es stellte sich jedoch heraus, dass das für mich noch immer eine Zeit alter energetischer Muster war und noch weitere Prüfungen und Initiationen kommen sollten.

EIN MOMENT DER WAHRHEIT

Während ich noch darüber nachsann, wie das Öffnen dieser spirituellen Tür sich auf mein Leben auswirken würde, war schon die nächste Prüfung im Anmarsch. Ich las zu dieser Zeit gerade *Die Kristallfrau*, mein viertes oder fünftes Buch von Lynn Andrews. Ich hatte mir immer die Zeit genommen, ihre Bücher zu lesen, da ich die Geschichten so kraftvoll fand, und sie führten bei mir häufig zu großartigen Erkenntnissen oder Initiationen. Ich kam zu dem Teil in der Erzählung, wo Lynn klar wird, dass sie jedes Mal sehr krank wird, wenn sie Ja zu ihrer eigenen Kraft sagt. »Mann«, dachte ich, »das passt zu mir«. Und in diesem Moment begann ich, mich krank zu fühlen. »Nimm dich zusammen, Peg«, dachte ich im Stillen, »du bist ja furchtbar beeinflussbar.«

Ein paar Tage zuvor war ich mit den Nachbarskindern ins örtliche Schwimmbad gegangen. Dabei zog ich mir eine Form von Lungenentzündung zu, die bei Kindern relativ harmlos verläuft, bei Erwachsenen jedoch tödlich ausgehen kann. Ich wurde sehr krank. Tja, diese Synchronizität! Ich las das Buch so schnell wie möglich zu Ende. Ich musste herausfinden, ob Lynn es schaffte, ihre männlichen und weiblichen Anteile zu integrieren. Ja, am Ende des Buches gelang es ihr. Nun kam meine Prüfung so richtig in Fahrt. Ich sinnierte darüber, wie kooperativ das Universum doch war. Damals war es mir nicht möglich, auf meiner spirituellen Suche alle diese exotischen Orte aufzusuchen, von denen ich gelesen hatte, also brachte das Universum die Suche direkt zu mir in meine Kleinstadt Norwich, Connecticut. Auf dem Höhepunkt meiner Qualen hatte ich 40 Grad Fieber, mein Gesicht war puterrot und mein Puls raste. Ich kroch zum Badezimmer und zwang mich, dort aufrecht zu stehen.

Ich schaute auf, und da erkannte ich vor mir, größer, als ich ihn je zuvor gesehen hatte, den weißblauen Stern, eine Tür zur nächsten Dimension. Er funkelte und war voller Leben, und ich wusste, dass sich mir eine Chance bot, meinen Körper zu verlassen und mit diesem Leben abzuschließen. Instinktiv schloss ich die Augen, wandte meinen Kopf ab und sagte laut: »Nein, warte mal! Ich will noch bleiben! Ich werde meine Arbeit tun!« Dabei dachte ich bei mir: »Woher ist das gekommen? Was hat es bedeutet?« Ich hatte zwei eigene Kinder zu betreuen, die damals noch klein waren, und dann noch vier weitere Kinder, um die ich mich regelmäßig kümmerte – ich war einfach die Tagesmutter im Block. Von welcher »Arbeit« sprach ich da? Das war ein Moment der Wahrheit: das Angebot, mich zu verabschieden, war verlockend gewesen. Es überraschte mich, herauszufinden, dass ich auch, nachdem ich das Grenzenlose erfahren hatte, wirklich noch hier auf der Erde bleiben wollte. Es gab so viel Segen, der sich hier erfahren ließ.

Als ich wieder aufblickte, war der weißblaue Stern verschwunden. In den darauf folgenden Tagen erreichte ich eine Krise, aber nicht ohne zuvor die Halluzinationen durchgemacht zu haben, die mit hohem Fieber einhergehen, und erlebte, ganz in Lynn-Andrews-Manier, wie ein australischer Ureinwohner Kristalle in meinem Körper platzierte. Ich brauchte Monate, bis ich nach dieser Krankheit wieder voll da war. Obwohl ich körperlich eine robuste Natur habe, fühlte ich mich nach dieser Erfahrung lange Zeit wie ein Strich in der Landschaft. Die Energie, die ich in jede Zelle meine Seins aufgenommen hatte, schlummerte noch, während ich mich von meiner Erkrankung erholte.

Das war 1989, und ich war immer noch die Tagesmutter bei uns im Block, aber aus der Tiefe meines Inneren wusste ich, dass sich etwas Tiefgehendes in der Grundenergie des Planeten verändert hatte. Mein zweites Gesicht und meine Fantasie wurden in meinem Leben wieder sehr aktiv. Ich begann die weibliche göttliche Lichtgestalt in meinem Energiefeld wahrzunehmen. Außerdem waren leuchtende Wesen aus goldenem Licht anwesend. Vielleicht könnte man sie die Engel dieses Wissens nennen. Da waren insbesondere drei Wesen, die zu meiner

Linken standen. In meinen Gedanken nannte ich sie liebevoll die drei Weisen. Die Essenz ihres kollektiven Seins hielt ein Energiemuster, das heute das Logo der Arbeit mit der EMF Balancing Technique ist.

Während ich mich weiterhin um die mir anvertrauten Kinder kümmerte, begann ich die Information von diesen Engeln zu nutzen, um eine neue Art von Energiearbeit zu initiieren. Ich hielt Sitzungen ab, bei denen ich die zusätzlichen Energiemuster einsetzte, wie sie mir gezeigt worden waren. Es war wie Kornkreise zu verfolgen, die sich durch das menschliche Energiefeld zogen. Ich wurde angewiesen, mich immer an die vorgegebenen Muster zu halten, und die Ergebnisse würden variieren, je nach dem Bedarf oder der Absicht des Menschen. Gelegentlich kam es zur Heilung körperlicher Beschwerden, aber das betrachtete ich als Nebenwirkung. Der Schwerpunkt dieses neuen Verfahrens, heute unter dem Namen EMF Balancing Technique bekannt, lag in der Aktivierung und dem Ausbalancieren des Universellen Kalibriergitters (UCL).

Zur selben Zeit begann sich mein Leben und mein Umfeld dramatisch zu ändern. Ich begann mein Zuhause in Ordnung und sauber zu halten, da zunehmend mehr Klientinnen und Klienten herbeiströmten, als sich herumsprach, wie wirksam diese Arbeit war. Die Leute berichteten, sie fühlten sich »anders« und »leichter«, und ihnen fiel auf, dass sie mehr Erfüllung in ihrem Leben fanden. Das flog ihnen nicht so einfach zu, denn da blieb immer noch weitere Arbeit, die die Einzelnen allein angehen mussten, aber sie stellten fest, dass sie mehr Energie und Willensstärke hatten und innerlich Führung bekamen, um dem nächsten Schritt ihrer Seele zu folgen. Dadurch, dass ich konsequent blieb und jeweils nur mit einer Person arbeitete, genoss die Arbeit einen zunehmend guten Ruf.
Aufgrund einer Serie ungewöhnlicher Zufälle erschien in Ergänzung hierzu ein Artikel über die EMF-Arbeit in der Lokalpresse, was zu meinem ersten Schritt ins Licht der Öffentlichkeit führte. Man lud mich nämlich ein, Kurse in der Erwachsenenbildung zu geben und schließlich in New-Age-Läden, auf ganzheitlichen Gesundheitsmessen und in ganz normalen Läden und Firmen. Dieser Schritt fiel mir nicht leicht – noch ein Jahr, bevor der Artikel erschien, hatte ich wie eine Einsiedlerin gelebt, und das schon seit Jahren. Ich war in Gesellschaft anderer noch immer sehr unbeholfen und fühlte mich nicht wohl mit Menschen.
Ich vollzog den ersten Schritt beinahe unbewusst, indem ich einfach meiner Leidenschaft für und meiner Liebe zu Gott/zur Göttin folgte. Mir fiel wirklich nie auf, wie sehr ich mich dabei veränderte. Fast so, als ob ich einfach nicht anders konnte, lernte ich über das Universelle Kalibriergitter und die EMF Balancing Technique zu sprechen. Diese Ausführungen kamen aus meiner Seele, so wie aus anderen Lieder und Gedichte hervorströmen. Man lud mich ein, bei einigen Lokalsendungen im Radio und Fernsehen zu sprechen. Das war zwar nicht immer einfach, aber ich erreichte einen Punkt, an dem mir klar wurde, dass ich den Prozess fortsetzen wollte. Ich begann zu reisen, zuerst durch Neuengland und dann zu ein paar anderen Teilen des Landes. Nach einigen Jahren erkannte ich, dass diese Arbeit sich zu einem landesweiten Unternehmen auswuchs.
Während der Arbeit mit dem UCL bei anderen wurden mein eigener Körper und mein eigenes Energiefeld stärker, und ich war besser fähig »den vollständigen Ladezustand meines eigenen Seins« zu halten. Ich hatte jetzt einen Ort, wo all diese universelle Energie zirkulieren konnte, ich erkannte, dass ich meine eigene Energie und Kraft festhalten konnte, und meine Partnerschaft mit Gott/der Göttin erwachte zum Leben. Zum ersten Mal begann ich mich hier auf dem Planeten Erde zu Hause zu fühlen.

EINS PLUS EINS ERGIBT UNENDLICH

Heftige Emotionen wie Angst, Schmerz und Trauer sind einflussreiche Lehrmeister. Nach 23 Jahren Ehe ließen mein erster Mann David und ich uns scheiden. Wir waren schon lange getrennte Wege gegangen und hatten uns einfach sehr weit auseinander entwickelt. Ich war dankbar für die Jahre, die wir miteinander verlebt hatten, unsere beiden wunderbaren Töchter und seine Toleranz gegenüber meinen vielen Jahren der spirituellen Suche. Als die Ehe dem Ende zuging, bekam ich zufällig mit, wie ein Kollege von David bemerkte: »Jetzt muss sie sich um einen richtigen Job kümmern!« Meine ganze mir vertraute Welt hatte ein Ende gefunden, und ich konnte nicht vorhersehen, was kommen würde, aber ich wusste, was meine eigentliche Arbeit war, und zwar hatte sie durch und durch mit dem Wachstum meiner Seele zu tun. Wie jeder andere hatte ich ein paar harte Lektionen zu lernen.

Ich verließ ein sicheres und schönes Heim und zog zur unsichereren Seite der Stadt um, alles im Namen der Freiheit. Die Erfahrung machte mich stark und lehrte mich, mir Schritt für Schritt ein Leben und berufliche Perspektiven aufzubauen. Ich mietete ein großes, altes Wohnhaus mit Büro und Parkplatz. Mir lag sehr viel daran, meine beiden Töchter behütet aufwachsen zu lassen, und hatte mir vorgenommen, bei ihnen zu Hause zu bleiben. Wenn ich einen Monat lang keine Arbeit hatte, machte ich mir Sorgen, ob ich wohl genug Geld hätte, um meine Rechnungen zu bezahlen. Ich war wirklich auf mich selbst angewiesen, oder zumindest dachte ich das.

Ich hatte nämlich meinen persönlich haftenden Gesellschafter vergessen – Ihn, der mir so leidenschaftlich am Herzen lag. Die Universelle Kraft kennt uns alle, und ich war in der Tat eine Partnerschaft eingegangen. Einen Tag, nachdem ich mir Sorgen wegen meiner Finanzen zu machen begonnen hatte, rief mich eine wunderbare Frau an. Sie sagte mir, dass sie fünf Leute kenne, die die Technik erlernen wollten, und da ich ja gerade erst umgezogen sei, könne ich den Kurs bei ihr zu Hause veranstalten. Statt das Geld, das ich in diesem Kurs verdiente, für neue Sachen auszugeben, die ich für mein Heim wollte, brachte ich es dankbar zur Bank.

Abb. 1.3 »Verschmelzung«

Ich begann zu lernen, die Energie des Geldes zu achten. Das Leben war eine Herausforderung und gleichzeitig auch spannend. Meine private Praxis wuchs immer weiter. Ich unterrichtete vor Ort und machte mich dann wieder ans Reisen, als es für meine kleine Familie in Ordnung war. Ich konnte uns alle durch meine Privatpraxis und die Kurse ernähren und entwickelte die EMF Balancing Technique weiter. Eine Zeitlang ging ich mit jemandem aus und hatte ein paar wilde Abenteuer, aber keine feste Beziehung. Das Großziehen meiner Kinder und meine Arbeit füllten mich aus, und ich hatte meinen Frieden mit dem Single-Dasein geschlossen. Ich brauchte keinen anderen, um mich vollständig zu füllen: ich war mir selbst genug. Manchmal sinnierte ich aber dennoch ein wenig darüber, ob es auf diesem Planeten wohl wirklich wahre Liebe gäbe und, wenn ja, wie es wohl wäre, sie zu erleben.

Wie die Synchronizität es so fügte, leitete ich einen Kurs in der Erwachsenenbildung mit dem Titel »*Introduction into Energy*«. Es hatten sich fast dreißig Personen angemeldet, und zu meinem Erstaunen sah ich viele Männer im Raum. Stephen Dubro kam in den Veranstaltungsraum und nahm unter den anderen Teilnehmerinnen und Teilnehmern Platz. Er fiel mir sofort auf, und ich musste mich immer wieder ermahnen, dass ich dort war, um meine Arbeit zu tun, und begann mit dem Unterricht. Kurze Zeit später, als ich durch den Raum ging, um die Energien der Anwesenden zu beobachten, war ich hinter Stephen stehengeblieben, als er sich umdrehte, um mich anzusehen. Ich spürte, wie plötzlich eine Energie durch jede Faser von mir schoss, und ich war nervös wie ein Schulmädchen. Er kam mir so vertraut vor. Ich schaffte es dennoch, den Kurs an diesem Abend zu Ende zu bringen. Nach dem Kurs kam er zu mir, um sich mit mir zu unterhalten, und wir entdeckten, dass wir eine Menge gemeinsamer Bekannter hatten und in unserer Kindheit eine Zeitlang in zwei benachbarten Kleinstädten gelebt hatten. Ich könnte einen ganzen Roman über unsere Beziehung verfassen und darüber, wie sie gewachsen ist, aber ich habe meinem Mann versprochen, ihm diese Peinlichkeit zu ersparen. Hier die Essenz von uns als Paar: Man nehme ein (männliches) Menschenwesen, das weiß, dass es eine »Seele im Werden« ist, füge ein weiteres (weibliches) Menschenwesen hinzu, das sich ebenfalls auf diese Weise kennt, mixe das Ganze mit zunehmendem Verständnis und der Liebe zum Schöpfer im Inneren, und vermische dies wiederum mit der Energie der Liebe. Das Ergebnis sind unendliche Möglichkeiten.

Schließlich heirateten wir ohne jedes Zögern, und seitdem sind wir miteinander immer weiter gewachsen. Ich merkte bald, dass Stephen große Ähnlichkeit mit meinem dunkelhaarigen Krieger hatte – dem, der mich jedes Mal, wenn ich mit Lichtwesen in anderen Wirklichkeitsdimensionen zusammentreffe, begleitet, führt und beschützt. Auf dieser Ebene hier ist er die andere Hälfte dieses Werks und sorgt als solche für die unabdingbaren Energien der Integrität und Stabilität. Die Informationen für Phase III und IV der EMF Balancing Technique manifestierten sich erst nach der Begegnung und dem Beginn der Zusammenarbeit mit Stephen. Zusammen haben wir versprochen, gute Hüter der Arbeit zu sein. Er ist hier, um das sicherzustellen, und dabei ermutigt er mich immer wieder, mein Potenzial zu erfüllen, und beurteilt fortwährend die Qualität und Integrität der Arbeit, während diese sich entwickelt. Wir ergänzen uns – in unserer Partnerschaft spüren wir das enorme Potenzial, das darin liegt, dass hierbei eins plus eins unendlich ergibt. Wir sind die allerbesten Freunde und haben größten Respekt voreinander. Und natürlich sind wir Mann und Frau in einer herzerfrischend spirituellen Ehe.

HILFE VON UNSEREN FREUNDEN

Nach meiner Heirat mit Stephen führte ich weiterhin meine private EMF-Praxis. Als wir uns kennen lernten, funktionierte ich primär auf dem Überlebenslevel und arbeitete sechs, sieben Tage die Woche. Ich berief mich darauf, dass ich mich ja verpflichtet hatte, meinen Mitmenschen zu dienen, also sei es wichtig, immer in Bereitschaft zu sein. Ich war wirklich reif dafür, zu lernen, dass anderen zu dienen nicht hieß, dass ich selbst nicht mehr zählte. Ich war nämlich auf dem besten Weg, auszubrennen, und auch bei all meinen guten Absichten lebte ich nicht im Gleichgewicht.

Mit Stephens Hilfe stellte ich meinen Terminkalender um. Unsere halbwüchsigen Kinder erforderten unsere Aufmerksamkeit und unsere Arbeit ebenso. Ich beschränkte meine Sitzungsarbeit auf vier Tage pro Woche und kümmerte mich an den übrigen Tagen um den Aufbau unserer Firma. Wir gründeten eine eingetragene Gesellschaft, um der Welt zu verstehen zu geben, dass wir zwar im Dienst der Menschheit stehen, aber dennoch auch ein Betrieb sind. Das ist unser spiritueller Weg, und wir gehen ihn gemeinsam. Wir entwickelten ganz neue Fertigkeiten, als wir lernten, uns nach der Führung unseres persönlich haftenden Gesellschafters zu richten. Stephen erinnerte mich immer wieder daran, dass es nicht darum ging, ob wir Erfolg hatten; es ging darum, ob wir unser Bestes gaben oder nicht. Wenn wir unser Bestes gaben und es klappte nicht, dann war es eben so. Wir machten uns mit dem Computer vertraut, entwickelten unsere eigene Werbung, entwickelten Trainingsleitfäden für die Anwender und schließlich das Lehrerausbildungsprogramm. Wir stellten die ersten EMF-Handbücher zusammen. Dabei

lernten wir die ganze Zeit über gleichzeitig, zusammen zu arbeiten und eine Familie zu sein. (Man beachte, dass ich nicht sage, dies sei einfach.)
Es ergaben sich auch weiterhin interessante Möglichkeiten, und wir machten von einigen Gebrauch und lernten dabei eine Menge. Eine spannende Sache ergab sich im Sommer 1995. Durch einen ganz besonderen Freund von uns kam Sonalysts, ein renommiertes Forschungs- und Entwicklungsunternehmen, auf Stephen und mich zu. Die Firma, die auch C. Everett Koops Gesundheitsvideos produziert hat, war auf staatliche Aufträge spezialisiert. Sie wollte mit uns zusammenarbeiten, um NASA-Fördermittel zum Studium der Auswirkungen der EMF Balancing Technique zu beantragen. Unsere Rolle bei diesem Experiment sollte darin bestehen, die Ausbildung und Übungen einzubringen, die wir bei unseren Kursteilnehmern anwenden. In der Studie sollte »Die Auswirkung der Bewusstheit elektromagnetischer Feldenergie auf die Verbesserung der Leistungsfähigkeit von Teams sowie die Förderung menschlicher Gesunderhaltung« untersucht werden. Mit anderen Worten sollten wir kollektives Bewusstsein anregen, indem wir geistige Dinge und Biologie zusammenbrächten.
Wir erfuhren, dass der Zeitpunkt damals nicht der richtige war, und waren enttäuscht, dass Sonalysts die Fördermittel nicht erhalten hatte. Doch die Erfahrung, gemeinsam mit Wissenschaftlern der US-Marine den formellen 23seitigen Antrag zusammengestellt zu haben, in dem das Experiment ausführlich geschildert wurde, war eine solche Ermutigung aus dem Universum.

Ich hielt weiterhin Vorträge bei Messen zum Thema ganzheitliche Gesundheit. Viele, die dorthin kamen, wollten wissen, ob ich die Kryon-Bücher von Lee Carroll kannte. Als ich verneinte, kam meistens die Reaktion: »Sie sagen eine Menge Dinge, die bei ihm auch vorkommen.« Es machte mich etwas neugierig auf diese Bücher, aber dabei blieb es dann auch. Ich hatte das Interesse an Büchern verloren, da ich mich gerade in einem Entwicklungsstadium befand, wo ich gar nichts mehr lesen wollte. Ich wollte tun und sein, und in diesem Sinne verfolgte ich meine Aktionsrichtung weiter.
Im Frühjahr erhielt ich innerhalb von drei Tagen von drei unterschiedlichen Seiten drei Exemplare des ersten Kryon-Buchs, *Das Zeitenende*. Alle drei Bücher wurden mir auf die Türschwelle gelegt. Alles, was gleich drei Mal geschieht, ist dazu geeignet, mich aufhorchen zu lassen, und so dachte ich bei mir, dass das ja sehr interessant sei. Vielleicht deshalb, weil es »gechannelt« war, hatte ich Widerstände dagegen, das Buch zu lesen, und wollte mir es noch überlegen. Obwohl viele der gechannelten Information, mit denen ich bis dahin in Berührung gekommen war, eine große Anregung gewesen waren, hatte ich das Gefühl, dass es diesen Büchern manchmal an greifbaren, hilfreichen, praxisbezogenen Informationen mangelte. Ich hatte ein starkes Verlangen nach etwas wirklich Substanziellem – nach anwendbaren praktischen Werkzeugen und Informationen für unsere Welt so, wie sie ist.
Mein Ehemann Stephen jedoch ignorierte den »Zufall« nicht und begann das Buch zu lesen, zutiefst berührt von seiner Energie und Information darin. Er wusste, dass dieses Material wichtig war, also begann er mir Teile des Buchs vorzulesen. Ich freute mich über einige der Informationen und war sehr beeindruckt von der Klarheit dessen, was ich hörte. Aber noch immer nahm ich das Buch nicht selbst zur Hand. Eines Tages führte Stephen ein Telefonat mit dem Vertreter eines Verlags, die eine New-Age-Fachzeitschrift herausgibt. Sie unterhielten sich über das Kryon-Material und seine Bedeutung für die EMF-Arbeit. Der Mann am anderen Ende der Leitung äußerte seinen Eindruck, dass wir unbedingt einmal mit Lee sprechen sollten und gab Stephen seine Telefonnummer. Ein weiterer »Zufall«.
»Ich hab was für dich«, sagte Stephen und händigte mir die Telefonnummer aus. Die Synchronizität der Ereignisse wollte es, dass ich Gelegenheit hatte, mit einigen herausragenden

Autoritäten auf spirituellem Gebiet zu sprechen. Hier war meine Chance, mit einem anderen Menschenwesen Kontakt aufzunehmen, von dem ich lernen konnte, und ihm einfach »Hallo« zu sagen. Ich wusste, dass ich aus Respekt vor Lee Carroll ein wenig in seinem Buch lesen sollte, bevor ich bei ihm anrief. Ich griff also schließlich zu dem Buch und hielt es erstmals selbst in der Hand. Ich hatte vor, es nur flüchtig zu überfliegen, aber stattdessen verschlang ich jedes Wort. Ich war begeistert, ich weinte und lachte, als ich die Worte las, die so tief in meinem Innern derart wahr klangen.

Lees Buch lieferte mir eine Erklärung für das, was ich in meinem Leben und meiner Arbeit durchlebt hatte. Ich wusste, 1989 war etwas Mächtiges von immens großem Ausmaß passiert. Es war das Jahr, in dem das UCL zugänglich wurde. Es gibt viele Faktoren, die hierzu beitrugen und die es bei der Betrachtung solcher Ereignisse mit einzubeziehen gilt, und wir werden sie uns an späterer Stelle in diesem Buch noch ansehen. Spezifisch für diese Arbeit war die Ankunft Kryons im kollektiven Bewusstsein 1989, ein Schlüsselfaktor in der Entwicklung der EMF Balancing Technique sowie in der menschlichen Evolution im Allgemeinen. Während der vorausgegangenen sieben Jahre privater Praxis, die Tausende von Sitzungen ermöglichte, hatte ich sozusagen einen Sitz in der ersten Reihe zur Beobachtung dieser Evolution in unserer Energieanatomie.

Als ich Lee anrief und mit ihm sprach, war da ein sofortiges Gefühl der Vertrautheit, es war, als würde ich mich mit einem alten Freund unterhalten. Im Herbst dieses Jahres lernten Stephen und ich in New Hampshire Lee, seine spirituelle Partnerin Jan Tober und Kryon persönlich kennen. Im Februar 1997 begann unsere offizielle Zusammenarbeit. Eine geheiligte Partnerschaft verbindet uns bei unserer Arbeit auf der ganzen Welt und unseren Reisen.

Die Realität des Universellen Kalibriergitters klingt wahr für die Menschen auf der ganzen Welt. Viele sagen, sie hätten Teile einer gitterartigen Struktur gesehen. In unseren Seminaren werden die Informationen zum UCL immer sehr positiv aufgenommen. Die Teilnehmer erkennen einen Teil von sich selbst wieder und brennen darauf, zu lernen, wie sie mit ihm arbeiten können. Während ich unterrichte, beobachte ich, wie die Energiefasern im Feld jeder einzelnen Person reagieren, was jede Kursstunde einzigartig und interessant macht. Selbst wenn meine Worte während des Seminars übersetzt werden, fallen mir mitunter energetische Bewegungen auf, bevor die Teilnehmer die Worte verstehen. Es gibt wirklich noch eine andere Sprache.

Die EMF Balancing Technique stellt das energetische Verfahren dar, das eigens für die Arbeit mit dem Universellen Kalibriergitter konzipiert wurde. Die Saat dieser Arbeit ist bereits über den gesamten Planeten verbreitet. Zum Entstehungszeitpunkt dieses Buches gibt es in 33 Ländern auf der ganzen Welt Anwender und Lehrer(innen) für dieses Verfahren. Die Arbeit wächst dabei immer weiter, da sie sich im Leben der Menschen als wirksam erweist, und diese gute Nachricht spricht sich schnell herum.

AHNYA

Eines Tages besprachen Stephen und ich meine Erlebnisse mit der weiblichen Lichtgestalt. Wir fragten uns, ob sie wohl ein Engel war. War sie ein Teil von mir selbst? Für mich ist sie eine strahlende Freundin, die immer da ist, in einer Haltung, die mir Unterstützung gibt. Wir sprachen darüber, wie real diese Lichtwesen sind, die mir so wohlig vertraut sind. Fast beiläufig überlegte Stephen laut: »Meinst du, sie hat einen Namen?« Ehe ich mich versah, setzte ich mich kerzengerade hin, meine Stimme wurde tief, und dann kam der Name: »Ahnya«! Die Gestalt sprach danach noch mehr als eine halbe Stunde mit uns beiden. Ihre Gegenwart war aufbauend und beruhigend.

Momentan verstehe ich das Ganze so: Ich habe Ahnya als eine wahrhaft göttliche feminine Energie erfahren. Sie ist ein Aspekt eines Bewusstseins, das ein geschlechtsloses, geeintes Ganzes ist, aber weil es zweckmäßiger ist, werde ich dieses erhabene Wesen als weiblich beschreiben. Sie ist eine Meisterin der Meister, Teil eines größeren Gefolges, ergänzt Kryons planetare Veränderungen, und sie ist eine Partnerin bei der Entwicklung der EMF-Arbeit. Sie konzentriert sich auf die Verbindung von Mensch zu Mensch sowie auf die Ehre und Achtung, die wir uns in dieser Wirklichkeit gegenseitig erweisen. Sie nennt mich gerne Phoenix und erinnert mich daran, den Phoenix in anderen zu sehen. Wir alle werden vom Feuer des Lebens verzehrt und erheben uns auf die eine oder andere Weise wieder aus ihm. Ahnya hat viel über die Phoenix-Ereignisse in unserem Leben zu sagen, und was sie dazu zu lehren hat, wird Teil der nächsten Stufe dieser Arbeit sein. Immer wenn ich unterrichte, ist sie anwesend. Mir ist ganz klar bewusst, dass ich das Menschenwesen bin, das die Arbeit verrichtet. Mal bin ich Medium, und dann wieder nicht, weil es mir zu diesem Zeitpunkt am liebsten so ist. Jedes Mal, wenn und überall wo ein EMF Balancing Lehrer die Arbeit vorstellt, ist sie präsent, um ihre Unterstützung anzubieten. Sie ist auch dann präsent, wenn ein EMF-Practioner eine Sitzung durchführt. Ich bin immer noch dabei, ein Verständnis von »uns« zu entwickeln, denn manchmal habe ich das Gefühl, dass Ahnya und ich wirklich eins sind. Gleich, wie es in Wirklichkeit sein mag, ich spüre eine heilige Liebe zu ihr und habe Hochachtung vor der Verantwortung, meine Mitmenschen an diesen Lehren teilhaben zu lassen.

Abb. 1.4 »Erwachen«

Es gab einmal eine Zeit in meinem Leben, in der ich solche Angst vor Menschen hatte, dass ich kaum aus dem Haus ging. Heute reisen wir in alle Welt. Unser Terminkalender verlangt uns eine Menge ab, und es kann vorkommen, dass wir bei einer Tournee bis zu sieben Wochen unterrichten. Wisst ihr noch, wie ich mich an Gott erinnern wollte? Wenn ich unterrichte, sehe ich das Angesicht Gottes/der Göttin in jedem einzelnen Menschen!

»Um in Gedankenschnelle zu fliegen, ganz gleich, an welchen Ort,
musst du schon vor Beginn wissen, dass du bereits dort angekommen bist.«

Richard Bach
Die Möwe Jonathan

KAPITEL ZWEI

AUFBRUCH ZU EINEM NEUEN PARADIGMA

Geist, Materie und Intentionalität

»Insofern sich die Sätze der Mathematik auf die Wirklichkeit beziehen,
sind sie nicht sicher, und insofern sie sicher sind,
beziehen sie sich nicht auf die Wirklichkeit.«

Albert Einstein

»Intelligenz ist an jedem Punkt im All anzutreffen,
Und man kann sie mit der Kraft des Gedankens beeinflussen.«

Nikola Tesla
The Wall of Light

Wir alle sind ein Spiegelbild des *Unendlichen.* Wo setzen wir dann also an, wenn wir definieren wollen, was es mit der menschlichen Dynamik auf sich hat – der Struktur und Essenz des Menschen?
Als Menschen sind wir alle ein Bestandteil des Ganzen, das wir äußerlich als das »Universum« wahrnehmen. Nur dass die Einschränkungen und Grenzen unserer konventionell akzeptierten Wahrnehmungsorgane uns irreführender Weise suggerieren, wir existierten von allem getrennt. Wir sehen uns selbst als von anderen Menschen getrennt sehen und wir betrachten uns als klar abgegrenzt und separat von allen anderen fühlenden Wesen. Als Geschöpfe innerhalb einer physisch greifbaren Wirklichkeit erfahren wir das Leben als Abfolge aneinandergereihter Ereignisse. Wir sind in der Vorstellung gefangen, dass Raum und Zeit die einzigen Koordinaten seien, in denen sich unser Dasein definieren lässt. Ohne diese optische Täuschung, die von Zeit und Raum hervorgerufen wird, wären wir womöglich gar nicht in der Lage, uns in einer sich ständig verändernden Welt ein Selbstgefühl (eine *Identität*) zu bewahren.

Dieses Kapitel und im Grunde das gesamte Buch verweisen auf einen Paradigmenwechsel in der Wissenschaft. Innerhalb des neuen Paradigmas spielt der Gedanke der Multidimensionalität eine zunehmend wichtige Rolle bei der Erklärung der klar zutage tretenden Phänomene in unserer dreidimensionalen Welt. Gleichzeitig schaffen die diversen wissenschaftlichen Theorien unserer Diskussion in diesem und späteren Kapiteln gleichzeitig auch eine Grundlage, durch die sich besser verstehen lässt, welche Prinzipien der *EMF Balancing Technique* zugrunde liegen.
Ich bin der Auffassung, dass wir Menschen nicht nur multidimensionale Wesen sind, sondern in unseren gesamten Interaktionen, vor allem bei denen, die mit unserer Essenz als elektromagnetische Geschöpfe in Verbindung stehen, aktiv funktionieren wie multidimensionale Wesen. Aus dieser höheren Warte können wir neue Perspektiven und Möglichkeiten eröffnen bei dem Zeichnen eines erweiterten Bildes der Wirklichkeit. Dieses umfassendere Wirklichkeitsbild trägt dann zu einer *Verschiebung* der Paradigmen bei, das heißt, zu einem dramatischen Umdenken im Hinblick auf unsere Wahrnehmung der Welt. Und so erschaffen wir kollektiv das *neue* Paradigma. Im Rahmen dieses neuen Paradigmas erklärt sich mit einem Mal das Bizarre, Rätselhafte, Übernatürliche und Unerklärliche. Soweit zu den umwälzenden Neuerungen im Denken, die hier vorgestellt werden und die zentral sind für unser Verständnis des Stoffs, um

den es in diesem Buch geht. Nachfolgend zunächst einmal einiges zur Klarstellung und näheren Erläuterung unserer Definition der Begriffe *Paradigma* und *Multidimensionalität*.

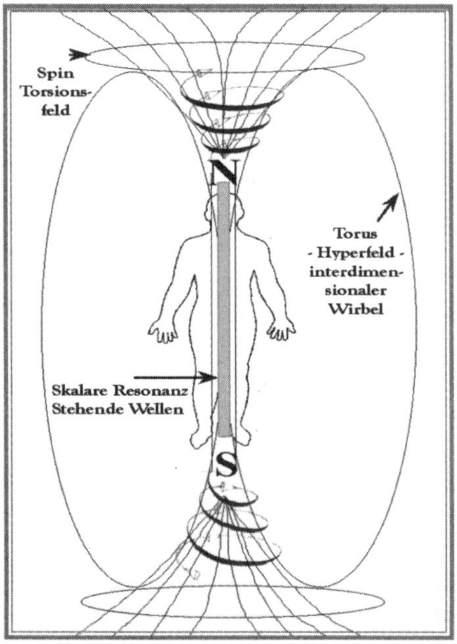

Abb. 2.1 »Hyperfelder des Körpers«
Der physische Körper ist von Hyperfeldern umgeben, Feldern im höherdimensionalen Raum. Der Torus, ein interdimensionaler Wirbel, weist mehrere Schichten auf, vergleichbar mit den Schalen einer Zwiebel. Diese Energiefelder tragen die hyperräumlichen Eigenschaften von Torsionsfeldern in sich. In den gesamten Strukturen findet sich ein Fluss, ein Strömen von Energie. Bearden hat errechnet, das der physische Organismus in einem beständigen offenen Energieaustausch mit dem Vakuum (Kosmischen Meer) steht. Die Größe dieses Energieaustauschs entspricht einer Kraftwerksleistung von einer Million 1.000-Megawatt-Kraftwerken. Alles das ist »freie Energie«. [1]

PARADIGMEN ALS WIRKLICHKEITSMODELLE

Im Allgemeinen meint man mit einem Paradigma ein bestimmtes Bild oder Modell der Wirklichkeit, das in der Wissenschaft oder einem bestimmten Wissenschaftszweig vorherrscht. Setzt sich ein solches Bild oder Modell der Wirklichkeit durch, so sind mit ihm bestimmte Muster verbunden, nach denen die Erscheinungswelt wahrgenommen und analysiert wird und nach denen man Dinge für gültig erklärt. Paradigmen gibt es nicht nur in der Wissenschaft, sondern sie bestimmen unsere gesamte Wahrnehmung der Umwelt. Plausible Erklärungen für Phänomene, die wir innerhalb der Wirklichkeit beobachten, werden durch die Grenzen dieses Paradigmas selbst festgelegt. So zum Beispiel behaupteten zu bestimmten Zeiten in der Geschichte Wissenschaft und Religion, die Erde sei der Mittelpunkt des Universums. Folglich glaubte man, dass alle Himmelsobjekte sich in bestimmten Bahnen relativ zu der stillstehenden Erde bewegten.
Dafür, dass die menschlichen Beobachtungen und Glaubensvorstellungen dem anerkannten Paradigma der damaligen Zeit entsprachen (nämlich: »Die Erde ist der Mittelpunkt des Universums«), sorgten höchst kunstvolle und farbenprächtige Darstellungen der Bewegungen der Himmelskörper. Diese Darstellungen lieferten im Rahmen des damaligen Paradigmas eine *plausible* Erklärung beobachteter Phänomene. Natürlich erwies sich dieses Wirklichkeitsmodell später als unzutreffend. Mit dem Aufkommen der kopernikanischen Astronomie im 16. Jahrhundert erfasste ein großes Umdenken die Wissenschaft, und es kam zur Geburtsstunde eines neuen Paradigmas.

RUF NACH EINER WISSENSCHAFT DES BEWUSSTSEINS

Es gibt noch weitere Beispiele für umwälzende Paradigmenwechsel in der Wissenschaft, etwa das Aufkommen der Einsteinschen Relativitätstheorie und die Weiterentwicklung der Quantenphysik. Diese Theorien haben unser zuvor rein mechanistisches Weltbild für immer grundlegend verwandelt. Wir mussten uns verabschieden von einer Welt, in der Zeit und Raum als absolut galten und in der sich alles durch simple Gesetze der Mechanik erklären ließ.

Wir sind nicht imstande, die Quantenwelt durch mechanische Gesetze zu beschreiben. Darüber hinaus betrachten die Physiker die Quantenwelt heute als eine Welt, in der das Bewusstsein mitwirkt und eine aktive Rolle bei der Gestaltung unserer Wirklichkeit spielt. *Nun stehen wir vor einer völlig neuen Herausforderung: Wir müssen definieren, wie Materie, Intention und Bewusstsein aufeinander einwirken.* Materie und Bewusstsein sind nicht voneinander zu trennen. Das Bewusstsein tritt in Wechselwirkung mit dem virtuellen Bereich elektromagnetischer Felder und beeinflusst diese. Letztlich geht es bei dieser Herausforderung darum, eine Wissenschaft interdimensionaler Physik zu entwickeln, die das Bewusstsein in die alles umfassende Weltgleichung einbezieht.

DAS QUANT IST VON DIESER WELT

Beobachtungen der Quantenwelt haben mittlerweile gezeigt, dass die Wirklichkeit von Elementarteilchen wenig beeindruckt davon ist, wie wir den Ablauf der Zeit messen. In der Quantenwelt der Elementarteilchen ist diese virtuelle (unsichtbare) Wirklichkeit als Zustand von Nicht-Zeit und Nicht-Raum zu beschreiben.

Man muss sich vorstellen, dass ein Elementarteilchen wie das Elektron in der Lage ist, seine Existenz gleichzeitig mit seiner eigenen Vergangenheit und seiner eigenen Zukunft zu teilen. In unserer Wirklichkeit nehmen wir dieses Elektron nur für einen Bruchteil seiner *Zeit* wahr, da es gleichzeitig in verschiedene Zeitrahmen hinein und wieder aus diesen heraus tanzt. Hierbei trägt das Elektron Information aus der gesamten von ihm erfahrenen *Zeit* – Vergangenheit und Zukunft – in seiner höchst eigenen Essenz.

In einer solchen Welt eine Verabredung einzuhalten, wäre für uns gar nicht so leicht. Die Straßenecke, an der sie stattfinden sollte, könnte den Eindruck erwecken, überall gleichzeitig zu sein. Alle Ereignisse würden die Eigenschaft der Verbindbarkeit in sich tragen, ganz gleich, wie weit sie physisch voneinander getrennt wären. Das ist jene ungewöhnliche Eigenschaft, die *Nichtlokalität* genannt wird. Ereignisse in der Quantenwelt werden sofort miteinander verbunden, selbst wenn sie an unterschiedlichen Enden des Universums auftreten. *Was ist das für eine unsichtbare, verborgene Wirklichkeit, dieses Netz oder Gitter, das alles vereint und miteinander verbindet?*

GESELLSCHAFTLICHE ETIKETTE

Vorbei sind die Tage, in denen man Elementarteilchen als simple, unbeseelte Objekte ansah. Elementarteilchen weisen, wie man beobachtet hat, eine organische Intelligenz auf und haben uns in ihrem kollektiven Wirken innerhalb von Systemen gezeigt, dass sie regelrecht über eine bewusste Wahrnehmung ihrer äußeren Umgebung verfügen. Beobachtungen an Elektronenanordnungen konnten zeigen, dass deren *koordinierte* Bewegungen sich durch Information von außen beeinflussen lassen. Diese Teilchen sind buchstäblich *informiert* [3]. Sie können sich abstimmen oder in Resonanz kommen und reagieren auf erhaltene Information – Information, von der wir heute wissen, dass sie durch das Mittel oder Vehikel der Form übertragen wird.

Wir konnten nachweisen, wie diese Teilchen kollektiv im gleichen Takt tanzen – ohne je aus dem Rhythmus zu kommen, ohne sich auf die Füße zu treten – als richteten sie sich nach dem Dirigenten eines brillanten Sinfonieorchesters. Stellt euch einen organisierten Einflussbereich vor, den wir als *elektromagnetisches Feld* bezeichnen. Innerhalb dieses Bereichs werden Sie Zeuge der reinsten Lightshow. Lichtphotonen, Physikern als *Boten* des elektromagnetischen Feldes bekannt, sprühen als Schauer umher, um Elektronen innerhalb des Feldes Information zu liefern und mit ihnen auszutauschen. Physiker bezeichnen Licht als Reflexion der fünften Dimension, da Licht einem Raum »höherer« Dimension entspringt [5].

Der menschliche Körper sendet Photonen – Biophotonen – aus dem Inneren der DNS aus! Je stärker *aufgeladen* das elektromagnetische Feld ist, desto aktiver ist dieser Informationsaustausch. Genau diese Information, die wir aus den *sich zunehmend weiter entwickelnden Strukturen unserer elektromagnetischen Felder* gewinnen, bewirken die Erweiterung unseres Bewusstseins. Natürlich sorgt eben dieses elektromagnetische Feld für die Organisation – die Struktur und Form – jener Substanz, die wir Materie nennen. Ohne elektromagnetische Felder gäbe es keine Materialisierung oder Manifestierung »fester« Körper. Man denke sich nur, wir gelangen am Ende zu dem Verständnis, dass Licht die Muster in sich trägt, die ihm das Bewusstsein einprägt.

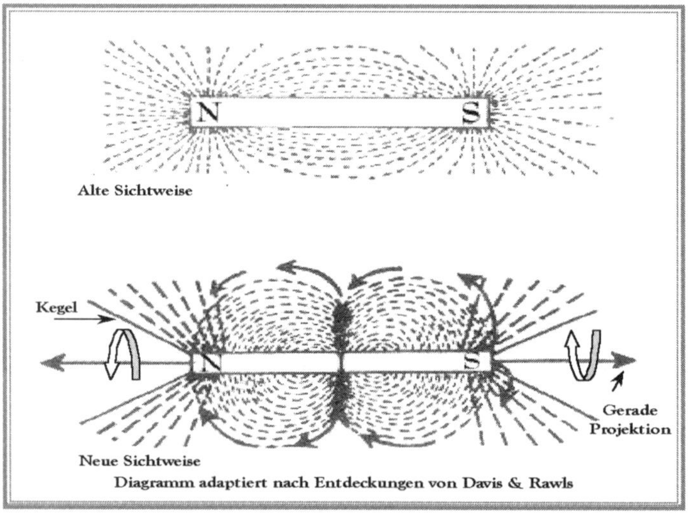

Abb. 2.2 »Alte und neue Sichtweise des Magnetismus«
In der alten Betrachtungsweise von Magnetismus verlaufen Kraftlinien vom Südpol zum Nordpol, oder umgekehrt betrachtet, vom Nordpol zum Südpol. [2] Davis & Rawls gelangten zu einer neuen Sichtweise des Magnetismus. Energie fließt in beiden Richtungen gleichzeitig. Die von Davis & Rawls definierten »Kräftekabel« drücken eine Dualität aus – jedes rotiert in einer entgegengesetzten Richtung, während es den Pol verlässt, um zum anderen zu wandern. Das gebildete Muster ist eine Achterschleife. Siehe Anmerkung 48 zu diesem Kapitel.

Stellt euch vor, dass wir durch die Hyperfeldstruktur des multidimensionalen Gebildes, das wir Licht nennen, herausfinden, dass Licht mit dem geistigen Energiefeld des Menschen verbunden ist.

DIE GEFÜHLE EINES STEINS

Doch die Demonstration von Intelligenz bei Elementarteilchen ist noch nicht alles. Physiker bilden nun die Vorstellung, dass Elementarteilchen auch *Gefühle* aufweisen. Sie sind der Ansicht, dass diese Teilchen emotionale, mentale und ätherische Aspekte als Teil ihrer Natur besitzen. Wie schon zuvor ausgeführt, sind wir immer dann, wenn Widersprüche oder Anomalien innerhalb eines bestimmten Paradigmas unlösbar werden, schließlich gehalten, die Art und Weise zu ändern, in der wir denken, auswerten, wahrnehmen und unsere Wirklichkeit messen.

Wenn wir neues Wissen und neue Beobachtungen in unsere expandierende Sicht der Wirklichkeit einbauen, müssen wir letztlich die älteren Theorien, mit denen wir nicht mehr weiterkommen, von Grund auf umkrempeln. Derartige ältere Theorien erweisen uns durchaus einen Dienst: sie bewirken, dass wir irgendwann in unlösbaren Problemen festsitzen. Also gehen wir zu einem neuen Paradigma über, das uns erlaubt, diese Probleme aus einer neuen Perspektive zu betrachten, und mit einem Mal werden die eben noch unlösbaren Probleme lösbar. Und doch tut man sich, wie von Thomas Kuhn* aufgezeigt, generell schwer, veraltete Paradigmen der Wissenschaft über Bord zu werfen. Die Einführung eines neuen Paradigmas geht dann mit einer »Revolution« in der Wissenschaft einher. Vielleicht werden einige der hier vorgestellten Ansichten sich als Teil dieser neuen Revolution erweisen, die sich in der Wissenschaft und unserem Wirklichkeitsbild bereits abzeichnet.

* Amerikanischer Wissenschaftsphilosoph, Autor von »Die Struktur wissenschaftlicher Revolutionen«, in deutscher Sprache erschienen bei: Suhrkamp Taschenbücher Wissenschaft Nr. 25, Suhrkamp 2001, worin ausführlich auf das Thema Paradigmenwechsel in all seinen Facetten eingegangen wird (Anm. d. Übers.).

MULTIDIMENSIONALITÄT HAT VIELE FACETTEN

Wie definieren wir den Begriff multidimensional? Schon stehen wir vor einer neuen Herausforderung. Je nach Blickwinkel kann er Verschiedenes bedeuten. Zum Beispiel gebraucht man ihn in Zusammenhang mit der Möglichkeit, mehrere Leben gleichzeitig zu führen, und zwar in unterschiedlichen und voneinander getrennten Raum-Zeit-Koordinatensystemen.

Wenn wir die Zeit – die gesamte Vergangenheit, Gegenwart und Zukunft – als gleichzeitig existierend betrachten, so spielen sich unsere Leben alle gleichzeitig ab, nur in parallelen Wirklichkeiten. Die Trennung dieser Leben von einander erfolgt nur innerhalb unserer Vorstellung von Zeit und unserer Grenzen bewusster Wahrnehmung. Voneinander getrennte »Lebens-«Erfahrungen bleiben irgendwie durch einen roten Faden verbunden, der uns an den zentralen Kern unserer Essenz anbindet und mit ihm verknüpft – dem eines spirituellen Wesens.

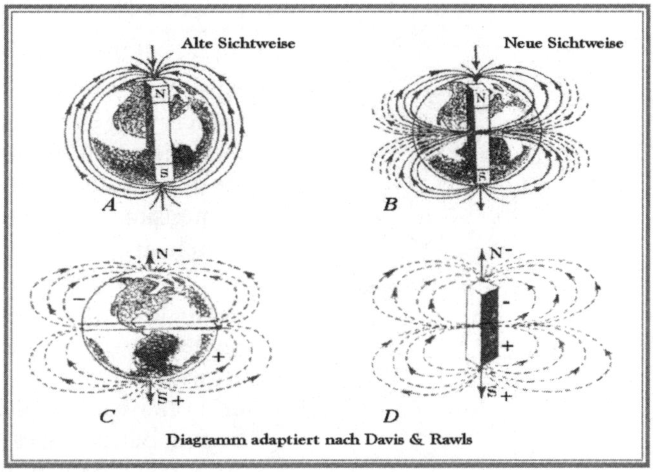

Abb. 2.3 »Neue Sichtweise des Erdmagnetismus«
Die alte Vorstellung des Erdmagnetismus (A) zeigt Magnetkraftlinien, die den Südpol verlassen und in den Nordpol eintreten. In den neuen Entdeckungen von Davis & Rawls ähnelt das Magnetfeld der Erde (B) dem eines Stabmagneten (D). Man beachte das Achtermuster der beiden deutlichen Spiralenergien sowie die entgegengesetzten elektrischen Polaritäten, die aus der Fließbewegung entstehen. Magnetische und elektrische Eigenschaften existieren gleichzeitig. In Abbildung C zeigen Davis & Rawls die Ergebnisse der Magnetismus-Messungen aus Aufzeichnungen im Weltraum und Sonden, welche das Muster und die Polarität der Magnetphänomene der Erde bestätigen. [4] Identische Muster finden sich im menschlichen Energiefeld. Die Prinzipien des Magnetismus sind universell.

Die Vorstellung, dass Dimensionen einzelne Schichten darstellen, ist ziemlich linear. Stellt euch zum Beispiel einen Raum vor, in dem ihr auf diverse Radiosender »aus dem Äther« abstimmen könnt. Jede Radiosendung findet sich im gleichen »Raum«. Dreht ihr den Radiotuner weiter, könnt ihr einen anderen Sender einstellen. Kommen weitere Radiosender hinzu, so werden die Signale dem bestehenden Raum hinzugefügt. Theoretisch könnte eine geradezu unendliche Anzahl von Sendestationen hinzukommen, und diese würden alle den gleichen »Raum« belegen. Erweitert ihr die Abstimmkapazität eures Radios, könntet ihr den dynamischen Bereich eures Radios vergrößern, dass er mehr Stationen einschließt. Beachtet, dass die Radiosignale sich einfach im »Raum« übereinander stapeln. Ein Merkmal des Hyperraums, ist seine Fähigkeit, mehr als ein Objekt in dem gleichen »Raum« zu enthalten. Daher ist der »Raum« bei der Rundfunkübertragung ein *Hyperraum*. Die Radiosignale befinden sich alle am selben Ort, sind aber durch ihre charakteristische Frequenz, Phase oder Amplitude voneinander getrennt. Jedes der von einander abweichenden Merkmale bedeutet für die Existenz eines Schwingungsmusters eine neue Dimension.

Jedes Signal erfordert spezifische Abstimmschaltkreise. Die Sinne des Menschen funktionieren innerhalb begrenzter Schwingungsbereiche. Zugang zu der betreffenden Dimension erhält man nur mit dem geeigneten Tuner. Ein begrenzt operierender Tuner ist sich der Existenz anderer Dimensionen in seinem Umfeld absolut nicht bewusst, obwohl er vollständig in den gleichen Hyperraum eingetaucht ist. Die Evolution des Menschen ist durch die Entdeckung der Existenz neuer Dimensionen und abstimmbarer Schaltkreise innerhalb der menschlichen Energiedynamik gekennzeichnet.

Hörbar ist Klang etwa im Bereich von 20 Hz bis 20 kHz (20 bis 20.000 Schwingungen pro Sekunde). Sehen können wir innerhalb der sichtbaren Wellenlängen des Lichtes. Diese Abstimmsysteme haben ihre Grenzen, die Wirklichkeit geht jedoch weit über das hinaus, was unsere physischen Sinne registrieren. In gewisser Hinsicht könnten wir sagen, dass die physischen Sinne unser Erkennen der Myriaden von Dimensionen um uns herum einschränken. Diese Dimensionen sind Elemente der Schöpfung. Aus unserer eigenen multidimensionalen Struktur heraus sind sie uns zugänglich. Bewusstseinserweiterung umfasst die Erkenntnis, dass wir die Dynamik, die unsere innere Architektur bestimmt, gezielt ändern können. Es erweitert sich also unser Gesichtsfeld und offenbart ein größeres Stück dieser Schöpfung.
So zum Beispiel ist es uns nicht möglich, um die Ecke zu sehen. Aber von einem Standpunkt im Hyperraum aus können wir uns über diese Einschränkung hinwegsetzen.

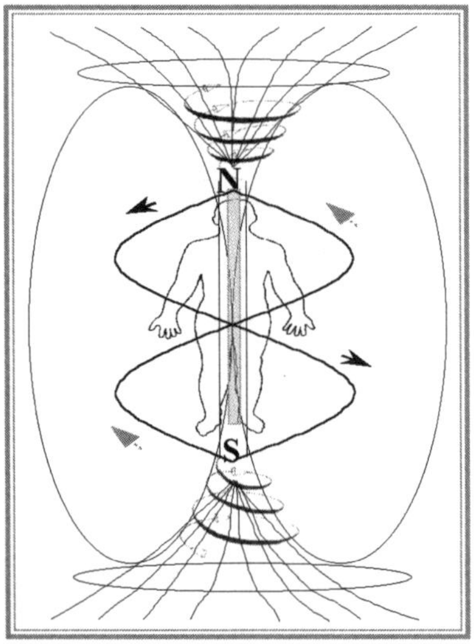

Abb. 2.4 »Duale Fließrichtung«
Ein Hauptaspekt der menschlichen Energieanatomie ist der menschliche Magnetismus. Entsprechend den von Davis & Rawls entdeckten Gesetzen des Magnetismus fließt die primäre Energie in zwei Richtungen. Diese bilden ein Achterschleifenmuster. Das Initiieren eines Flusses in diesem Kreislauf schafft einen weiteren »freien Energiegenerator«. Man beachte, dass dieses Muster eine Resonanz mit der Erde sowie mit jeder biologischen Zelle herstellt. (siehe Anmerkung 59 zu diesem Kapitel).

DIE EINFLUSSHIERARCHIE DER DIMENSIONEN

Die Idee der Multidimensionalität, um die es uns hier gehen soll, hängt jedoch mit einer *Einflusshierarchie* zusammen, die innerhalb des Gefüges oder der Struktur der Wirklichkeit besteht. »Wirklichkeit« ist ein weiter Begriff, der sowohl das Universum umfasst, das wir wahrnehmen, als auch das, was wir nicht wahrnehmen (die *virtuelle Wirklichkeit*).
Diese Hierarchie ist so aufgebaut, als gäbe es eine Reihe von »Schichten«. Doch befinden sich aufeinander folgende, veredelte Schichten des Schichtungsprozesses nicht oben (wie bei einem mehrfach belegten Brot), sondern in gröberen Wirklichkeitsschichten. Stellen Sie sich eine Zwiebel vor, bei der jede ihrer Schichten irgendwie *in* die andere *hinein* passt. So bekommt man eine Vorstellung der *Verschachtelung* oder *Einbettung*. Die einzelnen geschichteten Zustände bezeichnen wir als *Dimensionen*. Sie sind wechselseitig verbunden durch Fäden, welche die getrennten Zustände durchdringen und so den Zusammenhalt erzeugen, der die Ganzheit kennzeichnet.
Die einzelnen Dimensionszustände haben ihre charakteristischen Merkmale, einzigartige Zustände unsichtbarer Schwingungen. Obwohl es jetzt vielleicht den Anschein erweckt, die Dimensionen unterschieden sich lediglich in ihrer Schwingung oder Frequenz, sind die Unterschiede komplexer. Gleichzeitig variieren auch die Gesetze oder Regeln, denen die Merkmale oder Phänomene in einer bestimmten Dimension unterliegen, je nach den unverwechselbaren geometrischen Mustern, die bei diesem speziellen Aspekt der Wirklichkeit vorherrschen. Und eben dieses einzigartige Gesicht der Muster ist Grundlage und Differenzierungsbasis für die möglichen Erfahrungen, die uns bei unserer Entdeckungsreise in die Sphären begegnen können, die sich jenseits des uns vertrauten Universums befinden!

Als Beispiel für das Schichtenprinzip in unserer physischen Welt brauchen wir uns nur das biologische System zu betrachten. Ein biologisches Organ besteht aus einer Ansammlung von Zellen, die Zellen werden aus einer Ansammlung von Molekülen gebildet, die Moleküle setzen sich aus Gruppen von Atomen zusammen, und Atome bestehen aus Elementarteilchen. Woraus also bestehen, wenn wir so weiter fragen, die Elementarteilchen?

EINTRITT IN DEN HYPERRAUM

Begeben wir uns in die virtuelle Welt, so kommen wir in den *Hyperraum* oder das *Vakuum* (um Begriffe zu verwenden, die Physiker geprägt haben) oder in das *Kosmische Gitter* (ein manchen Lesern vertrauter Begriff). Das Vakuum ist ganz und gar nicht leer, sondern vielmehr voll... die Physiker betrachten es als ein Plenum von Energie [47]. Zwar ist das Vakuum ein Bereich von Nicht-Zeit und Nicht-Raum, ist aber doch der Hintergrund-Stoff, aus dem Materie, Zeit und Raum als Dimensionsigenschaften hervortreten. Diese Eigenschaften vermitteln uns eine lineare Sicht unserer Wirklichkeit. Wir denken weiter in Kategorien einer Schichtenbildung, aber jetzt innerhalb der virtuellen (unsichtbaren) Welt.

Elementarteilchen bestehen aus noch kleineren, nicht ohne weiteres zu erfassenden Partikeln, die aus ihrer jeweiligen eigenen Schicht oder Seinsdimension hervorgehen, weit von unserer eigenen entfernt. Und doch tragen diese Teilchen oder Energien, wenn sie »hinunter« in unser Dasein kommen, das Wissen um ihre ferne Heimat in sich. Stellt euch eine virtuelle Ebene der Wirklichkeit vor, die ihre eigene eingenistete oder eingebettete Wirklichkeit in sich birgt. Stellt euch vor, dass Licht in Wechselwirkung mit Elementarteilchen tritt. Hierbei geht ein klein wenig Zeit *verloren*, und ein klein wenig Zeit *kommt hinzu*. Diese Interaktion von Licht und Materie trägt zu unserer linearen Perspektive bei. Die Essenz von Licht ist multidimensional.

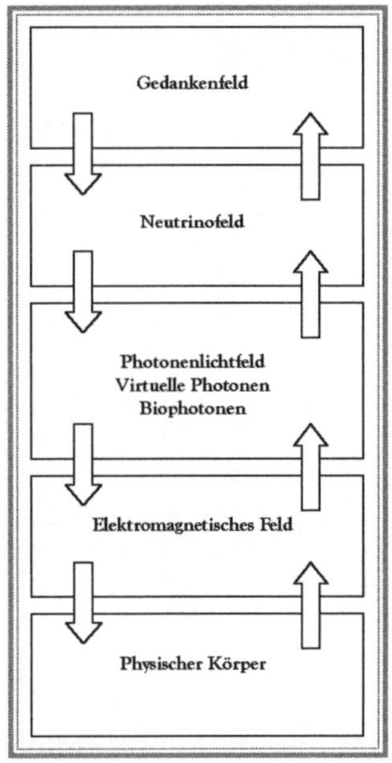

Abb. 2.5
»Lebensbewusstseinsschleife«
Die Lebensbewusstseinsschleife, die Bearden schildert (Excalibur Briefing), verbindet das Feld des Geistes/Gedankenfeld mit dem physischen Körper (Tuner). Die vermittelnden Komponenten der Schleife sind das Neutrinofeld, Photonen-/Biophotonenfeld und elektromagnetischen Felder. Bearden zufolge kann die Substruktur der Schleife in beiden Richtungen bearbeitet oder strukturiert werden.

ZUR DEFINITION DER NATURGESETZE

Die Physiker streben danach, die Naturgesetze zu begreifen. Zeitgenössische Theorien versuchen, unser Verständnis zu darüber vereinheitlichen, wie die bekannten, von uns entdeckten Kräfte zusammenhängen.. Dem Streben nach einer solchen einheitlichen Theorie liegt in der Auffassung begründet, dass sich die Natur auf eine harmonische, elegante Weise entwickelt. (Wir sprechen von Schwerkraft, Elektromagnetismus, den starken und schwachen Kernkräften. Wie hängen diese zusammen?) Physiker stellen Fragen wie *»Haben diese Kräfte einen gemeinsamen Ursprung oder eine gemeinsame Identität?«, »Wie differenzieren sich diese Kräfte, nachdem sie von einem gemeinsamen Ursprung ausgegangen sind?«*

Plausible Antworten auf diese Fragen bietet heute die *Stringtheorie*. Sie lehrt, dass auf einer fundamentalen Ursprungsebene ein hochenergetisches Gebilde, *String* (Saite) genannt, den Baustein für die Materie liefert. Der String ist unteilbar. Strings fügen sich zusammen, um spezifische und vielfältige Muster von Resonanzschwingung zu bilden.

PARTIKEL ALS SCHWINGENDE RESONANTE STRINGS

Ein subatomares Teilchen ist einfach der physikalisch beobachtbare Ausdruck einer eindeutigen Resonanzschwingung – ein Energiewellenmuster in stehender Resonanz. Man kann die Materie als Skalarwellenresonanz verstehen. Die Geometrie der Muster und die Resonanz der Schwingung entscheiden über Natur, Qualität und Eigenschaften von allem, was sich in unserem Universum manifestiert. Die gesamte physische Wirklichkeit kann man sich modellhaft als Gruppierungen von Strings vorstellen, das heißt, als Strings, die in jedem Beobachtungsmaßstab mit Strings verbunden sind. Man beachte, dass die DNS aussieht wie viele in einer Reihe verknüpfte Strings (Saiten). Zur großen Vereinheitlichung der Stringtheorie kommt es in einem Raum von zehn Dimensionen. Die Superstringtheorie zieht 26 Dimensionen in Betracht. Von hier aus nehmen die bislang bekannten Gesetze unseres Universums einen einheitlichen anfänglichen Definitionspunkt an [6]. Nun ist ein Raum mit 26 Dimensionen für uns alle eine recht komplexe Vorstellung, doch paradoxerweise lassen sich die Naturgesetze von einem solchen Ausgangspunkt aus leichter definieren und erklären. Die Mathematik kann uns in einen Raum mit 11 oder 26 Dimensionen führen, wohin der menschliche Verstand nicht ohne weiteres folgen kann. Was kann eine solche Theorie über den Aufbau der Wirklichkeit aussagen? Nun, vielleicht ist selbst unsere ausgefeilteste Theorie erst dann vollständig, wenn wir das Bewusstsein als Faktor in die Gleichung einbeziehen.

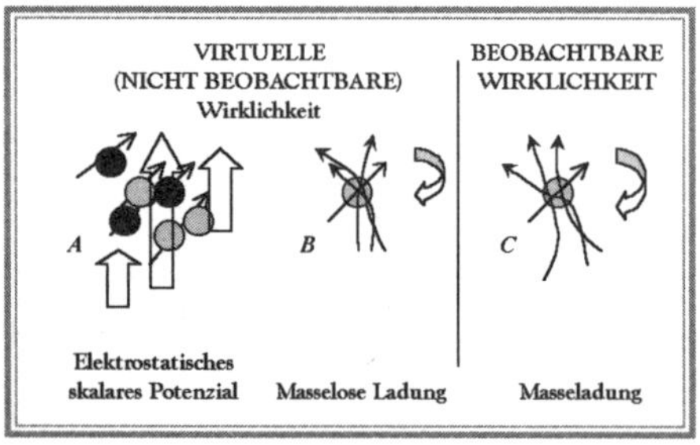

Abb.2.6 »Das Konzept der Ladung«
Sowohl Masseteilchen als auch Teilchen ohne Masse (masselos) können eine Ladung besitzen – Ladung im elektrischen Sinne. Das geladene Teilchen wird visualisiert als ein kugelförmiges rotierendes Gebilde. Der Spin fängt virtuelle Partikel ein, der Spin fängt auch Licht ein. Sowohl bei Ladung mit Masse als auch bei masseloser Ladung findet ein fortlaufendes Strömen virtueller Partikel auf der rotierenden Kugel und von dieser weg statt. (Siehe Anmerkung 49 zu diesem Kapitel).

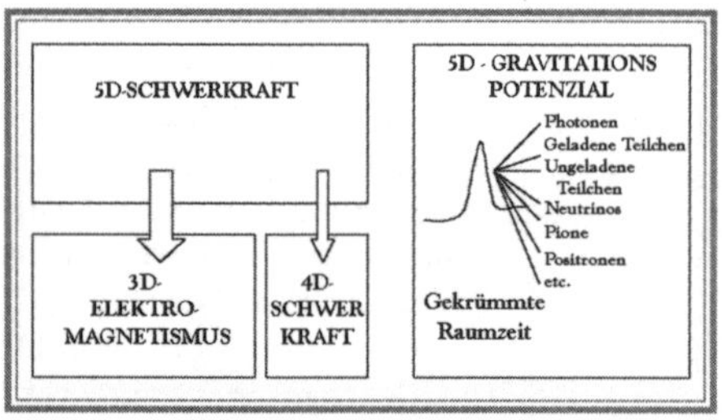

Abb. 2.7
»Ursprung des Elektromagnetismus«
Entsprechend der 11D-Kaluza-Klein-Theorie sind Elektromagnetismus und Schwerkraft in der fünfdimensionalen Raumzeit vereint, wo die 5D-Raumzeit aus vier Raum-Dimensionen und einer Zeit-Dimension besteht. Das 5D-Schwerkraftfeld ist die fundamentale Quelle des Elektromagnetismus als auch der gewöhnlichen 4D-Schwerkraftt, die wir erfahren. (Siehe Anmerkung 50 zu diesem Kapitel).

VORTEILHAFTER STANDPUNKT

Der Physiker Michio Kaku, Autor von *»Im Hyperraum: Eine Reise durch Zeittunnel und Paralleluniversen«*, versichert uns, dass der Raum höherer Dimensionen eigentlich recht »einfach und geometrisch« sei. Vielleicht stimmt das ja, und vielleicht könnten wir, wenn wir nicht solche Meister im Verkomplizieren unseres Lebens wären, einen solchen Raum auch als unkompliziert sehen.

Der Schlüssel zum Verständnis des höherdimensionalen Raumes (geschweige denn der Physik und Mathematik höherer Dimensionen) liegt in der Erkenntnis, dass der »höhere Raum« einen vorteilhaften Aussichtspunkt bietet, der uns eine globale, universelle oder ganzheitliche Sicht eröffnet. Von diesem Aussichtspunkt aus verschwindet die Unterscheidung zwischen Beobachter und Beobachtetem. Man wird sowohl zum Beobachter als auch zum Beobachteten. Von dem höheren Raum aus lernt man den großartigen Überblick schätzen, den Sinn und Grund für diese Erfahrung, die wir das Leben auf der Erde im 21. Jahrhundert nennen. Liegt unser höherer Daseinszweck darin, uns an unsere eigene individuelle, multidimensionale Essenz zu erinnern und wieder mit ihr in Verbindung zu kommen?

Nachfolgend wird ein Vergleich zu einem Aussichtspunkt präsentiert. Überlegt einmal, wie wir ein Bild betrachten können. In dem niederen Raum könnten wir die kleinen Details wahrnehmen, wir würden einen Ausschnitt des Bildes sehen. Aus dem höheren Raum würden wir das ganze Bild sehen. Ganz ähnlich verhält es sich mit dem Gehirn. Es kann sich auf die Einzelheiten ausrichten (eine Fähigkeit des niederen Raumes), oder es kann das Gesamtbild betrachten (eine dem höheren Raum zugeordnete hyperräumliche, multidimensionale Fähigkeit). Nicht, dass einer der beiden Aspekte wünschenswerter sei als der andere. Der Schlüssel zu einem optimalen Funktionieren des Gehirns ist, dass beide Aspekte sich im Einklang befinden, damit wir bewusst unser größeres Potenzial erfahren können. Was wir als elektromagnetische Aktivität des Gehirns wahrnehmen (etwa die Hirntätigkeit, die mit dem EEG (Elektroenzephalogramm) gemessen wird), ist nur ein Kräuseln und eine Reflexion unsichtbarer Gehirnfunktion des höheren Raumes. Elektromagnetismus ist eine Reflexion von Aktivität in der fünften Dimension. Diese unsichtbare Aktivität lässt sich mit herkömmlichen Mitteln nicht messen oder quantifizieren.

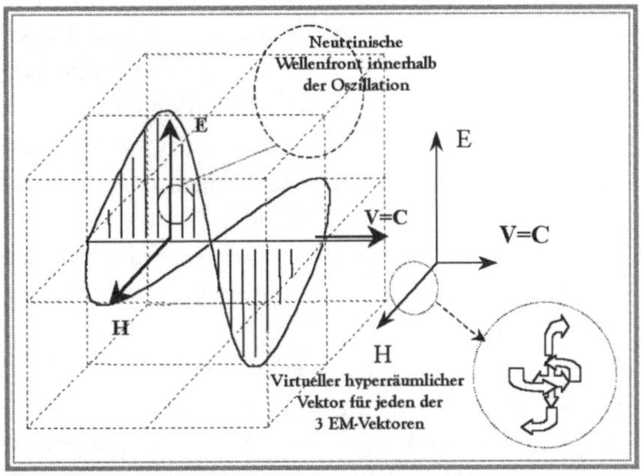

Abb. 2.8 »Natur des Lichts (Photon)«
In diesem Diagramm geht es um die Natur eines Photons (Licht). Jeder Vektor ist kein einfaches Gebilde. Was liegt jenseits von ihm? Licht ist eine Brücke zu einem höherdimensionalem Raum und die Brücke zum Gedankenfeld des Bewusstseins. [7] Die Zellen des menschlichen Körpers kommunizieren durch Emission und Absorption von Biophotonen. Die DNS ist ein Empfänger, Sender, Umsetzer sowie ein Speicherzentrum für Photonenenergie. Die menschliche Hand sendet Biophotonen aus. William Tillers Ansicht zufolge setzt sich das Licht aus elektromagnetischer Strahlung (im physikalischen Raum), magnetisch-elektrischer Spannung (im ätherischen Raum) und Deltronstrahlung (aus dem höheren feinstofflichen Bereich) zusammen. Das Photon existiert jenseits der Raumzeit. Arthur Young beschrieb das Photon als das Bewusstsein selbst. (Siehe Anmerkung 51 zu diesem Kapitel).

DER HÖHERE RAUM ALS AUSGANGSPUNKT FÜR VERÄNDERUNGEN

Von einem höher-dimensionalen Raum aus könnten wir beobachten, wie Veränderungen in den Myriaden von Variabeln, die hier zugänglich sind, die niedriger-dimensionale Wirklichkeit verändern. Wir würden sogar verstehen, dass wir auf den höheren Raum zugehen müssen, um Veränderungen irgendeiner Art in unserem Wirklichkeitssystem hervorzurufen – einem System, das durch vier Dimensionen definiert ist. Newtons Apfel lässt sich durch die Geometrie von drei Raumdimensionen definieren. Doch muss man sagen, dass es mehr braucht als Geometrie, um das Wesen eines Apfels zu beschreiben. Der Apfel besitzt noch etliche weitere Eigenschaften und Merkmale, etwa sein Gewicht, seinen Duft, die Beschaffenheit seiner Schale, seine Farbe und Tönung, seinen Flüssigkeitsgehalt etc. Jede dieser Eigenschaften fügt unserer Beschreibung des Apfels eine weitere ‚Dimension' hinzu.

Definieren wir einen bestimmten einzelnen Apfel und nennen diesen *Apfel*. Legen wir ferner einen ganz bestimmten Duft fest, den wir *Duft* nennen. Nehmen wir einmal an, wir wollten den Duft dieses Apfels verändern. Könnten wir von einem Reich der Dreidimensionalität aus die dem Duft eigenen Merkmale verändern? Die Antwort ist offensichtlich: Nein. Um hierauf einwirken zu können, müssen wir uns Zugang zu einem »höheren Raum« verschaffen. In diesem Raum ließe sich der individuelle Gestaltungsparameter namens *Duft* verändern und dann in das energetische Gesamtmuster namens *Apfel* einbauen. Dieses energetische Muster in seiner Gesamtheit drückt sich in unserem Raum aus, und erst die *Gesamtheit* verleiht ihm seine einzigartige Identität. Im Reich der Möglichkeiten nimmt das Merkmal *Duft* grenzenlose verschiedene Ausprägungen an. *Apfel* ist der Ausdruck einer bestimmten Kombination oder Gesamtheit von Komponenten, die zusammengenommen seine innere Natur ausmachen. Verändert man eine seiner Komponenten, so mag er äußerlich noch genauso aussehen. In seiner *Gesamtheit* hat er sich jedoch verändert.

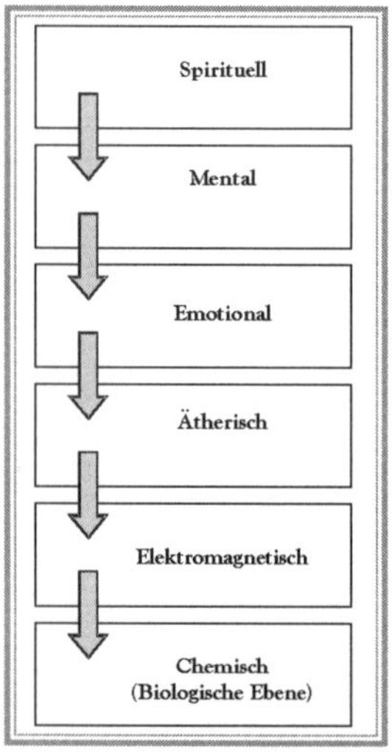

Abb. 2.9
»Einfluss höherer Wirklichkeitsebenen«
Aus Tillers Perspektive muss Ungleichgewicht von einer geordneten Einflusshierarchie aus korrigiert werden. Die feinstofflichen Energiefelder sind notwendig, um auf der elektromagnetischen Ebene Veränderung zu bewirken. (Siehe Anmerkung 58 zu diesem Kapitel).

BÜRGER DES HYPERRAUMS ODER MIT AUSWÄRTIGEM WOHNSITZ

Als multidimensionale Wesen zeichnen wir uns in unserem Wesenskern durch Elemente aus, die in diesem »höheren Raum« angesiedelt sind. Diese Elemente bieten die Mechanismen, die uns helfen, unser Leben zu verändern. In unserer physischen Gestalt sind wir Menschen mit elektromagnetischen Zugangswerkzeugen zum höheren Raum, dem *Hyperraum*, ausgestattet. Wenn wir diese Werkzeuge in Anspruch nehmen, treten wir bewusster als multidimensionale Wesen in Aktion, die an der Gestaltung ihrer Wirklichkeit arbeiten. In diesem Kapitel gehen wir auf Aspekte unserer hyperräumlichen Natur ein. *Wir verfügen über angeborene hyperräumliche Fähigkeiten.* Funktionen dieser Art laufen im Regelfall in unserem Unterbewusstsein ab. Die *Absicht* bringt uns auf bewusster Ebene mit unseren hyperräumlichen Mechanismen in Verbindung.

Absicht erzeugt eine Kräuselwelle in Zeit und Raum, durch die Bewegung ausgelöst wird. Bei der Stimulation des Öffnens des Schöpfungswirbels dient Absicht dazu, Energien durch interdimensionale Portale hindurch zu führen und zu lenken. Das Halten der Absicht erzeugt die Flutwelle, die die Raumzeit ändert und so neue Ereignisse in unsere Lebenswirklichkeit entsendet.

DAS BEWUSSTSEIN ALS NAVIGATIONSSYSTEM

Die Navigation durch die miteinander verflochtenen Geometrien innerhalb des höheren Raums wird zu einem *interdimensionalen* Prozess. Man stelle sich vor, dass ganz bestimmte Geometrien oder geometrische Muster die getrennten und voneinander verschiedenen »Schichten« unserer Vorstellung eines komplexen Raums ausmachen.

Der Schlüssel zum Verbinden von Elemente bestimmter Dimensionen liegt darin, die Verbindungswege, Straßen, Schaltkreise oder Portale zu finden oder herzustellen, die die Geometrien auf natürliche Weise harmonisch – in Resonanz – verbinden. Das Bewusstsein navigiert und durchdringt diese geometrischen Schichten von allem, was existiert.

Verbindungen dieser Art sind die natürlich vorkommenden Frequenzen, Frequenzen des Lebens, magische Fenster, interdimensionale Knotenpunkte, Einstein-Rosen-Brücken/Wurmlöcher oder geometrische Verbindungselemente. Wir verstehen die EMF Balancing Technique als interdimensionalen Prozess, bei dem innerhalb der geometrischen Muster über die volle Bandbreite unserer multidimensionalen Natur eine Integration hergestellt wird. Ein interdimensionaler Prozess erlaubt die Übertragung oder den Übergang energetischer Muster von einer Dimension in die andere. Diese mit dem GEIST* verbundenen Energiemuster tragen das Element der Umwandelbarkeit in sich, das in der physischen Sphäre menschlicher Schwingungen erforderlich ist. Genau diese Muster bewirken Veränderung und Transformation. Ein Evolutionswerkzeug stimuliert persönliches Wachstum und persönliche Verwandlung.

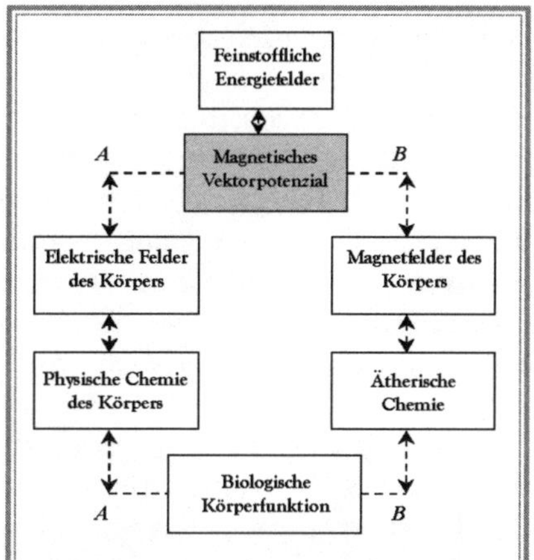

Adaptiert nach Tiller, Science and Human Transformation

Abb. 2.10 »Tillers Arbeitshypothese« William Tiller formulierte ein Modell durch eine Gleichung, durch die er der Menschheit Mut macht, auf ihrem weiteren Weg eine neue Perspektive einzunehmen. [9] Dieses Modell verbindet die feinstofflichen Energiefelder mit den biologischen Prozessen des menschlichen Körpers. Tiller sieht das magnetische Vektorpotenzial als die Brücke zwischen Feinstofflichem und Physischem. Die menschliche Dynamik wird, aus dieser Perspektive verstanden, zu einer Dynamik, bei der wir, wie wir merken, durch »Manipulation« der feinstofflichen Strukturen den größten Einfluss auf physisch-biologische Funktionen ausüben können. (Siehe Anmerkung 55 zu diesem Kapitel).

WECHSELWIRKUNGEN ALS VORSTELLUNGEN DES HÖHEREN RAUMES

Um unsere Interaktionen mit anderen elektromagnetischen Wesen zu verstehen, müssen wir uns näher mit dem Hyperraum befassen. Außerdem brauchen wir dazu eine zumindest rudimentäre Konzept-Sprache. Warum? *Elektromagnetische Phänomene und der menschliche Magnetismus haben ihren Ursprung im höheren Raum.* Elektromagnetismus ist wie auch das Licht ein Kräuseln oder eine Schwingung der fünften Dimension, die mit der Krümmung der Geometrie des höheren Raums verbunden ist [5]. Nach und nach kann nun auch die heutige Physik diesen Zusammenhang sehen. Wechselwirkungsphänomene finden aufgrund des höheren Raumes statt. Eben innerhalb der höheren Dimensionen ereignet sich eine Alchemie zwischen dem GEIST und den Myriaden weiterer mitwirkender Elemente, die bei der Erschaffung der Natur (*Alles, was ist*) im Spiel sind und unser Leben verändern.

DER BLICK IN HÖHERE DIMENSIONEN

Überlegen wir einmal, welche Perspektive sich einem Meereslebewesen bieten mag, das allein auf seinen Lebensraum, das Element (die Dimension) Wasser, beschränkt ist. Dieses Geschöpf blickt aus der Tiefe des Meeres hinauf zu den Wellen und Kräuselungen auf der Oberfläche seiner Welt, die Ozean heißt. Vielleicht ist unser Meerestier ja neugierig und fragt sich, woher oder wie es eigentlich kommt, dass diese Wellen und Kräuselungen über die Oberfläche seiner Welt streichen.

*Englisch: »Spirit«. In diesem Buch mit GEIST übersetzt. Gemeint ist – und hier existiert in der deutschen Sprache keine entsprechende Unterscheidung zu »mind« (Geist; Gemüt) – der höhere, göttliche, überpersönliche Geist, der auch den Menschen beseelt, in Abgrenzung zu den mentalen Funktionen des Individuums (Anm. d. Red.).

Ist unser Meeresbewohner besonders clever, so hat er daraus vielleicht schon geschlossen, dass der Ursprung der Kräuselungen nicht innerhalb der eigenen Dimension zu suchen ist, sondern in der jenseits gelegenen, der Luft liegt.

Aber wie kommt es, dass die Wellen manchmal in heftigem Aufruhr sind, und dann wieder ruhig? Warum, so fragt sich dieses Lebewesen vielleicht, ist die Oberfläche meiner Welt so chaotisch, so ungeordnet? (Haben wir dabei auch überlegt, wie wir diesen zweidimensionalen Planeten bewohnen – einen Planeten mit Lebewesen, die so unterschiedlich und so gut angepasst sind an ein Leben in zwei derart verschiedenen physischen Zuständen/Dimensionen: Luft und Wasser? Bedenken wir dabei jedoch, dass Wasser die Dimension Luft enthält (Wasser-Lebewesen gewinnen ihren Sauerstoff aus dem Wasser) und dass die Luft die Dimension Wasser enthält (Wasserdampf). Dass eine Dimension imstande ist, gleichzeitig eine andere zu enthalten, ist eine Eigenschaft des Hyperraumes.)

Ohne ein Periskop ist unser Meeresbewohner nicht in der Lage, in seine benachbarte Dimension zu blicken. Selbst wenn er das tun sollte, würde er noch immer nicht »sehen« können, wodurch die Wellen verursacht werden, die sich an der Grenze zwischen diesen Welten kräuseln. Selbst wir können den Wind ja nicht »sehen«. Wir beobachten vielmehr seine Auswirkungen. Vielleicht könnte einer unserer Freunde aus dem Kreis der Fische durch das Periskop einen Blick auf ein Segelboot mit geblähten Segeln erhaschen, das durch die Kraft des Windes über das Meer jagt. Ausgehend von dieser Beobachtung könnte er das Verständnis entwickeln, dass dieser Wind auch die Wellentätigkeit auf der Wasseroberfläche erzeugt. Doch was *verursacht* den Wind? Wir können sagen, dass der Wind durch Differenzdrücke entsteht, die sich über der Erdoberfläche bilden (Hochs und Tiefs). Doch was ist die *Ursache* dieser Differenzdrücke? Wenn wir auf der Suche nach einer letzten Ursache immer tiefer in solche Gedankengänge und Fragenketten eintauchen, stoßen wir auf eine Hierarchie von Verursacherfaktoren. Diese Hierarchie könnte man mit einem Schichtensystem gleichsetzen, bei dem Lage um Lage übereinandergeschichtet ist wie bei einer Zwiebel oder wie die Dimensionen des Raums, wobei jede einzelne Dimension die Manifestation ganz bestimmter *Handlungselemente* in der Kette dieser kausativen Faktoren zulässt.

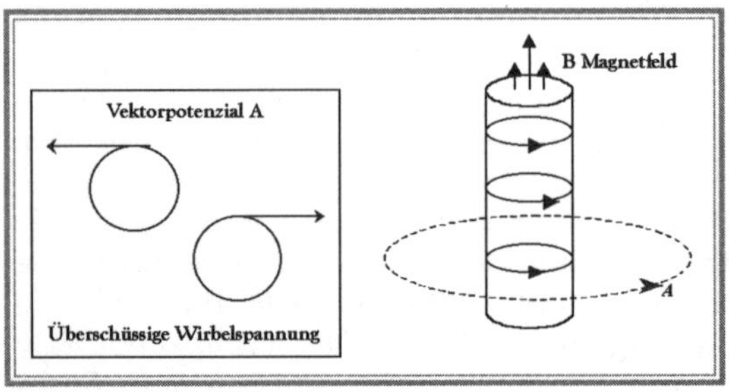

Abb.2.11 »Vektorpotenzial«
Die überschüssige Wirbelspannung im Vakuum, im Uhrzeigersinn oder gegen den Uhrzeigersinn, entspricht der Bildung des Vektorpotenzials A. Um ein Magnetfeld zu bilden, müssen diese Potenziale im Vakuumzustand existieren oder sich bilden. Feld A ist das primäre Feld. (Siehe Anmerkung 56 zu diesem Kapitel).

ALLE URSACHEN SIND HÖHEREN URSPRUNGS

Wenn wir nun bei unserer Analogie bleiben, werden wir zu der Feststellung gelangen, dass das, was in einer höheren Dimension geschieht, sich auf auslösende Elemente oder Aktivitäten in der Ebene darunter auswirkt.

Zum Beispiel:

1. Eine Temperaturveränderung auf der Erdoberfläche kann veränderte Differenzdrücke nach sich ziehen;
2. Eine Zunahme der Differenzdrücke (Hochs und Tiefs) führt zu höheren Windstärken und Windgeschwindigkeiten; und

3. Eine Zunahme der Windgeschwindigkeit oder der Heftigkeit des Windes führt zu höheren Wellen.

Mittlerweile hat unser wissbegieriger Wasserbewohner gerade einen evolutionären Bewusstseinssprung hinter sich gebracht. Auf seiner Suche nach dem eigentlichen verursachenden Faktor und aus der Tiefe des Meeresbodens hat unser an das Wasserreich gebundener Bruder *das Licht gesehen.*

Innerhalb der Kausalkette miteinander verbundener Variablen spielt das Sonnenlicht eine Rolle an den Kräuseln, welche die Wasseroberfläche brechen. Aber heißt das, dass wir die Antwort gefunden haben? Was ist die Ursache und Beschaffenheit von Licht?

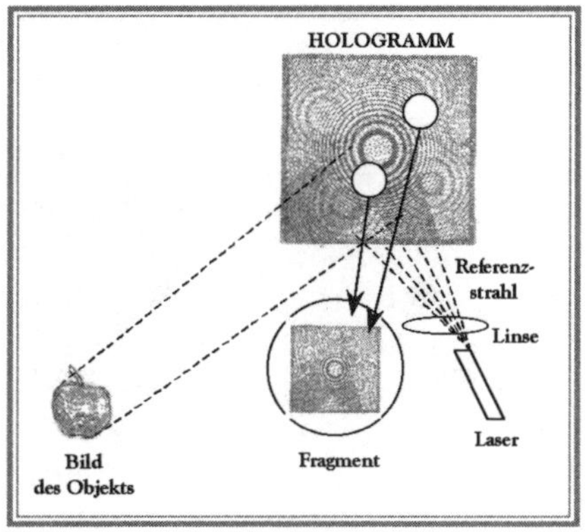

Abb. 2.12
»Holografische Bildrekonstruktion«
Durch Projektion eines kohärenten Laserstrahls auf die Oberfläche des Hologramms entsteht ein dreidimensionales Bild eines Objektes. Das Laserlicht »belichtet« oder »aktiviert« den Film. In dem Prozess werden kodierte Muster, die Frequenzinformation enthalten, in 3D-Form umgesetzt. Der wichtigste Aspekt des Hologramms ist der, dass jeder Teil, jedes Stück und jedes Fragment des Hologramms sich dafür verwenden lässt, das Bild des kompletten Originalobjekts entstehen zu lassen. Jedes Teilstück enthält oder »umhüllt« das Ganze.
In diesem Sinne steht das Hologramm für die ungeteilte Natur unseres Universums.

HYPERFELDER TRANSPORTIEREN MUSTER AUS HÖHEREN DIMENSIONEN

Geht es im Leben denn nicht genauso? Jedes Mal, wenn ihr das Gefühl habt, aus einer Sache schlau zu werden oder die Antwort zu finden, kommt ein neues Puzzleteil ins Spiel und bringt euch voran mit dem Potenzial noch größerer Erfahrung, Entdeckung und Erkenntnis.

Jede Dimension über den uns bekannten vier Dimensionen (drei räumliche plus die zeitliche) kann man als speziellen *Hyperraum* bezeichnen. Und jeder Hyperraum manifestiert sich mit seinem ureigenen Ausdruck von Hyperfeldern. Hyperfelder sind Energiemuster, die den Ausdruck einer bestimmten Aktivität in sich tragen. Wir werden verstehen, dass Hyperfelder Information liefern und transportieren. Skalarwellen oder Skalarfelder tragen, transportieren und halten Information als Schwingungsenergiemuster im Hyperraum. Skalarwellen sind *supraluminal* (schneller als die Lichtgeschwindigkeit).

Mitunter bekommen wir vielleicht eine Ahnung von einem Hyperfeld aus der Art, wie es mit unserer eigenen Wirklichkeit in Wechselwirkung tritt. In den meisten anderen Fällen mag es nicht möglich sein, Derartiges zu entdecken, da der Hyperraum unserer unmittelbaren Beobachtung nicht zugänglich ist – nur über eine zusätzliche Linse oder einen Filter, die es uns gestatten, indirekt Folgen oder Auswirkungen von diesen Hyperfeldern wahrnehmen. Das Universalprinzip scheint dem Ausdruck von »Felder in Feldern«, »Wirbel in Wirbeln«,... »Aktivität in der Aktivität« zu folgen.

Blicken wir von einer Wirklichkeitsebene auf die nächst innere, so finden wir den Ausdruck eines organisierten Feldes.

Das organisierte Feld auf der nächsthöheren Wirklichkeitsebene wird immer die notwendigen Muster in sich tragen, die dem Ausdruck in der »gröberen« Wirklichkeitsschicht dienen. Als Beispiel hierfür müssen wir uns nur die physische Materie ansehen. Die physische Materie ist ein organisierter Ausdruck physikalischer Teilchen.

Gelenkt wird diese Organisation durch das elektromagnetische Feld. Ohne das elektromagnetische Feld gäbe es keinen Plan oder keinen Entwurf, und folglich keine Konstruktion einer dreidimensionalen Wirklichkeit. Eine Veränderung der Muster innerhalb des elektromagnetischen Feldes erzeugt einen veränderten Ausdruck der physischen Wirklichkeit.

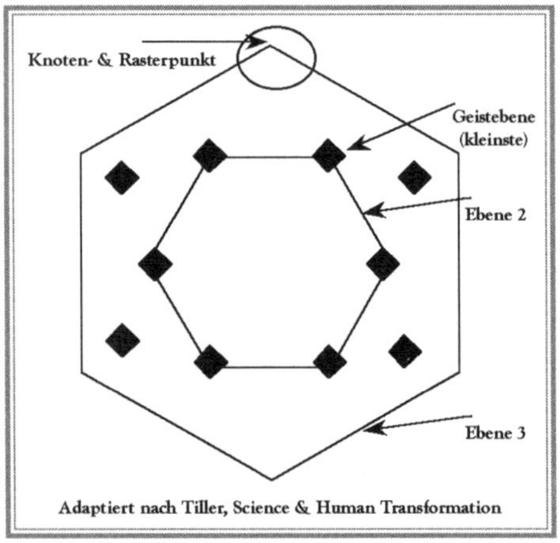

Abb. 2.13
»Tillers Gittermodell des Universums«
Professor Tiller veranschaulicht eine 10-dimensionale Gitterstruktur, durch die das Energiegitter des Geistes mit der physischen Wirklichkeit (Ebene 3) verbunden wird. Ebene 2 ist der Raum der Äthersubstanz. [10] Bestimmte Knotenpunkte, die die diversen Ebenen der vielschichtigen Gitterstruktur miteinander teilen, dienen als Anschlusspunkte, die Energien und Information zwischen den Dimensionen miteinander verknüpfen und von einer zur anderen übertragen. Tiller zufolge lenken Bewusstsein und Absicht diesen ganzen Prozess. (siehe Anmerkung 57 zu diesem Kapitel.)

DAS ELEKTROMAGNETISCHE FELD IST EIN HYPERFELD

Das elektromagnetische Feld ist in Relation zu unserem physischen Körper das erste Hyperfeld. Das elektromagnetische Feld kodiert in sich die Muster und Information der Hyperfelder aus noch höheren Dimensionen.

So ist es zu verstehen, wenn wir sagen, dass das Licht und die elektromagnetischen Felder Reflexionen und Schwingungen der fünften Dimension sind. Beide Phänomene (die ähnliche Eigenschaften aufweisen) sind die Träger der Kodierung von Information aus höheren Dimensionen.

Beide wirken sich aus auf den Ausdruck und die Organisation von Materie in der physischen Wirklichkeit und beeinflussen diese. Unsere multidimensionale Natur erlaubt uns, durch die bewusste Einprägung von Mustern in den Hyperfeldern des höheren Raums unsere eigene Wirklichkeit zu konstruieren.

OBJEKTIVE DER WIRKLICHKEIT

In allen dimensionalen Schichten existiert die Möglichkeit, »Filter oder Objektive« zwischenzuschalten, durch die der Ausdruck des individuellen Daseinszwecks erst seine individuelle Ausprägung erhält. Ein solcher Filter kann etwa das Auferlegen bestimmter körperlicher Beschränkungen und gesundheitlicher Probleme bezüglich spezieller persönlicher Lebensziele betreffen. Vielleicht stehen diese Filter in Zusammenhang mit der Verbesserung bestimmter Eigenschaften oder Fähigkeiten, die grundlegend für die Erfüllung einer bestimmten Lebensaufgabe wären. Vielleicht hängen solche Filter damit zusammen, der Entfaltung unseres optimalen Potenzials Beschränkungen aufzuerlegen. In solchem Fall können wir es vorziehen, uns bestimmten Herausvorderungen in unserem Leben zu stellen, was anderenfalls nicht möglich wäre.

Wir wissen heute um die potenzielle genetische evolutionäre Umwandlung, die sich bei den Kindern unserer Tage nachweisen ließ, und auch bei einem Teil der Erwachsenenpopulation. Mittlerweile ist in unserer Evolution ein dritter Strang in der DNS Wirklichkeit geworden. Eine derartige Umwandlung resultiert daraus, dass das höchste Bewusstsein/der GEIST entschieden hat, die Natur der Filter zu verändern, die bei der Manifestierung des Individuums als physisches Wesen gewirkt haben. Das Potenzial zum Ausdruck von Perfektion ist immer vorhanden.

Wo sich der Daseinszweck der Seele entwickelt und ein verbessertes Medium braucht, um sich physisch auszudrücken, wird diese Evolution durch die Umwandlung von Materie möglich. Es ist die willentliche Kooperation bewusster spiritueller Elemente, welche die benötigten energetischen Muster gestalten, um Veränderung und Transformation auf unseren physischen Ebenen zu schaffen. Dieses Verständnis ermächtigt uns, aktiv ein neues Morgen mit zu erschaffen und uns von unseren Fesseln zu befreien.

EINE GITTERSTRUKTUR DES UNIVERSUMS, VOM GEIST DURCHDRUNGEN

Bewusstsein durchwandert und durchdringt diese geometrischen Schichten von allem, was existiert.

An dieser Stelle möchten wir uns auf die wissenschaftlichen Ansätze eines bekannten Wissenschaftlers berufen, der eine einzigartige Sichtweise des Universums sowie der Struktur des dynamischen Systems Mensch darin entwickelt hat: William Tiller, Ph. D., emeritierter Professor des Materials Science & Engineering Department der Stanford University. Ihm gelang der Brückenschlag zwischen Physik und Metaphysik. In seinem Buch *Science and Human Transformation: Subtle Energy, Intentionality and Consciousness* wagt Tiller sich in Bereiche, die über das konventionelle Denken des Wissenschaftsbetriebs hinausgehen. Aus seiner langjährigen Forschungsarbeit und seinen Erfahrungen mit der Ergründung feinstofflicher Energien und ungewöhnlicher Phänomene schöpfend, bietet Tiller uns eine wahre Fundgrube für neue Erkenntnisse. Das Buch enthält Tillers Forschungsergebnisse, seine Theorie sowie ein Modell, das wir als Ausgangsbasis verwenden können, um die multidimensionale Natur unseres Wesens zu verstehen.

Alles, was Tiller dort aus seiner Warte schildert, basiert auf soliden wissenschaftlichen Erkenntnissen. Wir beziehen uns zwar in unserem Buch öfter auf seine Arbeit, können dies jedoch kaum so gründlich tun wie er in seinem eigenen Buch. Tiller deckt eine beachtliche Stofffülle ab. Hierzu gehören Themen in Verbindung mit dem Hyperraum, den Energiestrahlungen biologischer Systeme, der Wirkung von Intention auf Experimentierinstrumente und Vorrichtungen für subtile Energie. Für alle, die sich für Phänomene in Verbindung mit subtilen Energien, Wissenschaft und dem neuen Bewusstsein interessieren, ist das Buch eine unverzichtbare Informationsquelle. [11]

DAS UNIVERSUM ALS KRISTALLGITTER

Als Experte für Kristallgitterstrukturen hat Tiller ein einzigartiges Modell des Universums basierend auf einer Gitterstruktur formuliert. Tiller erahnt intuitiv, dass diese Gittermatrix den Charakter hexagonaler Muster hat. (Beweise für dieses Muster können wir vielleicht erkennen an den sechseckigen Magnetfeldmustern an den Enden eines Stabmagneten, an der simplen sechseckigen Schneeflocke oder an der sechseckigen Bienenwabe). Diese Muster erzeugen eine Geometrie harmonischer Gitter, die den gesamten von uns so genannten »Raum« füllen – das Vakuum und den Hyperraum. Innerhalb des Vakuums des Raumes stellt sich Tiller die Existenz feinstofflicher Energien vor.

EINE GEOMETRISCHE GITTERSTRUKTUR ALS MODELL DES VAKUUMS

Die Physik stellt sich das Vakuum des Raumes modellhaft als eine Art Supraflüssigkeit vor, die durch eine geometrische *Gitterstruktur* in dynamischer Stabilität gehalten wird. Erol Torun zum Beispiel berichtet von experimentellen Beobachtungen an Quasikristallen, die darauf schließen lassen, dass das Vakuum in Wirklichkeit aus einer Ikosaederstruktur bestehen könnte [12]. In einem derartigen Modell stellen dreidimensionale Raumformen wie das Ikosaeder und das Tetraeder im Grunde Projektionen komplexerer ursprünglicher Formen im höheren Raum dar. Das bedeutet, dass harmonische mathematische Beziehungen existieren, welche diese Geometrien des komplexen Raumes und des niedrigeren dreidimensionalen Raumes verbinden.

Tillers Gitter ist eine multidimensionale Feldstruktur. Was hat es mit ihm auf sich? Basis dieser

Organisationsform sind Lichtmuster, welche die verschiedenen geometrischen Gitterlinien des Raumes bilden. Diese lichtkodierten Gitter legen die Muster fest, die für die Entfaltung des Lebens, der Galaxien und der Sterne benötigt werden.

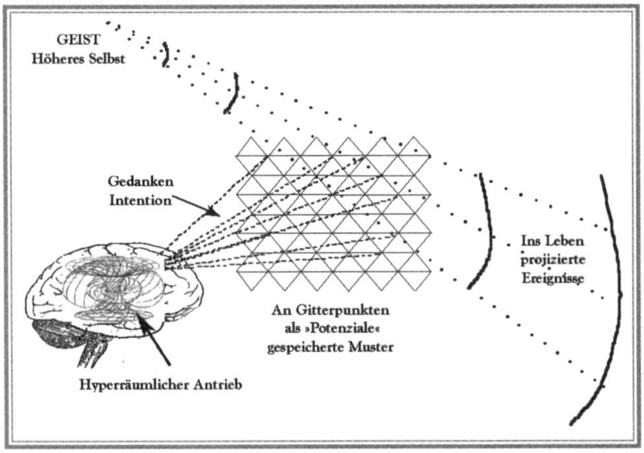

Abb. 2.14 »Projektion von Ereignismustern«
Aus Tillers Sicht bewirken Gedanken und Absicht, dass an den Knotenpunkten der universellen Gitterstruktur »Potenziale« gespeichert werden. Diese Potenziale bilden sich als Muster, für die es erforderlich ist, das der »GEIST oder das Göttliche Selbst« mit den Frequenzmustern in Interaktion tritt, damit aus ihnen Ereignisse in unserem Leben werden. Der primäre Strahl zur Projektion entspringt dem »GEIST« oder der göttlichen Ebene des Ichs. Tillers Ansicht nach funktioniert dieser Primärstrahl vom GEIST so ähnlich wie der Projektionsstrahl eines Hologramms: er tritt in Wechselwirkung mit den von der Geistebene zwecks Projektion in die physische Ebene festgelegten Frequenzmustern. Eine Veränderung der Muster und Potenziale an den Knotenpunkten verändert die Ereignisse, die in unser Leben projiziert werden. In der Abbildung liefert der GEIST den Energie-Referenzstrahl, ähnlich wie bei einem holografischen Rekonstruktionsprozess. Das Ereignis in unserem Leben ist eine Art holografischer Projektion, die einer hyperräumlichen Wirklichkeit entspringt. Der Prozess ist zweifacher Natur: Gedanken und Absicht bilden die Muster, wobei der GEIST bei der Aktualisierung mitwirkt. Die Muster und Potenziale an den Knotenpunkten lassen sich durch Absicht programmieren und ändern! Das verändert die Ereignisse, die in unser Leben projiziert werden. Unserer Ansicht nach erzeugen unsere Gedanken und Absichten Muster und Potenziale direkt innerhalb des Universellen Kalibriergitters (UCL). Das UCL dient zur Verstärkung und Projektion dieser Muster und erzeugt eine Resonanz mit dem äußeren Universum. Der ganze Prozess wird durch Bewusstsein und Absicht gesteuert.

Diese Gitter-Raster-Struktur existiert außerhalb der Raumzeit, ohne die normalen Einschränkungen, die mit der Ursache-und-Wirkungs-Perspektive einhergehen. Die Zeit – die gesamte Zeit – Vergangenheit, Gegenwart und Zukunft – wird durch Kanäle oder Anschlüsse verbunden.

Interdimensionale Knotenpunkte (Bearden nennt sie auch *magic windows*, magische Fenster) erlauben es, dass Energien und Information zwischen den Dimensionen zirkulieren können. Die Eigenschaften, die gegeben sein müssen, um auf diese Kommunikationskanäle zugreifen zu können, sind Abstimmung und Kohärenz des Systems als Ganzes. Zwischen den Schichten des Gitters existiert eine einzigartige und präzise harmonische Geometrie. Die Wellen, die durch das Gitterwerk wandern, sind Informationswellen, die in Verbindung zum höchsten Bewusstsein stehen. Das Gitter verbindet die gesamte Wirklichkeit.

BEWUSSTSEIN UND GEDANKE FOKUSSIEREN ENERGIE

Tillers Modell zufolge werden an den Knotenpunkten *potenzielle* Karten gespeichert. Hier kommt es zu einer Umwandlung von Bewusstsein in Energien. Diese Knotenpunkte werden zum Brennpunkt unserer Gedanken – unserer *Absichten*. Sie sind letztlich die Knotenstellen im Netzwerk des Geistes. Gedankenenergie löst das immense Energiepotenzial aus, das in unserem Kosmischen Meer gespeichert ist.

Aus den dort gespeicherten Potenzialen entstehen von Gedanken modulierte Muster. Diese Muster werden dann als Ereignisse in unser Leben projiziert, vom Prinzip her ähnlich wie bei Holografien! Durch diese Energiemuster wird eine Kommunikation zur Wechselwirkung mit der physischen und feinstofflichen Materie begründet. Es entsteht nun eine Art Rückkopplungsschleife, da unsere Reaktion auf diese Ereignisse wieder in das Gitter eingespeist wird, wo sich ein neuer Satz von Potenzialen und Mustern bildet. Die Folge sind neue Ereignisse.

DIE MENSCHLICHE DYNAMIK IN 11D

Tiller entwickelte ferner ein Modell der menschlichen Dynamik. Das Bild des menschlichen Dramas spielt sich ab an einem interaktiven Set mit elf Dimensionen. Als Wesen, die hier sind, um zu lernen, *Intentionalität* und *Liebe* einzusetzen, wirken wir mit dem GEIST beim Prozess des Erschaffens zusammen, um das große Schauspiel in Gang zu setzen. In dem von Tiller entwickelten, umfassenden Modell finden sich entscheidende Punkte, die sich von der konventionellen Sicht der Physik unterscheiden. Schlüsselelemente sind hier folgende:

1) Das Vakuum ist granularer Natur; es ist hochgradig geordnet und aufgebaut wie ein Kristallgitternetz. Bei dem Gitternetz in seiner Gesamtheit handelt es sich um eine Überlagerung verschiedener Schichten, die durch gemeinsame Verbindungspunkte, Knoten genannt, miteinander kommunizieren. Durch eben diese Knotenpunkte wandern Informationswellen wie durch Filter von dem elfdimensionalen zu dem vierdimensionalen Raum hinunter.
2) Die MENSCHLICHE ABSICHT ist ein fundamentaler Grundsatz. Das Modell baut auf der Prämisse auf, dass der grundlegende Zweck des physischen Körpers darin liegt, ein Mittel (Vehikel) zu bieten, um im Interesse der eigenen Evolution angewandte INTENTIONALITÄT und angewandte LIEBE zu erlernen.
3) Das Bewusstsein erzeugt die Informationswellen, die sich durch das Gitternetz bewegen und so auf Energiemuster einwirken und Partikel beeinflussen, die mit physischer und ätherischer Materie in Wechselwirkung stehen.
4) Das physikalische Atom ist von seinem ätherischen und feinstofflichen Gegenstücken umschlossen. Es ist daher von emotionalen, intellektuellen und spirituellen Elementen umgeben.
5) Licht setzt sich aus elektromagnetischer Strahlung (im physischen Raum), magnetoelektrischer Strahlung (aus dem Ätherraum) und Deltron-Strahlung (aus dem höheren, feinstofflichen Bereich) zusammen.

DIE ELEGANZ EINES PERSÖNLICHEN NETZES

In seiner Eleganz entfaltet sich das Universum auf harmonische Weise. [17] Das persönliche Netz, das uns umgibt, ist eine Energiestruktur von einzigartigem zellularem Aufbau. Und doch ähnelt diese Zellstruktur der des äußeren Universums. Wir bezeichnen dieses persönliche Netz als Universelles Kalibriergitter (Universal Calibration Lattice, UCL). Wir betrachten das Universelle Kalibriergitter oder UCL als unseren primären Verbindungspunkt zu Tillers Universalgitter. Das UCL dient dazu, die Muster zu verstärken und zu projizieren, die wir darin ansiedeln. Diese stellen eine Resonanz mit dem äußeren Universum her. Bewusstsein und ABSICHT lenken den ganzen Prozess.

DAS BEWUSSTSEIN UNTER DEM MIKROSKOP

Bei ihrem Eindringen in die Quantenwelt gelangten die Wissenschaftler im Labor immer wieder zu verblüffenden Erkenntnissen, etwa der Erkenntnis, dass die objektive Wirklichkeit ein Grundsatz der Vergangenheit ist. Evan Walker beschreibt dies so zutreffend in *The Physics of Consciousness: The Quantum Mind & Meaning of Life:*

»Wir haben entdeckt, dass der Beobachter ein austauschbares Instrument der Wirklichkeit ist, und wir sind in Berührung mit unserer eigenen Natur gelangt... Wir sind auf dieses Bewusstsein

gestoßen, dass da steht und auf uns zurückblickt, als wären wir ein Schauspieler auf der Bühne der Wirklichkeit und spielten auf eine merkwürdige Weise die Rolle eines Schriftstellers, der das Skript verfasst, nach dem wir uns richten.« [18]
Wir sehen uns selbst dank unseres Geistes als aktiv am Versuch Beteiligte. Man stelle sich einmal vor, dass die Physiker womöglich gar keine Teilchen entdecken, sondern sie erschaffen! Brian Josephson, Nobelpreisträger in Physik, bemerkte einmal, dass die Physiker bei ihrer akribischen Suche nach fremdartigen neuen Partikeln vielleicht ihre eigene Wirklichkeit erschaffen [19].

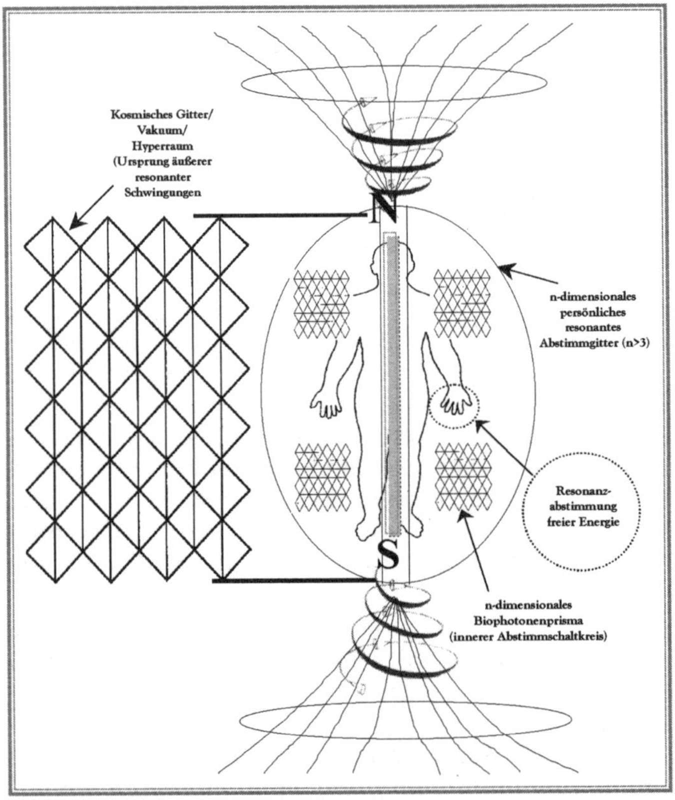

Abb. 2.15 »Ein resonantes persönliches Gitter«
Das Universelle Kalibriergitter (UCL) – unsere persönliche Energiestruktur – wird als n-dimensionales (n>3), resonantes Abstimmgitter gedeutet. Hier haben wir den Begriff »Biophotonenprisma« geprägt, um ein komplexes Muster innerhalb der menschlichen Strukturdynamik zu bezeichnen, das ausgelegt ist, um mit Licht in Wechselwirkung zu treten. Auf der physischen Ebene ist dies eine Funktion der DNS, doch existieren auf der feinstofflichen Ebene ähnliche Helixstrukturen. Resonante Strukturen treten in Interaktion. Wenn die menschlichen Energiesysteme auf ihre natürlichen Schwingungen gestimmt werden, wird eine Resonanz hergestellt, die ein »Aufladen« der energetischen Anatomie und einen Informationsaustausch gestattet. Durch Erzeugung einer Resonanz zwischen dem UCL und dem Kosmischen Meer (Vakuum) entsteht ein »freier Energiegenerator«. (Siehe Anmerkung 15 zu diesem Kapitel).

So zum Beispiel hat ein bestimmtes Teilchen, das man als Anomalon bezeichnet, in jedem Labor andere Eigenschaften. Das scheint darauf schließen zu lassen, dass die Eigenschaften dieses Teilchens sich danach richten, wer es *findet* und *erschafft*.

NICHTLOKALITÄT IST NICHT VON DIESER WELT

Eine verblüffende Erkenntnis der Quantenphysik ist jene Eigenschaft, die wir als *Nichtlokalität* bezeichnen. Diese Eigenschaft wird durch das Phänomen beschrieben, dass zwei Teilchen, wenn sie interagieren, sich weiterhin beeinflussen und sofort Information untereinander austauschen, gleich, wie weit voneinander entfernt oder getrennt sie werden. Es spielt keine Rolle, ob Milliarden Kilometer oder Milliarden Lichtjahre zwischen den Teilchen oder physischen Ereignissen liegen oder ob diese sich gar an entgegengesetzten Enden des Universums befinden. [21] Dennoch dauert eine sofortige Kommunikation oder Übertragung von Einfluss oder Information zwischen den Systemen an! All das geschieht auf einer unsichtbaren Subquanten-Wirklichkeitsebene. So stellten Nadeau und Kafatos fest, Gisins Experiment
»zwingt Physiker, daraus zu schließen, dass Nichtlokalität oder Nichttrennbarkeit eine globale oder universelle Dynamik des Lebens des Kosmos ist.« [20]

Die herkömmliche Vorstellung von *Lokalität* macht es erforderlich, dass sämtliche Interaktionen durch Signale vermittelt werden, die in der Raumzeit ausgetauscht werden. Für diese Signale gilt die Einschränkung, dass sie sich nicht schneller als mit Lichtgeschwindigkeit bewegen. Wären die Signale lokal, so ließe sich der Beweis für diese Signale in unserer Raumzeit beobachten. Nichtlokale Phänomene unterliegen diesen Einschränkungen nicht. Es gibt keine Geschwindigkeitsbarriere, und wir beobachten die Wechselwirkungs*signale* nicht in unserem Raum. Einstein nannte die Nichtlokalität ein *»unheimliches Geschehen mit Fernwirkung«*. Die Interaktion erfolgt ohne sichtbare lokale Signale. Mit anderen Worten, die Entdeckung der Nichtlokalität offenbart, dass es eine unsichtbare Wirklichkeit gibt, eine Wirklichkeit, die alle physikalischen Ereignisse innerhalb des Universums miteinander verbindet. Diese Wirklichkeit steht in Verbindung mit einer ungeteilten Ganzheit, die auf einer fundamentalen Ebene physikalischer Wirklichkeit existiert. In *The Non-Local Universe: The New Physics & Matters of the Mind* sehen Nadeau und Kafatos:

»... den Geist oder das menschliche Bewusstsein als ein aufstrebendes Phänomen in einem nahtlos miteinander verbundenen Ganzen mit Namen Kosmos« [22].
Diese unsichtbare, alles miteinander verbindende Wirklichkeit ist also das Bewusstsein.

Tabelle 2.1 ZENTRALE VORSTELLUNGEN DER QUANTENPHYSIK

- NICHTLOKALITÄT
- UNGEBROCHENE GANZHEIT
- KOORDINIERTE ORGANISATION
- UNABHÄNGIGKEIT VON RAUM UND ZEIT
- UNTRENNBARKEIT DES BEOBACHTERS VOM EXPERIMENT
- EXISTENZ EINES QUANTENFELDES, DAS ALLEN KRÄFTEN AUF MATERIE ZUGRUNDE LIEGT
- EIN BEWUSSTSEIN, DAS ALLES LEBENDIGE UND NICHT LEBENDIGE DURCHDRINGT

NICHTLOKALE TEILCHEN IN WECHSELWIRKUNG MIT DER GESAMTEN ZEIT

Man stößt schon auf merkwürdige Dinge, wenn man über die nichtlokalen Eigenschaften von Elementarteilchen nachsinnt. So zum Beispiel führt Bearden aus, wie das Elektron in Wechselwirkung mit anderen Hyperrahmen (anderen Raumzeitsystemen) tritt, während es uns mit seiner Gegenwart in einem Teilabschnitt der »Zeit« beehrt. [23] Wenn wir diese Partikel darüber hinaus als Schleifen oder Verwölbungen im Raumzeitgefüge verstehen, wird das alles noch bizarrer. Dem Physiker Mark Hadley zufolge ist die Verwölbung so ausgeprägt, dass die Raumzeit sich rückwärts auf sich selbst faltet und dabei einen Knoten entstehen lässt, bei dem die Zeit zu einer geschlossenen Kurve verschlungen ist (*man stelle sich eine Achterschleife vor*). Vergangenheit und Zukunft werden allesamt durch diese Zeitschleife verbunden. Die Schleife ermöglicht es, dass die Teilchen nicht nur mit anderen Teilchen in ihrer eigenen Zeit in Wechselwirkung treten, sondern auch mit Teilchen, die in deren Vergangenheit oder auch in deren Zukunft existieren mögen! [24]

Die Beobachtung nichtlokaler Phänomene stellt in der Wissenschaftsgeschichte eine sehr bedeutende und gewaltige Entdeckung dar. Die Entdeckung, dass Nichtlokalität eine naturgegebene Tatsache ist, dass unsere physische Wirklichkeit nichtlokal ist, trägt dramatische Implikationen in sich, die in Wissenschaftlerkreisen erst jetzt langsam zutage treten. Die Eigenschaft der Nichtlokalität reicht über aufeinander einwirkende Teilchen und physikalische Systeme hinaus. Das Bewusstsein, das Denk-Gehirn-System und die multidimensionalen Aspekte unseres Seins sind allesamt nichtlokaler Natur. Sie alle tragen die Fähigkeit in sich, mit anderen Systemen zu interagieren, unabhängig von der Entfernung, die sie trennt.

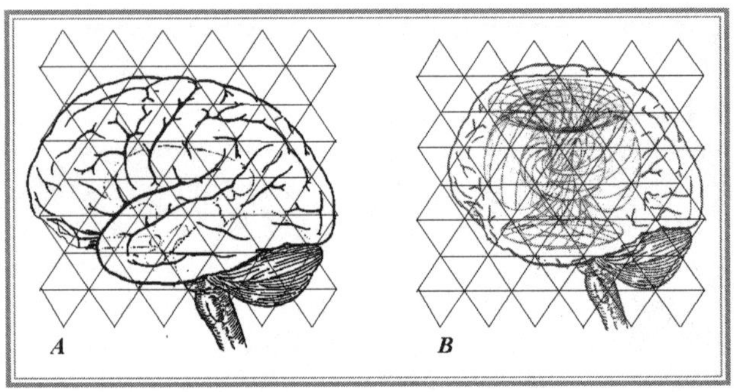

Abb. 2.16 »Energetisches Gitternetz im Gehirn«
In Tillers Modell durchdringt das 10-dimensionale Universelle Kalibriergitter das Gehirn (A). [13] Die Kontenpunkte haben Zugang zu nichtlokaler Information und Mustern in der physischen Welt und »wissen«, was sich anderenorts auf dem Gitter abspielt. Das heißt, Information **irgendwo** in der Raumzeit sind **überall** an den Knotenpunkten des Gitters angeordnet. Unserer Ansicht nach spielt das Universelle Kalibriergitter (UCL) eine Rolle als primäres Anschlussteil an das äußere Universum. Das UCL erzeugt Resonanz mit kosmischen Signalen und verstärkt und projiziert zudem die Muster und Signale, die wir in ihm einsetzen. (Siehe Anmerkung 61 zu diesem Kapitel).

DER DENKAPPARAT / DAS GEHIRN IST EIN NICHTLOKALES SYSTEM

In seinem Buch *The Self-Aware Universe. How Consciousness Creates the Material World*, bespricht der Physiker Amit Goswami ein neueres Experiment, das die Nichtlokalität der Interaktion eines menschlichen Denk-Gehirn-Systems zu einem anderen bestätigt. Durchgeführt wurde es von dem mexikanischen Neurophysiologen Jacobo Gringerg-Zylberbaum. Es gilt als das auf das »Gehirn« bezogene Äquivalent zu dem wegweisenden Aspect-Experiment mit Photonen-Partikeln. [25]

In diesem Experiment bat man zwei Versuchspersonen, eine bestimmte Zeit lang miteinander in Interaktion zu treten, bis sie das Gefühl hatten, untereinander eine Beziehung aufgebaut zu haben. Dann wurden die beiden Versuchspersonen in zwei separaten Faradayschen Käfigen untergebracht. Der Faraday-Käfig sorgt dafür, dass alle herkömmlichen elektromagnetischen Signale abgeschirmt und blockiert werden.

Versuchsperson Nummer 1 wird nun einem Lichtblitz ausgesetzt (Versuchsperson Nummer 2 weiß nichts hiervon). Der Lichtblitz produziert als Signal sofort ein messbares hervorgerufenes (evoziertes) Potenzial im EEG, in dem die Hirntätigkeit von Versuchsperson 1 aufgezeichnet wird. Das Ergebnis: Verblüffenderweise tritt hierbei gleichzeitig im Gehirn der anderen Versuchsperson ein Signal ähnlicher Gestalt und Stärke auf (ein Transferpotenzial genannt). Goswami erklärt hierzu:

Die beiden Gehirne/Denkapparate fungieren als nichtlokales korreliertes System. Die Korrelation der Denk-Gehirn-Systeme wird durch nichtlokales Bewusstsein und die Quantennatur unseres Gehirns erhalten. Eine derartige Resonanz zu erzielen, ist eine inhärente und natürliche Fähigkeit unseres nichtlokalen Bewusstseins und unseres Quantengehirns. Für Goswami sind über-sinnliche Phänomene wie beispielsweise das Fernwahrnehmen (Sehen von entfernt stattfindenden Ereignissen) Beispiele für die nichtlokale Tätigkeit des Bewusstseins. Zu derartigen paranormalen Phänomenen »gehört Nichtlokalität – ein Sprung aus unserem lokalen Raumzeitsystem heraus.« [26]

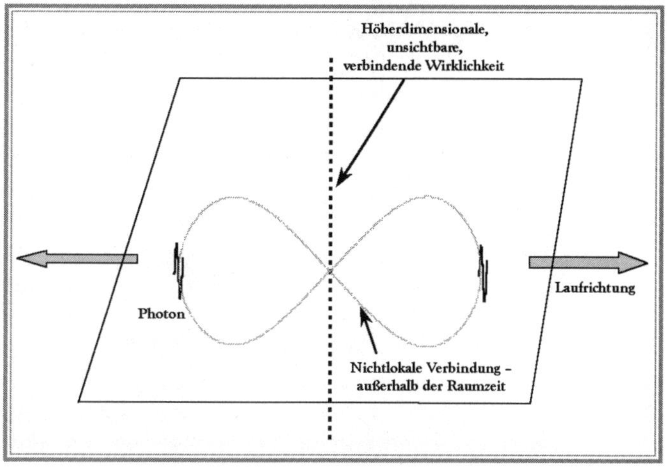

Abb.2.17 »Nichtlokalität – eine Tatsache des Universums«
1982 stellte das Aspektexperiment eine nichtlokale Verbindung zwischen zwei Lichtphotonen her, die aus einem gemeinsamen Ereignis stammten. Diese Experimente brachten die Physiker zwangsläufig zu dem Schluss, dass Nichtlokalität eine universelle Lebensdynamik des Kosmos ist. [20] Das menschliche Bewusstsein, sowie Denken, Gehirn, Herz und Emotionen des Menschen sind allesamt nichtlokal. (Siehe Anmerkung 62 zu diesem Kapitel).

Dieses Experiment macht uns deutlich, dass die Kontaktaufnahme von Mensch zu Mensch *immer* unsichtbare, aber nichtsdestoweniger reale nichtlokale Korrelationen mit sich bringt. In gewisser Hinsicht können wir den Informationstransfer oder die Beeinflussung zwischen den beiden menschlichen Denk-Gehirn-Systemen als eine Form von Resonanz betrachten. Diese Resonanz ist durch den Hyperraum zustande gekommen.

DIE QUANTENWELT ALS HEIMAT DES BEWUSSTSEINS

Wie treten der lokale und der nichtlokale Aspekt des menschlichen Bewusstseins in Verbindung? Auf welche Weise tritt Bewusstsein in Interaktion mit Materie? Das sind keine trivialen Fragen. Unter führenden Wissenschaftlern gewinnt die Vorstellung, dass das Bewusstsein ein Spieler innerhalb der Quantenwelt ist, zunehmende Popularität. Noch weiter geht jedoch der Gedanke, dass es eigentlich gar keine objektive Wirklichkeit gibt, die unabhängig vom Bewusstsein existiert.

Genau das ist das Thema, das von Amit Goswami in *The Self-Aware Universe* behandelt wird. Unser Universum, so wie wir es sehen, ist »sich seiner selbst bewusst«, und Bewusstsein selbst erschafft das, was wir als die materielle Welt bezeichnen [31]. *Ein Ja zu dieser Position bedeutet, voll und ganz den Brückenschlag zwischen Wissenschaft und Spiritualität zu erleben.*

Tatsächlich werden so manches Paradox und eine Menge Quanten-Seltsamkeiten zerstreut, wenn das Bewusstsein in die materielle Wirklichkeit einbezogen wird. Für sich allein ist die

Quantenwelt ein unbestimmter Ort. Hier kann nicht von absoluten Eigenschaften die Rede sein. Die allgemeine Beschreibung in diesem Reich erfolgt mit einer als *Wellenfunktion bezeichneten Gleichung*. Die Wellenfunktion beschreibt Wahrscheinlichkeiten oder Möglichkeiten. Von einer Vielzahl von Wahrscheinlichkeiten wird eine Wahl wahrscheinlicher als andere. Ist diese Wahl getroffen, kommt es zum *Zusammenbruch der Wellenfunktion*, und ein einzigartiges physisches Ereignis schlägt sich in der physischen Welt nieder.

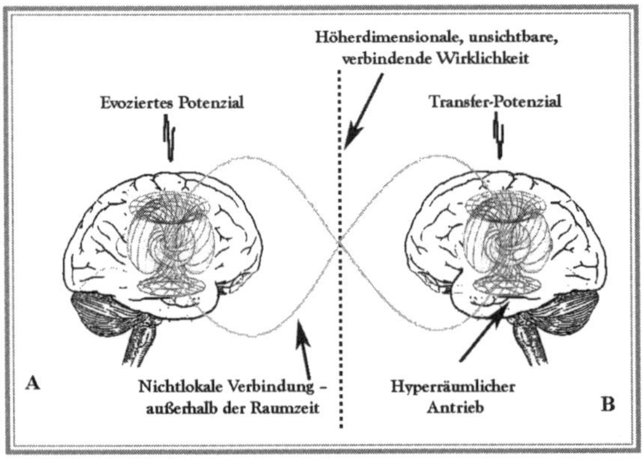

Abb.2.18 »Nichtlokale Verbindung Denken/Gehirn« Der mexikanische Neurophysiologe Gingerg-Zylberbaum konnte experimentell die nichtlokale Natur des Denk-/Hirnapparates bei zwischenmenschlichen Kontakten nachweisen. [25] Die Informationsübertragung zwischen Versuchspersonen findet nach den uns bekannten herkömmlichen Methoden nicht statt. Die beiden Gehirn/Denk-Systeme agieren als korreliertes nichtlokales System, das durch einen »Sprung aus dem jeweiligen lokalen Raumzeitsystem« mit dem anderen interagiert. [26] (s. Anmerkung 52 zu diesem Kapitel).

Auch Petersen geht in seinem Buch *The Quantum Tai Chi* auf die Rolle des Bewusstseins in der Quantenwelt ein. Aus Petersens Sicht spielt das Bewusstsein eine Rolle bei der Auswahl des Phasenwinkels der Magnetisierung, der so wirkt, dass er die Wellenfunktion zusammenbrechen lässt und dabei unsere Wahl der Wirklichkeit schafft. [32]

Der Physiker Andrej Detela verkündet in seiner Arbeit *Physikalisches Modell des Biofeldes* in aller Deutlichkeit:

»Es wird in den modernen Naturwissenschaften zu einem großen Paradigmenwandel kommen... die Physiker werden durch intelligente Quantenzustände das Wechselspiel von Bewusstsein und Materie erkennen.« [33]

Hier hören wir ein Echo und einen Nachhall des verstorbenen David Bohm. Kaum ein anderer als dieser große Physiker des 20. Jahrhunderts hat unseren Paradigmenwechsel in der Wissenschaft mehr beeinflusst und mehr zu ihm beigetragen. Hier finden wir den Gedanken des holografischen Universums – eines Universums, in dem Geist und Materie untrennbar sind.

EIN UNGETEILTES GANZES

Für David Bohm fehlte es dem von ihm verfassten klassischen Text in der Quantenphysik an einer Erklärung des gesamten Phänomens, dem er bei seiner Forschung auf dem Gebiet der Quantenphysik begegnete. David Bohms bedeutendster wissenschaftlicher Beitrag ist seine Deutung der Natur der physikalischen Wirklichkeit. Bohm postuliert, dass die physikalische Wirklichkeit letztendlich nicht in einer Ansammlung voneinander getrennter Objekte besteht, sondern ein *ungeteiltes Ganzes* ist, das sich ständig im Fluss befindet. In Bohms Augen wiesen die Erkenntnisse, die er aus der Quantenmechanik und der Relativitätstheorie gewann, auf ein Universum, das ungeteilt ist und in dem alle Teile *»zu einer Ganzheit verschmelzen und sich vereinen«*. [34].

Wie die Gezeiten, ist Bohms ungeteiltes Ganzes nie statisch, sondern wie Ebbe und Flut. Aus dem unsichtbaren Äther steigen alle Dinge auf und entfalten sich. Und in den Äther hinein lösen sich schließlich alle Dinge wieder auf.

Diesen nie abreißenden Strom von Veränderungen in unserer Wirklichkeit nannte Bohm Holobewegung. Innerhalb der *Holobewegung* sind Geist und Materie vereint:

»In diesem Strom sind Geist und Materie keine voneinander getrennten Stoffe. Sie sind vielmehr unterschiedliche Aspekte einer ganzen und ununterbrochenen Bewegung.« [35]

Bohm brachte auch lebendige und nicht lebendige Objekte miteinander in Verbindung. »Die Fähigkeit der Form, aktiv zu sein, ist das charakteristischste Merkmal von Geist (mind), und so etwas wie ein Denken haben wir bereits beim Elektron.« [35] Also existiert Materie nicht unabhängig vom sogenannten leeren Raum; Materie und Raum sind jeweils Teil der Ganzheit.

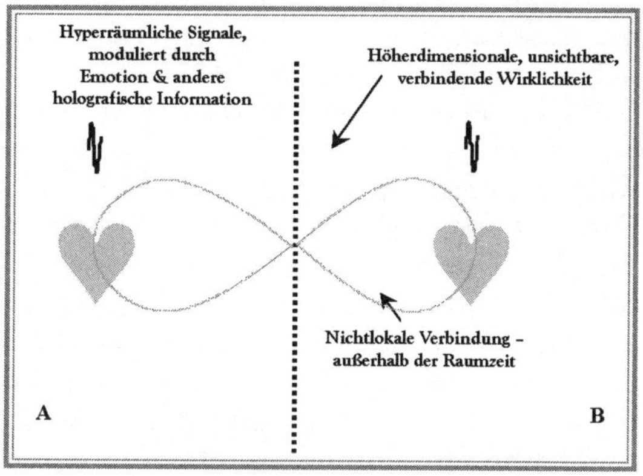

Abb. 2.19 »Die Emotion des Herzens ist nichtlokal« Die Signale des Geistes/Gehirns werden durch die Emotion des Herzens sowie andere Aspekte des menschlichen Energiesystems moduliert. (Siehe Anmerkung 53 zu diesem Kapitel).

DIE WIRKLICHKEIT IST EINE HOLOBEWEGUNG

Die Überlegung, die Bohm dazu brachte, den Begriff »Holobewegung« zu prägen, war die, dass die Wirklichkeit ähnlich aufgebaut ist wie ein Hologramm. Die sichtbare Wirklichkeit, die wir kennen und erfahren, ist eine holografische Projektion eines im Unsichtbaren, Verborgenen – der *impliziten Ordnung* des höheren Raums – gebildeten Hologramms.

Die implizite Ordnung ist der Ursprungsort der verborgenen Ordnungsprinzipien für alle Erscheinungen, selbst die, welche uns wie simpler Zufall oder Regellosigkeit in unserer entfalteten Wirklichkeit vorkommen. Die implizite Ordnung verlagert das nach außen oder bringt das zur Entfaltung, was wir als Wirklichkeit kennen, und dies nennt Bohm die explizite Ordnung. Die implizite Ordnung wird als die fundamentale und primäre Wirklichkeit verstanden. Unsere äußeren Wirklichkeiten werden dann zu nichts als einem Kräuseln auf dem unermesslich weiten Kosmischen Meer oder der expliziten Ordnung im Sinne von Bohms Definition. Alles, was wir wissen und erfahren, sind in Wirklichkeit entfaltete Projektionen der einer höheren Dimension zugeordneten impliziten Ordnung. Die impliziten und expliziten Ordnungen durchdringen einander in allen Regionen der Raumzeit, und jede Region umhüllt das gesamte Dasein, das heißt, alles ist in alles eingehüllt. Bohm erklärt hierzu (1980):

»In der impliziten Ordnung ist die Gesamtheit des Seins in jede Region des Raums (und der Zeit) eingehüllt. Welchen Teil, welches Element oder welchen Aspekt wir in Gedanken auch abstrahieren, umfängt dies noch immer das Ganze und steht daher intrinsisch mit der Ganzheit in Verbindung, aus der es entnommen wurde. Also durchdringt die Ganzheit von vorn herein alles das, worum es hier geht.« [36]

DAS HOLOGRAFISCHE WESEN

Bohm glaubte, dass jeder Teil der physischen Wirklichkeit Information über das Ganze enthält. In diesem Licht betrachtet, enthält jeder Teil des Universums die gesamte Information des ganzen Universums. Was ist das für ein Netz, das subatomare Teilchen miteinander verbindet? Um die Ergebnisse der Quantenphysik zu erklären, stellte Bohm eine vollkommen neue Hypothese auf. Er schlug die Existenz eines Feldes vor, das alles wechselseitig durchdringt und miteinander verbindet. Dieses Feld bezeichnete er als das *Quantenpotenzial.* Das Quantenpotenzial existiert überall im Raum; sein Einfluss nimmt mit zunehmender Entfernung nicht ab (wie etwa die Schwerkraft), daher ist seine Wirkung überall gleich stark.

Das Quantenpotenzial wird zu der Struktur, die das Ganze organisiert. Finden sich einzelne Elektronen beispielsweise in einem Plasma (ionisierten Gas), so wird die kollektive Aktivität durch das Quantenpotenzialfeld koordiniert. Wie tut es das? Das Quantenpotenzial ist ein wellenartiges Informationsfeld, von dem das Elektron gelenkt wird. Die Elektronen greifen buchstäblich auf Information aus dem Quantenpotenzialfeld zurück, durch die sie wissen, was sich um sie herum abspielt.

Das Quantenpotenzialfeld stellt einem System die *Informationen* zur Verfügung, nicht die Energie. Wie das funktioniert, lässt sich mit einem Schiff auf hoher See vergleichen, das von der Küste her per Funk überwacht wird.

Das Schiff operiert aus eigener Kraft, doch seine Steuerungsanweisungen werden durch Funkwellen gelenkt. Die Radiowellen tragen dabei nicht die Energie in sich, die für eine Kursänderung des Schiffes benötigt wird – sie sind lediglich Informationsträger. Das gleiche gilt für das Verhalten des Elektrons. Das Quantenpotenzial liefert die Anweisungen zur Kursänderung, die das Elektron benötigt, um mit seiner Umgebung in Interaktion zu treten. Die Elektronen erhalten vom Quantenpotenzial überall im Raum sofort Information. Die Intensität des Potenzials spielt dabei keine Rolle, sondern *nur seine Form*!

EINE REISE IN NEUE DIMENSIONEN

Der Physiker Jack Sarfatti nimmt uns ebenso wie Tiller mit auf eine weitere Entdeckungsreise über das althergebrachte Denken hinaus. Sarfatti entwickelte eine neue Schule des Denkens, die er *Post-Quanten-Theorie* nennt. Das Besondere an seinen Ideen ist, dass sie weiter reichen als die herkömmlichen Grundsätze der Quantentheorie. Vereinfacht ausgedrückt, geht es um Folgendes: *Sarfatti bemüht sich, die Interaktion zwischen Geist und Materie zu erklären.* Diese Interaktion findet in einem Bereich jenseits der Quantenwelt statt.

Geist und Materie wirken wechselseitig durch die vermittelnden Informationswellen aufeinander ein, welche die Materie beeinflussen und organisieren. Diese Informationswellen werden gesteuert durch empfindungsfähige Absicht.

In Sarfattis Modell wird Bohms Quantenpotenzial zu Pilot-Q-Bit-Informationswellen, die tatsächlich den mentalen Wellenfeldern entspringen! Wellen dieser Art sind für die Koordination der komplexen und dynamischen Selbstorganisation von Materie zuständig. Sarfatti liefert das Bindeglied zwischen dem mentalen Wellenfeld und dem Quantenpotenzialfeld, das dem Elektron die Leit-Information liefert.In Sarfattis Augen ist das bewusste Gewahrsein im physischen Körper mit dem nichtlokalen Bewusstsein außerhalb des physischen Körpers verknüpft, und zwar über eine Elektronengruppenanordnung im Gehirn. Die Elektronen bilden *»eine phasen- kohärente Gruppenanordnung winziger elektrischer Dipol-Nanoantennen«*. [37] Diese Anordnung kann man als eine Form von kohärent abgestimmter Gitterstruktur betrachten. Sie ist wirksam, um Informationen in die Mikrotubuli des Gehirns zu befördern. Gleichzeitig verbindet die Anordnung den physischen Körper mit den mentalen Wellenfeldern.

ABSICHTSGELENKTE PILOTWELLEN

Was lenkt eigentlich diese Q-Bit-Informations-Pilotwellen? Sarfatti erklärt, es sei *»sentient intent«*, also eine empfindungsfähige Absicht. [38] Die Quantenpilotwellen sind eine Art Informationsmuster. Sie sind gedankenartige Formen, die Materie organisieren. Diese Wellen operieren außerhalb von Raum und Zeit – sie sind nichtlokal. Ihr Wirken wird nicht von ihrer Intensität bestimmt. Ihre gedankenähnlichen Formen lenken die Energie der steinartigen Objekte. Auf der Quantenebene sind die Auswirkungen immens, ungeachtet der geringen Intensität der Informationswellen. Aktive Information befördert Potenzial überall hin, wird jedoch nur dort aktiv, wo es Bedeutung hat. Aktive Information ist *Form*.

BACK-ACTION IST DIE INTERVENTION DES GEISTES

Sarfattis Post-Quantentheorie zeichnet sich durch einige herausragende Merkmale aus. Ein zentraler Gedanke in seiner Theorie ist das, was er als *Back-Action* (Gegenwirkung) bezeichnet. Back-Action umfasst das Wechselspiel zwischen Geist und Materie, bei dem der Geist auf die Materie oder auch die Materie auf den Geist einwirkt. Es ist ein interaktiver Prozess, der sich in zwei Richtungen abspielt. Dieser Zweiwegprozess erzeugt eine aktive Rückkopplungsschleife, die Geist und Materie zu einem ungeteilten Ganzen verbindet. Sarfatti führt aus, dass *Back-Action* bedeute, dass die oberste Steuerungsinstanz des Gehirns in jedem einzelnen Moment mit ihrer Pilotinformation arbeitet. Im Verlauf des interaktiven Prozesses kommt es zu einem fortwährenden Umbauvorgang. Motor der Interaktion sind *»äußere Botschaften aus der Vergangenheit, der Zukunft und anderenorts jenseits des momentanen Hier-Jetzt-Lichtkegels des Gehirns.«* [39] Sarfatti zufolge verhält es sich so, dass die *Back-Action »den Gleichungen der Physik Leben einhaucht. Sie ist der Heilige Geist.«* [40]

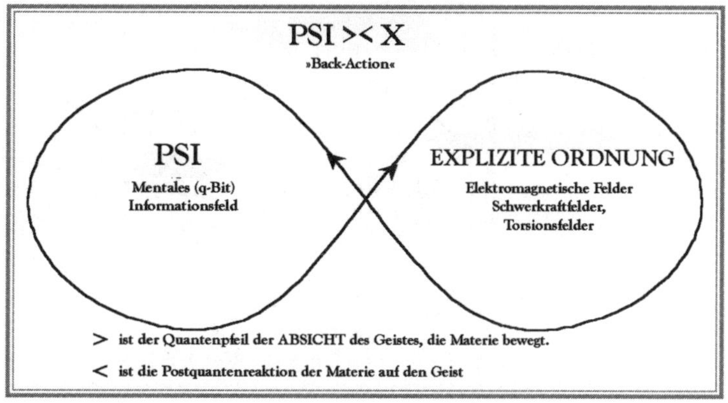

Abb. 2.20 »Untrennbarkeit von Geist & Materie«
Sarfatti stellt die Hypothese auf, dass Geist und Materie in Form eines »Back-Action«(Gegenwirkungs)-Prinzips interagieren. Er erklärt, dass empfindsame Absicht »Pilot-q-Bit-Informationswellen« steuert, welche Materie organisieren. Mentale oder gedankliche Energie lässt sich in die Energie des elektromagnetischen Feldes oder in Lichtenergie umwandeln. Bearden zufolge wirkt die Gedankenenergie dahingehend, dass sie das nachfolgende ermöglicht oder in Gang setzt: (1) Entweder die Ladung eines geladenen Teilchens auslöschen oder eine Ladung an einem Objekt aufbauen, das zuvor keine elektrische Ladung hatte; (2) Ein elektrostatisches Feld an einem äußeren Objekt erzeugen; (3) Ein elektromagnetisches Feld im Umfeld eines Objektes erzeugen, damit eine Interaktion entsteht; und (4) feinstoffliche Energien in den Hyperfeldfluss von Magnetfeldern kondensieren. Zusätzlich verdichtet sich Gedankenenergie fortlaufend zu elektrischen Mustern, welche alle Vitalfunktionen des Körpers beeinflussen, formen und modulieren. (Siehe Anmerkung 63 zu diesem Kapitel.

Es gibt über den Prozess der *Back-Action* noch mehr zu sagen. Die ABSICHT des Geistes, die auf der Quantenebene von Materie wirkt, kommt mit der Gegenwirkung (back-action) der Materie auf den Geist zusammen. Das führt zu mehreren Phänomenen:

- sich spontan selbstorganisierenden Systemen
- Extraktion von Nullpunktenergie aus dem Vakuum
- einem empfindungsfähigen absicht-bewussten Erleben
- der Entstehung »seltsamer Schleifen«

SELTSAME SCHLEIFEN VERBINDEN DIE ZEIT

Diese Vorstellungen sind noch interessanter. Was hat es mit diesen »seltsamen Schleifen« auf sich? Sarfatti erklärt, dass sie in zweierlei Form auftreten, und zwar als:
»Absicht aus den Zukunftsschleifen mit Erfahrungen aus der Vergangenheit, wie etwa bei Erinnerungen, zusammen mit der Vorausaktion oder rückwärts gerichteten Verursachung« [41], und

als »Absicht aus den Vergangenheitsschleifen mit Erfahrung aus der Zukunft, wie etwa beim präkognitiven Fernwahrnehmen oder Remote Viewing (Jim Schnabels Buch Geheimwaffe Gehirn. Die Psi-Agenten des CIA) sowie bei jeder Art von schöpferischem geistigen Akt« [42].

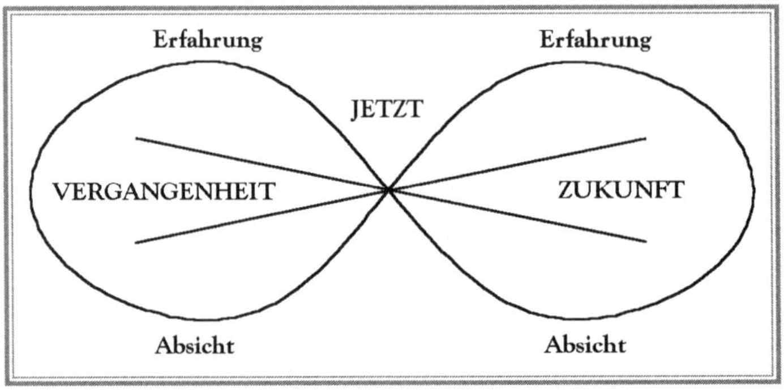

Abb. 2.21 »Seltsame Bewusstseinsschleifen«
Jack Sarfatti zufolge erzeugt das mentale Feld Quantenpilotwellen, die Informationswellen ähneln. Die Quantenpilotwellen sind für das Organisieren von Materie verantwortlich. Diese operieren außerhalb der Raumzeit, sie sind nichtlokal. Interaktionen zwischen Geist und Materie werden durch »externe Botschaften aus Vergangenheit, Zukunft und von woanders gepumpt«. Diese externen Botschaften setzen einen Prozess in Gang, den Sarfatti als Dualform »seltsamer Schleifen« bezeichnet, welche darstellen: (1) Absicht aus den Zukunftsschleifen mit Erfahrung aus der Vergangenheit; und (2) Absicht aus Vergangenheitsschleifen in Verbindung mit Erfahrung aus der Zukunft. Irgendwo in der Mitte dieses Schleifenprozesses erfahren wir die JETZT-Momente des Bewusstseins. Beim Geist- und Gehirnkomplex kommt eine Interaktion zwischen einem »klassischen Instrument«, dem in der Raumzeit verankerten Gehirn, und einem »Quanteninstrument« zum Tragen, jenem Geist, der nichtlokaler Natur ist. Die nichtlokalen Aspekte des Geistes existieren im Hyperraum, wo sowohl Zukunft als auch Vergangenheit präsent sind. Offene Kommunikation im Geist-/Gehirn- beziehungsweise Geist-/Materiekomplex bedeutet Kommunikation mit dem externen Universum. Dies umfasst jeden beliebigen Teil des Universums, bei beliebigem Abstand in Raum und Zeit.

DER EINFLUSS DES MENTALEN FELDES AUF ALLE KLASSISCHEN FELDER

Hier führen wir unsere erste mathematische Gleichung ein. Sarfatti beschreibt diese Gleichung als die grundlegendste seiner Post-Quantentheorie:

PSI>< X

Psi = mentales q-Bit-Informations-Gedankenfeld
[Bohms implizite Ordnung]
X = die materielle Konfiguration erweiterter Ursprungspartikel
der expliziten Ordnung [nach Bohms Terminologie],
zusätzlich zu den klassischen Kraftfeldern.

Zu den klassischen Kraftfeldern gehören:

1. Elektromagnetische Felder (vom herkömmlichen Maxwell-Hertz-Typ)
2. Torsions-Verbindungsfelder diverser Art
3. Stücke des dreidimensionalen Raums wie bei Verwölbungen und Wurmlöchern
4. Einsteins metrisches Schwerkraftfeld
5. Yang-Mills-Felder mit schwachen und starken Interaktionen

> ist der Quantenpfeil der ABSICHT des Geistes, der die Materie in Bewegung versetzt

< ist die Post-Quanten-Reaktion der Materie auf den Geist, die die unteilbaren Momente des Bewusstseins erzeugt.

Sarfatti untermauert seine Theorie mit viel exakteren mathematischen Formulierungen als denen, die uns hier präsentiert werden. Seiner Auffassung nach existieren heute experimentelle Beweise für die Post-Quantenphysik. Hierzu zitiert er einiges kürzlich freigegebenes Material zum Thema *Fernwahrnehmen.* [54]

Was können wir zusammenfassend über Sarfattis Theorie sagen? Im Rahmen seiner Formulierung wirkt die ABSICHT vom mentalen Wellenfeld auf Materie ein. Die Materie reagiert, und es entsteht in der Tat eine »merkwürdige Schleife«. Die vergangenen und zukünftigen Absichten und Erfahrungen sind allesamt Bestandteil der Gleichung. Alles das verlangt nach der Herstellung einer umfassenden Phasenkohärenz. Wir sehen, dass das mentale Feld der Gedanken, Psi, nicht nur auf Materieteilchen einwirkt, sondern auch auf die klassischen Felder, unter anderem die herkömmlichen elektromagnetischen Felder.

GEDANKENENERGIE LÄSST SICH UMWANDELN

Dieser Gedanke findet auch in Beardens Konzepten viel Unterstützung. Bearden sieht die Gedankenenergie als etwas, das sich in elektromagnetische Felder umwandeln lässt. Im Grunde existiert Gedankenenergie im Rahmen eines Hyperraums, der fern vom elektromagnetischen Feld angesiedelt ist. Doch durch zwei aufeinander folgende orthogonale Drehungen wird diese Gedankenenergie in eine andere Art von Feld umgesetzt, nämlich das herkömmliche elektromagnetische Feld.

Bearden geht auf vieles hiervon in *Excalibur Briefing* ausführlich ein. Allgemeiner ausgedrückt, fordert Bearden eine neue Infinitesimalrechnung höherer Dimensionen, die sich mit der Umwandlung eines Feldes einer Art in ein Feld anderer Art befasst, ohne jede Schranke zwischen Physik und Metaphysik. Ferner sieht Bearden, dass wir ein neues Paradigma in der Physik brauchen, in welchem wir »Geist wie auch Physik in den gleichen theoretischen Rahmen einschließen, soll es ihm gelingen, zu erklären, wie der Geist auf die Materie einwirkt.« [41]

Das neue Paradigma der Physik muss Absicht umfassen oder, was Bearden auch *Anbeginn* nennt, anderenfalls haben wir weiterhin unerklärte Mysterien in der gewöhnlichen Wissenschaft.

Nach Bearden gehören zu den Wirkungen der Anwendung von Gedankenenergie (Absicht) folgende elektromagnetische Effekte:

- Entweder wird die Ladung eines geladenen Teilchens gelöscht, oder eine Ladung in einem Objekt aufgebaut, das vorher keine elektrische Ladung besaß;
- An einem externen Objekt entsteht ein elektrostatisches Feld;
- Rund um ein Objekt entsteht ein elektromagnetisches Feld, das mit dem Objekt in eine Wechselbeziehung tritt;
- Feinstoffliche Energien werden zum Hyperraum-Fluss von Magnetfeldern verdichtet;

- Es findet eine kontinuierliche Verdichtung zu elektrischen Mustern statt, die alle Vitalfunktionen des Körpers beeinflussen, prägen und modulieren.

WIE VIRTUELLES WIRKLICHKEIT WIRD

In *Excalibur Briefing* erörtert Bearden das Wesen von Gedankenenergie. Gedanken oder mentale Energie kann man als virtuelle oder der Beobachtung entzogene Gebilde sehen. Diese Gebilde existieren als tatsächliche, reale Objekte innerhalb ihres eigenen Hyperraum-Rahmens oder Hyperrahmens. Könnten wir mit diesen Gebilden simultan im gleichen Hyperrahmen existieren, so wären sie für uns absolut greifbar. Doch unsere Wirklichkeit ist im Verhältnis zu Gedanken oder mentaler Energie ein davon getrennter Hyperrahmen. Natürlich bleiben Gedanken für uns unsichtbar.

In *The Quantum Tai Chi Gauge Theory: The Dance of Mind over Matter* stellt Stephen Petersen die Hypothese auf, dass die Selektion neuronaler Muster im Gehirn, die diese Gedankenformen entstehen lassen, mit dem Geist oder Bewusstsein verknüpft ist. Die Muster an sich, nach denen die Dendriten (Nervenenden) im Gehirn Impulse abfeuern, werden vom Bewusstsein bestimmt. Petersen zufolge programmiert der Geist ununterbrochen das Gehirn in der Auswahl des besten Dendritennetzes, um sich auszudrücken. [43]

Die Intensität oder Kraft, die wir diesen Gedankengebilden zuschreiben können, bemisst sich nach dem neuronalen Geräuschpegel, der zum Zeitpunkt ihrer Entstehung existierte. Bei hohen neuronalen Geräuschpegeln oder hohen Pegeln von System-Inkohärenz führen diese Gedankengebilde nur ein geringes Potenzial zur Beteiligung an dem physischen Manifestationsprozess. Die Reduzierung des inneren Systemrauschens zusammen mit einer Verbesserung der System-Kohärenz ist ein Mittel, die Magnetisierungskraft der Gedankenenergie zu erhöhen. Tatsache ist, dass aus Petersens Sicht:

»Bewusstes Denken und Wahrnehmen fungieren als Polarisierungsmagnet... der Bewusstseinsgrad einer Möglichkeit wird durch den Grad der magnetischen Ausrichtung redundanter Zellen im Gehirn oder des Bewusstseins jenseits von ihm dargestellt.« [44]

Aber es gibt, wie schon Carl Gustav Jung erkannte, eine Schwelle, über die das Bewusstsein gelangen muss, um Ereignisse aus dem »persönlichen oder kollektiven Unbewussten« herauszuziehen und sie real werden zu lassen.

GEDANKENGEBILDE FÜGEN SICH ZU LICHTPHOTONEN ZUSAMMEN

Nach Bearden sammeln sich Gedankengebilde und ballen sich nach ähnlichen Eigenschaften im Hinblick auf Frequenz und Form zusammen. Eine derartige Kohärenz der Gedankenenergie erzeugt die Möglichkeiten zum Magnetisieren ähnlicher Ereignisse in unserer bewussten physischen Realität. Jung prägte für Vorfälle, die den Gesetzen der Wahrscheinlichkeit trotzen – Ereignisse, die einem anderen Gesetz gehorchen, nämlich dem Gesetz der *Ähnlichkeit* – den Begriff *Synchronizität*. [45] Im Unbewussten existieren alle Muster aus jeder Zeit, Vergangenheit wie auch Zukunft. Jedes dieser Muster unterliegt der Auswahl als Erfahrung im JETZT.

Der Prozess, Gedankengebilde mit der physischen Wirklichkeit zu verbinden, findet mit Hilfe des Lichtphotons statt.

Das Photon ist der Träger der Muster des Gedankengebildes. Ähnliche Photonen hängen fest aneinander und erzeugen gemeinsam eine Intensität, welche die Schwelle überspringt, die das Unbemerkte von beobachteten Wirklichkeiten trennt. Wir bezeichnen dies als Quantenschwelle. Wird die Quantenschwelle überschritten, kommt es zu einer Aktivität auf der Ebene des elektromagnetischen Feldes.

VERBINDUNG MIT BEOBACHTBARER VERÄNDERUNG

Das elektromagnetische Feld verbindet uns mit beobachtbarer physischer Veränderung. Man beachte, dass das Licht das Medium ist, welches das Gedankenmuster zum elektromagnetischen Feld befördert. De facto ist in der elektromagnetischen Feldtheorie das Photon (das Licht) der Bote, der Information zwischen Partikeln der Feldstruktur kommuniziert. Wären wir in der Lage, Aktivitäten in einem elektromagnetischen Feld zu beobachten, so würden wir Zeugen einer regelrechten Lightshow – einem Feuerwerk unterschiedlichster Intensität, Farbe und Frequenz.

Diese Interaktionen sind ein Austausch von Information, um Form zu liefern oder zu in-form-ieren. Tiller fügt hinzu, dass Licht ebenfalls aus magneto-elektrischer Strahlung aus dem Äther sowie Deltron-Strahlung aus den höheren feinstofflichen Sphären besteht. So umfasst der über das Licht stattfindende Informationsaustausch auch die Muster und Formen, die von den unsichtbaren Wirklichkeiten des höheren feinstofflichen Bereichs stammen. Licht ist ein Phänomen jenseits von Raum und Zeit. Arthur Young betrachtete das Licht als das Bewusstsein selbst.

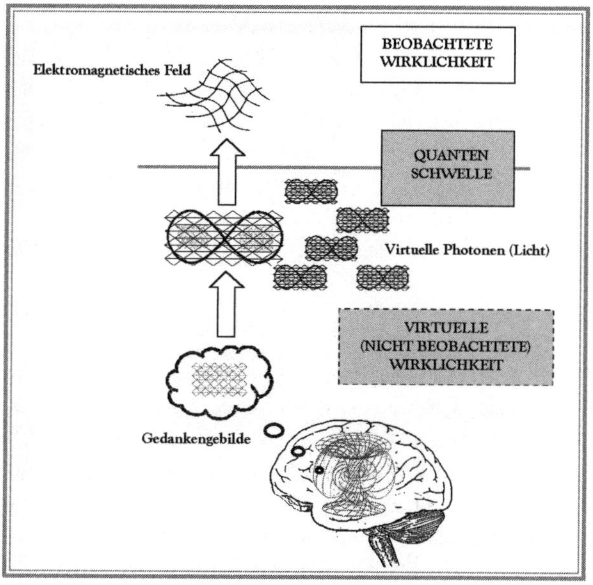

Abb. 2.22 »Wie virtuelle Gedanken Realität werden«
Nach Beardens Ausführungen in »Excalibur Briefing« können wir Gedanken- oder mentale Energie als virtuelles (nicht sichtbares) Gebilde betrachten. Gebilde dieser Art tragen Wahrscheinlichkeitsmuster in sich und ballen sich entsprechend ihrer Frequenz und Form zu Verbänden zusammen. Die Muster werden virtuellen Photonen (Licht) hinzugefügt oder auf diese übertragen. Photonen sammeln sich nach der Ähnlichkeit von Musterkohärenz. Die Quantenänderung erreicht den Rahmen des elektromagnetischen Feldes und erzeugt oder verändert das elektromagnetische Feld. Es entsteht eine beobachtbare physische Veränderung. Durch Abstimmung und Resonanz können innere Muster die äußere Wirklichkeit beeinflussen, und äußere Muster können durch ähnliche Prozesse die innere Wirklichkeit beeinflussen. (Siehe Anmerkung 64 zu diesem Kapitel).

ENERGIE DURCH KOHÄRENZ

Die virtuelle oder unbemerkte Wirklichkeit birgt in sich alle Möglichkeiten, alle wahrscheinlichen Ereignisse. Um jedoch ein Möglichkeitsmuster in unsere wahrgenommene Wirklichkeit umzusetzen, muss ein Prozess in Gang gesetzt werden. Wie Bearden in *Gravitobiology: The New Biophysics* feststellt:

»Wie in der Physik allgemein bekannt ist, kann ein virtuelles Gebilde real und beobachtbar werden, wenn ihm Energie hinzugefügt wird.« [46]

Energie hinzuzufügen ist ein Prozess, bei dem, wie Bearden schildert, *Ladung hinzugefügt* wird. Es findet eine *Aktivierung* oder *Entfachung* statt. Bei ausreichender Ladung werden virtuelle oder Geistbilder in den beobachtbaren Zustand gebracht. Der Schlüssel besteht darin, diese Energie durch kohärente innere Zustände zu bündeln. Wie Petersen postuliert, beginnt dies mit der kohärenten magnetischen Ausrichtung und Aktivierung unserer Gehirnzellen.

Darüber hinaus wollen wir betonen, wie wichtig es ist, uns Kohärenz, Ausrichtung und Integration unserer eigenen persönlichen Energiesysteme zu erhalten. Unserer Ansicht nach platzieren und tragen wir unsere Möglichkeitsmuster innerhalb des Universellen Kalibriergitters (»UCL«).

Starke Verbindungen zu unserem persönlichen Gitter (UCL) erlauben die Projektion oder magnetische Manifestation dieser Muster als Ereignisse in unserem Leben. Diese energetischen Verbindungen herzustellen, ist ein Hauptfokus der EMF Balancing Technique.

EIN NEUES ENERGIEKONZEPT

Gegen Ende dieses Kapitels möchten wir gerne noch etwas zu dem Energiekonzept anmerken. In der alten Gleichung neigen wir dazu, uns Energie als eine Funktion der Masse vorzustellen, das heißt:

$$\mathbf{E = mc^2}$$

[E = Energie, m = Masse, c = Lichtgeschwindigkeit]

Man beachte, dass sich diese Grundgleichung angemessener wie folgt schreiben lässt:

$$\mathbf{m = E / c^2}$$

Das heißt, wir können Masse als eine Manifestation von Energie, geteilt durch (oder verlangsamt durch) das Quadrat der Lichtgeschwindigkeit (c x c) verstehen.
Während wir uns in unserem Denken weiterentwickeln, tritt, wie uns aus diesem Kapitel deutlich wird, das Bewusstsein, der Geist oder das mentale Feld auf diversen Ebenen in Interaktion mit der Materie. Wir sehen, dass das Bewusstsein einen lenkenden Einfluss auf äußere Systeme ausübt, die große Mengen ihrer eigenen inhärenten Energie enthalten können. (Womit wir wieder beim Bild der Funkwellen von der Küste wären, die die Manöver eines großen Schiffes auf hoher See steuern.) Während unser Bewusstsein wächst, wächst auch unser Vermögen, mit Energiesystemen zu interagieren. Das gleiche gilt für unsere Fähigkeit, Materie und Energien zu organisieren und auf sie einzuwirken.
Mit unserem Wachstum als energetische Wesen geht jedoch das Verständnis einher, dass wir nicht unsere eigenen, persönlichen Energien zur Verfügung stellen, um diesen äußeren Einfluss herzustellen. Unsere bewusste ABSICHT wirkt durch das mentale Energiefeld der Gedanken, um so die *Pilotwellen* zu erzeugen, die dann tatsächlich auf die materielle Welt einwirken. Diese Tatsache verlangt klar und dramatisch nach einer Revision der alten Energiegleichung. *Wie beziehen wir das Bewusstsein (C-Bewusstsein) in unsere neue Gleichung ein?*

DIE ROLLE DES BEWUSSTSEINS

Wir schlagen eine Gleichung für die neue Sicht der Energie vor. Gemäß dieser neuen Perspektive schreiben wir also die Gleichung um, und aus ihr wird:

$$\mathbf{E = mc^2 \bullet C^2 \ (C = Bewusstsein)}$$

In unserer neuen Perspektive wird die Manifestation von Energie durch die Kraft des Bewusstseins exponentiell multipliziert. Und das spiegelt die Macht des Bewusstseins wider.

$$\mathbf{M \ (materielle\ Welt) = E / (c^2 \bullet C^2)}$$

Gehen wir von diesen Gleichungen aus, so können wir die materielle Welt als eine Manifestation von Energie betrachten, durch die Lichtgeschwindigkeit verlangsamt mit der Intervention des Bewusstseins.

MULTIPLIKATION DES POTENZIALS

Während wir das Niveau unseres Bewusstseins erhöhen, vervielfältigen wir das Potenzial und dessen Auswirkung auf unser Leben. Es gibt noch andere Gesetze des Universums, die wir erst noch erkennen und in unserem Leben im Alltag umsetzen müssen. Die aktuell in der heutigen Physik aufgestellten Gesetze sind bedeutende Fortschritte der Wissenschaft.

Und doch steckt die Wissenschaft noch in den Kinderschuhen bei dem Verständnis der wahren Dynamik und komplexen Natur unserer Wirklichkeit. Innerhalb dieser Wirklichkeit ist das Wechselspiel von Bewusstsein und Materie vorhanden sowie die Rolle, die konzentrierte Absicht bei dem Manifestieren unserer Welt spielt. Das Universum operiert jenseits der physikalischen Gesetze, die uns so vertraut sind.

Dem Gesetz der Anziehung zufolge erlaubt das Universum, dass Gleiches Gleiches anzieht – was jenseits unserer gängigen Vorstellung liegt, dass Gegensätze sich anziehen.

Im Rahmen des universellen Gesetzes wird das, woran wir mit aller Konzentration denken, mit fester Entschlossenheit, in unserem Leben Gestalt annehmen. Diese Absicht strömt aus dem Herzen und ist am mächtigsten, wenn sie mit dem höheren Selbst in Einklang steht.

Wir müssen lediglich zulassen, dass diese Gesetze in unserem Leben wirksam werden, ohne irgendwelche Einschränkungen aufzuerlegen, *wie* sich Ereignisse einstellen werden. Das Wirken dieser Gesetze in unserem Leben wird seinen eigenen Beitrag zum Gleichgewicht leisten, wenn wir uns auf den universellen Fluss von Energien einstimmen, die im Einklang mit dem Universellen Gesetz stehen.

Von diesem Punkt des Gleichgewichts aus können wir mit einem vollauf offenen und wachen Gewahrsein in unserem JETZT fungieren – in der Raumzeit, aus der heraus wir in jedem Augenblick leben. Bewusstheit gibt uns Wissen, aus dem wir durch Lebenserfahrung Weisheit gewinnen. Durch Anwendung des Universellen Gesetzes stellen wir nicht nur eine Resonanz mit dem Universum her, sondern auch eine Resonanz mit unserem eigenen göttlichen Daseinszweck.

»Wir sind hyperräumliche Objekte gewisser Art,
deren Schatten in die Materie fällt.
Der Schatten ist unser physischer Organismus.«

Terence McKenna
The Archaic Revival

KAPITEL DREI

ERSTER BLICK AUF DAS UNIVERSELLE KALIBRIERGITTER

Ein interdimensionales Netz

»Wir Menschen bestehen aus einer geometrischen Ansammlung harmonischer Wellenformen aus Licht, gelenkt durch Intelligenz.«

Bruce Cathie
Die Harmonie des Weltraums

»Je mehr Licht dein Körper in sich fassen kann, desto höher deine Schwingung und desto größer deine Fähigkeit, die Energie um dich herum in Energie einer höheren Ordnung umzuwandeln.«

Sanaya Roman/Orin
Spiritual Growth

Die heutige Wissenschaft hat die chemisch-elektrische Natur unseres physio-biologischen Organismus nachgewiesen. In einem umfassenderen Sinn sind wir jedoch viel mehr als Kohlenstoff, chemische Stoffe und elektrische Potenziale. Wir sind gleichzeitig auch elektromagnetischer Natur. Wir wissen, dass Elektromagnetismus ein interdimensionales Phänomen darstellt.

WIR SIND LICHTWESEN

Als elektromagnetische Wesen sind wir ein Bestandteil des elektromagnetischen Spektrums, das sichtbares wie auch unsichtbares Licht umfasst. Von einem Wissenschaftszweig mit Namen »Quantenphysik« wissen wir, dass Licht die Grundlage des elektromagnetischen Feldes ist. Das Lichtphoton ist das kleinste Quant dieses Feldes, und es ist gleichzeitig auch der Bote, der für die Kommunikation zwischen Teilchen des elektromagnetischen Feldes sorgt. Deshalb lässt sich eindeutig sagen, dass wir Lichtwesen sind – chemisch-elektrische Kohlenstoff-Lichtwesen. [1] Als solche können wir unsere Schwingungsfrequenzen ändern. Wir verfügen regelrecht über eine Schaltungsanordnung, die sich durch Resonanzprozesse verändern lässt.
Die Vorstellung eines »Lichtwesens« oder »Lichtkörpers« bekommt in der praktischen Anwendung wissenschaftliche Gültigkeit, wenn wir uns klar machen, dass ein elektromagnetisches Feld uns eine regelrechte Lightshow bieten würde, wenn wir in der Lage wären, es mit unseren physischen Augen wahrzunehmen. [2]

Im neunzehnten Jahrhundert experimentierten Ärzte damit, elektrische Energie zu Heilzwecken einzusetzen. Die Ergebnisse dieser Versuche waren nicht gerade befriedigend. Die Elektroden, die man als Stromleiter verwendete, riefen oft Hautverbrennungen hervor. Ungewollt wurden gesunde Organe im Körper zerstört, da es schwierig war, die elektrischen Ladungen zu dirigieren. Ich glaube, diese Behandlungen mit elektrischer Energie waren deshalb ein Misserfolg, weil wir in diesem Stadium der Evolution nicht so weit waren, auf solche Weise Heilung zu erfahren, sondern uns noch auf die chemische Seite unserer Existenz konzentrieren mussten.

Wir sind auf diesem Weg enorm weitergekommen und haben Medikamente entwickelt, die dem Körper auf unterschiedlichste Weisen helfen. Zweifellos sind heutzutage einige medizinische Wunder erhältlich. Für uns als Geschöpfe, die eine Evolution durchlaufen, geht die Entwicklung eher in Richtung unserer durch Elektrizität gekennzeichneten Natur. Und wir sind auf der Suche nach Heilungswegen, die diese Weiterentwicklung spiegeln: Homöopathie, Heilkräuter, Naturheilmittel, lebendige Schwingungsessenzen und neue Nahrungsmittelergänzungen, die auf die Zellstruktur und die DNS einwirken. [3]

Die modernen Mediziner schmieden immer wieder einzigartige Allianzen mit alternativen Heilerinnen und Heilern. Ich arbeite oft mit hervorragend ausgebildeten Fachleuten, die sich entschieden haben, ihre traditionellen Behandlungsmethoden aufzugeben oder durch alternative Ansätze zu ergänzen. Interessanterweise habe ich auch schon mit »alternativen« Heilerinnen und Heilern zusammengearbeitet, die sich jetzt schulmedizinisch weiterbilden möchten. Was für ein Glücksfall, Menschen zu haben, die uns das Beste von beidem anbieten können.

Selbst wenn wir uns als Lichtwesen verstehen, müssen wir unser chemisches Erbe ehren und klug und sehr bedacht wählen, welche Substanzen wir unserem Körper während unseres Entwicklungsprozesses zuführen. Wenn wir unsere Bewusstheit erhöhen, werden wir oft ganz von selbst entscheiden, unserem Körper nicht länger unreflektiert über Arzneimittel und unsere Nahrung alle erdenklichen Chemikalien zuzuführen. Gegen Ende der Siebzigerjahre war ich Geschäftsführerin eines Naturkostladens. Die Mehrheit der Bevölkerung (die Kalifornier ausgenommen!) fand damals, dass Leute, die sich für Vollwerternährung und biologischen Anbau einsetzten, irgendwie Sonderlinge mit seltsamen Vorstellungen waren. Der Gedanke, gesunde Kost ohne chemische Zusätze, Pestizide, Konservierungsmittel, künstliche Hormone, Antibiotika und so weiter zu sich nehmen zu wollen, war damals noch nicht in weiten Kreisen verbreitet. Ich werde nie vergessen, wie ich innerlich triumphierte, als ich zum ersten Mal Naturreis im Supermarkt sah. Was einmal als Spinnerei abgetan worden war, galt nun als normal.

Wir entwickeln immer mehr die Fähigkeit, Zugang zu unserer spirituellen, elektrisch gearteten Natur zu gewinnen. Und wir geben ihr immer mehr Ausdruck. Mit zunehmender Integration der chemischen und elektrischen Facetten unseres Wesens werden wir lernen, elektrisch-energetische Verfahren zu körperlichen Heilung anzuwenden. Ein Anfang ist gemacht: Ärzte behandeln neurologische Störungen und andere Erkrankungen mittlerweile mit Elektrizität und Elektromagnetismus. Unsere eigene Rolle im Heilungsprozess zu verstehen, bleibt jedoch ein wichtiges Puzzleteil, das es noch weiter zu entdecken gilt.

Wenn wir erkennen, wie wir das UCL dazu nutzen können, aufnahmefähig für die volle elektrische Ladung unseres Wesens zu werden, können wir unsere DNS energetisch und elektromagnetisch verändern. Dadurch wächst unsere Fähigkeit, Zugang zu unserer angeborenen Weisheit zu finden, zur beschleunigten Heilung und zum Lernen auf eine Weise, die uns geradezu als Wunder erscheint.

Wie weit solche Wunder gehen können? Nun, ich habe bei mir selbst und bei meiner Tochter etwa eine beschleunigte Genesung von Asthma erlebt. Ich selbst hatte die Erkrankung mit Mitte dreißig bekommen. Als ich mich sträubte, dreimal täglich Medikamente einzunehmen, machte die Ärztin mir unmissverständlich klar, dass ich Asthmatikerin sei und wahrscheinlich auch als Asthmatikerin sterben würde. Also nahm ich die Medikamente bei Bedarf, begleitet von Affirmationen, dass ich sie eines Tages nicht mehr bräuchte. Fürs Erste war ich dankbar, dass ich mit ihrer Hilfe wieder besser Luft bekam. Ich verwendete auch homöopathische Mittel und begann mit Hilfe meines Homöopathen die kritischen Punkte aufzudecken, die mein Asthma hervorriefen. Kurze Zeit später trat auch bei meiner Tochter Shana Asthma auf. Irgendwie kam ich selbst ja noch einigermaßen damit zurecht, nach Luft zu schnappen, aber zusehen zu

müssen, wie mein sechsjähriges Kind um jeden Atemzug rang, nahm mich sehr mit. Bei ihr wie auch bei mir hielten die Beschwerden ein Jahr lang an.
Eines Tages hatte meine kleine Tochter einen besonders schlimmen Asthmaanfall. Alle verfügbaren Hilfsmittel und Medikamente brachten keine Erleichterung. Daraufhin versenkte ich mich in Meditation. In dieser Meditation hatte ich das Gefühl, mich in der Mitte des Universums zu befinden. Ich stellte aus tiefstem Herzen die Frage: »Was fehlt mir?« Daraufhin spürte ich – wohl mehr als eine Stunde lang – wie eine Energie durch und um meinen ganzen Körper strömte. Dann spürte ich im Umfeld der Thymusdrüse ein warmes, fließendes goldenes Licht, das immer weiter auszustrahlen begann, meine Arme hinunter und aus meinen Händen hinaus. Ich ging die Treppe hoch und legte Shana meine Hände auf, und binnen Augenblicken wurden aus ihrem kurzen, japsenden Schnappatem lange, tiefe Atemzüge. Seitdem hat sie nie wieder Asthma gehabt.
Am nächsten Tag beschloss ich, dass auch ich nicht mehr unter Asthma leiden wollte. Also konzentrierte ich mich mit aller Macht auf mein hohes Herzzentrum und meine Thymusgegend und bat darum, dass dort erneut dieses Licht und die Energie entstehen sollten. Mein Brustkorb füllte sich mit der Wärme des goldenen, flüssigen Lichts. Nach fünf Tagen, nachdem ich fünfmal die Energie erbeten und erhalten hatte, war mein Asthma verschwunden. Das ist heute fünfzehn Jahre her, und seitdem bin ich asthmafrei.

Wäre es denn möglich, genug Energie zu erzeugen, um bei einer Verletzung mit dieser Energie die Wunde sofort heilen zu können? Könnten wir uns regenerieren und jede Verletzung oder Krankheit, die sich innerhalb unseres Energiefeldes zu manifestieren versucht, auf der Stelle heilen?
Ein paar Jahre später hatte ich im Frühsommer ein großes Lernerlebnis. Ihr kennt diese Art von Erfahrung bestimmt, eine Situation, in der man alles falsch macht und ein für alle Mal eine Lektion erteilt bekommt. Eine Freundin von mir verursachte aus Versehen einen Brand in meiner Küche. Als ich das Feuer entdeckte, war es schon fast außer Kontrolle. Auf der Herdplatte stand ein Topf, aus dem die Flammen bis zur Decke schlugen. Die Mikrowelle schmorte vor sich hin, die Hängeschränke über dem Herd standen in Flammen, und dichter schwarzer Rauch erfüllte die ganze Küche. Ohne darüber nachzudenken, was ich da tat (im wahrsten Sinn des Wortes gedankenlos!) packte ich den brennenden Topf, rannte zu Hinterausgang und warf ihn nach draußen. Keine gute Idee.

Die Flammen verbrannten mir Hände und Arme, die sich dunkelrot verfärbten. Die Adern in meinen Händen quollen dick hervor und schmerzten immens. Ich war völlig durcheinander und stand unter Schock. Ich weiß noch, wie ich dachte: »Wo bleibt die ganze Energie, mit der ich doch immer arbeite?« Ich rief drei weitere Leute aus meinem Freundeskreis an und bat sie, zu mir nach Hause zu kommen, um mir zu helfen. Jemand von ihnen legte mir nahe, ich sollte mich zum Krankenhaus bringen lassen, und ich willigte ein. Wir wollten gerade losfahren, da spürte ich ein Kribbeln in meinen Armen und Händen. Es war ein sehr intensives Gefühl, und ich nahm ganz deutlich wahr, dass es aus meiner Thymusregion kam, der Gegend meines Herzzentrums. Das Kribbeln wurde immer stärker, und ich erzählte meinen Freunden davon. Und da geschah es: direkt vor unseren Augen wechselten meine Hände mit einem Mal die Farbe. Aus Dunkelrot mit dick hervortretenden Adern wurden innerhalb von weniger als drei Minuten wieder die normale Hautfarbe und eine glatte Oberfläche. Nicht einmal eine Blase blieb übrig, die auf das Vorgefallene hingewiesen hätte. Mein heftiger Gefühlsaufruhr verwandelte sich in ein Gefühl völligen Friedens, und ich konnte über die Lektion und das ganze hochdramatische Drumherum sogar lachen.

Dennoch rate ich jedem, es mit so etwas nicht zu übertreiben. Natürlich verfügt unser Körper über Selbstheilungskräfte. Aber können wir immer eine so rasante Heilung erwarten? Die wunderbare Aufgabe, vor der wir alle jetzt stehen, liegt darin, eine energetische Anatomie zu erschaffen und zu erhalten, die imstande ist, diese ganze Energie auszuhalten und zu nutzen. Heftige Emotionen können im physischen Körper chemische und hormonelle Veränderungen auslösen. Um heftige Emotionen zu erzeugen, braucht man keinen brennenden Topf anzufassen. Und ich würde das auch keinem empfehlen. Die Meister haben uns immer wieder beschworen, Liebe aus uns sprechen zu lassen. Ich glaube, da stehen wir noch ganz am Anfang. Wir beginnen gerade, diese Liebe, diese energetische Hochspannung ausdrücken zu können und zu erfahren, was das wirklich bedeutet. Ja, es findet eine Selbstheilung und Regenerierung statt, bei einigen von uns sogar recht gut, aber es braucht noch seine Zeit.

Der Gedanke beschleunigter Heilung und Regenerierung schmälert nicht die Schönheit oder Heiligkeit unserer gegenwärtigen Wirklichkeit. Die Möglichkeit beschleunigter Heilung wird in dem Geist der Unterstützung angeboten, als nächstes Ziel, nach dem wir in unserem Evolutionsprozess streben, ohne irgendwelche Schuldgefühle darüber, wo wir derzeit stehen. Mir ist nämlich aufgefallen, dass wir gleichzeitig damit, mehr Verantwortung für uns selbst zu übernehmen, auch eine gewisse Art von New-Age-typischen Schuldgefühlen aufgebaut haben. Nach dem Motto: »Wie habe ich das geschaffen und warum habe ich das geschaffen?« Diese Fragen an das Selbst sind notwendig und gut, solange wir die letztliche Bedeutung aller unserer Manifestationen verstehen. Alles, was wir erschaffen, erschaffen wir aus einem Grund.

UNSERE PERSÖNLICHE VERBINDUNG ZU DEM KOSMISCHEN GITTER

Das UCL ist unsere persönliche Verbindung zu dem Kosmischen Gitter, der unbegrenzten oder universellen Energiequelle. Es erlaubt uns, von der unbeschränkten Energie des Kosmischen Gitters Gebrauch zu machen, vergleichbar einem Transformator, der Energie von einem Schaltkreis in einen anderen überträgt.

Deshalb bezeichnen wir diesen Prozess oft als »Neuverkabelung für die neue Energie«. Er ermöglicht uns, die Energie zu empfangen und zu nutzen, die wir aus dem Kosmischen Gitter und unserem eigenen Innern freizusetzen lernen. Hier noch ein wichtiger Hinweis: das Kosmische Gitter existiert nicht irgendwo weit weg oder an einem exotischen Ort. Vielmehr ist unser ganzes Dasein von ihm durchdrungen, bis zur zellularen Ebene und noch darüber hinaus, bis in unser subatomares Energiefeld hinein.

Ich hatte die Ehre, ein Kapitel über das Universelle Kalibriergitter (UCL) zum Kryon-Buch Band VII, *Letters from Home*, beizusteuern. Aus aller Welt haben Menschen als Reaktion auf dieses Kapitel von beeindruckenden Erlebnissen berichtet, einem Wiedererkennen. Seid euch bewusst, dass ihr beim Lesen der Informationen hier und beim Betrachten der Abbildungen vielleicht eine elektrische Ladung oder ein Surren fühlt oder wahrnehmt. Das ist die Schwingungsenergie, die euch durchströmt, wenn in euch eine Resonanz auf die Information entsteht. Vielleicht habt ihr auch nur ein starkes intuitives Gefühl, das UCL irgendwie »zu erkennen« und wisst, dass es euch tief auf der zellularen Ebene absolut plausibel vorkommt. Selbst wenn ihr nichts spürt, kann die verstandesmäßige Vorstellung ein neues Verständnis anregen, und auch das bedeutet, dass Energie in Bewegung ist. Betrachtet dieses Material als Hilfe, um eine bestimmte energetische Haltung aufrechterhalten zu können, eine Haltung, die ihren Beitrag zu einer Wirklichkeit eleganter Potenziale der Kraft und Leichtigkeit leistet.

Es gibt viele wunderbare Fähigkeiten zu entwickeln, während ihr eure Anbindung an eine unbegrenzte Energiequelle festigt. Schon die *Prophezeiungen von Celestine* haben uns aufgezeigt, dass die Stärkung der eigenen Verbindung zur unbegrenzt vorhandenen Quelle bedeutet, nicht mehr auf die Energie anderer angewiesen zu sein. Was für eine Erleichterung! Denkt doch nur an die Spiele, die ihr dann nicht mehr zu spielen braucht. Denkt an all die Energie, die euch plötzlich zur Verfügung steht, bloß weil ihr beschließt, das Spiel nicht mehr mitzuspielen. Was würdet ihr mit all der Energie anfangen? Ihr könnt sicher sein, dass sich in unserem neuen Paradigma ein tiefes Gefühl persönlicher Freiheit entwickelt.

Das energetische Muster des UCL ist universeller Natur, seine Form und Struktur sind im Grunde bei allen menschlichen Individuen gleich. Sein primärer Zweck ist der, die größere energetische Ladung aufnehmen zu können, die mit fortschreitender Evolution für uns Menschen zugänglich wird. Das UCL verbessert und feiert die Evolution des Individuums. Das wunderbare Paradox hieran ist, dass dieses Gebilde auch die Anbindung in die Einheit verbessert, um ganz im Hier und Jetzt zu sein. Die neue Wirklichkeit, die wir erschaffen, feiert die Stärke des Individuums und die Schönheit des Verbundenseins von allem, unabhängig von Kultur. Nicht allen wird es leicht fallen, sich mit dieser Vorstellung anzufreunden. Es bleibt uns, die wir um diese Einheit wissen, überlassen, sie bewusst zu leben. So zum Beispiel betrachte ich mir, ganz gleich, wo auf dem Planeten ich gerade bin – im Flughafen, in der Einkaufszone und besonders, bevor ich mit meinen Vorträgen beginne – die Menschen. Ich sehe die Einheit als Ausdrucksform des Göttlichen, und mein erster Gedanke, mit dem ich die Anwesenden ehre, ist immer: »Da bist du ja!« Mein zweiter Gedanke ist dann: »Wie viele hier wissen, dass wir alle miteinander verbunden sind?« Ich bin überglücklich, wenn auch nur eine Person aufblickt und lächelt. Es macht mir große Freude, wenn ich sinnvolle Wege finde, im Alltag unsere Vielfalt und gleichzeitig unsere Einheit zu feiern.

Macht euch, wenn ihr brillante Kommunikation auf der universellen Ebene wollt, mit diesem Teil von euch selbst vertraut. Sobald ihr auch nur elementar versteht, wie dieses vernetzte System funktioniert, erkennt ihr, dass ihr ständig mit dem Universum und miteinander kommuniziert. Wir alle haben schon kluge Sprüche gehört wie: »Gedacht ist wie getan«, »Du bist, was du denkst« oder »Sage, was du meinst und meine, was du sagst«. Solche Redensarten gewinnen noch mehr an Bedeutung, wenn euch klar wird, welche immens weiten Wege diese Botschaften zurücklegen und wie zentral ihre Rolle bei der Erschaffung der alltäglichen Realität ist. Der Weg dorthin, zu sagen, was wir meinen und zu meinen, was wir sagen, ist kein Buch mit sieben Siegeln. Man kann diese Fähigkeit entwickeln, indem man tagtäglich klare Kommunikation mit sich selbst und anderen praktiziert, selbst wenn man kein einziges Wort sagt. Ihr seid ja schließlich ein Bestandteil des Kosmischen Gitters, einfach aufgrund eurer Existenz. Ihr könnt jederzeit eure Verbindung mit diesem Energienetz weiter ausbauen, und zwar durch Gebet, Meditation, Energiearbeit oder eure gezielte Absicht. Nun habt ihr durch die Arbeit, die von der Bewusstheit des UCL getragen ist, noch ein zusätzliches Mittel an der Hand, um diese Verbindung zu intensivieren. Sie wird um so stärker, je mehr ihr davon Gebrauch macht, ganz ähnlich wie man durch wiederholtes Training die Muskeln seines physischen Körpers kräftigt.

Wichtig ist es, zunächst das Konzept der menschlichen Energieanatomie an sich zu verstehen. Ihre Existenz lässt sich aufgrund der elektromagnetischen Gesetze der Physik vorhersagen oder erschließen. Ebenso wie die Anatomie unseres Körpers aus vielen Systemen besteht – unter anderem aus dem Muskel-, Skelett- und endokrinen System –, besteht auch die energetische Anatomie, wie wir jetzt wissen, aus vielen Systemen. Eines davon ist das Chakrasystem, das in alten spirituellen und metaphysischen Texten wohlbekannt ist. Auch der mentale, ätherische und Emotionalkörper sind Systeme innerhalb der menschlichen Energieanatomie, gut dokumentiert durch viele spirituelle Denker unserer Tage. In diesem Buch stelle ich euch einiges an Wissen und Erfahrungen dar, was ich durch jahrelange intensive Arbeit und Dokumentation in Verbindung mit jenem System in der menschlichen Energieanatomie gewonnen habe, das als das Universelle Kalibriergitter (UCL) bezeichnet wird. Ich habe mittlerweile mehr als zwölf Jahre praktischer Erfahrung damit, direkt mit diesem Energiefeld zu arbeiten. Das Wissen, von dem ich hier berichte, ist eine Kombination von Forschung, persönlicher und intuitiver Erkundung sowie unmittelbaren praktischen Experimentierens mit diesem Feld und seiner innigen Verbindung mit unserem Energiekörper.

Die äußeren Stränge des UCL sind wie eine Verlängerung des Sympathikusnervensystems. Wenn ihr lernt, über diese Stränge Gefühle und Absichten auszudrücken, klärt und verstärkt ihr eure Kommunikation mit dem Kosmischen Gitter.

Das UCL erzeugt eine persönliche Resonanz mit dem Kosmischen Gitter, um euren Mitschöpfungsprozess voll zu stärken. Die hieraus entstehende Schwingung in dem Kosmischen Gitter kann nun tiefgreifend und gründlich auf euch reagieren. Schränkt eure Beziehung zum Universum nicht ein; macht sie so tief und liebevoll, wie ihr wollt. Hört nicht auf, bevor nicht jede Zelle eures Seins voll ist. Wir sind eingeladen, auf eine Weise am kosmischen Plan von Dingen teilzunehmen, die vor uns nur die Meister erreicht haben. Wir ehren diese Meister, wenn wir die Ärmel hochkrempeln und sagen: »Und ich auch.« Wir alle sind angehende Meister. Unser Dasein hier auf der Erde lehrt uns, in dieser Meisterschaft zu leben. Wir alle sind außerdem Seele, und wir lernen, wie wir auch diesem Aspekt unseres Selbst zu seinem Recht verhelfen. In unserem Einssein mit allem arbeiten wir an der Entstehung unserer Meisterschaft mit.

Bisher verlief der Weg eines spirituellen Suchers vertikal. Wir strebten nach oben, zu unserem Höheren Selbst, dem göttlichen Selbst. In neuerer Zeit kam es dann zu einem Wiederaufleben der alten Stammeslehren, die uns anweisen, wieder in Kontakt mit dem Boden unter unseren Füßen zu gelangen und die Leben spendende Kraft von Mutter Erde zu ehren. Das vertikale Fließen von Energien war im Rahmen der alten Energiedynamik durchaus angemessen. Nun jedoch ist es für uns an der Zeit, weiterzureifen und spirituell noch Größeres zu bewerkstelligen. Zu dieser Evolution gehört eine horizontale Bewegung in spirituellen Dingen – die heilige Natur des Hier und Jetzt zu erkennen und zu ehren, die überall um uns herum existiert – nicht nur über oder unter uns. Wir können dieses reife Verständnis innerhalb der horizontalen Existenz von Dualität einsetzen und praktizieren. Ich glaube, die Existenz der Dualität kann sogar Spaß machen. Wenn ihr die Darstellung des UCL betrachtet, werden euch die horizontalen Fasern auffallen, welche die Form einer Acht bilden und die Chakren mit den langen Informationsfasern des Universellen Kalibriergitters verbinden. Wenn ihr diese horizontalen Fasern trainiert und verstärkt, werdet ihr eure mitschöpferische Fähigkeit vergrößern. Das ist unser spiritueller Weg angesichts der neuen Energie. Nun wird uns deutlich, dass unser Zuhause genau dort ist, wo wir uns befinden. Wir können den Himmel auf Erden erschaffen, haben wir doch die Chance, freudig beim Bau des Rahmens mitzuwirken.

Es gibt zu diesem Gebilde noch viel mehr zu sagen, aber bleiben wir fürs Erste einmal beim Verständnis der Grundlagen. Menschen um mich zu haben, die das »neue Denken« verinnerlicht haben, ist für mich immer wieder eine wahre Freude. Es ist sehr inspirierend, mit Menschen zusammen zu sein, die imstande sind, das größere Ganze zu sehen. Und dennoch besteht eine der größten Herausforderungen an uns darin, auch bereit zu sein, geduldig mehr über Teile des begrenzteren Bildes zu lernen – den Mikrokosmos unseres eigenen Lebens. Dabei wird uns bald deutlich, dass der kleinere Ausschnitt wirklich ein Spiegelbild des umfassenderen Ganzen ist: Mikrokosmos und Makrokosmos sind gleich wichtig. In diesem Kapitel werden wir auf Teile des Energiegitters eingehen, die mit der wechselseitigen Verbundenheit aller Dinge zusammenhängen. Wenn wir einen Teil des UCL berühren, beeinflussen wir jeden anderen Teil von ihm. Berührt ein einzelnes System innerhalb der Energieanatomie, und schon beeinflusst ihr jedes andere, und so fort.

Abbildung 3.1 zeigt einige der langen, vertikalen Informationsfasern aus Licht/Energie, die den einzelnen Menschen umgeben. Die langen Fasern hinter uns enthalten Information zu unserer Geschichte. Die Fasern rechts und links von uns verarbeiten die Informationsenergie, die wir der Welt geben und von ihr empfangen, und die langen Fasern vor uns enthalten Information zu unserem Potenzial oder unserer Zukunft. Man beachte auch die horizontalen Achterfasern, die offenbar eine Verbindung zwischen dem Körper und den langen Informationsfasern durch die Chakren herstellen. Diese Achterfasern werden Schleifen zum Selbstausgleich oder kurz Selbstausgleichs-Schleifen genannt. Sie übertragen Information zu den langen Fasern hin und von diesen her. Die Abbildung zeigt auch die Zentralenergie, die vertikal durch das Zentrum des Körpers strahlt. Diese Zentralenergie stellt die Gegenwart dar, das Jetzt. Am oberen Ende dieser Säule findet sich das Obere Zentrum, etwa 60 Zentimeter oberhalb unseres Kopfscheitels. An diesem Punkt ist das Energiefeld des Körpers mit den höheren Energien des Selbst verbunden. Das Untere Zentrum, etwa 60 Zentimeter unterhalb unserer Füße, verbindet das individuelle Energiefeld mit der Energie der Erde. Jeder Bestandteil des UCL erfüllt eine bestimmte Funktion, und damit werden wir uns als nächstes befassen.

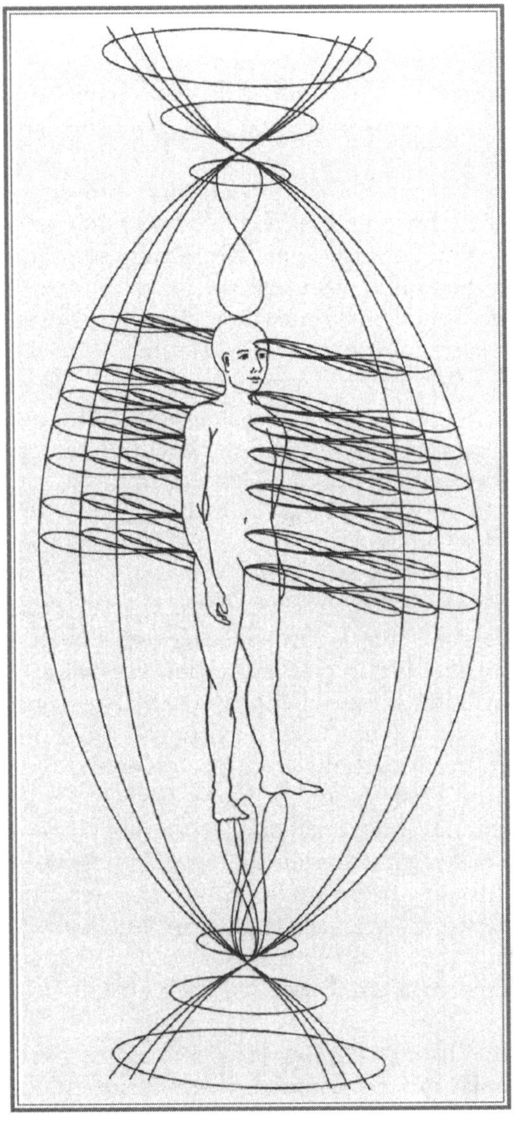

Abb. 3.1 »Lange Informationsfasern des UCL«

Es kann sein, dass das UCL schon immer existierte und wir einfach bislang keinen Schwingungszugang zu ihm hatten. Und nun haben wir aufgrund der jüngsten energetischen Veränderungen des Planeten und der Evolution unseres Bewusstseins Zugang dazu. Mein persönliches Erlebnis, »beobachten« zu können, wie das UCL sich bildete und im menschlichen Energiefeld aktiv zu werden begann, lässt mich glauben, dass es nicht schon immer da war. Doch wie dem auch sei, nun ist es ein System innerhalb des menschlichen Energiefeldes. Vielen von euch ist schon bewusst, dass wir mehr als nur unser physischer Körper sind. Wir bestehen zudem noch aus mehreren ätherischen Körpern. Das UCL durchdringt alle unsere Körper in sämtlichen Dimensionen. Dieses scheinbar unendliche System aus Licht- und Energiefasern ist die Gesamtsumme des kompletten elektromagnetischen Energiefeldes, das unsere diversen Energiekörper enthält, unsere kristallinen Gedächtnisstrukturen und unsere DNS-Codierung. Sie alle zusammen genommen bilden letztlich einen einmaligen »Körper«.

ACHTERSCHLEIFEN AUS LICHT UND ENERGIE

Befassen wir uns näher mit den Achterschleifen, den wie eine Acht geformten Schleifen des UCL, so gewinnen wir gewisse Erkenntnisse zu unserer Fähigkeit, die energetischen Ladungen in unserem System neu zu verteilen, sowie zu dem Grund für diese Umverteilung. Die genaue Position elektrischer Ladungen innerhalb des UCL entscheidet in hohem Maße darüber, wie wir unsere Wirklichkeiten mit-erschaffen. Die größte Freiheit haben wir dann, wenn unsere persönliche Energie sich in unserem Zentralkanal oder dem Kern unseres Seins konzentriert, unserer »Jetzt-Zeit«. Alle Transformation spielt sich in dieser »Jetzt-Zeit« ab. Die Fähigkeit, ganz gezielt Energie von einem Teil unserer Anatomie zu einem anderen zu bewegen, ist ein evolutionärer Sprung in dem Prozess des Miterschaffens oder dem Mitschöpfungsprozess. Wir lernen derzeit, wie wir diese elektrischen Energieladungen in uns als Gesamtheit umdirigieren können.

Abb. 3.2 »Selbstausgleichende Schleifen oben«

Anfangs wunderte ich mich, als ich die Achterschleifen zu sehen begann, was es mit ihnen auf sich hatte. In all den langen Jahren, in denen ich mich intensiv mit Metaphysik und spirituellen Fragen beschäftigt hatte, hatte ich sie noch nie gesehen oder von ihnen gehört. Ich zögerte, ob ich über sie reden sollte, selbst anderen Energiearbeitern gegenüber. Oft konnte ich gewisse individuelle Varianten bei diesen Schleifen beobachten. Einige Schleifen waren stark, ausgeglichen und im Fluss, andere dagegen verengt oder sehr gedehnt. Ich brauchte ein paar Jahre, um die Natur der Schleifen im vorderen Bereich der Gitterstruktur zu verstehen; sie schienen unvollständig. Später wurde mir klar, dass dieser Bereich des Gitters noch in Entwicklung begriffen ist.

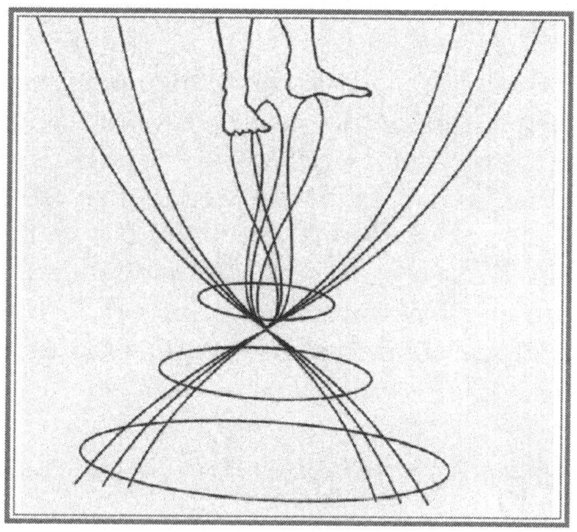

Abb. 3.3
»Selbstausgleichende Schleifen unter den Füßen«

Die Achterschleifen sind Kanäle, durch welche die elektrischen Ladungen fließen. Diese Kanäle enthalten vorkodierte Information in Form von Kreismustern. Diese Kreismuster regeln den Energiefluss durch die Schleifen entsprechend der inneren Weisheit des Individuums. Diese Schleifen tragen zur selbstausgleichenden und selbstregulierenden Natur des UCL bei. Die Ladungen ordnen sich beliebig um, je nach unserem Handeln und unseren Gedanken. Eine direktere Möglichkeit, auf die energetischen Ladungen einzuwirken, ergibt sich durch Empfangen und/oder Praktizieren der EMF Balancing Technique, einem Energieverfahren, das speziell für die Arbeit mit dem UCL entwickelt wurde.

Zu Beginn meiner Arbeit beobachtete ich, wie die Schleifen Information zu der Zentralenergie in der Form elektrischer Ladungen beförderten. Als mir später auffiel, dass die Zentralenergie Information durch die Schleifen heraus zurückschickte, war ich fasziniert und wollte unbedingt die Implikationen solcher Bewegung verstehen. Die Zentralenergie hat eine weitreichende Wirkung auf den physischen Körper, und diese Wirkung wird in unserer Evolution erheblich zunehmen. Ich konnte zusehen, wie die Schleifen vor dem Körper vollständiger wurden. Mir wurde deutlich, dass wir mit der Aktivierung dieses Teils des UCL einen grandiosen evolutionären Sprung vollzogen hatten. Dieses horizontale Fließen von Energie ist ein wesentlicher Teil unserer weitgehenden Miterschaffung des fortschrittlichsten Lebens. Aus esoterischer Sicht ist die Acht ein Unendlichkeitssymbol, das für die persönliche Verbindung zwischen uns und dem Schöpfer steht sowie für unsere nie endende Partnerschaft mit dem Universum. Es findet sich eine Selbstausgleichs-Schleife über dem Kopf, welche die höheren oder inspirativen Energien regelt, wenn sie nach unten und durch die gesamte Struktur des UCL fließen. (Wie viele von euch spüren oft ein Kribbeln oder bekommen eine Gänsehaut, weil sie etwas plötzlich als wahr erkennen?) Diese abwärts gerichtete Energiebewegung verstärkt die Schaltkreisanordnung, die benötigt wird, um unseren persönlichen Himmel auf Erden zu erschaffen. Wenn wir diesen Energiefluss nach unten spüren, sprechen wir oft von göttlicher Inspiration. Überlegt nur, was alles möglich ist, wenn die Energie in beiden Richtungen fließt: von oben nach unten und von unten nach oben. (Dieses Kribbeln der Wahrheit sollte immer in beiden Richtungen fließen!) Ein wichtiges Element der Gleichung bei unserem Streben nach Partnerschaft mit dem Schöpfer besteht also darin, dass die Energie des menschlichen Geistes in beiden Richtungen fließt. Was geschieht, wenn das so ist? Den Energiefluss in beiden Richtungen zu verstärken hilft uns, die volle elektrische Ladung unseres Seins zu halten. So entsteht ein heiliger Bund zwischen dem »Wie oben«, den göttlichen Energien, und dem »So unten«, den menschlichen Energien. Wünschenswert ist eine ausgewogene Beziehung zwischen diesen beiden Energien. Eine tiefe persönliche Verbindung mit der Quelle unbegrenzter Energie erzeugt eine energetische Haltung der Freiheit in vielen Ebenen unseres Seins. Das UCL verbessert diese Verbindung, und je ausgeprägter der vertikale Energiefluss, desto stärker wird unsere Verbindung.

Es sind Selbstausgleichs-Schleifen unterhalb unserer Füße vorhanden, die die Erdenergien regeln, wenn sie nach oben und durch die gesamte Struktur des UCL fließen. Zu diesen Schleifen unter den Füßen habe ich eine wichtige Entdeckung gemacht. Zu Beginn meiner Arbeit mit Energie glaubten die meisten meiner Klienten, »negative« Energie würde in die Erde oder sonst wohin abgegeben. Mitunter hatten sie Bedenken, ob sie nicht negative Energie in meinem Behandlungszimmer zurücklassen würden. Ich wusste zwar, dass sie diese negative Energie nicht hinterlassen würden, bat sie aber zu ihrer Beruhigung dennoch, sich unter jedem Fuß eine goldene Kehrschaufel vorzustellen, die sich um diese negative Energie kümmern würde. Ein paar Jahre später, als ich klarer sehen konnte, konnte ich schließlich mehr von dem Prozess erkennen. Eines Tages sah ich, wie die Energie aus den Füßen des Klienten herausströmte, durch die Achterschleife unterhalb der Füße hindurch und wieder zurück, durch das UCL hinauf. Dabei fand eine Kalibrierung statt, die das nächste Gleichgewichtsmuster erzeugte. Die Freisetzung »negativer« Energie ist also nun zum Energie-Recycling geworden. Wir übernehmen mehr Verantwortung für unsere Energie und uns selbst als je zuvor.

DIE INFORMATIONSFASERN DES UCL

Die hinteren Fasern: Das Prisma persönlicher Stärkung

Es gibt zwölf lange vertikale Licht- und Energiefasern mit Namen »Lange Informationsfasern«, die den äußeren Umkreis des UCL bilden. Diese langen Fasern bilden vier Gruppen zu jeweils drei Fasern. Diese Fasern übertragen die energetische Information eures gesamten Daseins (siehe Abbildung 3.4) Die langen Fasern sind durch die zwölf Punkte dargestellt, von oberhalb des Kopfes betrachtet, wenn man gerade nach unten blickt.

Die hinteren Fasern sind die drei Fasern hinter euch, und der Bereich, der aus den Chakren ausstrahlt und mit diesen hinteren Fasern in Verbindung kommt, heißt »Prisma der persönlichen Stärkung«. Diese hinteren Fasern enthalten die Information zu eurer persönlichen Geschichte, einschließlich der Ereignisse in früheren Leben und aller Ereignisse, die ihr in eurem jetzigen Leben durchlebt habt. Sie enthalten auch eure genetische Veranlagung, etwa zu eurem Aussehen, eurer Gesundheit und eurem persönlichen Wohlbefinden.

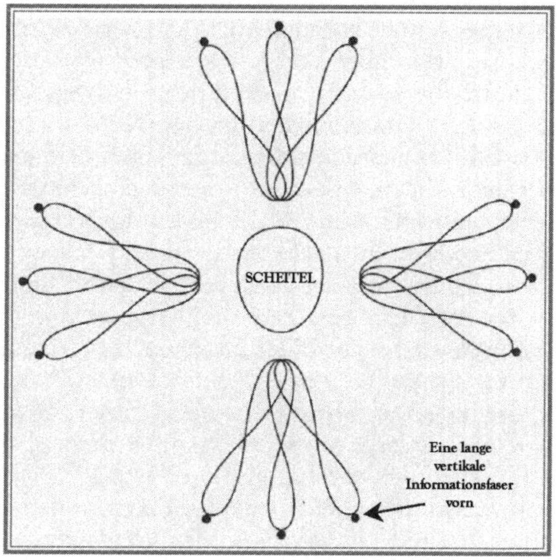

Abb. 3.4 »Ansicht von oben«

Die Information wird in den hinteren Fasern des UCL in Lichtscheiben mit winzigen geometrischen Mustern gehalten (gespeichert). Während wir mehr Verantwortung im Mitschöpfungsprozess unseres eigenen Lebens übernehmen, erhalten wir gleichzeitig leichter Zugang zu Informationen aus der Vergangenheit, die für unser Wachstum im Rahmen der Evolution relevant sind.

Diese Scheiben halten die Information elektromagnetisch an Ort und Stelle, ähnlich wie Information auf Computerplatten gehalten oder gespeichert wird. Wenn eine größere als die übliche Energieladung eine dieser Lichtscheiben umgibt, manifestiert sie sich oft als eine immer wiederkehrende Realität in dem, was wir als Gegenwart oder *Jetztzeit* bezeichnen. Ist dies eine Realität, die wir uns wünschen, dann trägt die Wiederholung zu unserer Selbststärkung bei. Nur allzu oft jedoch erzeugt unsere energetische Vorgeschichte ein unerwünschtes Muster, das zu einem Anker wird für Energie, und uns daran hindert, voranzukommen. Wenn das geschieht, stellen wir fest, wie wir immer wieder die gleichen unerwünschten Situationen entstehen lassen.

Vielleicht habt ihr eine gescheiterte Beziehung mit einem bestimmten Typ von Partner oder Partnerin hinter euch, und dennoch zieht ihr immer wieder den gleichen Menschentyp an, obwohl euch klar ist, dass euch das nicht gut tut. Oder ihr zieht eine ähnliche Art von Freunden oder Ereignissen an, obwohl ihr wisst, dass das nicht in eurem Interesse ist. Energie aus der Vergangenheit, die euch vielleicht noch nicht einmal bewusst ist, unter anderem Ereignisse aus früheren Leben, können dennoch eine Ladung erzeugen, die sich auf die Gegenwart auswirkt. Sind solche Ereignisse nicht hinreichend aufgelöst worden, so ziehen sie Energie von euch ab und beeinflussen alles, was ihr tut. Energetische Rückstände früherer Erfahrungen, die unausgeglichen geblieben sind, können eine Vielzahl unerwünschter Auswirkungen auf unseren Alltag haben und verursachen sie wirklich. Viele herkömmliche therapeutische Ansätze wirken nicht tief genug in unsere energetische Anatomie, um unerwünschte alte Energiemuster ausgleichen und freisetzen zu können. Einige Therapien bewirken durchaus günstige Veränderungen, doch das oft nach langwierigen Prozessen. Viel erstrebenswerter ist es, direkt mit dieser Energie zu arbeiten, indem diese hinteren Fasern energetisch ins Gleichgewicht gebracht werden, so dass euer Energiekörper die überschüssigen energetischen Ladungen freisetzen und rezirkulieren kann. Durch die Freisetzung solcher Energien lassen sich herkömmliche Therapien beschleunigen oder in manchen Fällen ganz umgehen.

Die Fähigkeit, diese energetischen Ladungen neu anzuordnen, schafft eine Gelegenheit zur Loslösung von Beschränkungen der Vergangenheit, oft als »Erlösung von Karma« bekannt. Ich nenne diese Gelegenheit gerne einen »gnadenvollen Zustand«, den wir verdienen, während wir die Lektionen in unserem Leben lernen.

Anfangs hatten bei meinen Workshops viele Teilnehmer Angst, weil sie etwas gelesen oder gehört hatten über Vorhersagen einer gewaltigen Reinigung der Erde, verbunden mit großen Katastrophen. Mit zu meinen tiefgreifendsten Erkenntnissen mit Anfang zwanzig gehörte die, dass solche katastrophalen Ereignisse gar nicht nötig waren. Wir hatten bereits die Mittel, um uns selbst zu vernichten und brauchten bestimmt keinen Kataklysmus in der Natur, um das zu bewerkstelligen. Jedoch war mir (und vielen von euch) klar geworden, dass sich das Wirklichkeitspotenzial für unsere Zukunft aufgrund der immensen Veränderungen im Bewusstsein der breiten Masse im Laufe der letzten 25 Jahre verändert hat. Ich sagte den Teilnehmern also, dass ich diese Schwierigkeiten nicht vorhersähe. Vielmehr sah ich eine Zeit auf uns zukommen, in der wir Zugang zu dieser goldenen Energie hätten, die ein Teil von uns ist, und sie nutzen könnten wie nie zuvor. Ich hatte den Eindruck, dass wir zumindest auf der individuellen Ebene ein Goldenes Zeitalter erreichen würden, von dem wir seit langem geträumt hatten. Als mir klar wurde, dass wir dabei waren, diesen Zustand der Gnade und Gelegenheit zu erreichen, wollte ich wissen, wie wir als verantwortungsbewusste Menschenwesen diese Gnade in unserer Alltagswirklichkeit manifestieren würden.

Das Ausgleichen der Energieladungen in dem Prisma der persönlichen Stärkung wandelt die energetische Vorgeschichte oder Vergangenheit in eine Säule goldener Weisheit und Unterstützung um. Je mehr wir daran arbeiten, diese Ladungen ins Gleichgewicht zu bringen, desto stärker werden wir. Das UCL zur Freisetzung und zum Rezirkulieren überschüssiger Energie zu nutzen, welche alte Ereignisse umgibt, gibt diese Energie frei für nutzbringendere Zwecke. Tatsächlich gewinnen wir die Energie zurück, die wir einmal in übertriebenem Ausmaße auf unsere Geschichte konzentriert haben, vor allem auf hochgeladene emotionale Anhaftungen an frühere Ereignisse. Diese Energie können wir dann im Jetzt einsetzen, ohne noch einmal den Schmerz der Ereignisse zu durchleben, welche die Überlastung verursachten. Wenn wir diese Ladungen elegant freisetzen und die Energie zurückgewinnen, bleibt der Vorfall aufgezeichnet und versetzt uns in die Lage, sagen zu können: »Lektion gelernt, wieder etwas klüger geworden«. Wir transformieren den Anker, der uns zurückhält, in eine goldene Säule der Weisheit und Unterstützung, die uns in unseren Bemühungen um das Miterschaffen kräftigt.

Wenn wir diesen Bereich bereinigen und ausgleichen, heilen und kräftigen wir uns. In manchen Fällen sind wir in der Lage, die elektrischen Ladungen genetischer, physischer und psychologischer Muster zu neutralisieren, die uns nicht mehr dienlich sind. Mit zunehmender Stärkung und dem Ausgleich eures Prismas persönlicher Kräftigung kann es vorkommen, dass ihr euch spontan von Beschwerden befreien könnt, wenn ihr dieses Muster nicht mehr als Teil eurer Evolution zu erfahren braucht.

Die energetischen Fasern bestehen aus bewussten Lichtelementen. Sie reagieren auf unsere Absicht. Einen Energiefluss bewusst zu lenken oder eine Vorliebe für ein bestimmtes Ergebnis zum Ausdruck zu bringen, wird Absichterteilen genannt.

Wenn ihr die Absicht erteilt, eure alten karmischen Vereinbarungen zu bereinigen, werdet ihr die Energie freisetzen, die früheren Ereignissen anhaftete. Weisheit und ein höheres spirituelles Verständnis sind für euch erreichbar, und zwar jetzt hier auf der Erde. Ihr habt bereits das Fundament zur Erleuchtung in eurem eigenen Leben gelegt. Sobald ihr das erkennt, könnt ihr mehr Verantwortung dafür übernehmen, euer Leben auf die nächste Ebene zu bringen. Das UCL hält die höhere Energieladung, die euch dabei hilft, diesen persönlichen Zustand der Stärkung für euch zu beanspruchen.

ZENTRALENERGIE – VEREINIGUNG DES CHAKRA-SYSTEMS

Wohin genau geht unsere Energie eigentlich, wenn wir sie erst einmal von der Vergangenheit befreit haben? Die Energieladungen werden in die Zentralenergie hinein freigesetzt und sind dann im *Jetzt* verfügbar. Achtet einmal auf die Säule aus reinem Licht und reiner Energie durch die Körpermitte (siehe Abbildung 3.5). Die Zentralenergie ist der primäre offene Schaltkreis des UCL, der uns mit der Energie der Energiequelle des Universums oder des Kosmischen Gitters verbindet. Universelle Energie zirkuliert durch das gesamte UCL. Sekundäre Verbindungen werden durch die Fasern selbst hergestellt, während die Lichtscheiben Information und Energie übertragen und empfangen.

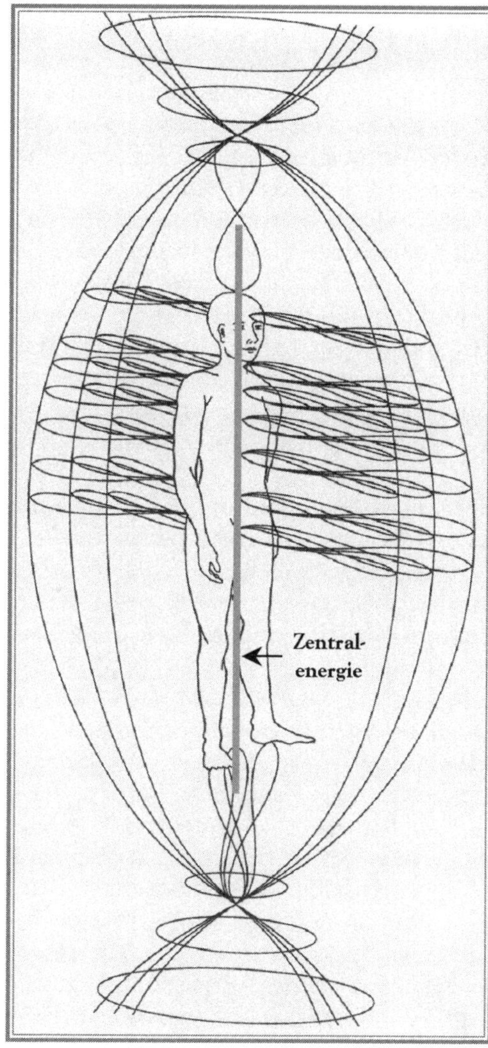

Abb. 3.5 »Vereinigung der Chakras«

Eine spannende, wunderbare Herausforderung des neuen Zeitalters besteht darin, zu lernen, wie mit der Stärkung umzugehen ist, wenn Geistig und Biologie miteinander verschmelzen. Der Kern, das Zentrum repräsentiert das Jetzt, und genau dort werdet ihr die Energie finden und anzuwenden lernen, die ihr aus eurer Vergangenheit zurückgewonnen habt. Außerdem werdet ihr herausfinden, dass das UCL euch den Zugriff auf Energie aus der Zukunft zur Verwendung in der Zentralenergie der Jetzt-Zeit gestattet. Wenn ihr eure Energien in den Kern eures Seins hineinbringt und dort konzentriert, kommt es ganz langsam und Schritt für Schritt zu dieser Verschmelzung. Strahlt ihr im Alltag voller Zuversicht eure Zentralenergie aus, so ist das, als würde das Chakrasystem zu einem einzigen Leuchtfeuer aus goldenem Licht verschmelzen, was auf die wahre Natur des Menschen als Lichtwesen verweist. Der nächste Schritt bei diesem Tanz mit dem Universum besteht darin, Energie durch das ganze Kosmische Gitter auszustrahlen und das unendliche Selbst auszudrücken. Werdet innerlich klar und stark, und ihr werdet natürlich auch nach außen hin klar und stark.

Die Hauptchakren sind die Energiezentren des Körpers, die dem endokrinen System entsprechen. Wenn die Chakras harmonischer zusammenwirken, können sie hormonelle Veränderungen im endokrinen System hervorbringen, die dazu beitragen, eine effizientere Kommunikation zwischen unseren kristallinen Gedächtnisstrukturen und unseren DNS-Instruktions-Koden wiedererwecken. Dieser Prozess schafft eine erweiterte Kommunikation mit dem Universum sowie eine energetische Neuverkabelung und Verstärkung des UCL, das ihm erlaubt, eine stärkere Ladung aufzunehmen. Das UCL ähnelt einem Transformator, der es zulässt, eine 110-Volt-Anlage mit 220 Volt zu betreiben. So können wir effektiv die hochverfeinerten Energien nutzen, die interdimensional verfügbar sind. Die volle Ladung unseres Wesens zu halten, setzt die Fähigkeit voraus, verfügbare Energie effektiv zu nutzen.

Unsere Zentralenergie ist der Ort der Transformation, die uns anspornt, unsere Schwingung zu erhöhen und inneres Gleichgewicht, Gesundheit, Regenerierung und ein längeres Leben zu genießen. Es ist eine aufregende Vorstellung, dass wir auf diese Zentralenergie zugreifen können allein schon durch die Absicht, es zu tun – überall und jederzeit. Und je mehr wir diese Zentralenergie anwenden, desto stärker wird sie. Wenn wir unsere Zentralenergie ausstrahlen, erschließen und aktivieren wir tiefere Ebenen unserer angeborenen Intelligenz, die ich gerne als unsere spirituelle Intelligenz bezeichne. Je stärker der Energiefluss innerhalb des Kerns, desto besser der Zugang zu der angeborenen Weisheit oder dem spirituellen Wissen in uns.
In den vielen Jahren meiner spirituellen Suche sagten mir spirituelle Lehrer immer wieder, die Antworten seien in mir selbst zu suchen. Mit neuem Mut machte ich mich dann wieder daran, mein Leben zu leben, und das Leben nahm seinen Lauf, aber die Antworten stellten sich oft nicht oder nicht so ohne weiteres ein. Irgendwann kam ein Zeitpunkt, wo ich wieder einmal zu hören bekam, die Antworten seien in mir selbst, und sagte mir: Ich kann das nicht mehr hören! Ich will wissen, wo genau in mir diese Antworten sind und wie ich dorthin komme. Mir war damals nicht klar, dass ich durch eine bestimmte energetische Haltung zu diesen Antworten gelangen könnte. Also werde ich euch jetzt sagen – und bitte habt an dieser Stelle Geduld – dass die Antworten wirklich in euch liegen. Aber jetzt kann ich euch genau sagen, wo und wie ihr nach ihnen suchen könnt.

Euer innerster Kern birgt ein grenzenloses Potenzial in sich. Durch eure Absicht könnt ihr eine Frage im Kern eures Seins platzieren, und dann wird sich, wenn ihr diese Haltung der Zentralenergie beibehaltet, eine Antwort von selbst offenbaren. Ihr werdet herausfinden, dass viele Antworten aus dem Kern heraus leicht zugänglich sind, denn dort seid ihr tief mit der Energie, Weisheit und Wahrheit des GEISTES vereint.

DIE HALTUNG DER ZENTRALENERGIE – EINE KAMPFKUNST DES HERZENS

Hier ist eine einfache Übung mit der Bezeichnung *»Zentralenergie ausstrahlen«* zur Anwendung in Alltagssituationen. Sie wird im weiteren Verlauf dieses Kapitels oft erwähnt werden. Ihr könnt sie euch als eine Kampfkunst des Herzens vorstellen.

1. Richtet eure Aufmerksamkeit auf euer Unteres Zentrum. Spürt, fühlt, stellt euch vor oder denkt euch einen goldenen See von Energie ungefähr 60 Zentimeter unterhalb eurer Füße. Während ihr eure Konzentration auf das untere Zentrum richtet, lenkt eure Energie so, dass sie abwärts fließt, und erteilt die Absicht für eine starke Verbindung. Nehmt euch einen Moment Zeit dafür, und fühlt euch wohl damit, gut geerdet zu sein.
2. Richtet eure Aufmerksamkeit auf euer Oberes Zentrum. Spürt, fühlt, stellt euch vor oder denkt euch einen goldenen Energiesee ungefähr 60 Zentimeter über eurem Kopf. Während ihr eure Konzentration auf das obere Zentrum richtet, lenkt eure Energie so, dass sie nach oben fließt, und erteilt die Absicht für eine starke Verbindung. Genießt das Gefühl, euch für eure höheren Energien zu öffnen.
3. Erteilt nun die Absicht, eure Zentralenergie in alle Richtungen auszustrahlen, wie ein helles, fluoreszierendes Leuchtfeuer. Wiederum werdet ihr Zentralenergie spüren, fühlen oder an das Gefühl denken, eure Zentralenergie auszustrahlen. Wenn ihr mit eurer Energie in dieser Haltung arbeitet, gewinnt ihr Zugang zu spiritueller Intelligenz (und noch viel mehr). Ihr müsst euch nur kurz auf diese Energiezentren konzentrieren und formuliert dann stumm oder laut eure Absicht, Zentralenergie auszustrahlen. Ihr werdet merken, dass das zum Automatismus wird, und dass es euch ganz leicht fallen wird, euch einfach nur »Unteres Zentrum, oberes Zentrum, Zentralenergie ausstrahlen« zu denken. Übt diese Haltung, damit ihr im Alltag darin leben könnt.

Ein Hauptmerkmal des Ausstrahlens und Stärkens der Zentralenergie ist ein Gefühl tiefen Friedens, ganz gleich, was in eurem Leben gerade vor sich geht. Wenn ihr eure Zentralenergie ins Gleichgewicht bringt und abstrahlt, strahlt ihr Frieden aus. Ihr könnt das zu Hause still für euch tun, auf dem Gipfel eines Berges oder beim Schlangestehen an der Kasse im Supermarkt. Ihr könnt, während ihr diese innere Haltung einnehmt, eine Frage stellen, oder ihr könnt einfach erleben, was ihr spürt, ohne irgendetwas zu fragen. Dabei wird euch auffallen, dass oft ein Zufall oder eine Synchronizität auftreten kann, die von Vorteil ist für euch und die Situation, in der ihr euch befindet. Könnte es sein, dass das Halten der Zentralenergie zu dem Erzeugen dieser Zufälle beiträgt? Kann das Ausstrahlen von Zentralenergie positive Synchronizitäten an anderen Stellen eures Lebens bewirken?

DAS GANZ EINFACHE GEHEIMNIS DER MEISTERSCHAFT

Denkt einmal an die Attribute der Meisterschaft. Was bedeutet Meisterschaft für euch? Bedingungslose Liebe, Frieden, Weisheit, Humor? Wenn ich diese Frage in Kursen stelle, kommt mitunter eine ellenlange Liste heraus, da die Menschen ihre Gedanken beschreiben darüber, was einen Meister kennzeichnet. Unabhängig davon, welche Attribute für euch bedeutsam sind, werdet ihr erhöhte Fähigkeit und Stärke finden, den Meister in euch zu leben, wenn ihr die Haltung der Ausstrahlung von Zentralenergie einnehmt.

Ich verrate gern allen das Geheimnis der Meisterschaft. Ich erzähle immer von all den Initiationen, die ich durchgemacht habe, und von den Spuren an meinem Körper, und ich habe Sachen gemacht, von denen ich euch nicht einmal erzählen würde, alles nur, um den Meister in mir zu erfahren. Letztlich läuft alles immer wieder auf ein und denselben Punkt hinaus... seid ihr soweit, ihn zu hören? In all den Jahren meiner Suche konnte ich feststellen: das Geheimnis der Meisterschaft ist einfach: ÜBUNG! Übt euer Mitgefühl, praktiziert eure Liebe und übt euch in eurer Weisheit. Übt alles, was Meisterschaft für euch bedeutet. Übt Geduld mit euch selbst, eurer Familie, euren Freunden und mit jedem Menschen, mit dem ihr in Berührung kommt. Je mehr ihr etwas übt, desto besser werdet ihr darin.

Die Möglichkeit zum Üben von Meisterschaft ist im Alltag reichlich vorhanden. Was gilt es schließlich zu meistern, wenn nicht unser eigenes Leben? Euer Leben versieht euch genau so, wie es derzeit ist, mit den passenden Situationen, die ihr braucht, um euch in Meisterschaft zu üben. Da sind die Menschen, die sagen: »Wir sind bereits Meister und müssen uns das nur in Erinnerung rufen. Oder: »Ich bin ein Meister und weiß das auch.« Und dann sind da diejenigen, die sagen: »Was? Ich – ein Meister? Das kann nicht dein Ernst sein!« Es spielt keine Rolle, wie eure eigene Auffassung aussieht. Meisterschaft ist, genau wie Erleuchtung, kein Ziel, das irgendwo in weiter Ferne liegt. Meisterschaft ist ein Weg, hier und jetzt unser Leben zu führen, und ein wahrer Meister wächst unablässig weiter in der Fähigkeit, ein möglichst fortschrittliches Leben mitzuerschaffen. (Merkt ihr den roten Faden?)

Veränderung kommt im Leben vor, und vielleicht stellt ihr sogar fest, dass ihr es in manchen Situationen sehr gut schafft, wie Meister damit umzugehen: Ihr gebärdet euch so, wie es euren höchsten Ansprüchen entspricht. Dann wiederum wird es Situationen geben, wo ihr eure Meisterschaft nicht sehr gut aufrechterhaltet. Ihr verhaltet euch nicht so, wie euer höchstes Verständnis es erfordert, und der Ausdruck eurer Meisterschaft geht verloren. Wenn so etwas passiert, stellt euch vor, wie ihr lieber auf diese Situation reagiert hättet. Dann rappelt euch wieder auf, klopft euch sozusagen den Staub ab und beginnt von vorn. Eines kann ich euch versprechen: Das Universum wird euch die Chance geben, weiter zu üben (und das immer wieder aufs Neue).

DIE SEITENFASERN – DAS GLEICHGEWICHT ZWISCHEN GEBEN UND NEHMEN

Es verlaufen drei lange Informationsfasern rechts von eurem Körper (siehe Abbildung 3.6). Der Bereich, der aus den Chakren ausstrahlt und mit diesen seitlichen Fasern verbindet, wird als das Prisma der Güte bezeichnet. Innerhalb dieser Längsfasern befinden sich kleine, geometrische Lichtscheiben, welche die Energie übertragen, die ihr der Welt gebt. Über diese Fasern tretet ihr energetisch mit Menschen, Gruppen, Orten und Dingen in Verbindung. Durch eure Gedanken und Handlungen investiert ihr eure persönliche Energie. Das Herstellen dieser Verbindungen mit bewusster Absicht trägt zu einem ausgewogenen Verhältnis von Geben und Nehmen bei.

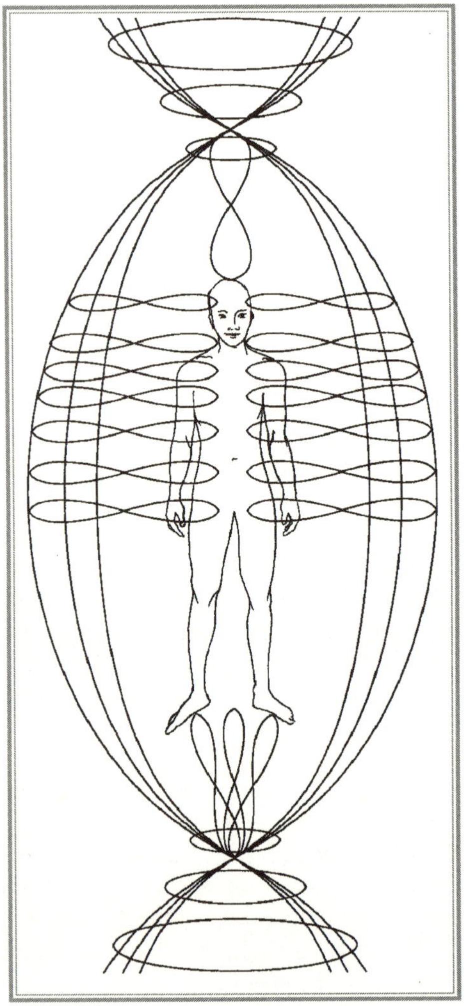

Abb. 3.6 »Seitliche Fasern«

Nehmt euch einmal etwas Zeit, an all die Beziehungen in eurem Leben zu denken. Was oder wen unterstützt ihr? Seid ihr zufrieden damit, wohin eure Energie wandert? Schickt ihr die Energie dorthin, wo ihr sie haben wollt? Wenn ihr abschätzt, wohin ihr eure Energie schickt, werdet ihr vielleicht auf einige Verbindungen stoßen, die euch nicht mehr angemessen vorkommen. Ihr seid nun eher in der Lage, zu wählen, in welche Dinge auf der Welt ihr eure Energie investiert?

Nehmen wir einmal an, da ist eine Verbindung, die ihr nicht mehr mit eurer Energie unterstützen möchtet oder der ihr keine Nahrung mehr geben wollt. Hier eine Übung, die euch helfen wird, die Energie zurückzugewinnen, die ihr bislang in die Welt ausgesendet habt.

ÜBUNG: UNSERE ENERGIE ZURÜCKGEWINNEN

Nehmt die Haltung der Ausstrahlung von Zentralenergie ein.

Richtet eure Aufmerksamkeit auf das Prisma der Güte (die Fasern rechts von euch).

Bringt eure Dankbarkeit der Person oder dem Ort gegenüber zum Ausdruck, auf die/den sich die Verbindung bezieht, und erteilt die Absicht, eure Energie zu euch zurückzuholen.

Warum Dankbarkeit? Über die Magie der Dankbarkeit sind schon dicke Bücher geschrieben worden, und sie bleibt eine fundamentale Wahrheit. So einfach, aber so wirksam. »Danke für alles, was wir miteinander gelernt haben. Und jetzt ziehe ich es vor, meine Energie zurückzuholen.« Zauberworte? Ich denke mir Aussagen dieser Art gerne als magische Haltung. Diese Haltung kann beständig Freiheit und Erleuchtung in all euren Lebenserfahrungen miterschaffen.

Überlegt euch, wie ihr diese Welt gerne unterstützen würdet, wie ihr eure Energie in Beziehungen zu eurer Familie, euren Freunden, eurer Nachbarschaft, der Gemeinde oder in Verbänden einsetzen möchtet. Konzentriert euch dann wieder auf das Prisma der Güte. Formuliert bewusst die Absicht, eure Energie in die Welt zu senden. Achtet dann darauf, wie ihr euch fühlt, wenn ihr die Energie eurer persönlichen Unterstützung anbietet.

Ferner gibt es auch drei Längsfasern auf der linken Seite eures Körpers. Der Bereich, der von den Chakren ausstrahlt und mit diesen Seitenfasern verbindet, wird das »Prisma der Einschließlichkeit« genannt. Diese Fasern auf der linken Seite enthalten Lichtscheiben, die Energie von der Welt empfangen. In vielen Fällen sind diese Energiescheiben nicht hinreichend aktiviert, um sicherzustellen, dass ihr unterstützende Energie empfangt. Ihr könnt die Haltung der Ausstrahlung von Zentralenergie einnehmen.. Konzentriert euch dann auf das Prisma der Einschließlichkeit und fragt euch: »Erhalte ich die gewünschte Unterstützung von Menschen, Gruppen, Orten oder Dingen?«

Kommt bei euch Energie von Orten an, auf die ihr lieber verzichten würdet? Bewahrt euch bei der Beantwortung dieser Fragen eine energetische Haltung der Dankbarkeit für all die Unterstützung, die ihr erfahrt. Das wird euch dabei helfen, die energetischen Ladungen in eine brauchbarere Form umzuwandeln.

ÜBUNG: DIE ENERGETISCHE HALTUNG DER DANKBARKEIT

Nehmt die Haltung der Ausstrahlung von Zentralenergie ein.
Strahlt dann durch alle vier Prismen des UCL die Absicht »Dankbarkeit« aus.

Für fast alles könnt ihr eine entsprechende energetische Haltung einnehmen – Kraft, Frieden, Wohlbefinden etc. Die Übungsschritte bleiben dabei dieselben: zuerst strahlt ihr Zentralenergie aus, und dann strahlt ihr durch das gesamte UCL die spezifische Absicht aus.

Befinden sich die langen Informationsfasern auf beiden Seiten des Körpers mehr oder weniger im Gleichgewicht, fällt es leichter, sich von ungewollten Beziehungen zu lösen. Gleichzeitig könnt ihr vermeiden, in ungesunde Muster zurückzugleiten aufgrund energetischer Einflüsse von Menschen, Gruppen, Orten und Dingen in eurer Wirklichkeitssphäre, die euch zuvor Energie geraubt haben. Mit jedem bewussten Annehmen oder Ablehnen neuer Beziehungen im Leben wächst euer kritisches Urteilsvermögen. Da heißt es Üben, Üben, Üben!

DIE VORDEREN FASERN – DAS PRISMA EURES PERSÖNLICHEN POTENZIALS

Wenn ich reise und lehre, begegnen mir die unterschiedlichsten Menschen, die natürlich an unterschiedlichen Punkten ihrer Reise stehen. Einige sagen: »Ich habe mein ganzes Leben lang etwas getan und erreicht, und jetzt will ich gar nichts mehr tun. Ich will nur noch meinen Frieden.« Also wirke ich eindringlich auf sie ein, ihren Frieden so tief und machtvoll, wie sie ihn haben möchten, in ihrem energetischen Kern aufzubauen. Wenn ihr euch an diesem Punkt eures Weges befindet, möchte ich euch daran erinnern, dass wir alle Wesen mit unbegrenztem Potenzial sind und ihr euch frei entscheiden könnt, eines dieser Potenziale zu aktivieren. Es gibt kein Patentrezept dafür, wie diese Wahl aussehen sollte, keine richtige oder falsche Wahl, nichts Spezifisches, was es zu tun gilt. Ihr könnt euch sogar dafür entscheiden, gar nichts zu tun, einfach nur still zu sein und zu wissen. Und natürlich bedeutet selbst Nichtstun, etwas zu tun! Gleich, wie ihr euren Frieden aufzubauen beschließt, erzeugt ihr dabei dennoch die Magie der Wirkung. Da ihr Schöpfer seid, gebe ich euch sanft zu bedenken, dass ihr früher oder später doch wieder aktiv etwas erschaffen wollt.

HOFFNUNGEN, TRÄUME, WÜNSCHE, ABSICHTEN

Es gibt drei weitere lange Informationsfasern, die vor euch verlaufen. Der Bereich, der von den Chakras ausstrahlt und mit diesen vorderen Fasern in Verbindung tritt, wird als Prisma

des persönlichen Potenzials bezeichnet, ein Feld von reichem Potenzial und Möglichkeiten. In linearer Zeit würden wir dies die Zukunft nennen.
Die Lichtscheiben in diesen Fasern enthalten Information zu euren Hoffnungen, Träumen, Wünschen und Absichten. Sie fungieren als Sender, die »gleichartige« Energie auf sich lenken. Mit bewussten Absichten könnt ihr selektiv neue Hoffnungen, Träume und Wünsche aktivieren oder in diese langen Informationsfasern einbringen. Diese Fasern sind ein sehr wichtiger Aspekt des Mechanismus zum Anzapfen der Energie des Kosmischen Gitters.

SORGEN UND ÄNGSTE

Zusätzlich zu Hoffnungen, Träumen, Wünschen und Absichten enthalten die vorderen Fasern auch die energetische Ladung von Sorgen und Ängsten. Die Information von diesen Ladungen wird dem Universum mitgeteilt, und das Universum reagiert getreulich darauf. Euch ist vielleicht der alte Gedanke vertraut, dass es euch oft zu dem hinzieht, was ihr am meisten fürchtet. Wie gehen wir also mit dem Wissen um, dass das Universum auf all unsere Signale reagiert, vor allem auf solche Signale, auf die wir vielleicht gar keine Reaktion wollen? Es gibt Möglichkeiten, die Ladung zu reduzieren. Ihr nehmt die Haltung der Ausstrahlung von Zentralenergie ein und könnt dabei die Absicht erteilen, überschüssige elektromagnetische Energie freizusetzen, die eine Sorge oder angsterfüllte Ladung umgeben. Habt ihr diese Absicht erst einmal zum Ausdruck gebracht, unternehmt alle notwendigen praktischen Schritte, die euch in eurem Leben offen stehen, um weiterhin die Ladung der Sorge oder Angst zu neutralisieren.
Mitunter zeigt sich scheinbar aus heiterem Himmel eine Angst oder Sorge. Eine sehr einfache und hoch wirksame Methode bietet die Silva Mind Methode®: Drückt der Angst im Geist den Stempel »Stornieren« auf. Das wirkt sogar noch besser, wenn ihr dabei die Haltung der Ausstrahlung von Zentralenergie einnehmt.

SELBSTWERTGEFÜHL

Über die Bedeutung des Selbstwertgefühls ist schon viel geschrieben worden. Hier in wenigen Worten mein Eindruck: Selbstwertgefühl ist ein Schlüsselelement im Prozess des Miterschaffens. Viele von uns haben im tiefsten Inneren das Gefühl, Gottes reiche Fülle nicht zu verdienen. Ohne positives Selbstwertgefühl reduzieren wir unsere Fähigkeit zum Mitschöpfen. Wir sind ein »Teil« des Schöpfers, ein individueller Teil des Ganzen, und deshalb sind wir *per definitionem* auch wertvoll. Es ist für unsere Fähigkeiten als Mitschöpfer grundlegend wichtig, unseren angeborenen Wert zu erkennen. Ihr fragt euch vielleicht, warum ein derart herrlicher Schöpfer zulassen sollte, dass wir ein geringes Selbstwertgefühl haben. Hier ist das wahre Ausmaß der Herrlichkeit: der Schöpfer gewährt uns freien Willen und wartet geduldig darauf, dass wir erkennen, dass das Wunder, auf das wir warten, bereits eingetreten ist. Wir *sind* das Wunder. Es ist an der Zeit, zu verstehen und zu würdigen, was wir bereits sind, und die notwendige Arbeit zu tun, um unsere Rolle im kosmischen Plan der Dinge aufrecht zu erhalten.

DAS GROSSE WENN

Was hat es zu bedeuten, wenn wir das Gefühl haben, wir sind mittlerweile schon richtig gut als Mitschöpfer, und doch eine bestimmte Idee oder ein heftiger Wunsch nicht Gestalt annimmt? Nun, es kann heißen, dass die Absicht, um die es dabei geht, euch in eurem Wachstum zu diesem Zeitpunkt nicht weiterbringt. Wenn ihr Miterschaffen praktiziert, wird sich euer Urteilsvermögen verbessern. Das erlaubt euch dann, problemloser zu erkennen, welche eurer Ziele mit dem Vorankommen eurer Seele harmonieren. Beim Prozess des Miterschaffens fand ich es besonders hilfreich, bei jeder Absicht, die ich manifestieren wollte, einschränkend hinzuzufügen: »... WENN es im Einklang mit dem seelischen Wachstum oder dem nächsten Schritt der Seele steht.«

Was bedeutet dieses große WENN wirklich? Es bedeutet, dass wir die Absicht erteilen, bei unserem Streben nach Ganzheit weiter zu kommen, den uns rechtmäßig zustehenden Platz als voll funktionsfähige harmonische Kraft im Universum einzunehmen. Wenn wir das tun, übernehmen wir die Verantwortung für uns selbst als Mitschöpfer, und wir steuern unser Äußerstes zur Harmonie des Universums oder zum »Wohl des Ganzen« bei. Wenn ihr wirklich im Sinne des Wohls für das Ganze handeln möchtet, müsst ihr zunächst einmal die Wichtigkeit erkennen, eure eigene Ganzheit zu entwickeln. Wenn ihr die Welt verändern möchtet, beginnt am besten bei euch selbst.

DIE DYNAMIK EINER IDEE

Wenn euch eine neue Idee, eine neue Eingebung oder ein neuer Wunsch überkommt, merkt ihr vielleicht, wie eure Aufregung zunimmt, eure Leidenschaft aufgerührt wird und die Energie eures Herzens ins Spiel kommt. Bevor ihr bis zum nächsten Schritt des Miterschaffens kommt, beginnt ihr euch jedoch an Situationen zu erinnern, in denen man euch gesagt hat, das könntet ihr nicht, oder in denen ihr etwas ähnliches ausprobiertet und es fehlschlug. Und ehe ihr es erkennt, beginnt die Energie der Idee zu verpuffen, bevor ihr etwas mit ihr anfangt. Wenn ihr das nächste Mal eine neue Idee habt, die euch erregt, versucht Folgendes:

ÜBUNG: STELLT EUCH DIE DYNAMIK EINER IDEE BILDLICH VOR

Nehmt die Haltung der Ausstrahlung von Zentralenergie ein.
Stellt euch im Geiste die Idee als in einer Lichtscheibe kodiert vor.
Setzt die Lichtscheibe bewusst in die Informationsfasern ein, die vor euch verlaufen.
Die Energie der Idee ist somit nun an einem Ort, wo sie verstärkt und durch das gesamte Kosmische Gitter hindurch gesendet werden kann.

FREUDIGE SPANNUNG

Sobald ihr eure Idee oder Absicht in die Fasern vor euch einsetzt, entsteht eine gesunde Spannung. Ja, Spannung. Denkt sie euch als Spannung von Freude zwischen eurer »Jetzt-«Erfahrung und der Wirklichkeit, die ihr manifestieren wollt. Energetische Spannung zwischen euch und dem Universum kann ein köstlicher Zustand sein. Erzeugt die entsprechende Spannung mit eurem herrlichen Partner, dem Universum, und ihr habt einen mitschöpferischen Fluss gebildet. Achtet aufmerksam auf eure Umgebung, denn das Universum versorgt euch immer mit den Rohstoffen, die ihr zum Entwickeln braucht. Die Hinweise mögen nicht immer sofort offensichtlich sein, aber wenn ihr sie erst einmal erkannt habt, erfordert der nächste Schritt im Manifestierungsprozess euer Handeln. Unternehmt die geeigneten Schritte, um eure Absicht voll und ganz zu verwirklichen. Denkt an den alten Spruch: »Warte nicht, bis dein Schiff einläuft – rudere hinaus und ihm entgegen!«

Zu lernen, wie sich die langen Fasern vor euch kalibrieren lassen, ist für ein erfolgreiches Miterschaffen grundlegend. Wenn ihr das Ersehnte in die Fasern des Prismas des Persönlichen Potenzials einbettet, wird die Botschaft so ins Universum ausgestrahlt, als wäre sie durch Lautsprecher verstärkt. Das Universum reagiert darauf durch Hinzufügen von Energie zu dem, was ihr miterschaffen möchtet. Wenn unsere Evolution auf diese Weise fortschreitet, entwickeln wir die Fähigkeit, unsere Energie unbeschwerter und zielgerichteter auszustrahlen.

DER ZYKLUS DES MITERSCHAFFENS

Vertraut, um euer erfolgreiches Manifestieren mit eurem Partner, dem Universum, zu erleichtern und sicher zu stellen, auf eure neu entwickelten Fähigkeiten und sendet durch eure vorderen Fasern klare, einfache Botschaften. Das ist keine Hexerei; Arbeit gehört nach wie vor dazu, und zwar freudige. Gebt dem Universum eure Absichten und Ziele an und vergesst nicht, dass das Universum euch stets alles gibt, was ihr braucht, um voran zu kommen. Es gibt dazu einen Spruch: »Wenn das Leben dir Zitronen schenkt, mach Limonade daraus.« Das Leben hat uns alle mit einem Bewusstsein ausgestattet, und was wir mit diesem Bewusstsein anfangen, ist unsere individuelle Entscheidung. Wenn ihr die Zitronen mit einem Gefühl der Dankbarkeit ansehen und ihnen einen Sinn abgewinnen könnt, so entdeckt ihr vielleicht die Zufälle oder die Synchronizität der Ereignisse, die euch weiterbringen, mitunter nur jeweils um einen kleinen Schritt, manchmal mit einem Riesensprung. Diese Synchronizitäten stellen sich in Gestalt neuer Kontakte und Quellen, frischer Ideen, zu entwickelnder Fähigkeiten und Talente und gesteigerter Konzentration ein. Wenn wir unsere Fähigkeiten als Mitschöpfer im Alltag weiter polieren, produzieren wir noch mehr Synchronizität. Wir stellen weiter eine Verbindung nach der anderen her, und unsere Kommunikationsverbindung mit dem Universum wächst weiter und wird zur unbegrenzten Energiequelle. In diesem Zyklus miterschaffen wir für uns selbst die Arbeit, die Beziehungen, die Formen kreativen Ausdrucks und die Fülle, die unsere Evolution nähren.

Was wir im Grunde als Mitschöpfer tun, ist das Umgehen der dreidimensionalen Wirklichkeit und das Öffnen unserer Energieschaltkreise zur Kommunikation mit umfassenderen Aspekten unseres Selbst. Indem wir jenem Teil von uns selbst vertrauen, der unser potenzielles Sein umfasst, entwickeln wir eine funktionierende Beziehung mit diesem Potenzial. Unsere Energieschaltkreise zu öffnen, ist so, als würden wir einen neuen Weg durch den Wald schlagen. Jedes Mal, wenn wir diesen Weg beschreiten, wird er uns vertrauter, und es fällt uns leichter, über ihn zu unserem Zentrum des Friedens, der Ruhe und Kraft zu gelangen. So bringen wir unsere Ziele in Harmonie mit dem GEIST und entdecken unseren wahren Lebenskontrakt (oder Lebenskontrakte; es können viele sein). Je geschickter wir die geeignete energetische Ladung in die langen Informationsfasern vor uns hineinbringen, desto größer die Ladung, die uns zur Verfügung steht, wenn wir aus der Zukunft unsere gegenwärtige Wirklichkeit erschaffen. Deepak Chopra erinnert uns hieran, wenn er sagt, das Genie erschaffe seine Wirklichkeit rückwärts und lasse dabei zu, dass Energie aus der Zukunft die Gegenwart erschafft. Wenn wir schließlich durch das Prisma unseres Persönlichen Potenzials miterschaffen, bitten wir dabei den GEIST nicht, uns das Endergebnis unserer Wünsche an die Hand zu geben, sondern wir bitten um die Werkzeuge, um diese Resultate selbst zu schaffen.

ÜBUNG: ERZEUGEN EINER GRÖSSEREN MITSCHÖPFERISCHEN LADUNG IM JETZT

Nehmt die Haltung der Ausstrahlung von Zentralenergie ein.

Richtet eure Aufmerksamkeit nach hinten, auf den Bereich des Prismas der persönlichen Stärkung und ehrt eure Geschichte, indem ihr bewusst anerkennt, dass alles, was ihr gelernt oder erlebt habt, genau das Richtige war. Zentriert euch dann fest im Jetzt, indem ihr die Absicht erteilt, die Ausstrahlung von Zentralenergie zu steigern.

In dieser energetischen Haltung könnt ihr jetzt wirksam über die vor euch gelegenen langen vertikalen Informationsfasern miterschaffen. Das ist die Haltung eines Menschen, der energetisch etwas erreicht hat, eine Haltung, die uns hilft, unsere Potenziale zu maximieren, wenn wir uns mit unserem grandiosen, unendlichen Partner, dem Universum, in Einklang bringen. In diesem vorderen Abschnitt des UCL könnt ihr eure miterschaffende Energie so zielgenau konzentrieren wie einen Laserstrahl.

DIE ZIRKULÄRE ZEIT

Lineare Zeit ist die Wahrnehmung, dass sich Zeit in aufeinander folgenden Momenten ereignet, einer an den anderen gereiht. Die lineare Vorstellung von Zeit entspricht unserem überbrachten Verständnis von Zeit und ist eine zweckmäßige Weise, die Facette unserer Erfahrung zu begreifen, die wir menschlich nennen. *Zirkuläre Zeit* dagegen ist die Wahrnehmung von Zeit als eine Vielzahl von Ereignissen, die gleichzeitig stattfinden, nur durch unsere Deutung dieser Ereignisse getrennt. In der zirkulären Zeit werden die Begriffe »Vergangenheit«, »Gegenwart« und »Zukunft« fließender und allgemeiner verstanden. Die zirkuläre Zeit ist eine zweckmäßige Weise, jene Facette unserer Erfahrung zu verstehen, die wir als »spirituell« bezeichnen. Letzten Endes gibt es nur das stets gegenwärtige *Jetzt*.

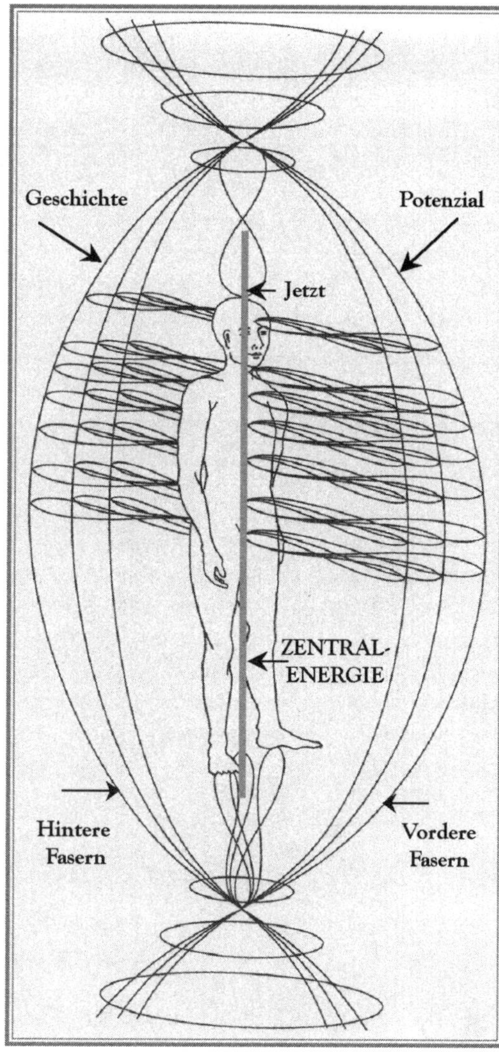

Abb.3.7 »Zirkuläre Zeit«

Betrachtet einmal Abbildung 3.7. Achtet darauf, wie die hinteren Fasern und die vorderen Fasern durch Achterschleifen mit der Zentralenergie verbunden sind. Information in Form energetischer Ladungen zirkulieren von den hinteren Fasern, unserer Geschichte, durch die Schleifen und in unsere Zentralenergie oder Jetzt-Zeit. Energetische Ladungen aus der Jetzt-Zeit zirkulieren auch durch die Schleifen hindurch zu unserer Geschichte zurück. Ebenso zirkulieren energetische Ladungen aus dem Jetzt durch die Schleifen zu den vorderen Fasern, unserem Potenzial, und diese Energie des Potenzials kehrt dann zum Kern oder der Jetzt-Zeit zurück. Wenn ihr diese beiden Muster kombiniert, so ist das Ergebnis unter dem Strich, dass die Energie komplett von vorn nach hinten und umgekehrt zirkuliert. Die Essenz dieser einfachen Muster hilft dabei, Aussagen wie »So etwas wie Zeit gibt es nicht« oder »Es gibt keine Vergangenheit oder Zukunft; alles geschieht im Jetzt« zu erklären.

Unser Jetzt-Erleben wird also durch einen Energiefluss von unserer Geschichte und unserem Potenzial erschaffen. Die Alten haben uns gelehrt, dass der einzige Moment, den wir wirklich haben, im Jetzt liegt. Alle Transformation findet in der Jetzt-Zeit statt. Wenn wir lernen, im Jetzt zu leben, tragen wir die höhere Ladung unseres Seins. Je größer die Ladung, die ihr in der Jetzt-Zeit haltet, desto größer eure Transformation.

EINE UNENDLICHE GESCHICHTE

Die Entwicklung des UCL ist noch nicht abgeschlossen. In neuester Zeit wurden zwölf weitere Stränge aktiviert. In Abbildung 3.8 sind diese zwölf neueren Stränge als die zwölf Punkte dargestellt, die den Innenkreis bilden. Ferner sind in dieser Abbildung vier ausladende, asymmetrische Achterschleifen gezeigt, welche die einzelnen Gruppen aus je drei langen Fasern umgeben. Aus Abbildung 3.9 wird ein bekanntes Muster ersichtlich, wenn man um jede der vier Gruppen eine Konturlinie einzeichnet. Diverse Varianten dieses Musters sind in der Menschheitsgeschichte immer wieder dargestellt worden. Dieses Muster existiert über unserem Kopf und unterhalb unserer Füße. Stellt man die Verbindung her, so hat man den Rahmen des UCL. Wenn wir mit Absichts- und Energie-Übungen arbeiten, setzt sich die Ausbildung des UCL weiter fort. Wenn wir das UCL üben und stärken erhöhen wir unsere Fähigkeit, die neue Energie in uns zu halten und unser multidimensionales Ich voll und ganz Gestalt annehmen zu lassen,. Schon allein durch das Lesen dieser Worte und das Betrachten der Abbildungen stärkt ihr die Energie des UCL in euch. Aus der Perspektive des unendlichen Selbst endet die Reise nie, und die Freude ist unbeschreiblich. Was für ein grandioser Entwurf!

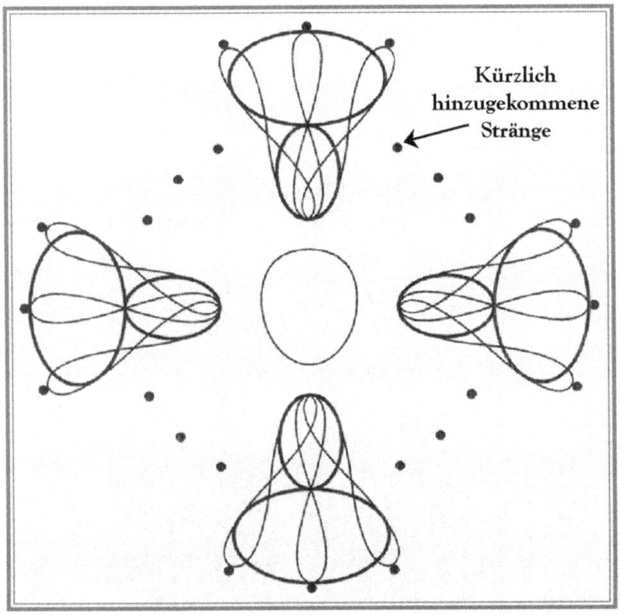

Abb. 3.8 »Kürzlich aktivierte 12 Stränge (Draufsicht)«

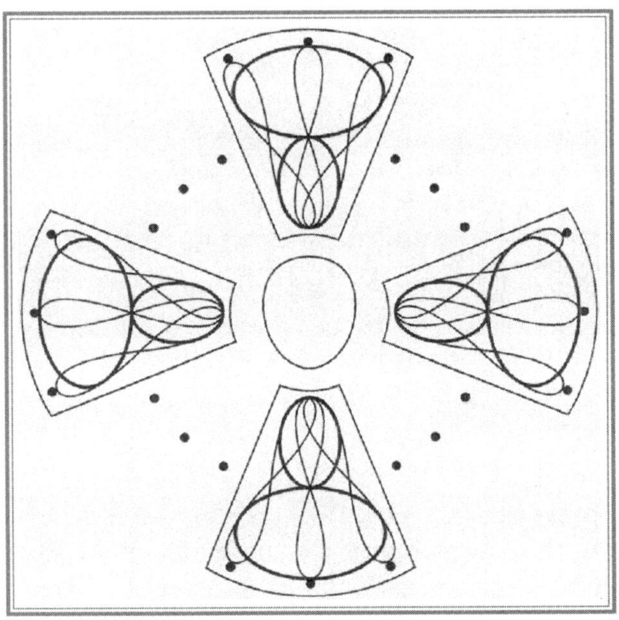

Abb. 3.9 »Bekanntes Muster (Draufsicht)«

»... ich brauche keine Ehrung. Ich will kein Führer werden.
Ich möchte Sie nur teilhaben lassen an dem, was ich entdeckt habe.«

Richard Bach
Die Möwe Jonathan

KAPITEL VIER

MULTIDIMENSIONALE SCHALTKREISE

Das Portal zum Hyperraum

»Die Wirklichkeit ist nur eine Illusion, dafür allerdings eine sehr hartnäckige.«
Albert Einstein

»Die größte Illusion ist die, dass es für uns Beschränkungen gäbe.«
Robert A. Monroe

Gibt es ein kosmisches Internet? Wie schicken wir Nachrichten an einen weit entfernten Empfänger? Wie funktioniert der Mechanismus zum Senden von »Energie« durch die Luft ? Gibt es einen Mechanismus, der mit bekannten paranormalen Phänomenen zusammenhängt?
Jenseits der sichtbaren elektromagnetischen Gehirntätigkeit gibt es einen Bereich von *Skalarwellen*-Aktivität und Hyperfunktionsprozessen. Überall in diesen Strukturen finden sich Mechanismen zur Bildung von Bewusstheit über die physischen Systeme hinaus, außerhalb unserer Raumzeit. Diese Prozesse liefern den Mechanismus für nichtlokale Phänomene. Das Gehirn ist ein nichtlokaler Quantenprozessor.
Der Denk-/Gehirnkomplex trägt die angeborene Fähigkeit zur Kommunikation durch unsichtbare Dimensionen außerhalb der lokalen Raumzeit in sich. Informationsmuster wandern durch Hyperkanäle, und diese beeinflussen die feinstofflichen Materiefelder an weit entfernten Orten.

EIN HOLOGRAFISCHER PROZESSOR

Durch die Arbeit von Wissenschaftlern wie Pribram haben wir herausgefunden, dass das Gehirn nach holografischen Prinzipien funktioniert. Zum Beispiel sind Gedächtnis und Sehvermögen Funktionen, die nicht spezifisch für eine räumlich begrenzte Region sind. Unterschiedliche Teile des Gehirns teilen miteinander den Zugang zur gesamten Information. Erstaunlicherweise blieben einige Gehirnfunktionen in Fällen, bei denen ein bestimmter Teil des Gehirns bei einem chirurgischen Eingriff entfernt worden war, uneingeschränkt intakt.
Man entdeckte, dass das Gehirn in Wirklichkeit eher ein Frequenz-Analysator ist als ein Analysator von Spannungen oder Potenzialen. Das Gehirn funktioniert nicht wie ein simpler Analogprozessor. Vielmehr fungiert es als ein Analysator für elektromagnetische Wellenmuster. Zusammen mit dem Herzen ist das Gehirn ein Großproduzent von elektromagnetischer Aktivität, Energiemustern und Strahlung.

EINE FLIESSENDE SCHNITTSTELLE

In *Gravitology: The New Biophysics* geht Bearden auf ein verblüffendes medizinisches Phänomen ein, einen Zustand des Gehirns mit Namen *Hydroenzephalie*. Bei diesem »Wasserkopf« findet sich in der Schädelhöhle des betreffenden Individuums nur fünf Prozent Gehirnmasse. 95 Prozent der Schädelhöhle sind mit Flüssigkeit gefüllt. Und doch kann ein Mensch mit diesem Befund wie ein normaler Mensch funktionieren. Was sagt uns das über die verborgenen Funktionen des Gehirns?

Als Wegestation zwischen Innen- und Außenwelt fungiert das Gehirn auch dann noch als Schnittstelle, wenn eine Hydroenzephalie vorliegt.

Ein Teil des Rätsels liegt in einer versteckten nichtlokalen Skalarwellentätigkeit und skalaren Potenzialen.

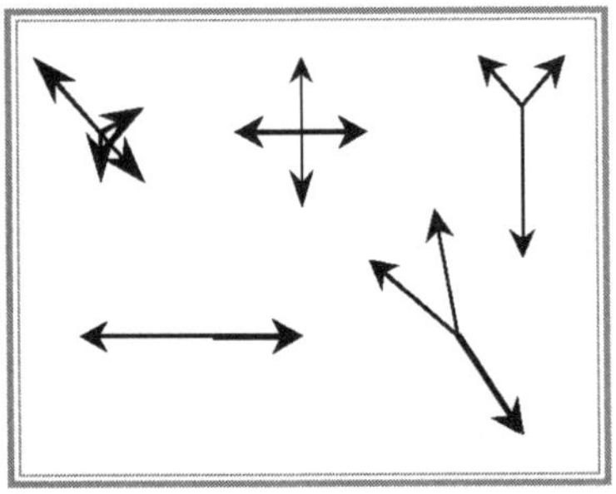

Abb. 4.1
»Muster der skalaren Substruktur«
Der äußere Schein kann trügen, da jedes der Systeme seine mit einzigartigen Mustern versehene Substruktur aufweist. Skalarwellen zeigen solche unterschiedlichen strukturierten Substrukturen. Die Skalarwelle trägt Information als strukturierte elektromagnetische Substrukturen weiter. Ein Beispiel hierfür ist es, ein skalares Heilungsmuster zu erzeugen, das eine Erkrankung heilt, und den biologischen Organismus dann dieser skalaren »Bestrahlung« oder Immunisierung auszusetzen. Das Gehirn erzeugt Skalarwellen. Hierbei impliziert ist, dass diese Skalarwellen vom Gehirn gemäß der Absicht des Individuums strukturiert sind. Die elektromagnetische Substruktur des »Gedankens« erscheint in der Skalarwelle. (Siehe Anmerkung 22 zu diesem Kapitel).

Andere Aspekte dieses Mysteriums warten noch darauf, entschlüsselt zu werden, indem wir genauer die strukturellen Eigenschaften von Wasser verstehen. Diese verborgenen Strukturen stellen die energetischen Kommunikationskanäle bereit, die es ermöglichen, dass »Flüssigkeit« als Gehirnersatz funktioniert. Die simple Theorie des Elektromagnetismus reicht nicht aus, um solche Phänomene zu erklären. Außerdem dient das Gehirn als Schnittstelle zwischen interdimensionalen Wirklichkeiten. Unsere Vorstellung von »holografisch« umfasst auch Wirklichkeiten höherer Dimensionen. An sich bezeichnen wir die Gesamtheit all dessen als *»Alles, was ist«*. Alles hängt mit allem zusammen. Letztlich ist alles eins!

EIN HYPERRÄUMLICHES VERBINDUNGSTEIL

Bearden macht uns noch mit einem weiteren Aspekt der Verarbeitungsleistungen des Gehirns bekannt. Das Gehirn ist in der Lage, *Skalarwellen* zu produzieren und zu erkennen. Die Skalarwelle ist das Verbindungsteil zum Raum höherer Dimensionen – das Vakuum des Hyperraums. Diese Skalarwelle sucht sich ihren Weg durch Kanäle zwischen den Dimensionen. Durch genau solche Kanäle oder Portale stellen wir unsere Verbindung zu dem primären Wirbel der Schöpfung her. Durch den Anschluss an den Wirbel gelangen die Energien des GEISTES in das physische Reich unserer menschlichen Schwingung.

Der Schlüssel zum Verbinden unterschiedlicher dimensionaler Elemente liegt darin, die Verknüpfungen, Straßen, Schaltkreise oder Portale (natürliche Frequenzen, Lebensfrequenzen, magische Fenster, interdimensionale Knotenpunkte, Einstein-Rosen-Brücke/Wurmlöcher) zu finden oder zu schaffen, die ganz natürlich die Geometrien harmonisch – in Resonanz – miteinander verknüpfen.

Wie ihr Name schon sagt, wird die Skalarwelle durch einen Skalar, eine Größe oder einen »Mengen«-Wert, definiert. Eine Skalarwelle übermittelt oder enthält folglich Information.

Die Skalarwelle ist eine hyperräumliche Welle. Sie existiert außerhalb der gewöhnlichen Einschränkungen von Raum und Zeit. Sie wandert mit Über-Lichtgeschwindigkeit als eine Art Druckstörung im Vakuum des Raums. Auf die gleiche Weise, wie eine Klangwelle in Luft wandert, wandert die Skalarwelle als eine Überschallstörung im Vakuum.

Skalarwellen können komplizierte und komplexe stationäre Interferenzmuster bilden. In einem solchen Fall bezeichnet man sie als skalare *Felder*. Derartige Strukturen existieren dann im Vakuum des Raums/Hyperraums. Die Interferenzmuster bilden eine einzigartige Gitterstruktur. Bearden beschreibt dies als »ein geordnetes Gitter aus Raumzeit/Vakuum« (siehe Abbildung 4.2). Es kommuniziert quer durch Raum und Zeit.

EIN KUNSTVOLLES, SCHWINGENDES GEFÜGE

Das Vakuum ist sozusagen der Grundstoff der die Leinwand zum Aufbau unserer Raumzeit-Wirklichkeit liefert. Aus dem Vakuum besorgen wir uns die Bestandteile (d.h. Energie und Pläne/morphogenetische Felder), um eine dreidimensionale physische Wirklichkeit zu konstruieren. Die morphischen Felder, die Sheldrake beschreibt, lassen sich als skalare Felder begreifen. Physische Materie kann man als stehende Wellenmuster betrachten. Dies ist eine Form skalarer Resonanz.

Eine Skalarwelle ist anders als eine herkömmliche elektromagnetische Welle. Obwohl eine Beziehung zwischen beiden Wellen hergestellt ist, lässt sich die Skalarwelle mit konventionellen Mitteln nicht nachweisen.

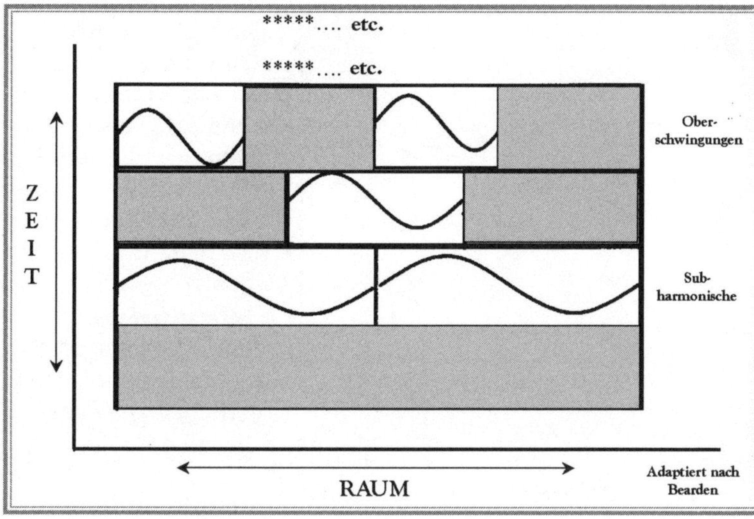

Abb. 4.2 »Raumzeitgitter«

Das Raumzeitgitter ist nach Frequenz, Energie, Raum und Zeit geordnet. Das n-dimensionale (n>3) Gitter steht für die verborgene Ordnung sowie die wechselseitigen holografischen Verbindungen zwischen allen Dingen quer durch Zeit und Raum. Wir deuten das so, dass das UCL ein derartiges Raumzeitgittergebilde samt allen damit verknüpften hyperräumlichen Attributen darstellt. Ein solches Gitter lässt sich stimmen, da geordnete innere Strukturen kreuz und quer durch die Raumzeit harmonisch in Beziehung stehen. Die innere nichtlokale Struktur reagiert durch Resonanzeffekte. Ein abgestimmtes Gitter steht zu vergangenen und künftigen Raumzeitkoordinaten und -ereignissen in harmonischer Beziehung. Raumzeitkoordinaten verbinden durch Hyperkanäle.

RESONANZ MIT DER ZEIT

Wellen dieser Art spannen oder variieren die Raumzeit. Sie können sich frei in vier oder mehr Dimensionen bewegen. Die Skalarwelle kann sich *nur in der Zeit* bewegen, das heißt, sie kann an einer Stelle bleiben und ein Fluktuieren des Zeitflusses (oder anderer Eigenschaften) bewirken. Sie kann sich auch *nur im Raum* bewegen, das heißt, die Zeit steht dabei still. Sie kann sich in variierenden Kombinationen dieser beiden Fälle bewegen. Derartige Verhaltensweisen werden als Resonanzphänomene beschrieben. Wie wir sehen, kann Resonanz sich auf verschiedene Weisen manifestieren. Hier kann das Konzept der Resonanz als allein mit dem Raum oder allein mit der Zeit verbunden ausgedrückt werden. Im JETZT zu leben bedeutet, auf Resonanz mit dieser Raumzeit abgestimmt zu sein.

PROGRAMMIERBARE MUSTER

Grundlage der skalaren Welle ist das skalare Potenzial. Ein Potenzial dieser Art ist das elektrostatische skalare Potenzial (siehe Abbildung 2.6). Auf diesem Potenzial basiert die elektromagnetische Welle. Diese sind im Inneren hochgradig geordnet.

Im Inneren verbindet das skalare Potenzial sowohl mit dem lokalen als auch mit dem nichtlokalen Raum. Die Skalarwelle transportiert diese Muster als Information durch den Hyperraum. Das wichtigste Merkmal des skalaren Potenzials besteht darin, dass es eine Unterstruktur enthält. Kodiert oder strukturiert in dem Potenzial sind ganz spezifische elektromagnetische Muster. Diese Muster sind in der Lage, Energie durch die Oberschwingungen der Frequenzen zu übermitteln, die in dem skalaren Potenzial anzutreffen sind.

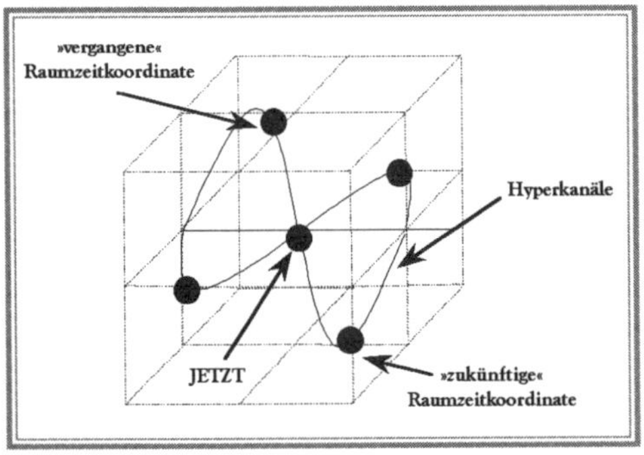

Abb. 4.3 »Eine Raumzeitverbindung«
Ein n-dimensionales (n>3) Raumzeitgitter erkennt die Raumzeit als Kontinuum. Ein abgestimmtes Gitter schafft eine harmonische Beziehung zwischen Raumzeitkoordinaten, derart, dass eine Resonanz zwischen den inneren Strukturen existiert. Verbindungen zwischen voneinander entfernten Raumzeitereignissen werden durch Hyperkanäle hergestellt, die frequenzabhängig sind (das »magische Fenster« oder interdimensionale Knotenpunktkonzept von Bearden und Tiller). Hyperkanäle sind natürlich abstimmbar.

Diese Muster lassen sich so programmieren oder konstruieren, dass sie in bestimmte Wechselwirkungen mit der Materie und ihren feinstofflichen Feldern treten. [1] Das geordnete Gitternetz des Raumzeit-Vakuums, das durch das skalare Potenzial gebildet wird, ist eine n-dimensionale Struktur (n>3). Sie kommuniziert quer durch Raum und Zeit. Es ist unmöglich, sich vorzustellen oder darzustellen, wie ein solches Gitter aussehen würde. Innerhalb des Gitters findet sich eine Ordnung im Hinblick auf Frequenz, Energie, Raum und Zeit. Das Gitter stellt die verborgene Ordnung dar sowie die holografische Verbundenheit aller Dinge durch Zeit und Raum hindurch.

Wir deuten das Ganze so, dass das Universelle Kalibriergitter (UCL) ein solches Raum-Zeit-Gitter mit allen hiermit verbundenen hyperräumlichen Merkmalen darstellt. *Ein solches Gitter kann abgestimmt werden, da die geordneten Strukturen in seinem Innern quer durch Raum und Zeit in eine harmonische Beziehung treten und durch Resonanzeffekte reagieren.* Ein abgestimmtes Raum-Zeit-Gitter steht in harmonischer Beziehung zu Vergangenheit, Gegenwart und Zukunft. Unsere multidimensionale menschliche Struktur steht in Zusammenhang durch ein harmonisch abgestimmtes Raum-Zeit-Gitter.

DAS MENSCHLICHE GEHIRN ALS SKALARER UMSETZER / ALS SKALARES INTERFEROMETER

Ein System, das Skalarwellen in elektromagnetische Wellen umwandeln kann und elektromagnetische Energie in Skalarwellen, wird als Umsetzer bezeichnet. Die Erde ist ein gigantischer Generator/Umsetzer für Skalarwellen. Sie verfügt über verschiedene resonante skalare Modi. [3] Erde, Mond und Sonne bilden ein einzigartiges skalares System. *Die Erde ist daher ein multidimensionales Gebilde.*

Im Kleinen gibt es noch weitere Umsetzersysteme, darunter gespannte Kristalle, einige halbleitende Materialien, dielektrische Kondensatoren, Plasmen und *skalare Interferometer*, um nur einige zu nennen. Auch das menschliche Gehirn ist ein Skalarwellenumsetzer, das heißt, das Gehirn kann elektromagnetische Energie in Skalarwellen umwandeln und Skalarwellen in elektromagnetische Energie. Die elektromagnetische Hirntätigkeit ist die sichtbare, messbare Komponente. Die skalare Aktivität des Gehirns lässt sich mit gewöhnlichen Methoden nicht nachweisen.

Skalarwellen können kombiniert werden, um Interferenzmuster zu erzeugen. Wenn das Interferenzmuster geeignet fokussiert wird, manifestiert oder produziert es Energie in der Ferne. Eine solche Einrichtung wird als skalares Interferometer bezeichnet. Bearden zufolge existiert eine skalare Methode, die Energie durch den Hyperraum transportieren kann. [4] Diese Methode kann bewirken, dass Energie sich innerhalb des dreidimensionalen Raums an einem entfernten Punkt manifestiert und auf physische Systeme an jenem Ort einwirkt. An entfernten Orten können Muster in Skalarwellen so programmiert oder konstruiert werden, dass sie spezifische interaktive Wirkungen mit Materie und ihren feinstofflichen Feldern aufweisen.

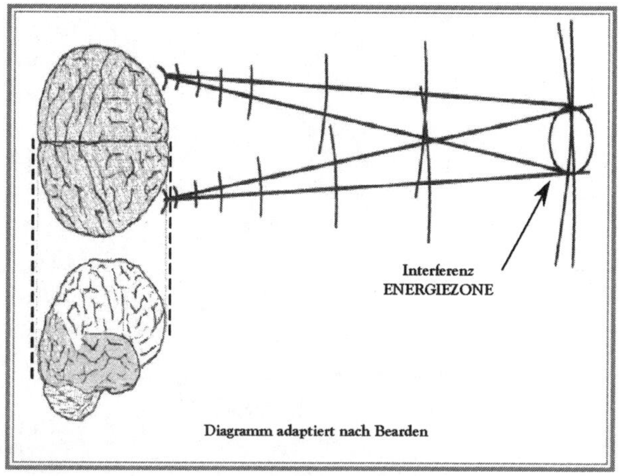

Abb. 4.4 »Das Gehirn als skalares Interferometer«
Gemäß Bearden ist das Gehirn ein Sender und Empfänger von Skalarwellen. Die beiden Gehirnhälften kombinieren ihre Funktionen so, dass sie ein skalares Interferometer bilden; sie können Interferenzmuster bilden aus Interferenzstrahlen, die Energie oder elektromagnetische Wellen in einem Abstand fokussieren. Gemäß Bearden verwendet die Skalartechnik die Prinzipien des Interferometers, um Information und Energie über »Hyperkanäle« durch den Raum zu übertragen. Im 3D-Raum nehmen wir diese Hyperkanäle nicht wahr, aber sie existieren. Die Wirkungen der skalaren Interferenzstrahlen materialisieren sich und werden im 3D-Raum sichtbar. Durch seine ausgeklügelte Bauweise öffnet das Gehirn diese »Hyperkanäle«, und tatsächlich sind Hyperkanäle konstant geöffnet. Dies sind die Kommunikationsmechanismen der »Hyperfunktionen« des Gehirns. Wenn »Heiler« Energie channeln, wären die Prozesse zutreffender als »Hyperchanneln« zu beschreiben. (Siehe Anmerkung 24 zu diesem Kapitel).

INTERFEROMETRIE DER RECHTEN UND LINKEN GEHIRNHÄLFTE

Im menschlichen Gehirn fungieren die beiden Hälften des zerebralen Kortex zusammen als skalares Interferometer. Diese Vorstellung teilt auch Ervin Lazslo [5]. Lazslo zufolge kann die Aktivität innerhalb der neuronalen Netze des Gehirns – in den Aktionspotenzialen, die über das Abfeuern von Impulsen an den Nervenenden (Dendriten) entscheiden – durch die skalare Topologie des Vakuums massiv beeinflusst werden.

Veränderungen dieser Topologie können in der neuronalen Aktivität einen Wechsel von einem komplexen Aktivitätsmuster zu einem anderen bewirken. Das kann sogar schon bei außerordentlich feinen Schwankungen an den skalaren Potenzialen auftreten.

Im Innern des Gehirns werden Schwankungen auf der Vakuumebene verstärkt, und diese Schwankungen erzeugen beobachtbare Wirkungen an den Informationsverarbeitungssystemen des Gehirns. Die beiden Gehirnhälften sind in der Lage, Skalarwellen und Skalarstrahlen zu produzieren, die in der Entfernung Interferenzmuster bilden.

Innerhalb der Interferenzzone treten die Frequenzmuster der Skalarstrahlen in Wechselwirkung mit physischen Systemen, um entweder Ordnungswirkungen oder Unordnungswirkungen zu erzeugen. Als skalares Interferometer überträgt das Gehirn im Hyperraum Energie und Information rund um den dreidimensionalen Raum, und zwar durch das, was Bearden als *Hyperkanäle* bezeichnet.

Die Skalarwellen treten in Interaktion mit den feinstofflichen Feldern. Wenn von Heilern die Rede ist, die Energie channeln, so wäre es im Kontext des oben Angesprochenen vielleicht treffender, den Prozess als »Hyperchanneln« zu beschreiben.

EINE PARANORMALE VERBINDUNG

Unsichtbare Aspekte der skalaren Funktionsweise des Gehirns hängen mit paranormalen Phänomenen zusammen. [6] Bearden zufolge lassen sich Fernwahrnehmung, Telepathie, Präkognition, Psychokinese etc., ja letztlich alle Phänomene der klassischen Parapsychologie durch die Eigenschaften von Skalarwellen erklären. Skalarwellen, die im Hyperraum oder im Vakuum des virtuellen Raums wirksam sind, sind mit der gleichen Domäne verbunden wie die feinstoffliche Sphäre. Das neurale Synapsennetz des Gehirns ist für die Erzeugung von Skalarwellen ideal. Das Gehirn und das Nervensystem verbinden sich, um ein abgestimmtes resonantes System zu bilden, das heißt, einen wahren Detektor/Sender von Skalarwellen.

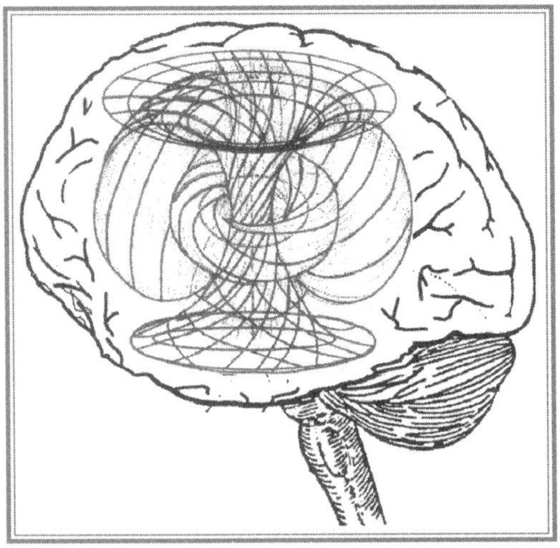

Abb. 4.5 »Hyperfelder des Gehirns«
Die Abbildung ist eine Synthese von Forschungsergebnissen, über die in *Ancient Wisdom and Modern Physics* berichtet wird. Die beiden Hauptformen sind hyperräumliche Formen: sie verbinden mit dem Hyperraum. Die Ringwulstform (»Rettungsring«) wird als Torus bezeichnen. Die Form mit den beiden trompetenartigen Öffnungen ist unter dem Namen »Einstein-Rosen-Brücke« bekannt. Innerhalb dieses Komplexes existieren rotierende(s) und wirbelnde(s) Licht und Energien, die sowohl eingefangen als auch emittiert werden. Dieses hyperräumliche System ist dafür verantwortlich, uns mit unserer spezifischen Raumzeit – unserer Idee von Zeit – zu verbinden und uns in ihr zu verankern. Außerdem finden wir hierin den Mechanismus zur interdimensionalen Kommunikation, Umwandlung und Speicherung von Energien und Information. Der Schlüsselaspekt dieses elektromagnetischen Systems liegt darin, dass es das Ergebnis kollektiver oder synergistischer Beiträge von sechs Komponenten des Gehirns ist (siehe Text). (Siehe Anmerkung 25 zu diesem Kapitel).

HYPERRÄUMLICHER ANTRIEBS-MECHANISMUS

Weitere Entwicklungen der hyperräumlichen Aspekte der Gehirnfunktion werden in der Publikation *Ancient Wisdom & Modern Physics* dargelegt. In diesem Buch berichten Forscher über die Kartierung der dreidimensionalen Konfiguration der vom Gehirn erzeugten Magnetfelder.

Was ist an diesen magnetischen Feldstrukturen einzigartig? Nun, es handelt sich um Hyperraumstrukturen! Durch diese Strukturen sind Mechanismen vorhanden zur Schaffung eines Gewahrseins, das über die physischen Systeme hinausgeht – außerhalb unserer Raumzeit.

Um diese magnetischen Kartierungen des Gehirns zu erstellen, bedarf es hochpräziser Instrumente. Neben anderen Spezialvorrichtungen wurde zu diesem Zweck das SQUID (Superconducting Quantum Interference Device) verwendet. Die Empfindlichkeit ihrer Ausrüstung war imstande, eine Feldstärke von nur einem Nanogauss (ein Milliardstel Gauss = 10^{-9} Gauss) nachzuweisen. Das ist zum Messen eine extrem geringe Feldstärke.

Auf einer dreidimensionalen Karte geplottet, bildete die magnetische Messung in 3D einzigartige Bilder von hyperräumlichen Feldstrukturen.

Die Forscher beschreiben das folgende Profil:

»Die Gesamtgeometrie ist ein ellipsoidischer, gestreckter, sphärischer Hohlraum, der einen Unterraum eines Ringwulstes enthält, durch den quer eine hyperbolische, nicht-lineare Einstein-Rosen-Brücke verläuft... (in amerikanischer Umgangssprache) eine eiförmige Höhlung, die einen Donut (Form eines Rettungsringes, Anm. d. Übers.)enthält, und quer hindurch geht ein Würstchen.« [7]

Im Original von *Ancient Wisdom & Modern Physics* kommen keine Abbildungen vor, also haben wir unsere eigenen Abbildungen in diesem Text improvisiert. Das Nachfolgende sind nur visuelle Darstellungen sind, da ein direkter Zugriff auf die Daten der Forscher nicht möglich war.

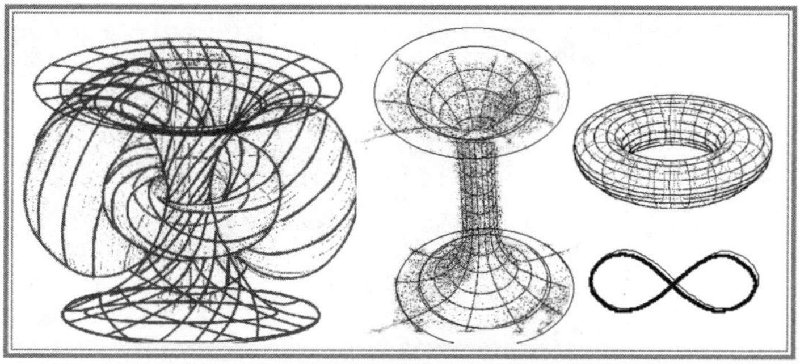

Abb. 4.6 »Bindeglieder zum Hyperraum«
Der Torus ist ein interdimensionaler Wirbel. Er ist geschichtet wie eine Zwiebel, mit anderen darin eingebetteten Toren. Der Torus speichert Energie und Information und setzt diese um. Man beachte, dass der Torus der Heiligenschein ist, den wir uns spirituell oder metaphysisch vorstellen. Der Querschnitt durch den Torus ist die Achterschleife, das Universalmerkmal von Magnetismus. Die Einstein-Rosen-Brücke ist das Bindeglied zum Hyperraum sowie zu räumlichen und zeitlichen Parallelwirklichkeiten.

HYPERRAUMFORMEN

Die zylindrische Form mit den trompetenartigen Enden ist als die Einstein-Rosen-Brücke bekannt. Hier habt ihr euer Verbindungsteil zum Hyperraum und zu Parallelwirklichkeiten. Die Donut-Form wird als Torus bezeichnet. Der Torus ist eine hyperdimensionale Form, die an die Entstehung der Raumzeit gekoppelt ist. Innerhalb dieses hyperräumlichen Komplexes existieren Licht- und Energiespiralen, die sowohl eingefangen als auch emittiert werden. Diese interdimensionalen Figuren schaffen ein System, das dafür verantwortlich ist, uns mit unserer speziellen Vorstellung von *Zeit* zu verbinden und zu verankern. Hierin liegt der Mechanismus zur interdimensionalen Kommunikation sowie für die Umwandlung und Speicherung von Energien und auch Information. Im Mittelhirn »... existiert ein relativistischer raumzeitlicher Hohlraum mit lokalen umhüllten hyperräumlichen Brücken, der harmonische Resonanzen bei magnetischen und akustischen Reize erzeugt Das hat geradezu astronomische Implikationen.« [8]

SYNERGISTISCHE GEOMETRIE

Diese Magnetfeldkonfiguration innerhalb des Gehirns stellt einen interdimensionalen Wirbel dar, der unser äußeres Universum mit unsichtbaren, virtuellen Dimensionen verbindet, die von unserem normalen Bewusstsein und unseren physischen Sinnen weit entfernt sind. Die Geometrie dieser magnetischen Hyperraumstrukturen ist das Ergebnis der kombinierten Magnetfeldbeiträge von sechs Komponenten der Hirnstruktur. Es ist wichtig, sich das klar zu machen. Die dreidimensionalen Felder in ihrer Gesamtheit resultieren aus dem, was die Funktionen von Thalamus, Hypothalamus, Hypocampus, Amygdala, Hirnanhangdrüse und Zirbeldrüse gemeinsam aktiv beisteuern.

All diese Komponenten müssen synergistisch zusammenwirken, um dieses ideale Magnetfeldprofil zu erzeugen. Ist eine der sechs Komponenten inaktiv oder entfällt der Beitrag einer einzelnen Komponente (durch Unterfunktion oder Schlummern), so kann das Gehirn nicht seine maximal mögliche magnetisch-hyperräumliche Funktion erfüllen.

Das heißt, dass entsprechendes Training mit Tätigkeiten und Übungen, die direkten Einfluss auf diese Gehirnbereiche haben, unbedingt notwendig ist, wenn ein Individuum sein volles Potenzial an hyperräumlichen Fähigkeiten entwickeln will. Jedoch besitzen wir das Potenzial, unsere sämtlichen Gehirnbereiche zu wecken, und wir können es erreichen!

STIMULATION FÜR DAS GEHIRN

Wissenschaftlern zufolge fand man bei Tai-Chi-Meistern Magnetfelder, die in der Vertikalachse *verlängert* waren, das heißt, in der Länge der zylindrischen Röhre der Einstein-Rosen-Brücke. Diese Verlängerung der Vertikalachse verweist auf einen höheren Grad potenzieller Varianz auf Raumzeiteffekte. Tai-Chi-Meister konnten also denkbar den Alterungsprozess beeinflussen (*wenn nicht sogar umkehren*). Forscher meinen, zusammen mit richtiger Tai-Chi-Form stelle die Beschäftigung mit heiliger Geometrie für das Gehirn eine hoch wirksame Stimulation dar. Auch eine ganze Palette von Bewegungsabläufen, die man grob unter *Qigong (Chi-Gong)* und *Falun Gong* einordnen könnte, kommt hierfür in Frage. [9] Arbeitet man mit Geometrie, so haben die

»...Winkel und Diagramme ihre räumlich-zeitlichen Analogien im Kopf, in der Seele und in dem Geist.« [10]

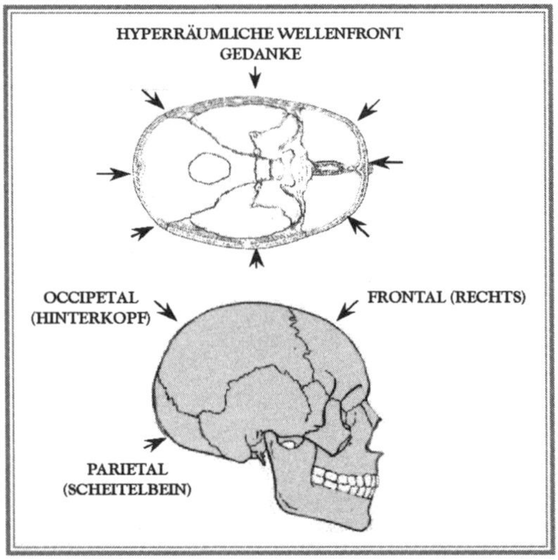

Abb. 4.7
»Gedanken als multidimensionale Wellenfront« (Diagramm aus Matrix III übernommen). Information und Gedanke treten in das Gehirn ein als eine hyperräumliche, multidimensionale Wellenfront. Das Gehirn verfügt über etliche Systeme, die so angelegt sind, dass sie mit einer Vielzahl magnetischer und akustischer Reize in Resonanz kommen. Als kristalline, resonante organische Struktur setzt das Gehirn das allgemeine Frequenzspektrum in elektrische Impulse um. Die Schädelknochen stellen zusammen mit den Flüssigkristallstrukturen im Inneren eine harmonische Resonanz her mit Frequenzen aus dem höherdimensionalen Raum. Diese höheren Frequenzen werden umgewandelt und über Kanäle komplexer Schwingungsmuster innerhalb der kristallinen Strukturen mit elektromagnetischen 3D-Feldern verbunden.

Zu allen geometrischen Formen gibt es eine Entsprechung in der »Frequenz-Domäne«, dem Bereich, in dem das Gehirn elektromagnetisch arbeitet. Elektromagnetische Aktivität hängt inhärent mit Skalarpotenzialen und Hyperfeldern zusammen. Natürlich sind alle Visualisierungen, die auf eine bewusste Aktivierung von Hirnzentren gerichtet sind, *direkte Stimuli* für die elektromagnetische Aktivität des Gehirns. *Bewusstsein und Absicht lenken die Aktivität der Hyperfelder des Gehirns.*

EIN LEBENDER KRISTALL

Das Gehirn kann bezeichnet werden als »kristallines resonantes organisches Gebilde, das unser Denken, unseren Geist begründet. Da unser Denken sich mit dem Gehirn wechselseitig durchdringt, stehen unterschiedliche anatomische Strukturen in Resonanz mit dem Wirken des Geistes und begründen spezielle Aspekte seines Funktionierens.« [11] Vier Komplexe innerhalb des menschlichen Schädels sind dafür angelegt, mit getrennten Funktionen in Resonanz zu kommen.
Es handelt sich um:

- die beiden Gehirnhälften (die als ein System zusammenwirken)
- den sensorischen Kortex
- die dritten und lateralen Ventrikel
- den Schädel selbst.

Jeder Komplex innerhalb des Gehirns funktioniert separat, um veränderliche Aspekte des Frequenzspektrums im Universum zu empfangen, zu verarbeiten und zu verstärken. Der Schädel (Cranium) besteht aus einer kristallinen Struktur. Die kristallinen ionischen Strukturen sind Kalziumkarbonat- und Kalziumphosphat-Verbindungen.

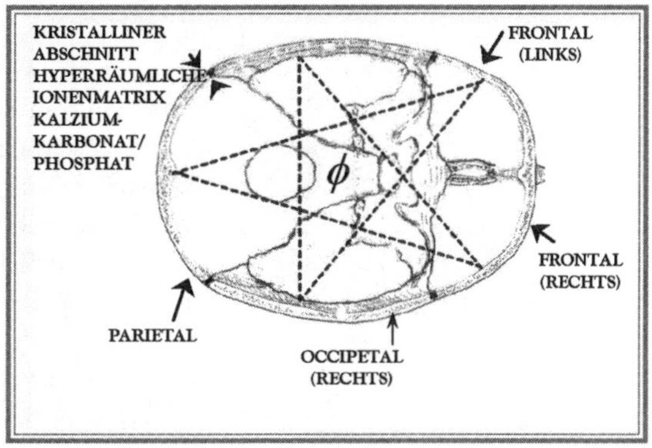

Abb. 4.8
»Das Gehirn als Meisterstück heiliger Geometrie« (Diagramm aus Matrix III adaptiert). Die fünf Abschnitte der Schädelknochen erzeugen ein Resonanzmuster in den inneren Flüssigkristallstrukturen des Gehirns. Die Verbindungsspalten zwischen den fünf Hauptknochen des Schädels gestatten, dass ein Bereich linearer und nichtlinearer Bewegungen und komplexer Schwingungen stattfindet. Die natürliche Resonanzfrequenz des Schädels fällt in den Bereich 840-890 MHz – gleichzeitig auch eine DNS-Resonanzfrequenz (Mobiltelefonfrequenz). Die kristallinen Strukturen des Schädels lassen die Bildung einer 12-dimensionalen, hyperräumlichen Feldstruktur (Gitter) zu. Das Resonanzmuster, das wir in der Abbildung sehen, ist ein fünfzackiger Stern. Dieses Pentagramm ist das Symbol der mathematischen Schule, die Pythagoras im antiken Griechenland gründete. Das Verhältnis des Goldenen Schnitts Phi (ϕ = 1,618) kommt in der Abbildung in diversen Verhältnissen zum Ausdruck. Die geometrische Struktur kommt in Resonanz mit höheren Dimensionen, Licht und Klang.

Dieses Material ist in der Lage, hoch komplexe Schwingungen zu durchlaufen, die eine 12-dimensionale hyperräumliche Feldstruktur oder ein Gitter bilden. Das Gitter verbindet dreidimensionale Felder mit den hyperräumlichen Dimensionen.

GEDANKENRESONATOR

Der Schädel besteht aus fünf Knochen, die an der Entstehung von Resonanzmustern in der Schädelhöhle beteiligt sind. Diese Muster sind in ihrer Gesamtheit dafür zuständig, eine hyperdimensionale Wellenform von Gedanken in ein Signal umzusetzen, das im Gehirn registriert wird. In Abbildung 4.8 sehen wir ein fünffaches Resonanzmuster, das zwischen den fünf Schädelknochen des Schädels eingerichtet ist. Auch die inneren Strukturen in der Schädelhöhle – das Hirn selbst – bestehen aus kristallinem Material.

Der Geist-Hirn-Komplex stellt durch antennenartige Strukturen im Gehirn, die auf mikroskopischer Ebene Energiemuster bilden, wechselseitige Verbindungen her. Der Prozess umfasst die Fourier-Umsetzung holografischer Muster aus hyperräumlicher kodierter Information in elektrische Ausgangssignale im Gehirn. Betrachten wir das Gehirn, so sehen wir ein Meisterstück heiliger Geometrie vor uns. Die Knochenstrukturen des Schädels bilden einen Hohlraum, der in der Lage ist, ein einheitliches Feld einzuhüllen. [13]
Hameroff und Penrose haben sich mit der Struktur der Mikrotubuli von Gehirnzellen beschäftigt und stellen die These auf, dass diese an Aspekten von Intelligenz beteiligt und gleichzeitig der Sitz des Bewusstseins sind. Der Mikrotubulus oder das Zytoskelett (Skelett der Zelle), weist Eigenschaften auf, die es ihm erlauben, auf der Quantenebene eine Rolle für den Informationsaustausch zu spielen. [13] Das Wasser innerhalb der Mikrotubuli kann durch Quantenkohärenz einfach mit Hilfe von *Fokussierung oder Absicht* hochgradig strukturiert und geordnet werden.

RESONANZ ERFORDERT LADUNG

Die Resonanzsysteme des Gehirns hängen von der Fähigkeit der biologischen Zellen ab, eine ionisierende elektrische Ladung zu halten. Durch diese ionisierende elektrische Ladung kann BEWUSSTSEIN sich durch Materie ausdrücken.

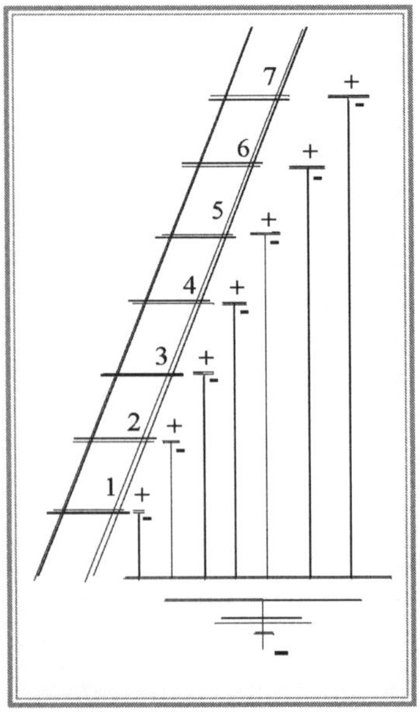

Abb. 4.9
»Höhere Gehirnschaltkreise erfordern höhere Ladung«
Diese Abbildung veranschaulicht das Erfordernis höherer »Ladung« zum Akivieren höherer Gehirnschaltkreisfunktionen. Die Ladung oder das Potenzial wird durch Aktivierung und den Beitrag von zunehmend mehr Zellen der weißen und grauen Masse von Gehirn und Rückenmark gewonnen. Höhere Ladung ist mit höherer Kapazitanz oder Speicherung von elektrischem Potenzial gleichzusetzen. Die Gehirnschaltkreise stehen mit bestimmten Lichtfrequenzen in Relation. Das Energieniveau der Lichtfrequenzen variiert entsprechend ihrer Farbe. Dementsprechend erhöht sich das Gewahrsein der Zellen, und das Bewusstsein kann sich klarer durch den Körper ausdrücken. Die Erhöhung des Energieflusses und die Aktivierung von Gehirnzellen sind die Schlüssel zur Erweiterung der Bewusstheit und Erzielung eines Dialogs mit dem GEIST. (Siehe Anmerkung 26 zu diesem Kapitel).

In dem Gehirn-Nervensystem-Netz sind hohe elektrische Potenziale notwendig, damit all das optimal funktioniert. Das System benötigt eine Menge Elektrizität als Treibstoff. Wenn wir eine höhere Ladungskapazität aufweisen, ermöglichen wir den Ausdruck von Bewusstsein durch Materie, damit der GEIST sich in der Biologie ausdrücken kann. Diese Eigenschaft lässt sich durch die EMF Balancing Technique verbessern.

MULTIDIMENSIONALE SCHALTKREIS-VERBINDUNGEN – DAS GESETZ DER OKTAVEN

Wir haben den Gedanken eingeführt, dass das Gehirn mit hyperfunktionellen Fähigkeiten ausgestattet ist. In diesen Hyperfunktionen steckt der Schlüssel, der die Geheimnisse des uns angeborenen paranormalen Potenzials und unserer Fähigkeit löst, Materie und Feldstruktur von höheren Ebenen der virtuellen Wirklichkeit aus zu beeinflussen.

Daher überrascht es nicht allzu sehr, dass es Verdrahtung und Schaltungsanordnungen gibt, welche unterschiedlichen spezialisierten Prozessen gewidmet sind, die sowohl mit unseren normalen wie auch unseren multidimensionalen Funktionen zusammenhängen.
Die von Timothy Leary entdeckten Gehirnschaltkreise entsprechen, wie man herausfand, dem *Gesetz der Oktaven*. Es gibt acht Gehirnschaltkreise. [14] Es gibt viele Beispiele dafür, welch eine herausragende Rolle die Oktave in unserer Welt spielt. Zum Beispiel stellen wir fest, dass das I-Ging aus 64 Hexagrammen besteht (Basis 8). Ebenso haben moderne Genetiker herausgefunden, dass der Dialog zwischen DNS und RNS, das molekulare Informationssystem, das Leben und Evolution bestimmt, über 64 Kodons (8x8) übertragen wird. [16]

DIE SCHALTKREISE UND IHR ZUSAMMENHANG MIT FARBE UND LADUNG

Jeder der ersten sieben Schaltkreise des Gehirns kommt, so sagt man, in Resonanz mit einer bestimmten Schwingungsfrequenz des Farbspektrums. In absteigender Reihenfolge sind dies Rot, Orange, Gelb, Grün, Blau, Indigoblau und Violett. Pauschal könnte man die ersten vier Schaltkreise mit der Aktivität der linken Gehirnhälfte gleichsetzen, und die letzten vier (5-8) sind mit der Aktivität der rechten Gehirnhälfte verknüpft. An sich befassen sich die Schaltkreise der linken Gehirnhälfte mit irdischen Angelegenheiten, während die Schaltkreise der rechten Gehirnhälfte extraterrestrischen oder evolutionären Zwecken gewidmet sind. Unser Bewusstsein gilt als etwas, das mit genau diesen sieben Frequenzen und Farben zusammenhängt. Deshalb wird unser Gewahrsein durch die gemischten Eigenschaften der Schwingungsfrequenzen geprägt, die in diesen Schaltkreisen aktiv sind.

Die Mischung dieser Frequenzen ist bei jeder Person anders. Mit Erweiterung des Bewusstseins sind höhere Ebenen von Gehirnschaltungen aktiviert. In diesem Sinne existieren die Schwellen für die Schaltkreisanordnung bereits vorab im Gehirn. Wenn wir uns damit befassen, aktiv die Ausschüttung von Gehirnhormonen zu regeln, erzeugen wir chemische Veränderungen im Gehirn, die es zulassen, dass sich verbesserte Aspekte des Bewusstseins entfalten. Die Arbeit von Dr. Timothy Leary sowie die anderer Forscher korreliert die individuellen Hirnschaltkreise mit bestimmten Bereichen des Gehirns. Nacheinander leistet jeder der sieben Hirnbereiche seinen Beitrag dazu, die Elektrizität oder Potenzialladung zwischen der sich abwechselnden grauen und weißen Gehirnmasse hochzufahren. Das gilt für das Gehirn/Wirbelsäulensystem als integriertes Ganzes. Die weiße und graue Materie steuert abwechselnd negative und positive elektrische Ladungen bei, die zusammen als Kondensator (wie in der Elektronik) fungieren, um zunehmende Ladungsmengen zu speichern.

Mit Wachstum der Kapazitanz (siehe Abbildung 4.9) wird die Abstimmung der Gehirnschaltungsanordnung als Ganzes beeinflusst. Hierdurch verändert sich die Frequenz des gesamten Gehirnrhythmus. Die Gehirnzellen werden auf höhere Frequenzen gestimmt, reagieren also nun darauf, subtilere Energien zu empfangen und zu speichern. Die Zellen können somit ein höheres Niveau von Bewusstsein halten.

Der primäre Zweck des Körpers liegt darin, eine ionisierende Ladung zu halten, damit sich das Bewusstsein hierdurch ausdrücken kann. [16] Das gesamte System funktioniert auf der Grundlage von chemischer Aktivität, ionisierenden Flüssigkeiten, Potenzialen, der Speicherung von Ladungen und Elektrizität.

Eine Änderung unserer Gehirnfrequenz kommt einer Veränderung der Betriebszustände der individuellen Schaltkreise gleich.

CHEMISCHE VERBINDUNGSELEMENTE

Das Nervensystem ist ein grundlegender Bestandteil der Gehirnschaltungsanordnung. Als Erweiterung des Gehirns dient es dazu, die Gehirnsignale zu verstärken. Ein fein abgestimmtes, gesundes, energetisiertes Nervensystem verbessert die Gehirntätigkeit.

Das Nervensystem ist ein eigenständiges Netz, das im physischen Körper schwebt. Der Körper des Nervensystems ist vom physischen Körper getrennt, das heißt, es kommt zu keinem Kontakt zwischen Körper und Nerven. Die einzige Verbindung zwischen den beiden separaten Körpern erfolgt über chemische Reaktionen – die chemischen Hormontransmitter.

Die Hormone fungieren als Sender von Frequenzmustern.

Der Hirn-Nervensystem-Komplex funktioniert auf einer Ebene des Bewusstseins. Der physische Körper funktioniert auf einer anderen, unterschiedlichen Bewusstseinsebene. Diese beiden Ebenen des Bewusstseins kommunizieren über chemische Hormontransmitter.

Basierend auf diesen chemischen Stoffen deuten wir unsere Gefühle.

Das heißt, wir deuten unsere Gefühle durch die Einwirkung einer Ebene des Bewusstseins, die mit einer anderen über chemische Aktivität in Beziehung tritt/mit ihr kommuniziert. Ist dieses System nicht *fein abgestimmt*, das heißt, funktioniert diese Kommunikation nicht optimal, so kann es in der Tat zu einer Störung *unserer Wirklichkeitswahrnehmung* kommen. Unser emotionales Gleichgewicht ist unmittelbar an eine gute Kommunikation zwischen zwei unterschiedlichen Bewusstseinsebenen geknüpft. Dieses Kommunikationssystem ist durch chemische Hormontransmitter/-sender verbunden.

Tabelle 4.1 Merkmale der Gehirnschaltkreise

	SCHALTKREIS	GEHIRNBEREICH	FARBFREQUENZ	GEOMETRIE
8	NICHT-LOKALES QUANT	**Außerhalb des Körpers**		**Multidimensional**
7	METAPROGRAM-MIERUNG	**Stirnlappen**	**violett**	**Multidimensional**
6	NEURO-GENETISCH	**Rechte Gehirnhälfte, 3 linke Lappen, 3 rechte Lappen**	**indigoblau**	**Multidimensional**
5	NEURO-SOMATISCH	**Hirnrinde rechts Hirninneres**	**blau**	**Multidimensional**
4	SOZIOSEXUELL	**Linker Neokortex**	**grün**	**Euklidisch**
3	ZEITBINDEND SEMANTISCH	**Linker Kortex**	**gelb**	**Euklidisch**
2	EMOTIONAL	**Thalamus, Pons & 4. Ventrikel**	**orange**	**Euklidisch**
1	BIOLOGISCHES ÜBERLEBEN	**Hirnstamm**	**rot**	**Euklidisch**

BEVORZUGTE, VOM BEWUSSTSEIN VERÄNDERTE BAHNEN

Gehirnsignale bewegen sich gewohnheitsmäßig auf bestimmten bevorzugten Bahnen. Die eingeschlagenen Bahnen werden aus buchstäblich Tausenden möglicher Bahnen gewählt. Beim »Abstimmen« und Modulieren der Signale spielt die Gehirnaktivität insgesamt eine Rolle. Die elektrischen Potenziale in den Gehirnbahnen lassen sich durch einen bewussten Akt verändern, das heißt durch Absicht. Deshalb gibt es kein gewohnheitsmäßiges Denkmuster, das wir nicht ändern können. Die Ausschüttung von Hirnchemikalien, den Hormonen, lässt sich durch einen Akt des Bewusstseins steuern. Die Hormonausschüttung verändert die elektrischen Potenziale in den Bahnen.

Dementsprechend gibt es keine emotionale Reaktion, an der sich nichts ändern lässt. Neu gewählte Signalbahnen werden als gespeicherte Muster von Potenzialenergie in den Zellen eingerichtet.
Millionen von Gehirnzellen können aktiviert und dazu gebracht werden, durch einen *bewussten Akt* höhere elektrische Potenzialzustände zum Gehirn beizusteuern. Wenn dies geschieht, findet eine Abstimmung der Gehirnschaltkreise statt. Wenn höhere Pegel von Elektrizität gespeichert werden, nimmt das Denkvermögen zu. Bei vielen Menschen bleiben Hirnzellen vielleicht ihr

ganzes Leben lang abgeschaltet, ungenutzt. Das muss nicht sein, da wir uns bewusst daran beteiligen können, diese Zellen zu wecken, die zu einer Beschleunigung unserer evolutionären Entwicklung beitragen können.

SPEZIALISIERTE PROZESSOREN

Es hat sich deutlich gezeigt, dass bestimmte Komponenten des Gehirns mit der Bearbeitung außergewöhnlich spezialisierter Aufgaben befasst sind. In jedem der festgelegten Gehirnbereiche finden sich die etablierten Bahnen, die bei der Verarbeitung eingeschlagen werden. Diese Bahnen sind einfach eine von Tausenden anderer möglicher Optionen, die eingerichtet werden könnten. Eine wesentliche Entdeckung ergab, dass die Entstehung von Bahnen im Gehirn hochgradig von einem Prozess beeinflusst wird, der als »Prägung« bezeichnet wird.

Der Prägungsprozess ist während bestimmter Stadien unseres Wachstums und unserer Entwicklung sehr aktiv, etwa in der frühen Kindheit und im frühen Teenager-Alter. Zu diesen Zeiten werden bestimmte gewohnheitsmäßige Reaktionsmuster geschaffen und im Gehirn gespeichert. Diese werden als regelrechte Karten des elektrischen Potenzials in den Zellen gespeichert. Diese gespeicherten Muster dienen als *Schablonen* für jede spätere Verarbeitung.

Der Gedanke, von einem bestimmten Muster »nicht mehr loszukommen«, beschreibt recht wortgetreu eine Nerventätigkeit im Gehirn, die sich Mal um Mal immer wieder in den gleichen Bahnen abspielt und dabei hartnäckig auf dieselbe programmierte »Re-aktion« hinausläuft. Es gibt jedoch keine Reaktions-Aktion, die sich nicht ändern lässt.

AUSBILDUNG VON VERARBEITUNGSBAHNEN IN DER KINDHEIT

Die Prägungen, die während der kritischen Phasen unserer neurologischen Entwicklung entstehen, erlegen unserem Lernvermögen seine Grenzen auf. Wir durchlaufen eine Konditionierung und sind nur so weit lernfähig, wie unsere vorgeprägten Schaltkreise es zulassen. Entwickelt sich die »Software« der Hirnschaltkreise weiter und wird ausgereifter und komplexer, so hat dies Einfluss auf den Lernprozess.

Es fördert die Gesamtentwicklung eines Menschen, wenn jedes der uns nacheinander eingeprägten Muster etwas zu der bestehenden Software-Komplexität des Betriebssystems beisteuert. Dies mündet in eine vermehrte Komplexität und Leistungsfähigkeit des Informationsverarbeitungssystems im Gehirn. Die Abstimmung der gesamten Hirnfrequenz und des Gehirnrhythmus wird feiner, das Leistungsvermögen des Gehirns nimmt zu. Gehirnzellen stimmen sich ab auf höhere Frequenzen und verbinden sich mit höheren Bewusstheitsniveaus. Den Grundstein für leistungsfähige Gehirn-«Software« zu legen – genau darin möchten wir unsere Kinder schon früh in ihrem Leben unterstützen. Und es gibt besondere pädagogische Ansätze, welche junge Kinder mit fähigerer »Betriebssoftware« ausstatten. [21]

Die Anzahl der Zeitfenster in der neurologischen Entwicklung von Kindern, in denen positive Prägungen und Stimulationen Fuß fassen können, ist begrenzt. [20] Bei optimalen Prägungen und Impulsen während dieser Zeitfenster werden in unseren Kindern ausgeklügelte Schablonen für komplexere Hirnfunktionen angelegt. So bekommt das Kind Werkzeuge an die Hand, die ihm sein Leben lang zur Verfügung stehen.

Mit zunehmender Fähigkeit zur Informationsverarbeitung steigern wir unsere Gehirnkapazität. Wir erhöhen auch unsere Bewusstheit und heben unser Bewusstseinsniveau an. Wir beteiligen uns an dem Auslösen unserer evolutionären Gehirnschaltkreise, die uns mit unserer multidimensionalen Wirklichkeit verbinden. Unseren jungen Kindern können wir dazu verhelfen, dass dies bei ihnen früher in ihrem Leben eintritt.

DIE ROLLE DER SCHALTKREISE IM GEHIRN UND IHRE VERKNÜPFUNGEN

Sämtliche Bereiche des Gehirns spielen eine tragende Rolle in ihrem Beitrag zur Gehirnschaltung. Es gibt keine überflüssigen Teile. Alle Schaltkreise erfüllen wichtige Funktionen. Dennoch kann es vorkommen, dass bestimmte Komponenten zu wenig aktiv sind oder schlummern. Dies führt dazu, dass dann auch bestimmte Schaltkreise des Gehirns unteraktiv sind oder schlummern. Die Schaltkreise 6 und 7 erfordern, dass die beiden Gehirnhälften verbunden werden und beide Hälften zusammenwirken.

Zudem wird die Harmonie und Resonanz zwischen den Schaltkreisen zu einer Funktion der richtigen chemischen Ausschüttung von den Drüsen – vor allem der Hirnanhangdrüse und der Zirbeldrüse – sowie vom Vorhandensein ionisierender Potenziale (Ladungen) an den Zellmembranen. Die höchste Gesamtkapazität entsteht, wenn die Schaltkreise integriert werden und als Ganzes zusammenarbeiten. Schaltkreis eins kann jedoch zum Einfrieren der Gehirnfunktion auf dieser Ebene beitragen wegen der Wirkung von *Angst* auf das Netz.

Das größte Handicap für unsere eigene Entwicklung ist Angst. Aufgrund dieser Emotion halten wir uns selbst davon ab, in den höheren Schaltkreisen der rechten Gehirnhälfte zu funktionieren, welche in Zusammenhang stehen mit unserer evolutionären und multidimensionalen Bestimmung. Aufgrund von Prägungen und sozioökonomischen Bedingungen findet sich die Mehrheit der Menschen nicht imstande, über Schaltkreisebene 1 und 2 hinauszugelangen. Viele Menschen bleiben mit den grundlegenden Fragen von Sicherheit und Überleben beschäftigt.
Schaltkreis 4 ist zentral für das Gesamtsystem. Er hat das Vermögen, die höheren Zentren mit Energie zu versorgen oder sie abzuschalten. Innerhalb der Struktur dieses vierten Zentrums finden wir eine enge Korrelation zwischen dem Bewusstsein und dem physisch-materiellen Körper. Hier führt die chemische Ausschüttung von Hormonen zu unseren Emotionen.

An diesen Hormonausschüttungen lesen wir ab, wer wir sind. Dementsprechend können Austausch und Gleichgewicht der Hormone unseren eigenen Charakter verändern. Von diesem vierten Zentrum aus findet eine Regelung von Lebensenergie statt, die in den Chakras nur dann zum Ausdruck kommen kann, wenn diese offen sind. Unsere gesamten Gefühle werden in diesem Bereich des Gehirns polarisiert und gesteuert. Wir erleben diesen Bereich als das Zentrum unseres Seins.

Tabelle 4.2 Funktionen der Gehirnschaltkreise

SCHALTKREIS	FUNKTION	ZENTRALES PRINZIP
8 NICHT-LOKALES QUANT	**Außerhalb des Körpers**	
7 META-PROGRAMMIERUNG	**Steuerung niederer Schaltkreise**	**Wahrnehmung unendlicher Wirklichkeiten**
6 NEUROGENETISCH	**Kollektive DNS Dialog DNS/RNS Intuition**	**Synchronizität DNS kollektiv**
5 NEUROSOMATISCH	**Integrativ – Das Ganze Denken**	**Verarbeitung emotionaler Muster**

SCHALTKREIS	FUNKTION	ZENTRALES PRINZIP
4 SOZIOSEXUELL	Energieversorgung der höheren Ebenen	Emotionales Seinszentrum
3 ZEITLICH BINDEND SEMANTISCH	Mit der Stimme verknüpft	Verstandeszentrum Zeitempfinden
2 EMOTIONAL	Mit dem sensomotorischen Nervensystem verknüpft	Ego
1 BIO-ÜBERLEBEN	Unterstützung endokrines System & Lebensfunktionen Angst blockiert Zugang zu höheren Schaltkreisen	Was ist sicher?

Schaltkreis 5 weist eine Integrationsfunktion auf, da er mit Vorstellungen und Mustern arbeitet, die von unseren höheren Emotionen herrühren. Wird die Hirnanhangdrüse dazu stimuliert, Hormone auszuschütten, so aktiviert sie die Funktion des Schaltkreises der 6. Ebene. Hier ist der Ursprung unseres inneren Sehvermögens, das wir auch Intuition nennen. Schaltkreis 6 steht mit der Wahrnehmung der Zukunft in Verbindung. Die Zukunft entsteht auf Ebene 7, und Ebene 6 und 7 sind eng miteinander verknüpft. Der 6. Schaltkreis wird auch *Schaltkreis der kollektiven DNS* genannt.

EIN EVOLUTIONÄRER SCHALTKREIS

Der Begriff *kollektiv* bedeutet, dass dieser Schaltkreis Zugang zum gesamten Drehbuch der Evolution hat – zu dem, was wir Vergangenheit und Zukunft nennen.

Die Prägung dieses Schaltkreises erfolgt durch *bioelektrische Spannungen*. [17] Der Schaltkreis ist an den Verarbeitungen der DNS-RNS-Rückkopplungs-Schleife oder dem Dialog beteiligt. Zum Verständnis dieses Prozesses befassen wir uns noch einmal mit der Beziehung zwischen diesen beiden molekularen Strukturen.

Die DNS hält die Information oder die Lebenspläne, doch muss diese Information »extrahiert« werden, um nützlich zu sein. Die Rolle der RNS ist der Schlüssel, da sie die DNS »liest und kopiert«. In diesem Stadium kommt noch ein weiteres Element dazu – die Histone. Histone sind einfache Proteine, die sich mit Nukleinsäuren verbinden, um Nukleoproteine zu bilden. Die Funktion von Histonen liegt darin, die Weitergabe genetischer Informationen zu blockieren, die bei der Entwicklung neuer Zellen nicht verwendet werden. [18] Das Ergebnis dieser Wirkungsweise der Histone ist die Zelldifferenzierung, eine wichtige biologische Funktion. Da jedoch die Histone die DNS überdecken, kann es zu einer unterschiedslosen Blockade von Informationen kommen, die zu unserem Evolutionsprozess beitragen würden. Gehört die Erzeugung neuer Anti-Histon-Proteine mit zum Zuständigkeitsbereich dieses Schaltkreises?

DIALOG MIT DEM GROSSEN GEIST (SPIRIT)

Schaltkreis 6 und 7 werden als die Universal-Umsetzer bezeichnet. Wenn das Nervensystem in der Lage ist, Signale aus dem Dialog zwischen RNS und DNS zu empfangen, so kommt es zu einem Auslösen dieser höheren Schaltkreise. [19]

Die Aktivierung dieser Schaltkreise ist das Mittel, um das Buch des Wissens in der DNS aufzuschlagen. Daher werden sie als Universal-Umsetzer bezeichnet.

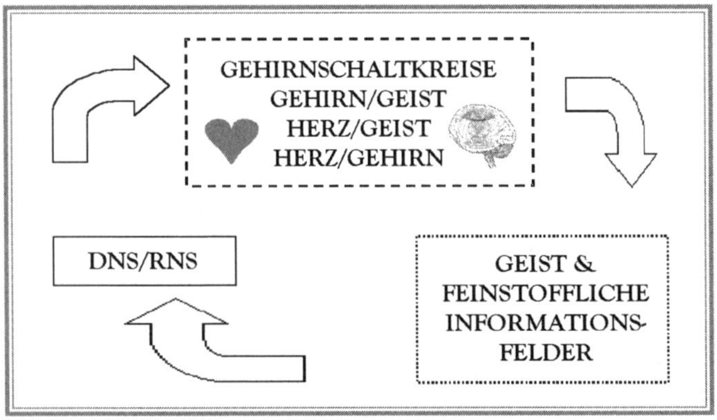

Abb. 4.10 »Die Dreiheit des Evolutionsprozesses«
Gehirn, Geist-/Gedankenfeld und DNS bilden eine Dreiheit, die es zu integrieren, zu stimmen und zu aktivieren gilt, wenn beschleunigte Evolutionsprozesse stattfinden sollen. Die feinstofflichen Informationsfelder tragen die Original-Baupläne der DNS in sich. Die RNS »liest« die Kodierung auf eine ähnliche Weise aus den feinstofflichen Feldern ab, wie der Vorarbeiter an einer Baustelle einen Bauplan vom Zeichenbrett liest. Sowohl die RNS als auch der Vorarbeiter brauchen hierzu Licht. Voraussetzung dafür ist, dass das gesamte Lichtspektrum von Farben zur Verfügung steht, um kodierte Information aus den feinstofflichen Feldern komplett auf die RNS umzusetzen und zu übertragen. Die höheren Frequenzen von Licht sind energiereichere elektromagnetische Wellen. Diese benötigen hoch geladene elektromagnetische Felder, in denen sie operieren können. Der DNS-/RNS-Prozess ist mit den höheren Gehirnschaltkreis-Funktionen verbunden, die Information zum Verarbeiten sammeln. Zur Erzielung optimaler Effizienz ist der DNS-/Gehirn-/Geistkomplex auf das gesamte Spektrum von Lichtfrequenzen abgestimmt und damit ausbalanciert, und er liefert mit optimalen Pegeln elektrischer Ladungen oder Potenzialen. Die zentrale Rolle des Herzens verweist darauf, dass die Hauptsteuerung letztlich in den Schnittstellen des Herz/Geist- und Herz/Gehirn-Systems liegt. Die Evolution steht mit diesem Dreierschaltkreis in Verbindung.

Das hier Dargestellte verdeutlicht die wechselseitige Verbundenheit zwischen der DNS, den Verarbeitungsschaltkreisen des Gehirns und dem Geist / den feinstofflichen Informationsfeldern. Alle drei müssen in einer Art eigener seltsamer Schleife miteinander in Beziehung treten, damit Evolutionsschritte stattfinden.

In diesem Kapitel haben wir gesehen, dass das Gehirn wie eine magnetische und akustische Resonanzkammer aufgebaut ist. Aufgrund seiner Struktur ist das Gehirn ferner ein biokristallines Prisma, das kosmische Signale empfängt und verstärkt. Als Prisma spaltet das Gehirn das Licht in seine sieben Frequenzen oder Farbbestandteile auf. Diese Lichtenergien sind in unterschiedlichem Ausmaß in den sieben Schaltkreisen des Gehirns vertreten. Wenn wir die Fähigkeit erwerben, die Lichtintensität in diesen Schaltkreisen zu erhöhen, treten die Funktionen und Fähigkeiten der höheren Schaltkreise in unsere bewusste Wahrnehmung. Wenn wir uns durch diese Schaltkreise stärker mit unserer multidimensionalen Natur verbinden, verbinden wir uns mit dem GEIST.

Studien haben gezeigt, dass das Gehirn »mitgerissen« werden kann, das heißt, zur Vibration oder Resonanz gebracht werden kann mit einer Vielzahl von Frequenzen externer Quellen. (Ein gutes Beispiel hierfür ist die Wirkung der Frequenz von Mobiltelefonen auf das Gehirn oder die DNS-Struktur selbst.) Für alle Muster der Bahnen im Gehirn gibt es Entsprechungen in dem, was wir als den skalaren oder feinstofflichen Bereich bezeichnet haben. Durch diesen Bereich können wir auch am stärksten Einfluss auf die sich organisierenden Skalarpotenziale nehmen, welche die in den Zellen gespeicherten Muster sind. Über den feinstofflichen Bereich können wir auch auf das Abstimmen der Gehirnschaltkreise einwirken.

Sind die Gehirnschaltkreise abgestimmt, so sind sie besser imstande, über das Nervensystem die Lichtfrequenzen zu verarbeiten und zu verstärken. Dies wirkt sich sehr stark auf das operative Niveau individueller Schaltkreise aus, da wir die elektrischen Potenziale in den einzelnen Zellen erhöhen. Werden die elektrischen Potenziale erhöht, so wird bei allen Schaltkreisen eine Expansion in ihrer Aktivität ausgelöst.

ABSTIMMUNG DURCH INTERAKTION

Der Dialog mit dem GEIST entwickelt sich durch bewussten Einsatz dieser höheren Schaltkreise und wird durch Integrieren und Abstimmen des DNS-/Gehirn-Herz-/Geist-Komplexes beschleunigt. Wir können auf diese Abstimmung direkt über das menschliche Energiefeld Einfluss nehmen. Das Ausgleichen des menschlichen Energiefeldes beeinflusst das Abstimmen des Gehirn-Nervensystem-Komplexes. Gleichzeitig werden Bahnen geöffnet und gebildet, die es ermöglichen, dass mehr Lichtenergie in die Systeme hineingelangt und diese Gehirn-Schaltkreise aktiviert. Das ist nur einer der Prozesse, der bei der EMF Balancing Technique stattfindet. Wenn Gehirn und Nervensystem wach werden für den Dialog zwischen DNS und RNS und wenn diese Information von diesem höheren Gehirnschaltkreis gesammelt und verarbeitet wird, wird sich das Buch des Wissens öffnen und seine innersten Geheimnisse verraten.

»Die menschliche Gestalt ist eine bunte Ansammlung von Energiefeldern… diese Energiefelder sind durch lebenslange Angewohnheiten und lebenslangen Missbrauch gebeugt und verzerrt worden.«

Carlos Castaneda
Der zweite Ring der Kraft

ZUNEHMENDE BEWUSSTHEIT

Ausrichtung auf die Bewusstseinsachse

»Menschen wie wir, die an die Physik glauben, wissen, dass die Unterscheidung zwischen Vergangenheit, Gegenwart und Zukunft nur eine sich hartnäckig haltende Illusion ist.«

Albert Einstein

Zunehmend kommen Gedanken in das Blickfeld wie *Bewusstseinserweiterung*, zunehmende Bewusstheit und auch die Frage, wie sich mehr von dem GEIST, dem Geist des Universums, in unseren Körper bringen lässt – in die Biologie. Wie lassen sich solche Vorstellungen mit etwas Greifbarem in Verbindung bringen? Große Fragen, die viele Gelehrte auf dem Gebiet der kognitiven Wissenschaft und verwandter Disziplinen beschäftigen können.

Hier nähern wir uns dem Thema aus einer eher pragmatischen Perspektive. Wir definieren das Bewusstsein – wie in diesem Abschnitt verwendet – als *Selbst-Bewusstheit* oder *Selbst-Gewahrsein*. Sein Bewusstsein zu erweitern bedeutet, das Wissen darüber zu erweitern, wer wir sind. Zu wissen, wer wir sind, bedeutet, wieder in Verbindung mit unserer multidimensionalen Essenz zu gelangen. Ist das der zentrale Zweck unseres Daseins? Stellt euch vor, ihr schaut durch ein vom Bewusstsein erschaffenes physisches Konstrukt eurer selbst nach draußen auf euer größeres Bewusstsein.

EVOLUTION IST AN BEWUSSTSEINSERWEITERUNG GEKNÜPFT

Wir können intuitiv die Vorstellung einer Bewusstseinserweiterung und Erhöhung der Bewusstheit mit einem innerlichen Evolutionsprozess verbinden. Aus Tillers Sicht gilt: »Die menschliche Evolution ist gekennzeichnet und beschränkt durch das Eindringen des GEISTES in dichte Materie.« [1] Im Evolutionsprozess können höhere Grade von Bewusstsein mit der Erzielung von mehr Komplexität in den Systemen verknüpft werden.

In seiner These von Paralleluniversen demonstriert Everett, dass Komplexität sich im Grunde mit Hilfe der Informationstheorie messen lässt. Je größer die Anzahl von Interaktionen mit dem Universum draußen, desto mehr wissen wir. Je mehr Information wir dem äußeren Universum entnehmen können, desto größer ist die innere Komplexität.

Tiller sieht diese als Organisationsstrukturen, die auf einer Ebene neuraler Natur sein mögen und auf anderen feinstofflich. Diese Organisationsstrukturen werden benötigt, um eine Art »Skelett-Schablone für die Geist-Substanz » zu schaffen. [1]

Wenn wir uns selbst als multidimensionale Wesen betrachten, wird uns klar, dass der Evolutionsprozess alle strukturellen Schichten unserer Essenz gleichzeitig beeinflussen wird. Irgendwie wird die Auswirkung dieser Evolution auf uns als selbst-bewusste Wesen abhängen vom Grad der wechselseitigen Verbundenheit, dem Gleichgewicht und der Kohärenz, die in der Organisation unseres Organismus existiert.

Charakteristisch für die menschliche Evolution ist die »Entdeckung« der Existenz »neuer« Dimensionen und abstimmbarer Schaltkreise innerhalb unserer Energiedynamik. Diese Dimensionen existieren als Elemente der Schöpfung und sind uns aus dem Inneren unserer eigenen multidimensionalen Konfiguration zugänglich. Bewusstseinserweiterung birgt die Erkenntnis in sich, dass wir die inneren Architekturdynamiken bewusst verändern können. Wenn wir dies tun, erweitern wir unseren Blickwinkel nach außen, um einen größeren Abschnitt dieser Schöpfung zu umfassen.

KRITERIEN FÜR DEN EVOLUTIONSPROZESS

Befassen wir uns also mit der Frage: Was ist die wesentliche Voraussetzung für Evolutionsprozesse? In seinem Thesenpapier »Ein physikalisches Modell des Biofeldes« (siehe Anhang C) zeigt Detela die generelle Richtung für die Antwort auf: das Haupterfordernis für Evolutionsprozesse ist *Information.* Es müssen jedoch Strukturen vorhanden sein oder sich entwickeln, damit diese Prozesse stattfinden können:

- eine Informationsbasis
- eine evolutionäre Komponente.

Insbesondere stellt Detela fest, dass eine Fähigkeit zur Speicherung einer enormen Menge an Information (*Informationsbits*) vorhanden sein muss.
Der Evolutionsaspekt hängt mit dem Selbstorganisationsvermögen der Feldstruktur zusammen.

Die beiden Prozesse sind untrennbar miteinander verknüpft. Detela spricht von einer Symbiose zwischen ihnen. Es muss eine Quelle von Primärinformation geben, damit eine Evolution stattfindet. Auf welcher Ebene wir die Struktur des lebendigen Organismus auch betrachten, die Prinzipien bleiben immer gleich. Im Laufe des Evolutionsprozesses entwickelt sich mehr Komplexität innerhalb des Organismus. Dies trägt bei zu höheren Niveaus, Information zu verarbeiten, zu verbesserten Kommunikationssystemen sowie einem höheren Grad und erhöhter Effizienz, mit dem/der Energien für unterschiedliche Prozesse genutzt werden. Die Prinzipien des Evolutionsprozesses reichen über das Biofeld hinaus bis zu allen feinstofflichen Energiestrukturen.

Tabelle 5.1 KRITERIEN FÜR DEN EVOLUTIONSPROZESS

- INTERAKTION MIT DER INFORMATIONSQUELLE
- INFORMATIONSFLUSS
- ENERGETISCHE STRUKTUREN – Verdrahtungen und feinstoffliche »Skelette«
- ABSTIMMUNG ZWISCHEN QUELLE UND EMPFÄNGER – Kohärenz und Resonanz erfordern Abstimmung
- VERMÖGEN DES EMPFÄNGERS, DEN SINN DER INFORMATIONEN ZU VERSTEHEN – wie in dem Gedanken aktiver Information, die Abstimmen, Gleichgewicht und Kohärenz in dem System verlangt.
- FÄHIGKEIT DES EMPFÄNGERS, DIE INTENSITÄT UND DAS AUSGABEFORMAT
- ZU HANDHABEN, IN DEM INFORMATION ANKOMMT – erfordert Abstimung, Gleichgewicht und Kohärenz innerhalb des Systems.

Der Evolutionsprozess beschränkt sich nicht auf Veränderungen innerhalb des Biofeldes. Alle feinstofflichen Aspekte unserer energetischen Anatomie spielen als interaktives *Ganzes* eine Rolle dabei. Wie wir an Sarfattis interaktiven Schleifen erkennen konnten, veranstalten Geist und Materie einen Tanz, bei dem sie sich fortwährend aufeinander beziehen.

Information kommt herein und geht hinaus in einer selbstbezüglichen Schleife. Dem Back-Action-Prinzip gehorchend erzeugt die fortlaufende Interaktion eine Lösung, die »in sich konsistent die sie erzeugende Gleichung verändert«. [2] Kommunikation ist die Grundlage von Evolutionsprozessen.

Deshalb hängt Bewusstseinserweiterung zusammen mit Kommunikation, mit Information und der Fähigkeit, Information zu verarbeiten. Zudem müssen wir uns das Verarbeiten des Flusses von Energien ansehen, die mit dem Prozess zusammenhängen und erforderlich sind, damit er stattfindet. Dementsprechend können wir nun einige grundlegende Kriterien aufstellen, die erfüllt sein müssen, damit Evolution stattfinden kann. Diese sind in Tabelle 5.1 zusammengefasst.

DAS BEWUSSTSEIN EINES SYSTEMS, DEFINIERT DURCH EINE GLEICHUNG

Natürlich lässt sich das Bewusstsein nicht durch eine Gleichung definieren oder beschreiben. Und doch können die Prinzipien der Informationstheorie eine Hilfe sein bei der Einrichtung eines Maßstabes für die innere Komplexität in einem System. Wir verbinden Komplexität mit einem größeren Vermögen, mit dem Universum draußen zu interagieren und Information mit ihm auszutauschen. Größere Komplexität wird zum Synonym für höhere Grade von Bewusstsein. Tiller hat eine Formel oder Gleichung aufgestellt, die verwendet werden kann, um das Bewusstsein eines Systems zu charakterisieren. Diese Gleichung wurzelt in der Informationstheorie. Tiller setzt die Bewusstseinsebene mit der Kapazität des Kanals in Verbindung oder dem Ausmaß, in dem ein lebendiger Organismus in der Lage ist, Information zu handhaben und zu verarbeiten. Die allgemeine Form der Bewusstseinsgleichung lautet:

$$\textbf{Bewusstsein} = A \bullet \Delta y \bullet \ln_2 (1 + P/N) \text{ [3]}$$

wobei die Parameter dieser Gleichung in Tabelle 5.2 definiert werden. Die Gleichung basiert auf einer Formel aus der Engineering-Kommunikationstheorie.

TABELLE 5.2 BEWUSSTSEINSGLEICHUNG

$\textbf{Bewusstsein} = A \bullet \Delta y \bullet \ln_2 (1 + P/N)$ *(nach William Tiller)*

BEGRIFF	DEFINITION
Bewusstsein	Kanalkapazität Menge verarbeiteter Information
A	eine Konstante
Δy	Systembandbreite – effektiver Frequenzbereich, bezogen auf y und y_0 – eine Funktion von y_0
y	Frequenz
y_0	Natürliche Resonanzfrequenz (persönlicher Ton)
$\ln_2$	Logarithmus zu Basis 2
P	Signalstärke des Systems Intensitätspegel
N	Rauschpegel des Systems

DER MATHEMATISCHE BLICKWINKEL

Um die Bedeutung der energetischen Anatomie zu verstehen, ist es nicht notwendig, die hier vorgestellten mathematischen Gedankengänge vollständig zu verstehen. Der mathematische Abschnitt wird hier für diejenigen präsentiert, die das Verständnis vertiefen wollen, wenn sie das Ganze aus mathematischer Sicht betrachten wollen Wenn ihr jedoch die Mathematik übergehen wollt, springt zu dem nachfolgenden Abschnitt mit dem Titel *Lösungen der menschlichen Gleichung.* In unserer Gleichung ist A einfach eine Konstante, die wir bei unseren Ausführungen ignorieren können. Der Term $\ln_2$ bedeutet die Umkehr von $2^{(n)}$, also 2 potenziert mit der Zahl, die jeweils in Klammern enthalten ist. Zum Zweck unserer Diskussion kann auch dies ignoriert werden.

Aus mathematischer Sicht wichtig sind für uns die Terme Δy, y, P und N. Damit unser Bewusstsein wachsen kann, kommt es uns auf jene Faktoren an, die größere mathematische Lösungen (größere Werte) für diese Gleichung ergeben. Wie lassen sich diese Variablen so modifizieren, dass sie Lösungen mit größeren Werten für diese Gleichung ergeben? Wir haben diese Gleichung nachfolgend gelöst. Um den Wert der Lösungen unserer Bewusstseinsgleichung zu erhöhen, treffen alle Kombinationen der folgenden Bedingungen zu:

- Δy erhöhen
- P erhöhen
- N reduzieren

Wie können wir uns als Menschen auf diese Gleichung beziehen? Betrachten wir die Lösung doch einmal aus der menschlichen Sicht.

LÖSUNGEN DER MENSCHLICHEN GLEICHUNG ERHÖHUNG DER RESONANZFREQUENZ

Δy erhöhen: Das ist die Bandbreite oder der effektive Frequenzbereich oder die Reaktion (Sensibilität) unserer energetischen Anatomie. Dies ist ein Maßstab für die Frequenzen oder Muster, die man empfangen oder wahrnehmen kann. Daher hängt sie unmittelbar mit der Fähigkeit des Individuums zur Informationsbehandlung zusammen. Im Allgemeinen ist die Bandbreite eine Funktion der Komplexität einer Lebensform.

Für ein Individuum wird Δy eine Funktion seiner Grundschwingung oder -frequenz, das heißt, seiner Resonanzfrequenz y_0. Je höher die Resonanzfrequenz eines Individuums, desto größer ist seine Bandbreite oder Fähigkeit, Information auszutauschen (in zwei Richtungen). In dieser Gleichung muss die Resonanzfrequenz y_0 erhöht werden, um das Bewusstsein zu erhöhen. Die Resonanzfrequenz ist eine Systemeigenschaft. Sie hängt zusammen mit dem Grad der Abstimmung, dem Gleichgewicht, der inneren Integration, der Verbundenheit und der Kohärenz, die im ganzen organisatorischen Energiekomplex existiert.

Mit der Weiterentwicklung des Gleichgewichts von Strukturen erhöht sich die Resonanzfrequenz. Die Bandbreite des Systems wächst mit einer größeren Reaktion auf äußere Schwingungen. Der persönliche Ton erfährt eine Anpassung nach oben. Es kommt zu einem Anstieg des inneren Rhythmus als Ganzes. Alles das ist äquivalent dem Anheben des Bewusstseinsniveaus. Wir haben in einem vorherigen Kapitel bereits gesehen, dass der Gesamtrhythmus des Gehirns ähnlich reagiert. Wenn das Gehirn mehr als ein integriertes Ganzes funktioniert, erhöht sich seine Frequenz. Wenn es mehr Ladung trägt, wird es zu einem leistungsfähigeren Prozessor für multidimensionale Information.

ERHÖHUNG DES ENERGIEFLUSSES

P erhöhen: P ist die Signalstärke. Auf ein Individuum bezogen stellt sie die Fähigkeit dar, höhere Mengen von Energie weiterzuleiten, zu handhaben und zu verarbeiten. Wer eine höhere Bewusstseinsstufe anstrebt, muss dafür sorgen, dass mehr Energie durch seine Anatomie fließen kann. Dies ist äquivalent dem Erhöhen seiner Ladung.
Ein erhöhter Energiefluss erfordert das Öffnen und Ausgleichen existierender Kanäle innerhalb des »Skelett-«Gefüges unserer Energieanatomie. Ein erhöhter Energiefluss erfordert zudem den evolutionären Prozess der Entwicklung neuer Verdrahtungen oder neuer Energiekanäle in diesem Gefüge. Diese Verdrahtung ist notwendig, um dem vermehrten Strom an feinstofflicher Energie in die Energieanatomie des Individuums und aus ihr heraus aufzunehmen.

Die Verdrahtung trägt gleichzeitig zu einer erhöhten inneren Komplexität oder Intelligenz der Verarbeitungs-Hardware bei. Diese Komplexität kann dann einer stärkeren Präsenz des GEISTES auf allen Ebenen der Materie Rechnung tragen. Sie ermöglicht mehr Informationsaustausch. Die Folge davon ist mehr Kommunikation mit dem externen Universum. Ferner müssen wir auch in jedem Aspekt unseres Wesens kohärenter werden. Kohärenz führt zu einer hohen Verstärkung unserer Energieniveaus und zu erhöhter Fähigkeit unseres Organismus. Evolution ist damit verknüpft, den Fluss von Information und Energie durch unsere feinstoffliche Energieanatomie zu erhöhen.

HERSTELLUNG VON KOHÄRENZ

N reduzieren: N (noise) gibt das Rauschen in dem System wieder. Dieser Term kann unsere Gleichung nachteilig beeinflussen. Für den Menschen übersetzt sich dies in das, was als das Rauschen angesehen werden kann, das die Gleichung blockiert und sein Leben minimiert. Wir brauchen uns nur all die Faktoren zu betrachten, von denen wir uns »bremsen« lassen. Hierzu gehören unter anderem unsere Ängste, unser Davonlaufenwollen, unsere Sorgen und Befürchtungen, unser Kleben an Vergangenem, unser Festhalten an Mustern, die uns nicht mehr dienlich sind. Die Liste lässt sich endlos fortsetzen. Es geht um all die Dinge, für die wir die Stärkung (empowerment) suchen, um uns selbst und unser Leben zu ändern.

Um eine höhere Bewusstseinsstufe zu erreichen, müssen wir *das Rauschen in unserem Leben reduzieren.* Außerdem müssen wir innere Ganzheit und Kohärenz herbeiführen. Wir müssen eine evolutionäre Energieanatomie entwickeln, die unsere ABSICHTEN unterstützt und verstärkt und diese dem äußeren Universum mitteilt. Wir müssen unsere »Ladung« oder den »Energiefluss« unserer gesamten Energieanatomie, unser ganzes Sein, erhöhen. Wir müssen aktiv bei der Mit-Erschaffung unseres Lebens mitwirken.

DIE GEOMETRISCHE ARCHITEKTUR DES BEWUSSTSEINS

Es versteht sich, dass wir, um bewusstere Wesen zu werden, irgendwie komplexer werden. Diese Komplexität befähigt uns, besser mit dem äußeren Universum zu kommunizieren – als Empfänger und als Sender. Je mehr wir wissen, desto mehr Information wird für uns verfügbar. Dann senden wir mehr Information über uns selbst in die Außenwelt.
Wie aber sehen wir als bewusstere Wesen aus? Was wird anders an uns? Wie verändern wir uns?
Sind wir bewusster, weil wir intelligenter geworden sind? Nehmen wir mehr wahr, da unser Gehirn nun über Schnittstellen auf einer höheren Ebene verfügt? Wissen wir mehr, weil unsere DNS sich weiterentwickelt hat – weil mehr Stränge und Chromosomen »online« sind? Läuft unsere Kommunikation besser, weil sich der DNS-RNS-Dialog verbessert und unsere

zugeordneten Gehirnschaltkreise auf eine höhere multidimensionale Weise arbeiten? Sind wir bewusster und wahrnehmungsfähiger, weil unsere Energiefelder sich entwickelt haben? Natürlich ist die Antwort auf alle obigen Fragen ein volltönendes JA! Und doch suchen wir noch eine fundamentale Möglichkeit, um zu charakterisieren, *wie* wir unterschiedlich sind. Wenn wir bewusster werden und mehr wahrnehmen, wenn wir mehr vom GEIST in der Materie halten können, verändert sich unsere fundamentale und die uns zugrunde liegende multidimensionale Architektur. Denn das Bewusstsein drückt sich aus durch ein Gitter, ein Gitternetz oder ein Lebensnetz. Ausrichtung der Geometrie bedeutet Ausrichtung der Bahnen des GEISTES in uns.

Das Bewusstsein wirkt über die Bahnen und wechselseitigen Verbindungen der Bauweise der Geometrie. Unsere multidimensionale Architektur ist wesentlich für die Manifestation unserer dreidimensionalen Wirklichkeit. Um in der 3D-Wirklichkeit unser Bewusstsein zu erhöhen, müssen wir die geometrischen Gitter und Muster in unserer persönlichen architektonischen Konstruktion verbessern oder »komplizierter« machen. Außerdem müssen wir unsere persönlichen Gitternetze auf die externen ausrichten (Kosmisches Gitter, Erdbewusstseinsgitter), von denen wir zur physischen sowie spirituellen Nahrung abhängig sind.

Wenn wir komplexere Wesen werden, bauen wir mehr Verdrahtung, mehr Schaltkreise, mehr Bahnen, mehr Verbindungen zu den bereits bestehenden. Die Geometrie unserer Energiefelder wird komplexer und ausgeklügelter.
Wir aktivieren mehr Energieschablonen, und die Integration unserer persönlichen Gitterstruktur nimmt zu.

Wir selbst werden in den spirituellen, mentalen und emotionalen Aspekten unseres Seins stärker zu einer Einheit. Eine innere Resonanz wird zum Maßstab für die Ausrichtung aller Aspekte unserer multidimensionalen Natur. Unsere Resonanz auf das Ganze wird zum Maßstab für unsere Ausrichtung auf das äußere Universum, in dem wir alle EINS sind.

EIN INTERDIMENSIONALES WERKZEUG FÜR DIE EVOLUTION

Wenn wir das Rauschen in unserem Leben reduzieren, die Kapazität unserer Energiekanäle vergrößern und unsere Resonanzfrequenz erhöhen, werden wir kohärentere und besser integrierte Wesen. Wir erhöhen unser Bewusstsein, erweitern unsere Bewusstheit und finden uns in *höherer Kommunikation mit dem GEIST.* Die EMF Balancing Technique ist ein evolutionäres Werkzeug. Sie macht es möglich, dass die zugrunde liegenden Prozesse der Neuverkabelung, der Herstellung des inneren Gleichgewichts, der Abstimmung, der Integration und Kohärenz stattfinden und sich entwickeln. Diese Prozesse sind für die Evolution grundlegend. Letzten Endes ist Evolution an persönliche Transformation geknüpft.

Das Universelle Kalibriergitter (UCL) und die EMF Balancing Technique ermöglichen und erleichtern unsere Verbindung mit dem äußeren Universum. Wenn wir in unserer Evolution einen Schritt nach vorn tun, um die Energiesysteme in uns ins Gleichgewicht zu bringen und neu zu verdrahten, verbessern wir unseren persönlichen Ladezustand. Indem wir das tun, erschließen wir uns das Potenzial, mit mehr von der spirituellen Essenz unseres ganzen Seins in Verbindung zu kommen.
Unser Bewusstsein wächst wirklich. Bewusstsein kann mit Kommunikation und unserer Fähigkeit zur Informationsverarbeitung in Zusammenhang gebracht werden. Zunehmendes Bewusstsein steht unmittelbar in Verbindung mit dem Aufbauen komplexerer geometrischer Strukturen

in unseren Energiefeldern. Energiemuster zu aktivieren und neue Bahnen und Verdrahtungen herzustellen, ist der Schlüssel zur Beschleunigung dieses Prozesses.

Durch Erhöhung unserer Resonanzfrequenz und unseres Energieniveaus (unserer Ladung) und Reduzierung des »Rauschens« in unserem Leben können wir unser Bewusstseinswachstum beschleunigen. Höhere Kommunikation ist das Bindeglied zu mehr GEIST, wenn wir eine evolutionäre feinstoffliche Verdrahtungsarchitektur entwickeln, die es erlaubt, dass mehr von dem GEIST auf allen Ebenen unseres Daseins präsent ist.

KAPITEL SECHS

REGENBOGENHÄNDE

Unser goldwerter persönlicher Schatz

»Das Schönste, was wir erleben können, ist das Geheimnisvolle. Es ist der Ursprung aller wahren Kunst und Wissenschaft.«

Albert Einstein

In diesem und dem nächsten Kapitel werden viele maßgebliche Gedanken, Vorstellungen, Entdeckungen sowie eine Menge heutiger wissenschaftlicher Überlegungen präsentiert. Jede dieser Ideen ließe sich noch viel eingehender verfolgen. Sie alle sind Elemente eines neuen Paradigmas, das wir brauchen, um unsere Natur als elektromagnetische Wesen besser zu verstehen. Ziel der kurzen laienhaften Abhandlung in diesem und dem nächsten Kapitel ist der Versuch, ein facettenreiches, multidisziplinäres und komplexes Thema zu präsentieren und gleichzeitig zu entmystifizieren. Erst aus der Warte *kollektiver* Vorstellungen bekommen wir nach und nach ein Gefühl für die immense Bedeutungsreichweite unserer höherdimensionalen, elektromagnetischen Natur. Die Antworten und Erkenntnisse, nach denen wir suchen, liegen wirklich in der Wiederentdeckung und dem Erinnern unserer multidimensionalen Essenz.

Wir beginnen mit der folgenden relevanten Feststellung von Brian Greene aus *Das elegante Universum:*

»... Wenn Sie mit Ihrer Hand in einem großen Bogen durch die Luft fahren, dann bewegen Sie sich nicht nur durch die drei ausgedehnten Dimensionen, sondern auch durch diese gewundenen Dimensionen.« [1]

Wie man sieht, besitzen wir nicht nur ein multidimensionales Wesen, wir bewegen uns auch durch einen multidimensionalen Raum. Was befindet sich im Innern dieser gewundenen oder gewellten Dimensionen?

RÜCKKEHR ZUR FÜNFTEN DIMENSION UND DEM GEDANKENFELD

In Kapitel 2 haben wir die Überlegung eingeführt, dass elektromagnetische und magnetische Felder ihre eigene multidimensionale Natur und ihren eigenen multidimensionalen Ursprung haben, die fünfte Dimension und darüber hinausgehende Dimensionen. Was liegt dahinter? In diesen Feldern finden sich verborgene, eingebettete, nicht beobachtbare Wirklichkeiten. Die Hyperfelder anderer Räume – höhere Dimensionen – zeigen ihr Vorhandensein im Magnetismus, und sie zeigen ihr Vorhandensein an der Hand.

Wie Skalarwellen sind die Hyperfelder interdimensionale Verbindungselemente. Hyperfelder lassen sich nicht ignorieren. Bearden betont, dass die Hyperfelder, nicht die elektromagnetischen Felder, die fundamentalen Felder sind.

»Die Hyperfelder sammeln sich kohärent und entfachen aus sich elektromagnetische Felder, erschaffend oder zerstörend.« [2]

Letzten Endes verbinden die Hyperfelder mit den Gedankenfeldern und werden von ihnen beeinflusst.

Alle elektromagnetische Aktivität ist mit Fluktuationen verbunden, die innerhalb des *Hyperraumvakuums* auftreten. Das Gedankenfeld erzeugt die Pilotinformationswellen, die durch die Vermittlung der Hyperfelder die elektromagnetischen Felder steuern und organisieren. Die

Interaktion des Geistes (der Gedanken) mit der Materie erfolgt über die Hyperfelder. Licht ist der vermittelnde Überbringer der kodierten strukturierten Lebensenergie.

In unserem nächsten Kapitel werden wir sehen, dass das Torsionsfeld immer mit elektromagnetischen Feldern einhergeht und ein Verbindungsglied zu ihnen darstellt. Dies ist das primäre wechselwirkende hyperräumliche Bindeglied zu den feinstofflichen Energien. Immer wenn ihr Anderen mit dem Regenbogen in euren Händen behilflich seid, bildet das Torsionsfeld die Grundlage des zwischenmenschlichen Kontakts zwischen euch. Daher wollen wir die Pionierleistungen von Davis und Rawls würdigen beim Voranbringen unseres Verständnisses von menschlichem Magnetismus. Unermüdlich ermutigten sie alle, ihre natürlichen Energien zu erkunden, und zwar nicht nur für sich selbst, sondern auch zum Wohl anderer.

NATÜRLICHE ENERGIEGENERATOREN

Wir alle legen natürliche Energien an den Tag, das ist unsere Natur. So lautet die Botschaft von Davis und Rawls. [3] Wir brauchen nichts »Besonderes« zu tun, diese Energie zu manifestieren – sie ist einfach da!

Unsere Energien entspringen außerhalb der Raumzeit. Materie ist lediglich eine andere Ausdrucksform von Licht, und Licht existiert außerhalb von Raumzeit.

Licht kommuniziert unentwegt mit jedem existierenden Teilchen. Es ist buchstäblich der Bote des elektromagnetischen Feldes. Unaufhörlich fließt Licht durch uns hindurch. Es ist in unserer Zellessenz und der DNS. Die DNS wird durch diesen Lichtstrom abgestimmt und korrigiert. Licht lädt uns mit Energie auf. Dieser Lichtstrom darf nicht behindert werden, sonst führt dies beim Menschen zu einer ganzen Reihe von Störungen. Zahlreiche Faktoren können zur Behinderung des Stromes beitragen. Wird er korrigiert, stellt dies die natürlichen, normalen, gesunden Prozesse in unserem System wieder her und aktiviert sie. Eine Erhöhung des Lichtstromes führt zu einer Weiterentwicklung der in uns schlummernden Potenziale. Unsere angeborenen Systeme operieren auf der Basis von Supraleitfähigkeit, das heißt, einem Strom ohne Widerstand.

DAS EINSSEIN AN DER QUELLE

An ihrem Ursprung sind diese Energien geeint. Aus der Gesamtheit dieser Urenergie leiten wir alle nachgeordneten elektromagnetischen Potenziale in unserem Wesen ab. Als lebendige Materiekörper stehen wir in einem offenen energetischen Austausch mit dem Hintergrund-Stoff allen Daseins, dem Vakuum des Hyperraums, manchen auch als *Kosmisches Gitter* bekannt.

Dieser Hintergrund-Stoff verfügt über die Eigenschaften Fluidität (Suprafluüssigkeit), Elastizität (vergleichbar einem Gummiband), eine Vielzahl möglicher Schwingungsmodi sowie eine Gitterstruktur, die den gesamten Raum durchzieht, vom mikrokosmischen bis hin zum makroskopischen Maßstab.

Aus diesem Stoff aus reinem Potenzial wird diese Energie so geformt, bearbeitet und in Muster gebracht, dass der jetzige einzigartige Moment in Zeit und Raum entsteht. In jedem einzelnen Augenblick findet ein Prozess der Neukonstruktion statt. Diesen erfahren wir als *Momente* unseres Lebens. In jedem Moment wird entsprechend den vorliegenden Daten und der Absicht des Bewusstseins zum jeweiligen Zeitpunkt eine neue Wirklichkeit konstruiert.

Das ist der holografische Konstruktionsprozess – in jedem einzelnen Augenblick – die Holobewegung. Die verborgene innere Ordnung entfaltet sich in der äußeren, beobachtbaren Wirklichkeit. Das ist das Wirken des universellen Geistes und Bewusstseins, welche das Gitter des Kosmos durchdringen.

Die in diesem Kapitel dargelegten diversen wissenschaftlichen Elemente sind Prinzipien, die der EMF Balancing Technique zugrunde liegen. Wir regen den Leser an, zu ergründen, wie sich die Kraft und Prinzipien der Wissenschaft der Absicht und der Geometrie des Gleichgewichts nutzen und anwenden lassen, um die eigene Wirklichkeit zu verändern und eine neue zu erschaffen.

MULTIDIMENSIONALE SPIEGEL

Die Hände sind die Spiegel der biologischen Gegebenheiten, der menschlichen Energiesysteme und der feinstofflichen Energieschichten. Sie liefern multidimensionale holografische Information. Die Hände kartieren ein komplettes Akupunktursystem.

Die Akupunkturpunkte und Meridiane in den Händen stehen mit sämtlichen Aspekten unserer Physiologie und unseres Gesundheitszustands in Beziehung. Das heißt, dass die Physiologie des Körpers und seine Energiezustände durch »Behandlung« der Hände beeinflusst werden können. Sämtliche physiologischen Prozesse, biologischen Zustände, die elektromagnetische Polarität der Organe, die Ausgewogenheit und das Funktionieren des endokrinen Systems etc. könnten theoretisch an den Händen nachgewiesen werden.

Die Hände enthalten (zusammen mit den Füßen) die größte Konzentration von Energieaustauschstellen am Körper. Diese »Akupunkte«/ Akupunkturpunkte sind Hyperfeldanschlussstellen an virtuelle (unsichtbare) Quellen. Jeder Akupunkt verfügt über ein mit ihm zusammenhängendes Torsionsfeld, das potenzielle hyperräumliche Interaktion bietet (Spin-Spin-Wechselwirkung). Das Meridiannetz sammelt die durchfließenden skalaren Ströme. In der Nähe eines anderen Menschen bietet die Hand Möglichkeiten zu vielfältigen interaktiven Resonanzeffekten. Als multidimensionales Instrument stellt die Hand eine Verbindung zu unseren höheren Potenzialzuständen der Vollendung her.

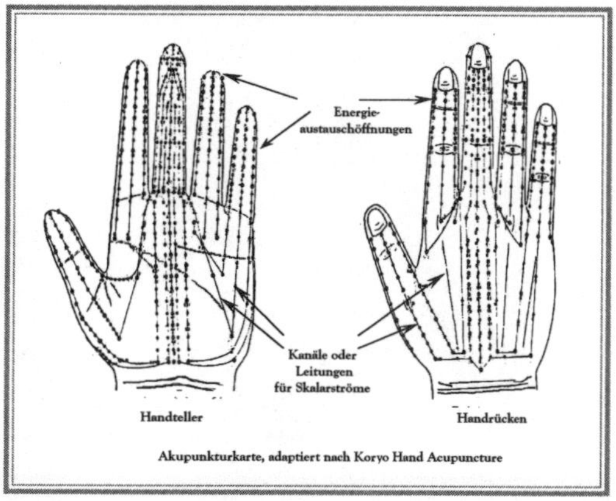

Akupunkturkarte, adaptiert nach Koryo Hand Acupuncture

Abb. 6.1 »Multidimensionale Spiegel«
Die Hände sind die Spiegel des biologischen Organismus, der menschlichen Energiesysteme und der feinstofflichen Energieschichten. Sie stellen multidimensionale Information holografischer Natur zur Verfügung. Die Akupunkturpunkte und Meridiane in der Hand stehen mit sämtlichen Aspekten unserer Physiologie und unseres Gesundheitszustands in Beziehung. Diese Akupunkte sind Hyperfeld-Verbindungsglieder zu virtuellen Quellen. Jeder Akupunkturpunkt verfügt über ein zugeordnetes Torsionsfeld, das Potenzial-Hyperrauminteraktion (Spin-Spin-Interaktion) bietet. Das Meridiannetz sammelt die fließenden Skalarströme. In der Nähe eines anderen Menschen bietet die Hand Möglichkeiten für vielfältige interaktive Resonanzeffekte.

EINE VIELZAHL VON ENERGIEN

Diverse Energien sind an der Hand nachgewiesen worden. Darunter sind magnetische, elektrostatische, Infraschall-, Mikrowellen-, Infrarot-, ultraviolette und gepulste magnetische Energien. Soweit die Energiefelder, die sich mit herkömmlichen Apparaturen nachweisen lassen. Weitere Felder umfassen die von Dr. Yao entdeckte Wirbelpolarität sowie die von Davis und Rawls entdeckten Spiralspinfelder. Die Chi- oder Qi-Abstrahlung von den Händen ist mittlerweile eingehend belegt. Die Hyperfeldphänomene (Chi, Skalar, Spin/Torsion) entgehen gewöhnlichen Nachweisgeräten.

So sehr sich Hyperfelder der Beobachtung entziehen, sind sie die primäre Ursache aller elektromagnetischen Phänomene. Die Energiefelder der Hand stellen zusammengenommen einen

Hyperraumeinfluss bislang nicht gekannter Art auf biologische Organismen und feinstoffliche Energiekörper dar. Durch hyperräumliche, nichtlokale Phänomene tritt Resonanz auf. Feldinteraktionen treten in dem virtuellen Zustand auf. Als ungewöhnliche Phänomene treten Torsionswechselwirkungen auf (siehe nächstes Kapitel). Die Hand ist ein multidimensionales Instrument.

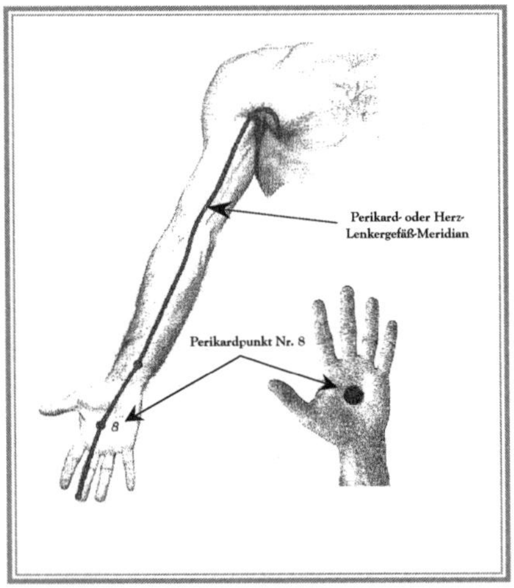

Abb. 6.2 »Der Laogongpunkt«
Der Laogongpunkt befindet sich ungefähr bei der Mitte jedes Handtellers (siehe dunkler Kreis). Dieser Punkt ist auch als Perikardpunkt Nr. 8 bekannt, da es sich um Punkt Numero acht auf dem Perikardmeridian-Energiekanal handelt. Der Perikardmeridian verläuft von der Herzgegend nach außen und dann den Innenarm entlang zum Handteller und zur Spitze des Mittelfingers. Um den Laogongpunkt lassen sich die unterschiedlichsten, vielfältigsten Energien messen, darunter magnetische, elektrostatische, Infraschall-, Mikrowellen-, Infrarot-, UV- und gepulste magnetische Energien. (Siehe Anmerkung 31 zu diesem Kapitel).

DER LAOGONG-PUNKT

Ungefähr in der Mitte jedes Handtellers befindet sich der Laogong-Punkt. Dieser Punkt wird auch Perikard 8 genannt. Es handelt sich um Punkt Nr. 8 auf dem Perikard-Meridian-Energiekanal. Der Perikard- (=Herzbeutel)-Meridian verläuft von der Herzgegend nach außen, dann an der Innenseite des Armes entlang zum Handteller und zur Spitze des Mittelfingers (siehe *Miracle Healing from China*). [4] Im Umfeld des Laogong-Punkts lassen sich die vielfältigsten Energien messen. Hierzu gehören die oben erwähnte magnetische, elektrostatische, Infraschall-, Mikrowellen-, Infrarot-, ultraviolette und gepulste magnetische Energie. Zusätzlich umgeben diesen Punkt Energiemuster, die wirbelartig kreisenden Mustern folgen (siehe hierzu Dr. George Yao sowie Davis und Rawls). Die kreisenden Wirbelfelder verweisen auf primäre höherdimensionale Energiesysteme.

Die Abstrahlung von Energie aus diesem Bereich steht mit Heilungen sowie Demonstrationen ungewöhnlicher »Kunststücke« in Zusammenhang. Diese Energie wird meist Chi oder Qi genannt. Man kennt sie auch unter Dutzenden von anderen Namen, und sie findet in diversen Kulturen und Gruppen Erwähnung. Chi oder Qi lässt sich mit gewöhnlichen Instrumenten nicht messen

Man kann Chi als von dem Skalarwellenphänomen abgeleitet betrachten. Den menschlichen Magnetismus in dieser Region kann man spüren und erfahren, wenn beide Hände von einer Seite zur anderen über diesen Punkt hinweg geführt werden. Energie und Felder an der Hand stehen mit der Emotion und dem Ausdruck des Herzens in Beziehung. Gehirn und Herz stehen miteinander in Zusammenhang und strukturieren die Felder an den Händen. Es handelt sich um nichtlokale Phänomene.

DAS URWIRBEL-POLARITÄTSSYSTEM

Yao entdeckte etwas, das er als das *Ur-Energie-Wirbelpolaritätssystem* bezeichnet. Yao zufolge »... bestimmt und steuert [das Ur- Energiesystem] die Orientierung aller anderen Energiesysteme der menschlichen Anatomie.« [5]
Dieses übergeordnete System organisiert und beeinflusst den natürlichen Fluss aller Selbstheilungskräfte, die in den menschlichen Energiehaushalt eingebaut sind.

Das Wirbelpolaritätssystem bezieht sich auf Bewegungen von Teilchen oder Kräften in wirbelnder, sich windender Weise. Sie wirbeln dabei im Uhrzeigersinn, positiv, zentripetal, kompressiv oder in spiralförmigem Wirbeln gegen den Uhrzeigersinn, negativ, zentrifugal, expansiv.

Zur Wirbelpolarität wurde folgendes festgestellt:

- Der rechte Handteller weist eine negative Wirbelpolarität gegen den Uhrzeigersinn auf.
- Der linke Handteller weist eine positive Wirbelpolarität im Uhrzeigersinn auf.

Die Bezeichnungen »positiv« und »negativ« sind nicht genauso zu verstehen wie bei der herkömmlichen elektrischen Polarität. Es handelt sich um zweierlei Dinge, mit unterschiedlichen Eigenschaften. Die Wirbelpolaritätszentren der Hände (sowie des Körpers), die Yao beschreibt, lassen sich als Spin-/Torsions-/Skalar-Felder verstehen, die hyperräumlicher Natur mit höherdimensionalem Ursprung sind. Sie sind primäre, kausale Felder, die dadurch gekennzeichnet sind, alle Systeme zu beeinflussen, die sich in tiefergelegenen Dimensionen befinden. Sie spielen eine Rolle bei der Manifestation elektromagnetischer Energie an den Händen. Mittels unserer Gedanken sind wir in der Lage, die Hyperfelder zu beeinflussen, welche die elektromagnetischen Felder bilden. Durch das sich spiralförmig drehende Wirbelfeld wird diese Verbindung und Kommunikation mit dem primären Wirbelfeld der Schöpfung hergestellt.

HAUPTEINFLUSS AUF ALLE ENERGIE-SYSTEME

Die Energieanatomie des Menschen ist hierarchisch gegliedert nach ihren Steuerungs- und Beeinflussungsebenen. Yao hat ein derartiges System entdeckt, beschrieben und kartografiert, das hyperräumlichen Ursprungs ist. Er spricht von einem Ur-Energie-Wirbelpolaritätssystem, das die Ausrichtung aller anderen Energiesysteme der menschlichen Anatomie bestimmt und steuert. Als solches lenkt das Ur-Energie-Wirbelpolaritätssystem den natürlichen Fluss aller Selbstheilungskräfte, die dem menschlichen Energiesystem innewohnen.

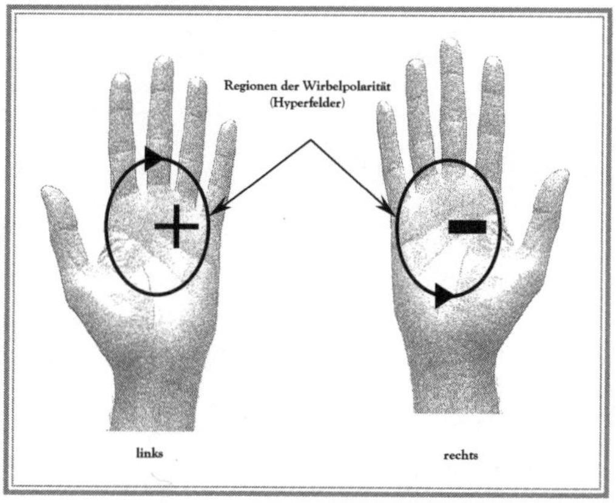

Abb. 6.3 »Wirbelpolarität«
Dr. George Yao entdeckte das von ihm so genannte Urenergiewirbel-Polaritätssystem. Die von Dr. Yao beschriebenen Wirbelpolaritätszentren der Hände (sowie des Körpers) lassen sich als Spin-/Torsions-/Skalar-Felder verstehen, die hyperräumlich sind und einer höheren Dimension entspringen. Es handelt sich um primäre kausale Felder mit der Eigenschaft, dass sie auf alle Systeme »dimensional« unter ihnen einwirken. Elektromagnetische Felder sind Wirkungen solcher der Beobachtung entzogener Hyperfelder.

Yao zufolge werden das elektrische und magnetische System, das Schwingungssystem, der Blutkreislauf, das Nervensystem, die Akupunkturmeridiane, die Reflexpunkte und die proportionalen Systeme allesamt abträglich beeinflusst, wenn das primäre Wirbelsystem aus dem Gleichgewicht ist.
Durch seine Kartografierung dieses Urenergiesystems untermauert Yao die Existenz von Hyperraumfeldern an den Händen. Yaos Beschreibung zufolge weist jede Hand eine bestimmte Wirbelpolarität auf. Das Wirbelpolaritätsfeld besteht aus wirbelnden und spiralförmigen (sich windenden) Bewegungen. Sie sind ein weiterer Beweis für die Existenz von Hyperfeldern an den Händen.

TABELLE 6.1 ELEMENTE DES URENERGIE-WIRBELSYSTEMS

Basierend auf der Forschung von Dr. George Yao

ÜBERGEORDNETES STEUERSYSTEM	Steuert und richtet alle Energiesysteme der menschlichen Energieanatomie Steuert den natürlichen Fluss der Selbstheilungskräfte Beeinflusst elektrische, magnetische und Schwingungssysteme, den Blutkreislauf, das Nervensystem, die Akupunkturmeridiane, Reflexpunkte und proportionalen Systeme	
UNSERE KOMMENTARE	Ein primäres höherdimensionales Bewusstseinsfeld – Skalar-/Torsions-/Spin-Hyperfeld, das Einfluss auf die elektromagnetischen Felder ausübt, beeinflusst durch Emotion des Herzens und Absicht, programmiert durch das mentale Feld	
	RECHTER HANDTELLER	**LINKER HANDTELLER**
WIRBELPOLARITÄT	Negativ Zentrifugal Expansiv	Positiv Zentripetal Kompressiv
RICHTUNG	Gegen den Uhrzeigersinn	Im Uhrzeigersinn
UNSERE KOMMENTARE	Hyperräumliche Spin-/Torsions-/skalare Felder an den Händen – beeinflusst durch Emotion des Herzens und Absicht – programmiert durch das mentale Feld	

ENTDECKUNGEN ZUR MAGNETISCHEN POLARITÄT VON DAVIS & RAWLS

Nach mehreren Jahrzehnten der Forschung am Magnetismus, seiner Natur sowie der Wirkung von Magnetismus auf biologische Systeme veröffentlichten Davis und Rawls ihr Buch *Rainbow in Your Hands*. Die Beschreibung auf dem Bucheinband lautet:

»Das erste je geschriebene Buch, das die Wissenschaft des Handauflegens wissenschaftlich untermauert und lehrt.« [6]

Wir möchten die Aussage »das erste je geschriebene Buch, das... wissenschaftlich untermauert« sehr unterstreichen. Vielleicht ist über die Arbeit und den wissenschaftlichen Beitrag dieser beiden Wissenschaftler sehr wenig bekannt. In diesem Kapitel gedenken wir dessen, was sie erreicht haben.

IM FLUSS

Davis und Rawls beobachteten, dass es einen konstanten Fluss von Energien aus unserem elektromagnetischen Umfeld in den menschlichen Organismus und aus ihm heraus gibt.

Basierend auf ihren Beobachtungen formulierten sie die Ansicht, dass das Gehirn als Sende- und Empfangsstation für Energien fungiert, die mit Tausenden von Körperfrequenzen vermischt oder moduliert werden. All diese Energien werden an den Händen erzeugt und lassen sich dort nachweisen. [7] Diese Energien haben eine weitreichende Wirkung auf andere Menschen.

David und Rawls zufolge bestehen Elektrizität, Magnetismus und Elektromagnetismus des Menschen aus Tausenden von Wechselströmen und Spannungen vieler verschiedener Energiefrequenzen. Diese nannten sie einen Energiekomplex. Einige dieser Energien, so glaubten sie, wären noch unbekannt und unergründet [1976].

Farben stellen spezifische Schwingungen von Lichtenergie dar. Unsere Hände erzeugen alle Farben des Regenbogens, alle Lichtfrequenzen. Das ist die Botschaft von *Rainbow in Our Hands*. Davis und Rawls verliehen ihrer Überzeugung Ausdruck, dass man die Energie der Hände sowohl zum eigenen Nutzen als auch zu dem anderer anzapfen könne. Sie ermuntern alle, ihr natürliches Potenzial zu erkunden:

»Jeder hat die natürlichen Energien für den Regenbogen in seinen Händen.« [8]

In dieser Hinsicht stellen Davis und Rawls fest, wir alle wären gleich, wir alle wiesen die natürlichen Felder auf und wir alle trügen das Potenzial in uns, einander auf irgendeine Weise mit diesen natürlichen Energien zu helfen.

MENSCHLICHER MAGNETISMUS

Gibt es bahnbrechende Beobachtungen zu dieser Energie? Nun, in einem Experiment wurden zum Beispiel die Hände einer Versuchsperson in die Nähe der Seitenwände einer abgedichteten Glaskammer gebracht. Im Innern der Kammer erzeugten geladene Partikel einen Fluss von positiven und negativen Ionen. Als die Hände der Versuchsperson nahe den Seiten der Glaskammer gehalten wurden und Wellenbewegungen beschrieben, tanzten die geladenen Partikel. Wenn sich die Hände bewegten, folgten die Wellenmuster der geladenen Teilchen der Richtung der Hände. Die Hände erzeugten die gleiche Wirkung wie ein Stabmagnet.

Aus vielen Beobachtungen, Messungen und Experimenten ging für Davis und Rawls klar hervor, dass eine der in den Händen vorgefundenen Basisenergien der ähnelt, die man in einem gewöhnlichen Magneten antrifft. Es handelt sich um menschlichen Magnetismus. Wenn die Hände zur »Gebetshaltung« zusammengeführt werden, so stellten Davis und Rawls fest, bewirkt der menschliche Magnetismus, dass die Energie in der gebildeten geschlossenen Schleife fließt – die Energie fließt vom rechten Handteller zum linken.

WUNDERBARE MAGNETWIRKUNGEN

Wie ist es um die Magneteigenschaften in den menschlichen Händen bestellt? Die Handflächen der beiden Hände weisen unterschiedliche und einander entgegengesetzte Energien auf. Zudem verfügt jede Hand über magnetische *und* elektrische Energien. Davis und Rawls nennen dies das Gesetz der Natur, es ist ein Ausdruck des Dualitätsprinzips. Positive und negative Energien existieren gemeinsam und lassen sich nicht trennen. So ähnlich existieren Nord- und Süd-Magnetpol gemeinsam und lassen sich nicht trennen. Auf der Handtellerseite besteht eine magnetische und elektrische Polarität, die entgegengesetzt zu der ist, die man auf der Rückseite der Hand, dem Handrücken, antrifft. Die von Davis und Rawls ermittelten charakteristischen Merkmale jeder Hand sind in Tabelle 6.2 zusammengefasst. Der Magnetismus des rechten Handtellers ähnelt einem Südpol eines Magneten. Der Rücken der rechten Hand ist mit dem Nordpol eines Magneten vergleichbar. Er weist eine negative Polarität auf. Der Magnetismus des linken Handtellers ähnelt dem am Nordpol eines Magneten. Der Rücken der linken Hand ähnelt dem Südpol eines Magneten. Er zeigt eine positive Polarität.

TABELLE 6.2 Entscheidende elektromagnetische Eigenschaften der Hände

Basierend auf der Forschung von Davis & Rawls

	RECHTE HAND		LINKE HAND	
	Handteller	Handrücken	Handteller	Handrücken
MAGNETISCHE POLARITÄT	Süden	Norden	Norden	Süden
ELEKTRISCHE POLARITÄT	Positiv +	Negativ -	Negativ -	Positiv +
SPIN KEGELFÖRMIGER WIRBEL	Im Uhrzeigersinn	Gegen Uhrzeigersinn	Gegen Uhrzeigersinn	Im Uhrzeigersinn
EIGENSCHAFT	Stärke Expansion	Lindert Schmerzen	Lindert Schmerzen	Stärke Expansion

DEM MAGNETISMUS AUF DER SPUR

Das magnetische Zentrum jeder Hand lässt sich mit etwas Übung spüren und entdecken. Es befindet sich ungefähr in der Region des Laogong-Punktes in jedem Handteller. Mit ein wenig Übung kann jeder diese Zone finden. Hier eine einfache Übung und Methode, sie zu lokalisieren. Beginnt mit der folgenden Aufwärmübung, um eure Sensibilität zu erhöhen. Führt beide Handflächen zur Gebetsstellung zusammen (siehe Abbildung 6.4).

Richtet Finger und Daumen beider Hände aufeinander aus und drückt gleichmäßig gegen die gesamte Handfläche. Winkelt die Ellbogen seitlich an, so dass sie parallel zum Boden sind. Bleibt in dieser Haltung, während ihr zwei bis drei Sekunden Druck ausübt. Löst den Druck nun abrupt. Wiederholt das Ganze ein paar Mal. Diese Aktion bereitet die Energiekanäle zu den Händen vor und öffnet sie.

Kehrt zur Gebetshaltung zurück, aber haltet dieses Mal die Handteller ein bis zwei Zentimeter voneinander entfernt. Bringt die Hände sehr dicht zusammen, ohne dass sie sich berühren, und dann sachte wieder auseinander. Wiederholt das Ganze mehrmals ein, zwei Minuten lang. Führt eure Hände dann von einer Seite zur anderen über die Mitte jedes Handtellers. Das Zentrum jeder Handzone beginnt sich so anzufühlen, als enthielte es einen kleinen, kreisförmigen Magneten.

SPIEL IM HYPERRAUM

Mit Hilfe zweier kreisförmiger Scheibenmagnete lässt sich der menschliche Magnetismus simulieren, den ihr in dieser Übung erfahren werdet. Besorgt euch zwei Keramik-Scheibenmagnete, 25 mm x 6 mm. Haltet diese zwischen den Fingern und lasst die Magnete aneinander vorbeigleiten. Haltet einen Abstand von 25-50 mm zwischen den Magneten.

Was ihr in Wirklichkeit erfahrt, wenn ihr die Magnete vor und zurück bewegt, die sich abstoßenden oder anziehenden Kräfte, hat mit der Verzerrung/Krümmung der Raumzeit zu tun. Gleichzeitig ist es ein Spiel mit der Schwerkraft. Es kommt regelrecht zu einer Verzerrung und Bewegung aus dem Innern der Vakuum-/Äther-Supraflüssigkeit. Wir spielen im Hyperraum.

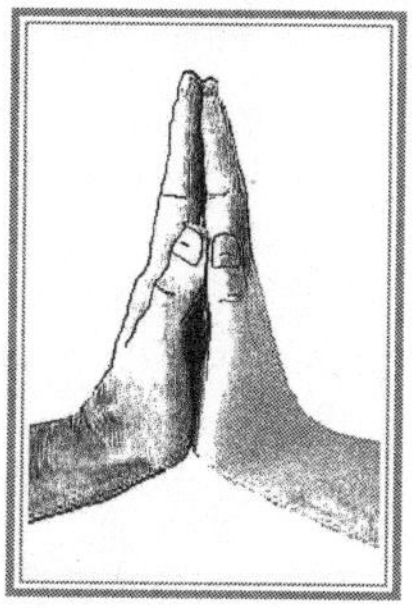

Abb. 6.4 »Schritt 1 der Übung«
Beginnt mit der Übung, indem ihr die Hände in die Gebetsposition bringt. Übt 2-3 Sekunden lang gleichmäßig Druck aus. Löst den Druck plötzlich. Haltet dabei die Ellbogen angehoben. Wiederholt drei Mal. So öffnen sich die zu den Händen führenden Energiekanäle. Anschließend fahrt fort mit der Bewegung von einer Seite zur anderen.

Wenn ihr diese Übung praktiziert und immer aufmerksamer auf das Gefühl achtet, werdet ihr zwei kleine Torus-Bereiche des Handtellers entdecken, die interagieren. Jeder Torusbereich stellt seine eigene Zone von Druckgradienten dar, wo virtuelle Kräfte aufgebaut werden (siehe Abbildung 6.6)

Die Empfindungen, die ihr zwischen den Magneten spürt, entsprechen dem Magnetismus, den ihr erleben werdet, wenn ihr eure Hände übereinander gleiten lasst. Mit ihnen verhält es sich ganz ähnlich.

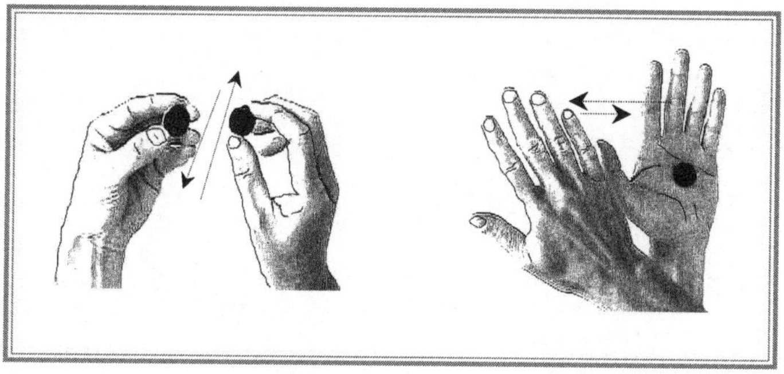

Abb. 6.5 »Schritt 2 der Übung«
Menschliche Magnetismuswirkungen lassen sich wahrnehmen, indem man die Laogongbereiche mit beiden Händen in dichtem Abstand von einer Seite zur anderen bewegt. Haltet die Hände 25-50 mm weit auseinander. Lasst etwas Zeit verstreichen zum Aufbauen der Energie. Dann bewegt sie von einer Seite zur anderen. Die Verwendung von zwei Keramikscheibenmagneten kann dieses Gefühl simulieren. Haltet zwei Keramikmagneten von 25 mm Durchmesser im Abstand von etwa 25 mm. Bewegt sie dann von einer Seite zur anderen. Versucht es mit den beiden Polen, die entgegengesetzt sind, und Polen, die sich anziehen. Wenn sich die Sensibilität eurer Hände verstärkt, werdet ihr die Ähnlichkeit des Gefühls im Laogongbereich ohne die Magnete entdecken.

Wenn ihr die Handflächen übereinander gleiten lasst, spürt ihr vielleicht einen Bereich, der sich wie die Spitze eines Berges oder wie ein Balancepunkt anfühlt. Ein wenig weiter nach der einen oder anderen Seite, und schon hätte man das Gefühl, herunterzufallen. Druckgradienten existieren im ganzen Handtellerbereich und spiegeln Wechselwirkungen mit der Vakuum-Äther-Supraflüssigkeit wieder. Wenn ihr mit dieser Übung spielt und euch mehr und mehr auf euren eigenen menschlichen Magnetismus einstimmt, werdet ihr euch selbst davon überzeugen können, dass in euren Händen ein Regenbogen ist.

Wie sieht das Magnetfeld aus? In ihrem Buch *Magnetism and its Effect on the Living System* offenbaren Davis und Rawls einige neue Entdeckungen über die Natur von Magnetfeldern. Diese Entdeckungen haben unsere Sicht der Eigenschaften des Magnetfeldes verändert. Die alte und die neue Sichtweise des Magnetismus gehen aus Abbildung 2.2 und 2.3 hervor. In diesen Abbildungen sehen wir, dass dann, wenn der Magnetstrom in zwei Richtungen fließt, vom Süd- zum Nordpol und vom Nord- zum Südpol, eine Achterschleife bildet. Dieses Achterschleifenmuster findet sich beim Stabmagneten wie auch beim Magnetfeld der Erde. Es ist ein Gesetz des Magnetismus. Außerdem ist es eine Eigenschaft des menschlichen Magnetfeldes (siehe Abb. 2.4).

MAGNETFREQUENZ IN RESONANZ

Bei ihren Untersuchungen entdeckten Davis und Rawls, dass der Südpol eines Magneten eine positive Polarität aufweist im Verhältnis zum Nordpol, der eine negative Polarität aufweist.

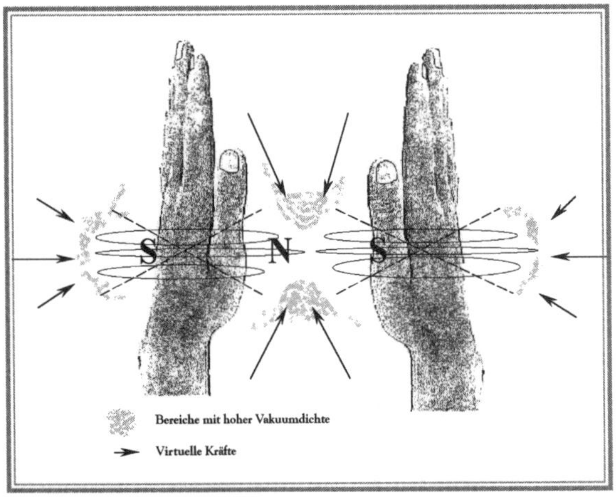

Abb. 6.6 »Fluktuationen der Vakuumdichte«
Die elektromagnetischen Felder der Hände beeinflussen den lokalen Zustand der Vakuumdichte (hier grau gezeigt) oder Nullpunktenergiezustand. Hierdurch entstehen lokale Krümmungen in der Raumzeitspannung. Die Region zwischen den Händen wird zu einer stark beanspruchten Zone, in der die einander entgegengesetzten Magnetpole und Wirbelzentren kollidieren (Bereich der Blochschen Wand). Neue Felder und virtuelle Kräfte treten in Erscheinung. Diese werden an den Händen als deutliche Kräfte wahrgenommen (hier durch Pfeile angezeigt), wenn die Hände über den Laogongpunktbereich hinweg von einer Seite zur anderen geführt werden. Jeder singuläre Magnetpol stört die Umgebungsdichte des Vakuums. Dies wird auch an der Rückseite der Hand aufgezeigt. Jede Störung des Gleichgewichts des Vakuumzustands kann ein Fließen skalarer Ströme auslösen.

Der Konvention entsprechend ist der Südpol eines Stabmagneten, wenn man ihn an einer Schnur aufhängt, das Ende, das zum magnetischen Nordpol der Erde zeigt. Die Energien eines Magneten fließen in zwei Richtungen gleichzeitig – vom Südpol zum Nordpol, und Energie verlässt den Nordpol und wandert zum Südpol.

Die Nordpolenergie rotiert gegen den Uhrzeigersinn (wenn man auf das Ende des Nordpols eines Stabmagneten blickt, nach links), während die Südpolenergie im Uhrzeigersinn rotiert (also nach rechts, wenn man auf das Ende des Südpols eines Stabmagneten blickt). Die Energie jedes Pols bildet einen kegelförmigen Wirbel (siehe Abbildung 2.2) und wandert von einem Punkt an der Spitze des Stabmagnets nach außen und zieht immer weitere Kreise, während sie sich durch den Raum wegbewegt. Innerhalb dieses expandierenden, nach außen gerichteten Wirbels befindet sich ein innerer oder »umgekehrter« Wirbel, der ein sekundärer Ausdruck von Kraft und Energie ist.

Diese beiden Energien ergänzen einander und existieren nebeneinander. Magnetische Energie ist dynamisch – sie hat eine Frequenz. Die Frequenz stammt von der Schwingung von Partikeln innerhalb der Feldstruktur, die sich in einer konstanten Dreh- und Spiralbewegung befinden.

Magnetische Energie ist dynamisch – sie hat eine Frequenz. Die Frequenz des Magnetismus ist eine Resonanz, die mit dem Vakuum geschaffen wird.

EINE MAGNETISCHE LEERE IM ZENTRUM

Das Zentrum eines Magneten ist ein *Punkt von Nullmagnetismus*. Dieser Äquator des Nullmagnetismus ist unter dem Namen Blochsche Wand bekannt. Auch die Erde hat Regionen mit Merkmalen einer Blochschen Wand.

Im Zentrum des Magneten, an der Blochschen Wand, erfährt der Energiefluss eine Phasenveränderung um 180 Grad, wodurch eine weitere Achterschleife in seiner Mitte entsteht.

Davis und Rawls führten Tests zum Wiegen einer Substanz durch, die in der Mitte zweier entgegengesetzter Magnetpole platziert wurde. Nähert man einen Nord- und einen Südpol aneinander an, so begegnen sich Wirbelmuster, die sich im und gegen den Uhrzeigersinn drehen und so die Blochsche Wand von neutralem Magnetismus im Zentrum bilden. Platzierte man eine Substanz im Zentrum dieser Zone, dann gab es eine messbare Gewichtsveränderung. Die entgegengesetzten Wirbelfelder erzeugten ein neues Phänomen. Nach Davis und Rawls resultiert die Gewichtsveränderung aus einer Veränderung der Schwerkraft, die durch die beiden gegensätzlichen Wirbelmagnetfelder hervorgerufen wird.

»Wir meinen, wir haben die Beziehung zwischen Magnetismus, Elektrizität, Schwerkraft und atomarer Energiestruktur hergestellt, was eine Grundlage für die Vereinheitlichung dieser Energien zeigt.« [9]

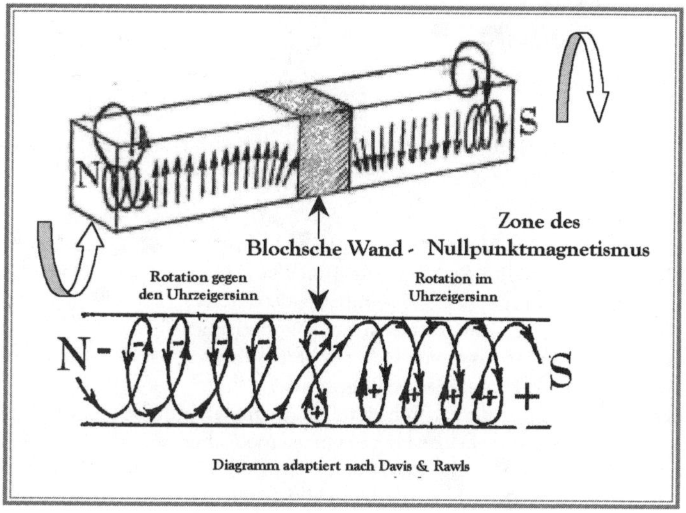

Abb. 6.7 »Blochsche Wandzone«
Im Zentrum eines Stabmagneten existiert ein Bereich des Nullpunktmagnetismus, der als Blochsche Wand bezeichnet wird. In dieser Zone ändern die Energien den Kurs (die Phase) um 180° und erzeugen so innerhalb der Nullpunktmagnetismuszone das Achterschleifenmuster in der Nullmagnetismus-Zone. Interessanterweise ist das Blochwand-Phänomen verknüpft mit Beobachtungen von Kräften von Antigravitation, Levitation oder Diamagnetismus. Wo sich diese Energien fokussieren, wird die Raumzeit selbst einer lokalen Spannung ausgesetzt. Der Bloch-Wand-Effekt ist daher eine hyperräumliche oder n-dimensionale Facette des Magnetismus. (Siehe Anmerkung 32 zu diesem Kapitel).

EINDEUTIGE BIOLOGISCHE EFFEKTE

1936 machte Albert Roy Davis die Entdeckung, dass die beiden Pole eines Magneten biologische Systeme auf zwei vollkommen verschiedene Weisen beeinflussen. Über etliche Jahrzehnte hinweg wurden Tausende von Experimenten durchgeführt, um die Auswirkungen jedes Magnetpols auf einen weiten Bereich biologischer Organismen festzustellen – von der Erforschung des Wachstums von Pflanzen bis zur Heilung von Knochen und Gewebe. Davis' Arbeit brachte ihm die Anerkennung als Begründer der Wissenschaft der Biomagnetik.

Davis und Rawls beobachteten, dass die beiden Pole sich unterscheidende Energien aufweisen, und diese erzeugen zwei klar unterscheidbare Ergebnisse an lebenden Organismen. Die Untersuchungen von Davis und Rawls kommen zu folgendem Schluss: der rechte Handteller fördert Stärke, Expansion und Ermutigung; der linke Handteller hat das Vermögen, den Schmerzzustand zu stoppen und zu lindern. Der Einsatz beider Hände zusammen bewirkt eine Kombination dieser Wirkungen. Hierbei beobachteten Davis und Rawls an Versuchspersonen einen Energiefluss durch das Individuum oder über seine Körperoberfläche. Das Magnetfeld ist imstande, den Körper zu durchdringen. Allerdings findet eine doppelte Aktivität statt – die Energie fließt in zwei Richtungen:

»Wendet man das Handauflegen an oder auch Gedankenenergien, so kehrt das zurück, was man aussendet, und könnte einem Menschen weitaus mehr Kraft geben als man selbst ausgedrückt hat... das ist eine wissenschaftliche Tatsache.« [10]

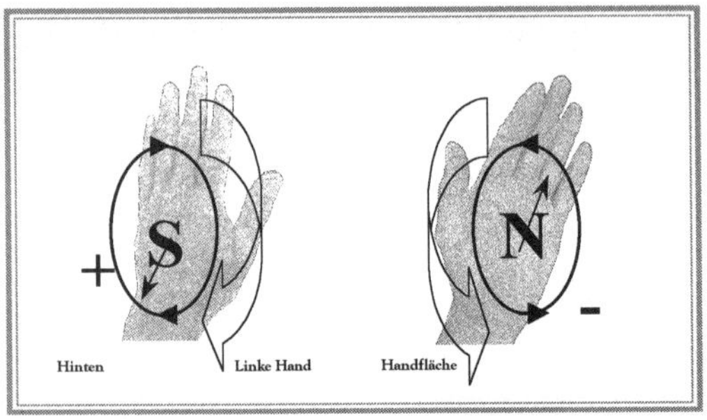

Abb. 6.8
»Magnetische Eigenschaften der linken Hand«
Davis & Rawls stellten fest, dass die linke Hand magnetische und elektrische Eigenschaften aufweist. Der Handteller der rechten Hand ist ein magnetischer Nordpol mit einer negativen elektrischen Polarität. Der Spin für den Handteller dreht gegen den Uhrzeigersinn. Der Rücken der rechten Hand trägt symmetrische entgegengesetzte Felder. Hier ist ein magnetischer Südpol mit positiver elektrischer Polarität. Der Spin am Rücken der rechten Hand dreht im Uhrzeigersinn. Die beiden Magnetpole haben eindeutig unterschiedliche Merkmale und Wirkungen. Die Spinfelder sind Hyperfelder (hyperräumlich und höherdimensional) mit Wirkungen außerhalb des normalen 3D-Raumes. Das Magnetfeld steht mit einem hyperräumlichen Torsionsfeld in Zusammenhang.

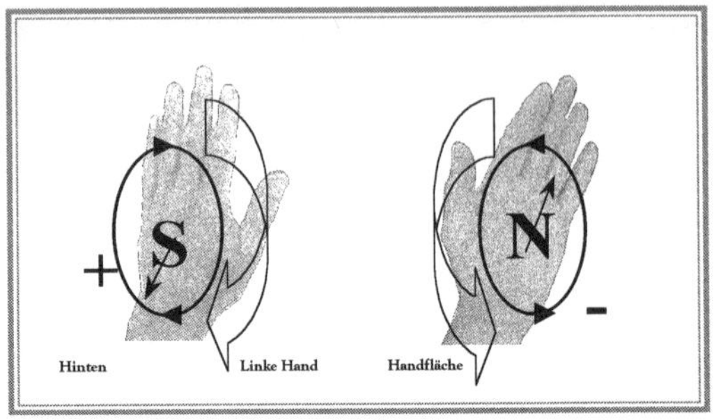

Abb. 6.9
»Magnetische Eigenschaften der rechten Hand«
Davis & Rawls fanden heraus, dass die rechte Hand magnetische und elektrische Eigenschaften aufweist. Der Handteller der rechten Hand ist ein magnetischer Südpol mit einer positiven elektrischen Polarität. Der Spin für den Handteller dreht im Uhrzeigersinn. Der Rücken der rechten Hand trägt symmetrische entgegengesetzte Felder. Hier ist ein magnetischer Nordpol mit negativer elektrischer Polarität. Der Spin am Rücken der rechten Hand läuft gegen den Uhrzeigersinn. Wo Magnetfelder existieren, sind auch die unbeobachteten ursächlichen Potenziale der magnetischen Phänomene (Vektorpotenzial)/ magnetostatisches skalares Potenzial). Die Potenziale sind hyperräumlichen Ursprungs und wirken interdimensional.

In diesen Worten schwingt noch heute die Überzeugung und Integrität dieser beiden Forscher, die zur Wissenschaft des zwanzigsten Jahrhunderts Großes beigesteuert haben.

ELEKTROMAGNETISCHE AUSSTRAHLUNGEN VOM MENSCHEN

Die Hände bieten eine weite Anordnung natürlicher elektromagnetischer Felder. In diesem Buch betrachten wir diese Felder als Quelle aktiver Information für den feinstofflichen Energiekörper – das heißt, die Felder der Hände liefern nicht die Quelle von Energie, die erforderlich ist, um Veränderungen in den inhärent selbstorganisierenden Systemen hervorzurufen. Wie später noch ausgeführt wird, überträgt das Torsionsfeld der Hand Information ohne den Transfer von Energie.

Das ist ein wichtiger wissenschaftlicher Denkansatz. Selbst auf Ebenen feinstofflicher Größenordnung (d. h. Energieabgabe des Durchschnittsmenschen) sind die interaktiven Auswirkungen dieser Energie auf die Struktur des Informationsfeldes sehr kräftig. Später in diesem Kapitel werden wir noch die volle Tiefe dieser Aussage ausloten.

QI-EMISSIONEN

Die Beschäftigung mit den von den Händen abgestrahlten Energien ist im Qigong (»Chi-Gong« ausgesprochen und gelegentlich auch so geschrieben) schon länger ein Forschungsschwerpunkt. In China wird Qi von Qigong-Praktizierenden in Krankenhäusern zu Heilzwecken eingesetzt.

Dort weiß man seit Jahrtausenden, dass diese Qi- oder Chi-Energie sich kultivieren oder akkumulieren lässt und über die Hände abgegeben werden kann.

Diese Energie ist in China schon lange Gegenstand ausgiebiger Studien und Forschungsprojekte. Man verwendet dieses von den Händen ausgestrahlte Qi, um biologische Systeme zum Heilen zu beeinflussen. Die Eigenschaften dieser Energie sind für unsere Überlegungen hier sehr wichtig, da wir alle dieses Qi produzieren und liefern. Die Energie strömt aus einem Punkt in der Hand, dessen Zentrum um den Laogong-Energiepunkt liegt, aber auch aus den Fingerspitzen. Selbst auf den feinstofflichen Ebenen ist dieses Qi sehr wirkungsvoll, da im Hyperraum der Informationsgehalt zum Katalysator für Veränderungen wird.

Die verschiedenen Formen von Energie, die von den Händen ausströmen und mit Messinstrumenten gemessen worden sind, sind unter anderem Magnetfelder, elektrostatische Felder, Mikrowellenemissionen, Infraschallemissionen (Schallfrequenzen unter 20 Hertz) und Ultraviolettspektren. [11] Ebenfalls beobachtet wurden gepulste Magnetenergie und Infrarotemissionen (die Frequenz der Farbe rot) von den Fingerspitzen. Die positive Wirkung einer Projektion solcher Heilenergie auf Patienten wurde ausführlich dokumentiert. Das gleiche gilt für die positiven gesundheitlichen Auswirkungen der Ausübung diverser Qigong-Übungen durch die Patienten selbst.
Diverse Individuen haben durch jahrelange Praxis sehr hohe Pegel von Qi-Emissionen entwickelt. Man bezeichnet sie als Qigong-Meister. Es ist belegt, dass die Energiefelder, die sie erzeugen können, um ein Vielfaches höher sind als beim Durchschnittsmenschen. Mitunter gehen die Messwerte der Emissionen über die Skala der Messinstrumente hinaus. Diese Meister waren Gegenstand vieler verblüffender Forschungstests und Demonstrationen für das, was die Qi-Energie vermag.

QI VERÄNDERT DIE WIRKLICHKEIT

So zum Beispiel wurde in einem Fall ein Qigong-Meister gebeten, auf ein Laserlicht einzuwirken, das sich kilometerweit entfernt befand. Unter seinem Einfluss schwankte die Intensität des Lasers um nicht weniger als zehn Prozent.

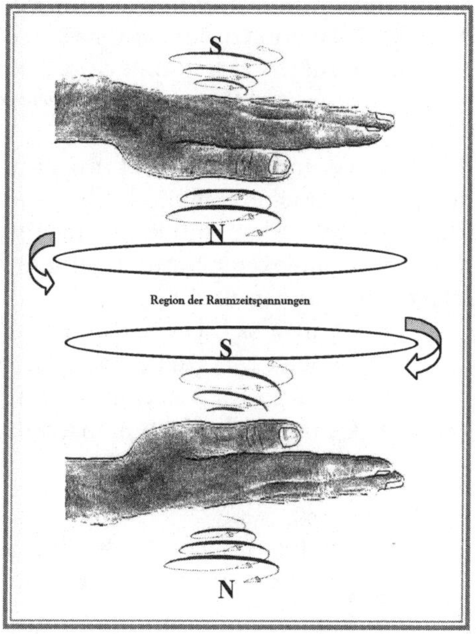

Abb. 6.10
»Spin-Interaktion der Wirbelzentren«
Wo Nord- und Südmagnetpole zusammentreffen, heben sich die Zirkulationen im Uhrzeigersinn und gegen den Uhrzeigersinn nicht einfach auf und verschwinden – die bilden Spannungen an der Krümmung der Raumzeit selbst. Neue Feldeffekte zeigen sich. Die Hand trifft in den gesamten menschlichen Energiefeldern auf Bereiche magnetischer/Wirbelpolarität. Hierzu gehören die Energieaustauschöffnungen der Haut (Akupunkturpunkte) und alle anderen kleineren und größeren Wirbelbereiche wie beispielsweise die Chakras. Wechselwirkungen treten auf der Hyperfeldebene zwischen Hand und Wirbelzentren auf. Hyperfelder involvieren hochenergetische, subelementare Teilchen. Eine virtuelle (unbeobachtete) Wirklichkeit enthält weitere Substruktur. Feldinteraktionen widersetzen sich herkömmlicher Erklärung. Torsionsfeldeigenschaften und ihre Wechselwirkungen liegen diesen Phänomenen zugrunde.

Bei anderen Demonstrationen erwies es sich als möglich:

- die molekulare Zusammensetzung von Flüssigkristallen zu verändern
- die Uhrzeit einer Quarzuhr zu verändern
- die chemische Zusammensetzung diverser flüssiger Lösungen zu verändern
- die Zusammensetzung von Gasen in einer Infrarotzelle zu verändern
- die Struktur und Merkmale von DNS und RNS zu verändern
- die Struktur von Wasser zu verändern.

All diese »Wundertaten« und noch viele mehr, die in dieser Liste unerwähnt bleiben, trotzen den herkömmlichen physikalischen Gesetzen. [12] Wie uns zunehmend deutlich wird, sind die Emissionen von den Händen ungeachtet der an ihnen gemessenen magnetischen Eigenschaften noch komplexerer Natur. In einem Artikel über wissenschaftliche Forschungen im Qigong folgert Dr. Yan Xin über Qi:

- Qi lässt sich beobachten und messen
- Qi zeigt Merkmale von Materie wie auch von Energie
- Qi kann Information übermitteln
- Qi lässt sich durch menschlich Gedanken und Emotionen beeinflussen. [13]

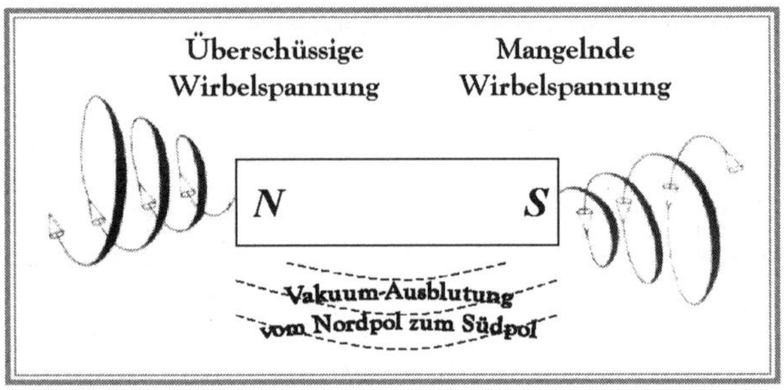

Abb. 6.11 »Entstehung eines Magnetfelds«
Magnetpole bilden sich durch Spannung oder Potenziale, die sich im Vakuum bilden. Überschüssige Spannung im oder gegen den Uhrzeigersinn führen zu den spiralförmigen Wirbelbeobachtungen an den Polen. Im Vakuum blutet die überschüssige Spannung aus vom Nordpol zum Südpol, wobei sie das beobachtete Magnetfeld bilden. (Siehe Anmerkung 34 zu diesem Kapitel).

Qi wird als etwas beschrieben, das alles Lebendige und Nichtlebendige auszeichnet – alles verfügt über Qi. Darüber hinaus steht Qi mit unseren vier bekannten Grundkräften in Zusammenhang, den elektromagnetischen Kräften, der Schwerkraft, den starken und schwachen Kernkräften. [14] Jedoch hängt Qi auch mit Energien und Phänomenen zusammen, die sich durch diese vier Grundkräfte nicht erklären lassen. Ein Beispiel hierfür liefert ein Experiment, bei den Versuchspersonen Qi dazu nutzten, Tabletten aus einer fest verschlossenen Flasche herauszuschütteln – das heißt, die Pillen gelangten durch die solide Glaswand der Flasche hindurch. So steht Qi eindeutig mit einer Eigenschaft in Verbindung, die über die vier bekannten Kräfte hinausgeht. An sich ist es mit herkömmlichen Instrumenten nicht möglich, die gesamten Merkmale von Qi zu messen. Es zeigt sich ganz deutlich, dass hier hyperräumliche Fähigkeiten des multidimensionalen Komplexes Mensch im Spiel sind.

ERDRESONANZEMISSION

Die Untersuchung von Emissionen der Hände von »Heilern« ist Gegenstand der Forschungsarbeit von Zimmerman. Mit Hilfe eines hochsensiblen Magnetfeldmessgeräts, genannt SQUID (Superconducting Quantum Interference Device – Supraleitendes Quanteninterferenzmessgerät), gelang es Zimmerman, gepulste Magnetfelder zu messen, die von den Händen der »Heiler« ausgehen. [15]

Niederfrequente Schallwellen zwischen 8 und 12 Hertz sind im Energiespektrum von Handemissionen stark vorherrschend. [16] Das ist das Alphafrequenzmuster des neuronalen Netzes im Gehirn und entspricht ferner der natürlichen Resonanzfrequenz der Erde – der Schumann-Frequenz. Messungen der Größe des Biomagnetfeldes während der »Heilung« ergeben Werte, die 1000 Mal höher liegen als beim normalen Biomagnetfeld.

Der Anstieg der Feldstärke des biomagnetischen Feldes in diesen Fällen steht nicht mit einer Zunahme des Stromflusses in biologischen Organismen in Verbindung. [17] Man würde eine Entsprechung zwischen Feldstärke und Strom erwarten, wenn das biomagnetische Feld durch einfachen biologisch-zellularen Ursprung erzeugt wäre. Die Beobachtung lässt darauf schließen, dass es noch eine andere Energiequelle gibt, die angezapft werden kann. Dieser Energiefluss kann das Ergebnis der Anzapfung des Erdmagnetfeldes durch Resonanz sein.

Die Abstimmung des biologischen Systems auf die Erdfrequenz sorgt für die ideale Weiterleitung von Information in den Organismus. Diverse Wellenmuster können »huckepack« auf dem Trägersignal – der Schumann-Resonanz-Frequenz – befördert werden. Eine Vielzahl höherfrequenter Signale kann den 8-Hertz-Träger auf die gleiche Weise modulieren, wie Radiosender eine Grundträgerfrequenz modulieren, um ihre Information zu übermitteln. Der menschliche Gehirn- und Nervensystemkomplex stimmt sich ab auf die Skalarwellenemissionen der Erde. Als skalarer Umsetzer sammelt die Erde die unterschiedlichen kosmischen Energien und überträgt sie in eine Frequenzsprache, die alle lebenden Organismen auf der Erde erkennen. Alles Leben auf dem Planeten braucht diese Emissionen. Das Leben geht mit dem Planeten Erde eine symbiotische Beziehung ein. Es besteht kein Zweifel, dass wir die natürlichen Frequenzen der Erde in den Energiefeldern des Menschen wiederfinden.

TABELLE 6.3 Die wichtigsten von den Händen abgestrahlten Energien

ART DER EMISSION	Magnetisch Elektrostatisch Infraschall (unterhalb des hörbaren Bereiches) 8-12 Hz	Gepulst-magnetisch Infrarot Ultraviolett Mikrowellen
	Biophotonen – von biologischen Organismen emittiertes Licht	
	Licht ist multidimensional/hyperräumliches skalares Qi Skalarwellen	
ÜBER DAS HER KÖMMLICHE HINAUSGEHEND	Wirbelspiralenenergien – Hyperfelder	
BEMERKUNGEN	Energien nicht herkömmlicher Art lassen sich mit hekömmlichen Instrumenten und Verfahren nicht nachweisen Wissenschaftliche Untersuchungen konnten zeigen, dass die Energie felder an den Händen durch die menschliche Absicht beeinflusst und verändert werden.	

BIO-PHOTONEN IN BIOLOGISCHEN ORGANISMEN

Die Rolle des Lichts bei biologischen Prozessen wurde von Fritz Popp 1976 wiederentdeckt. [18]. Dieser deutsche Wissenschaftler fand heraus, dass alle lebenden Zellen Lichtphotonen ausstrahlen, Biophotonen genannt. Das ausgesendete Licht wird im Wellenlängenbereich von 200 bis 800 nm (Nanometer) beobachtet. Seit der Entdeckung der Biophotonen konnten wir in Erfahrung bringen, dass diese in der Helix des DNS-Moleküls gespeichert und von dort freigesetzt werden. Die Helix dient als Antenne, über die Licht empfangen und ausgesendet wird. Popp stellte fest, dass die emittierten Photonen kohärent waren. Das bedeutet, dass die DNS nicht nur Trägerin der Lebenspläne ist, sondern zudem eine wichtige Rolle beim Leiten von Licht und Elektrizität spielt. Operiert die elektrische Leitfähigkeit als kohärenter Prozess (alle Elektronen im Gleichschritt ohne Widerstand, so spricht man von Supraleitfähigkeit. Die DNS ist ein Supraleiter für Lichtenergie.

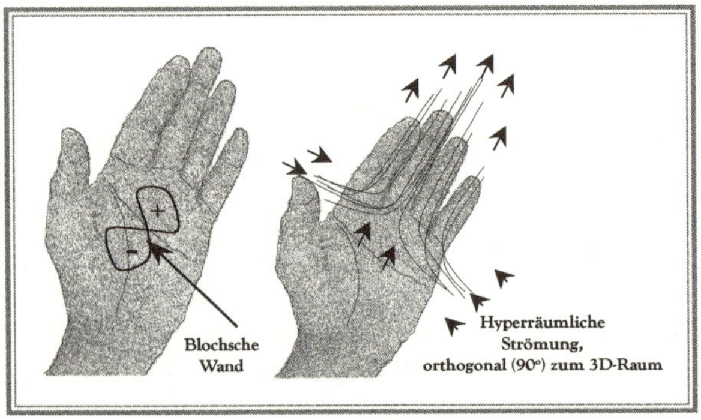

Abb. 6.12 »Hyperräumliche Strömung an der Hand«
Die Beobachtungen der Eigenschaften von Magnetismus verweisen darauf, dass in dem Handteller eine Blochsche Wand, eine Zone des Nullmagnetismus, vorhanden ist. Hier tritt ein hyperräumlicher Strom »freier« Energie ein. Eine Intensivierung des Achtermusters beeinflusst die zugeordneten Feldstrukturen, mit der Folge, dass der Strom verstärkt wird. Dieses Prinzip gilt für die gesamte energetische Anatomie, bei der das Achtermuster auf der Mikro- wie auch der Makroebene existiert. (Siehe Anmerkung 35 zu diesem Kapitel).

Man glaubt, dass Biophotonen an der Auslösung aller biochemischen Reaktionen in lebenden Zellen beteiligt sind. Die Biophotonenemission überträgt die kodierten Muster, die benötigt werden, um dem physiologischen Zustand lebender Organismen Veränderungen mitzuteilen.

Licht wird innerhalb der DNS-Helix als Energiequelle gespeichert. Die Zellen kommunizieren durch Lichtemission bestimmter Frequenzen. Licht fungiert als Informationsträger. Das DNS-Molekül ist nicht das einzige Molekül im menschlichen Körper, das photoaktiv ist, also lichtempfindlich ist. Der Lichtrezeptor in der Retina des Auges, das Flavinmolekül, findet sich fast überall im Körper. Die Hämmolekülfamilie, aus der das Hämoglobin des Blutes entsteht, ist ebenso wie Melanin, Karotin und viele andere Metallenzyme photoaktiv. [19]

RESONANZ BEWIRKT EMISSIONEN

Dr. George Yao beschreibt eine Zelle als etwas Lebendiges mit »bioelektrischem Plasma, das zwischen zwei Polen in Resonanz kommt«. [20] Bioplasma ist ein Begriff, der von frühen russischen Wissenschaftlern entwickelt wurde, die beachtliche Pionierarbeit beim Studium des Biofeldes von Lebewesen geleistet haben. Plasma ist ein Zustand hochionisierter oder geladener Teilchen. Die Resonanz einer Zelle bewirkt die Emission von Lichtphotonen. Yao beschreibt die Farben folgendermaßen:

»Die Hauptfarbe ist goldgelb. Doch an den Polen der Zelle sind die Farben anders. Der positive Pol der Zelle ist rötlich, während der negative Pol bläulich ist. Insgesamt wird in einer einzigen Zelle das gesamte Spektrum von sieben Farben produziert.« [21]

Die Biophotonen-Emissionen der Hände enthalten das volle Spektrum dieser Farben. Biologische Lichtemissionen kodieren eine komplette und detaillierte Informations(muster)strukturierung über den Organismus.

LICHT ERHELLT DEN FEINSTOFFLICHEN BEREICH

Was ist Licht? Unsere fortschrittlichsten Theorien erklären Licht als eine Reflexion der fünften Dimension. Herkömmlicherweise glaubt man, dass Licht einfach aus Elektromagnetismus bestünde und auf den dreidimensionalen Raum beschränkt sei. Die moderne Physik jedoch erkennt Licht als ein multidimensionales Gebilde (siehe Abbildung 2.8).

Tiller fügte hinzu, dass Licht die Eigenschaften magnetoelektrischer Strahlung (aus dem ätherischen Bereich) und der Deltronstrahlung (aus dem höheren feinstofflichen Bereich) besäße. Licht ist das Verbindungsmittel zum Reich des Feinstofflichen, zur Quantenwelt und dem Gedankenfeld.

DAS ZELLULARE BIOPHOTONISCHE KOMMUNIKATIONSSYSTEM

Stellt euch vor, einer lebenden Zelle eine bestimmte Note, einen bestimmten Akkord oder eine bestimmte Partitur vorzuspielen und dann eine bestimmte chemische Reaktion in einer biologischen Zelle beobachten zu können. Stellt euch vor, ihr schaltet den Schalter einer chemischen Funktion ein, indem ihr eine Zelle mit einer simplen Funkübertragung versorgt. Stellt euch vor, ein Signal über das Internet zu senden, dieses Signal an einem weit entfernten Ort zu empfangen und es dann dazu zu verwenden, eine von tausend unterschiedlichen Enzymreaktionen in einer Zelle auszulösen.

Die Arbeit von Dr. Jacques Benveniste bestätigte die Rolle elektromagnetischer Signale bei der Kommunikation zwischen Molekülzellen. Mit Hilfe einfacher elektronischer Verfahren zeichnete Benveniste spezifische molekulare Signale auf. 1995 vollzog Benveniste die Aufzeichnung und das Abspielen molekularer Signale mit Hilfe einer einfachen Soundkartenschnittstelle in einem Computer. Wurde verwandten biologischen Systemen ein aufgezeichnetes Signal erneut »vorgespielt«, so reagierten die Zellen so, als befänden sie sich in der Gegenwart der Originalsubstanz.

Benveniste zufolge lässt sich jedes molekulare Signal effizient durch ein Frequenzspektrum wiedergeben, das in den Bereich von 20 bis 20.000 Hertz fällt, was dem Frequenzbereich der menschlichen Stimme entspricht. [22] Diese Forschung kann die Zwiesprache mit den eigenen Zellen in einem neuen Licht zeigen. Klang birgt ein immenses und erstaunliches Potenzial in sich. Im Kern stehen Klang, Licht und Geometrie alle harmonisch in Zusammenhang.

BIOLOGISCHER SPRECHFUNK

Die biologischen Organismen kommunizieren miteinander wie Radiogeräte, durch Co-Resonanz. Kommunikation wird sehr molekülspezifisch, und jede Interaktion spielt sich in Lichtgeschwindigkeit ab bei einem vollkommen einzigartigen Frequenzmuster. Wasser spielt eine herausragende Rolle, da es als Kommunikationsmedium dient. Wasser verstärkt und überträgt, so glaubt man, die übertragenen Signale. Wasser hat ein Gedächtnis. Wasser kann Informationsmuster über längere Zeit hinweg speichern. Man hat es auch schon als Flüssigkristall bezeichnet. Die Fähigkeit von Wasser, ein Informationsmuster aufrecht zu erhalten, rührt von seinem Vermögen her, die Geometrie der molekularen Bindungen des Wassermoleküls umzuwandeln. Es sind viele verschiedene Strukturformen möglich. [23]

Frequenzinformationsmuster werden in der Gitterstruktur von Wasser gespeichert. Die Informationsspeicherkapazität in Wasser ist buchstäblich unendlich. Elektromagnetische Felder können dem Wasser ein Muster einprägen. Trägt Wasser jedoch ein Muster, das von Skalar-(nicht-Hertz-)-Wellen herrührt, so wird dieses länger beibehalten. Rein berichtet, dass skalare nicht-Herztsche Muster im Wasser gespeichert und erfolgreich wieder »abgespielt« werden konnten, selbst noch nach drei Wochen. Allgemeiner ausgedrückt, beginnt man das Wasser zunehmend als Mittler zwischen materieller und feinstofflicher Welt zu akzeptieren. [24] Das geht auf die Fähigkeit des Wassers zurück, Energie und skalare Informationsmuster zu akkumulieren, zu speichern und weiterzuleiten.

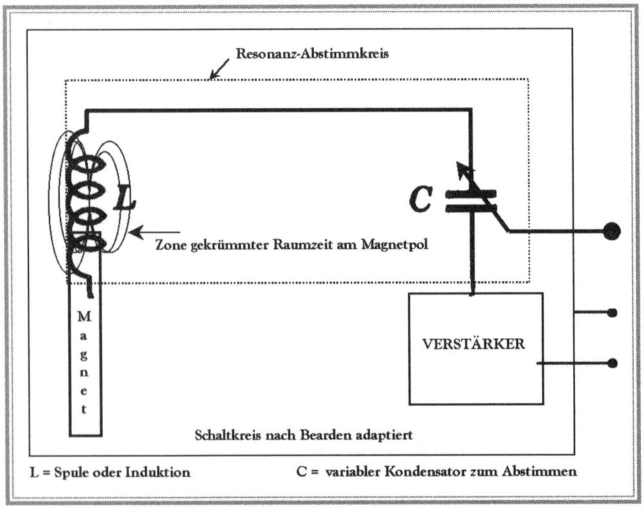

Abb. 6.13 »Nachweis von Skalarwellen«
Das Diagramm zeigt Prinzipien eines einfachen Skalarwellendetektors. Der Schaltkreis wird in einem abgeschirmten Gehäuse platziert, um ihn gegen normale elektromagnetische Strahlung zu isolieren. Das Gehäuse bietet keine Abschirmung gegen Skalarwellen. Eine Skalarwelle, die in das Gehäuse eintritt, verursacht eine Oszillation in dem Bereich der gekrümmten Raumzeit an dem Magnetpol. (Siehe Anmerkung 36 zu diesem Kapitel).

EIN SKALARES BIOPHOTON

Licht kommuniziert mit den feinstofflichen Energiekörpern. Wie Bearden erklärt, gibt es eigentlich zwei Typen von Biophotonen. Einer davon ist in Wirklichkeit ein Skalarphoton. Diese Photonen lassen sich mit herkömmlichen Mitteln nicht nachweisen. Das Skalarphoton ist ein feinstoffliches Phänomen.

Die Skalarphotonen wandern im Hyperraum, im Vakuum, wo natürlich auch die feinstofflichen Energiekörper zu Hause sind. Wie auch die Informationsmuster weisen die Biophotonen Farben auf und können, genauer ausgedrückt, durch die Programmierung des Gedankenfeldes gefärbt werden. Ein Skalarphoton liefert aktive Information. Als solches ist das Skalarphoton ein syntropischer Auslösereiz für die selbstorganisierenden und neuordnenden Aktivitäten der Zelle (negative Entropie, Umkehren von Unordnung, siehe Anhang B).

Licht ist eine messbare Emission, die (in Form von Infrarot und Ultraviolett) von den Händen von Qigong-Heilern ausgeht. Doch haben wir auch gehört, dass der Qi-Komplex Eigenschaften aufweist, die sich mit gewöhnlichen elektromagnetischen Wellen nicht erklären lassen. Tatsache ist, dass einige Merkmale von Qi sogar mit Skalarwellen zusammenhängen.

Eine Skalarwelle kann aus den Schwingungen erzeugt werden, die von der Kontraktion und Entspannung rotierender Elektronen herrühren. Die Fortpflanzung von Skalarwellen krümmt die lokale Raumzeit. Wenn dies geschieht, wird das Gleichgewicht des Vakuumpotenzials gestört, und die dort gespeicherte Energie kann angezapft werden. (Diese Energie wird manchmal als Nullpunkt-Energie bezeichnet. Wenn das Gleichgewicht gestört ist, verwandeln sich virtuelle Teilchen aus dem physischen Vakuum des Raums in beobachtbare Elementarteilchen. Diese lassen sich in elektrischen Schaltkreisen nutzbringend einsetzen, um *freie Energie* zu produzieren.)

Interessanterweise besteht eine Methode der Erzeugung von Skalarwellen darin, eine »Kaduzeus«-Spule einzusetzen. Eine solche Spule besteht aus zwei verwobenen Leitern, die wie eine Helix gewickelt sind. Der Strom wird in entgegengesetzten Richtungen gesteuert, was zu einer Aufhebung der sichtbaren Komponenten der elektromagnetischen Energie führt und die skalare Komponente als Potenzial im Vakuum zurücklässt. Natürlich ist auch das DNS-Molekül so wie die [von Wilbert Brockhaus Smith entwickelte] Kaduzeus-Spule eine Helix, und die DNS weist aktive Skalarwelleneigenschaften auf.

SKALARWELLEN WIDERSETZEN SICH DER LINEAREN ZEIT

Die Skalarwelle besteht aus zwei überlagerten Komponenten, von denen jede in eine andere Wechselwirkung mit der Materie tritt. Eine Komponente – die Welle positiver Zeit/positiver Energie – interagiert mit negativ geladenen Elektronen. Die andere Komponente, eine Welle negativer Zeit/negativer Energie, interagiert mit den positiv geladenen Protonen im Zellkern. Bearden zufolge besteht jede biologische Zelle aus subatomaren Biopotenzialen. Diese Biopotenziale trifft man im Atomkern an, und sie können ungeordnete und unstrukturierte skalare Energiemuster bilden. Diese Muster bilden ferner spiegelbildliche Substrukturen im Vakuum.

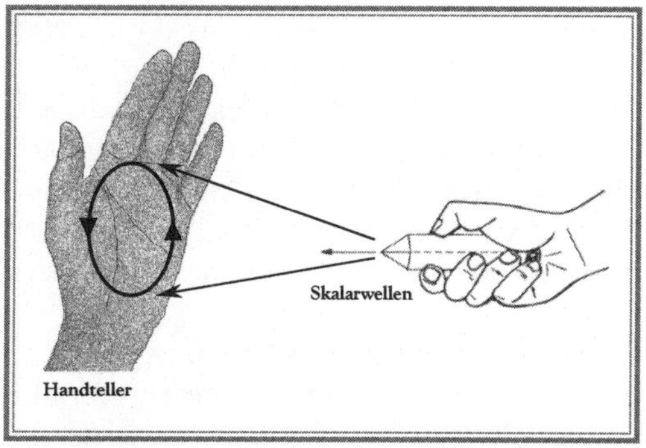

Abb. 6.14 »Spüren von Skalarwellen«
Der Handteller ist empfindlich für Skalarwellen. Verwendet einen Quarzkristall und zeichnet mit der Spitze die Umrisse des Loagongbereichs auf der eigenen Handfläche nach. Übt es, empfindlich für die Energieabstrahlung des Kristalls zu werden. Der Quarz bündelt und verstärkt die Skalarwellen der Hand, die ihn hält. Die Akupunkturpunkte der Hand sind empfänglich für Skalarwellen. Diese gelangen in das Nervensystem. Das Nervensystem leitet Skalarwellen und »spürt« die Effekte der Skalarwellen, die in elektromagnetische Strahlung umgesetzt werden. Das Nervensystem/Gehirnnetz liefert den Resonanzschaltkreis für ihren Nachweis. Die Raumzeitkrümmungen des Handtellers bewirken aufgrund nichtlinearer Effekte eine gewisse Streuung von Skalarwellen – diese reduzieren sich in ihre elektromagnetische Substruktur. Dieses Nachweissystem macht die Hand zu einem empfindlichen Detektor für feinstoffliche Energie.

SKALARE LADUNG

Natürliche Skalarenergie gibt es um uns herum in reicher Fülle. Unsere Systeme befinden sich unentwegt im Fluss, und dabei wird diese Energie absorbiert und freigesetzt. Es ist möglich, diesen Fluss zu erhöhen oder die Flussmenge mit der äußeren Umgebung auszutauschen.

Skalarenergie wird von den Zellen absorbiert, was zu einer Ladung und Organisation der Biopotenziale führt. Das ist etwas, das konventionelle Felder nicht tun können. Gewöhnliche elektromagnetische Felder liefern kein organisierendes Potenzial, sie können lediglich auf die Größe der Biopotenziale einwirken.

Sobald die Zellen geladen sind, können sie das gespeicherte Potenzial als zwei verschiedene Arten von Lichtphotonen freisetzen; eines ist das herkömmliche Photon, das andere ist ein strukturiertes skalares Photon, das ein komplettes Informationsmuster der Zelle enthält.

Strahlt dieses Muster von einer kranken Zelle aus, so wird das betreffende Krankheitsmuster zu allen Zellen im Körper übertragen und ihnen mitgeteilt. Der Zellkern kann sich aufladen wie ein Kondensator. Sammelt der Zellkern diese Skalarenergie, so kann er den Lade-/Entladezyklus immer wieder durchlaufen und so Energie und Elektrizität für eine Vielzahl von Prozessen auf der biologischen und nichtbiologischen Ebene liefern.

Auf der zellularen Ebene laden die Skalarwellen die Biopotenziale, die die Basis der Zellfunktion bilden. Die Zelle reagiert mit stärkeren magnetischen und elektrischen Ausrichtungen und einer höheren Ladung. Sie ist nun besser in der Lage, Energien aus der Nahrung in Lichtenergien umzuwandeln und als ultraviolettes Licht in der Zelle zu speichern. Das minimale Potenzial – oder die minimale Ladung – für die Aktivierung der DNS zur Zellteilung lässt sich einfacher erreichen. Das höhere Potenzial liefert die Elektrizität, die die RNS benötigt, um die DNS zu lesen. Während die RNS die DNS mit dem kompletten Lichtfrequenzspektrum (unserer Evolution) abtastet, erzeugt sie eine holografische Projektion der DNS. Wenn die RNS topologisch

mit dieser Projektion zusammenpasst, entsteht eine Kopie der DNS zur Reproduktion. Welche unglaublich komplexe und intelligente Bearbeitung, die innerhalb dieses Mikrouniversums stattfindet!
Die Skalarwellentechnik birgt großartige und ungeahnte Möglichkeiten für unsere Idee des Heilens in sich. Die Medizin von morgen wird wahrhaftig eine Schwingungsmedizin sein. [25] Wie Bearden erklärt, besteht dieser neue Heilungsansatz darin, eine Skalarwelle zu erzeugen, die ein Heilungsmuster enthält, und diese Information dann den Zellen zur Verfügung zu stellen (was in Forschungsprojekten bereits gelang [Rife, Priore]; die Technologie existiert also schon. [26] Siehe hierzu auch die Arbeit von Hulda Clark).
Dieses Heilungsmuster bewirkt, dass die Erkrankung rückgängig gemacht wird und sorgt dabei zudem für eine dauerhafte skalare Immunisierung des körpereigenen Biofeldes.

EINE SKALARE MATRIX

Skalare Energie entspringt einer subnuklearen Ebene des Atoms. Puharich hat die These aufgestellt, dass Skalarwellen im Innern der Elementarteilchen des Protons den Monopolen und Antimonopolen im Proton entspringen. Im Körper, so Pucharichs These, rühren die von unseren Händen emittierten nicht-Hertzschen Skalarfelder von den Wasserstoffbindungen her, die den DNS-Strang zusammenhalten.
Glen Rein postulierte, dass zwischen Protonen und Elektronen innerhalb eines Zellkerns Kommunikation stattfindet, und ebenso auch zwischen den Kernen desselben Moleküls. Die Moleküle verbinden sich alle durch ein Netz oder eine Matrix von Quanteninformation miteinander. Diese Informationsmatrix speichert alle Merkmale der Molekülstruktur an den Kreuzungspunkten dieses Netzes. Rein bezeichnet dies als die Theorie von der Intramolekularen Matrix. Eine Stimulierung der Matrix mit der geeigneten skalaren (nicht-Hertzschen) Frequenz ermöglicht Zugang zu dieser Information. [27]

EIN FEINER RESONANZDETEKTOR IN UNSERER HAND

Die Hand ist ein ausgeklügelter Skalarwellendetektor. Diese Ausgeklügeltheit verdankt sie dem Gehirn-Nervensystem-Komplex und den multidimensionalen Aspekten unseres Wesens.
Abbildung 6.13 veranschaulicht das Prinzip der Ermittlung von Skalarwellen mit Hilfe eines Stabmagneten. Das Entscheidende dabei ist, zu verstehen, dass ein Magnetpol einen Krümmungsbereich von Raumzeit darstellt. Ankommende Skalarwellen werden durch die Krümmung der Raumzeit beeinflusst. Im Umfeld des Magnetpols werden die Skalarwellen zerstreut sein. Die Oszillation der Raumzeitkrümmung am Magnetpol setzt sich um in einen beobachteten Strom in dem zugehörigen einfachen Stromkreis. Die Entdeckung von Skalarwellen ist möglich mit Hilfe einer Reihe unorthodoxer Methoden. Aber die Technik hierzu ist vorhanden.

Auch die Hand erzeugt eine Krümmungszone der Raumzeit, da auch hier ein vergleichbarer Magnetpol vorhanden ist. Der Gedanke ist ganz ähnlich wie für den obigen Stromkreis besprochen. Dabei kommt der Hand jedoch eine sehr ausgeklügelte und komplexe Resonanzabstimmschaltung zu Hilfe. Das Nervensystem fungiert als Wellenleiter für Skalarwellen und ist eine Verlängerung der Verarbeitungsschaltung im Gehirn. Das Gehirn wird vom Gedankenfeld unterstützt. Das Gedankenfeld wiederum können wir uns als eine Art nichtlokalen Quantensupercomputer vorstellen. Wir haben es hier mit einer Ebene technischer Raffinesse zu tun, bei der multidimensionale, nichtlokale, hyperräumliche Aspekte zum Tragen kommen.
Skalarwellen werden an der Handfläche gestreut. Zum Teil bewirkt diese Streuung, dass Skalarwellen zu normalen elektromagnetischen Wellen reduziert werden, die auf biologischer Ebene spürbar sind. Man könnte es mit der Sensibilität biologischer Organismen gegenüber

Mikrowellenaktivität gleichsetzen. Andere Skalarwellen werden in die Meridiankanäle gelangen und in Wechselwirkung mit dem Nervensystem treten. Natürlich ist das Gehirn ein Skalarwellenumsetzer (Sender/Detektor), und in Verbindung mit dem Nervensystem wird die Ermittlung von Skalarwellen an der Hand zum hyperräumlichen Phänomen des ganzen Körpers/Wesens. Dieser Punkt ist ein Schlüssel zum Verständnis des Gesamtprozesses. Wir können die Hand als Ermittlungs- oder Nachweisvorrichtung nicht einfach isolieren, da wir in dem Prozess als integrierte, ganze, multidimensionale Wesen funktionieren.

Als Quelle elektromagnetischer Potenziale werden die Hände Gradienten im Vakuum sowohl erzeugen als auch darauf reagieren. (Gradienten gehen auf Differenzen von Parametern oder Werten an zwei verschiedenen Punkten zurück. Im Vakuum lässt sich das Potenzial als lokale Schwankung der Energiedichte an dem betreffenden Punkt verstehen. Magnetfelder verändern die örtliche Dichte im Vakuum. Sie verändern die lokale Symmetrie, die an diesem Punkt normalerweise existiert. Wird diese Symmetrie gestört, findet ein Fluss statt von einer Zone hoher zu einer Zone niedriger Energie (siehe Abbildungen 7.2 und 7.3). Diese Ströme kann man als Skalaströme bezeichnen. Lokale Schwankungen sind tatsächlich Schwankungen der Raumzeit selbst).

Gradienten innerhalb der feinstofflichen Felder sind das, was wir mit der Hand ablesen, zusammen mit der zugehörigen Resonanzabstimmschaltung. Mit zunehmender Evolution in unseren Energiesystemen werden wir mehr empfänglich für diese Gradienten. Wir reagieren

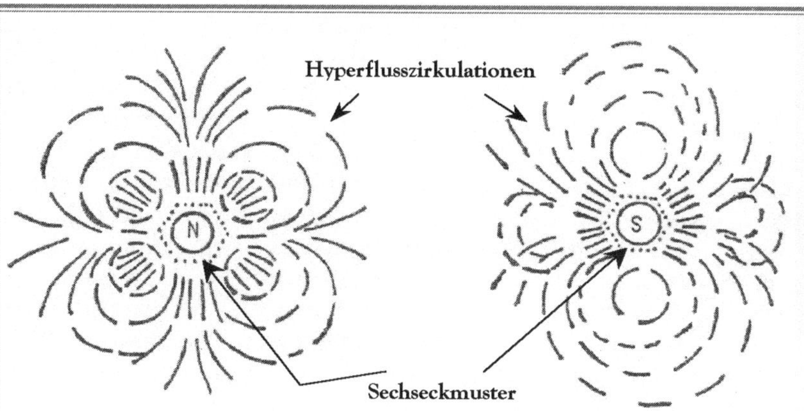

Adaptiert nach Bearden (Excalibur Briefing)

Abb. 6.15 »Magnetische Hyperflusszirkulationen«
Diese Abbildung demonstriert die komplexen Hyperfeldmuster, die mit Magnetismus verknüpft sind. Die Hyperflussmuster am Nord- und Südpol stammen aus Beardens Excalibur Briefing. Man beachte, dass jedes Muster eine zentrale geometrische Form aufweist, das Sechseck. Die Feldmuster unterscheiden sich deutlich an jedem Pol. Der Nordpol weist vier primäre Wirbel auf, der Südpol weist zwei primäre Wirbel auf. Diese Zirkulationsmuster sind hyperräumlicher Natur und stehen in Kontakt mit hochenergetischen Fäden subelementarer Teilchen. Sie haben interaktive Feldeffekte in unseren virtuellen (nicht beobachtbaren) Wirklichkeiten. Diese wirbelförmigen Muster sind Spuren von Substrukturen, die im Magnetismus vorhanden sind. Magnetismus transzendiert viele Ebenen virtueller Existenz.

mit Co-Resonanz. (Wir verwenden die Hand nur als ein Hinweis; aktiv ist in dem Leseprozess das gesamte elektromagnetische System des Menschen.) Überall, wo Gradienten existieren, wird es immer eine Form von skalaren Strömen geben. Kommen zwei Hände zusammen, können sie diesen skalaren Strom auslösen (siehe Abbildung 7.3). Die in der Hand existierenden magnetischen Potenziale stören das natürliche Gleichgewicht oder den Gleichgewichtszustand der Vakuumdichte. Wenn dies eintritt, fließen im Vakuum natürliche Ströme. Auf diese Weise bilden die Hände nur die Störquelle, nicht die Quelle des »fließenden« Stromes. (In Resonanzstromkreisen wird lediglich eine Spannungs- oder Potenzialquelle benötigt.) Mehr dazu im nächsten Kapitel.

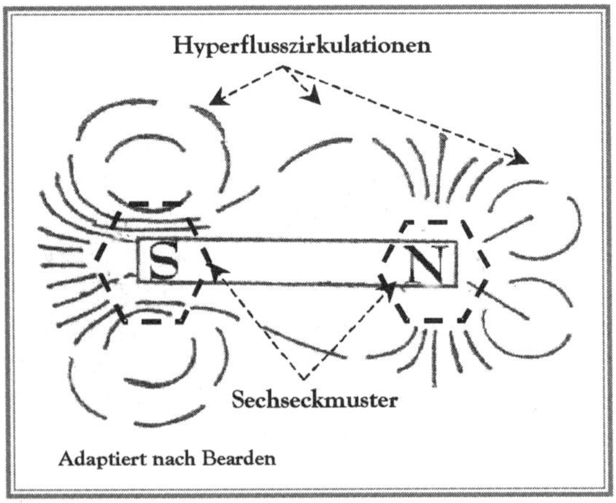

Abb. 6.16 »Asymmetrischer Hyperfluss«
Bearden hat diese Muster als »Hyperfeldfluss« identifiziert, die mit dem Magnetfeld verknüpft sind. Man beachte in der Zeichnung, dass die Zirkulationen an jedem Pol nicht symmetrisch verlaufen. Man beachte auch das ausgeprägte Sechseckmuster an jedem Pol. Das sind die Felder, die andere Räume als den 3D-Raum ausfüllen, und deshalb haben sie eine Wirkung auf die virtuellen (nicht beobachtbaren) Wirklichkeiten, denen sie begegnen. Wo Magnetismus festgestellt wird, existieren diese Hyperfelder außerhalb unserer bewussten Wahrnehmung. Hyperfelder treten in Wechselwirkung mit feinstofflichen Energien.

MAGNETISCHE HYPERFELDER AUS DEM HYPERRAUM

Um einen Ansatzpunkt zu haben, der uns verstehen lässt, was an der Hand geschieht – und vor allem, was die Grundlage der Interaktion zwischen der Hand und den feinstofflichen Energiefeldern ist – müssen wir noch mehr zum Hyperraum sagen. Ein Hyperraum ist unserer Zeit und unserem Raum enthoben. Wir denken uns den Hyperraum meist als etwas, das einer höheren Dimension angehört. Innerhalb des Hyperraums finden sich die Hyperfelder, die innerhalb dieses Wirklichkeitsrahmens operieren. Und dennoch können die Hyperfelder eine in unserer Wirklichkeit sichtbare Gegenwart machen. Zum Beispiel ist das elektromagnetische Feld ein Hyperfeld der fünften Dimension. Dieses Feld erzeugt in unserem 3D-Raum die Wirkungen elektrischer und magnetischer Kraftfelder. Und doch sagen wir, dass es eine Unterstruktur, eine eingebettete virtuelle Wirklichkeit für das Magnetfeld selbst gibt. Dem Rahmen des elektromagnetischen Feldes entzogen ist der Hyperraumrahmen des *Neutrinofeldes* (siehe Glossar).
Damit haben wir also zwei Ebenen von Hyperräumen erwähnt, die der physischen Wirklichkeit enthoben sind: das elektromagnetische Feld, das Neutrinofeld, und Bearden zufolge, ist die nächste Ebene das mentale Energiefeld (siehe Abbildung 2.5).

HYPERFELDER WERDEN ZU ELEKTROMAGNETISCHEN FELDERN

Wichtig für unsere Erörterungen ist die Erkenntnis, dass Hyperräume – und ihre Hyperfelder – verantwortlich für die Phänomene sind, die wir in unseren einfachen dreidimensionalen euklidischen Räumen erfahren. Magnetismus ist ein Phänomen, das mit dem Hyperraum zusammenhängt, d. h. die Ursachen oder Potenziale, die unser Magnetfeld erzeugen, existieren in anderen Räumen, in höheren Dimensionen. Das mentale Feld wirkt auf die Hyperfelder. Bearden hat folgende Hypothese aufgestellt:
Gedankenmuster können in die magnetischen Hyperfelder eingeprägt werden. Gedankenenergie

kann ein elektromagnetisches Feld hervorrufen in dem Raum, der ein Objekt umgibt, um damit zu interagieren, oder feinstoffliche Energien in den Hyperfeld-Fluss von Magnetfeldern bündeln. [29]

MAGNETISMUS UND HYPERFELDER

Mit Magnetismus verknüpfte Hyperfelder sind entdeckt worden. In seinem Buch *Excalibur Briefing* dokumentiert Bearden den Nachweis der Hyperflusskreisläufe, die mit einem Stabmagneten verknüpft sind. Wir illustrieren diese in Abbildung 6.15 und 6.17. Man beachte bei diesen Abbildungen, dass jeder Magnetpol ein ganz bestimmtes Wirbelmuster aufweist. Das Wirbelmuster ist an jedem Pol anders. Jeder Pol weist unterschiedliche Eigenschaften auf. Die (von Davis und Rawls entdeckte) Tatsache, dass einander entgegengesetzte Magnetpole klar unterscheidbare Auswirkungen auf biologische Organismen haben, hängt mit diesen Unterschieden zusammen. Diese Wirkungen lassen sich durch die interaktiven energetischen Prozesse verstehen, die an jedem Magnetpol stattfinden. Ein Magnetpol ist die Quelle, welche die Hinzufügung oder Entfernung von Energie aus einer Region im Hyperraum stimuliert. Dieses Mehr oder Weniger an Energie kann erhebliche Auswirkungen auf biologische Organismen haben.
Man beachte auch die ausgeprägten hexagonalen Muster um die Magnetpole herum. Sind diese Anzeichen einer Gitterstruktur im höheren Raum? Wir können diese Zirkulationsmuster

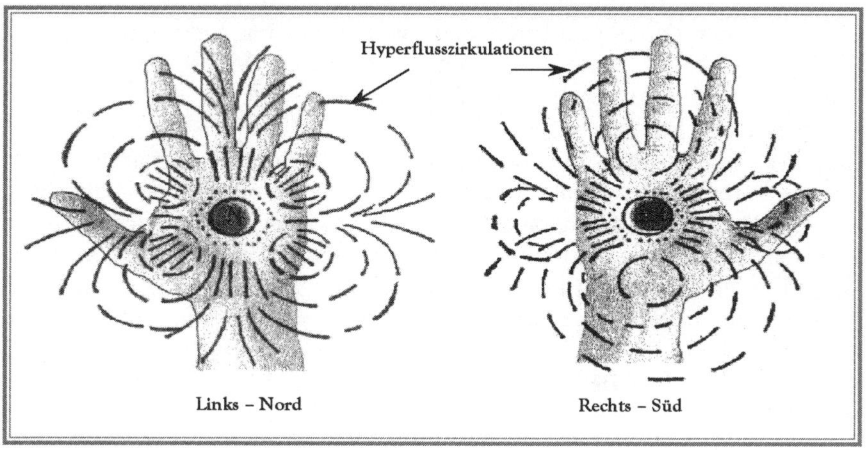

Abb. 6.17 »Hyperflusszirkulation an der Hand«
Diese Abbildung zeigt die umfangreichen Hyperfeldmuster, die mit dem menschlichen Magnetismus verknüpft sind. Das Hyperflussmuster am Nord- und Südpol stammt aus Beardens *Excalibur Briefing*. Wir haben diese den menschlichen Händen überlagert. Der Verbund ist hergeleitet von den Entdeckungen zum Handmagnetismus durch Rawls und Davis, die Beardens allgemeinen Hyperfeldmustern für Magnetpole hinzugefügt sind. Man beachte, dass jedes Muster eine zentrale geometrische Form aufweist: das Sechseck. Die Feldmuster sind bei jeder Hand unterschiedlich. Der Nordpol (linker Handteller) weist vier primäre Wirbel auf, der Südpol (rechter Handteller) weist zwei primäre Wirbel auf. Diese kreisenden Muster sind hyperräumlicher Natur und sind in Kontakt mit hochenergetischen Fäden subelementarer Teilchen. Sie haben interaktive Feldwirkungen auf unsere virtuellen (nicht beobachtbaren) Wirklichkeiten. Diese Wirbelmuster sind Aspekte der virtuellen Substrukturen von Magnetismus. Der menschliche Magnetismus transzendiert viele Ebenen virtueller Existenz.

der Hyperfelder dazu nutzen, uns den Magnetismus an der Hand näher zu verdeutlichen. Die Gesetze des Magnetismus haben universelle Gültigkeit.

HYPERFELDER AN DER HAND

In Abbildung 6.17 haben wir eine Überlagerung von Beardens Mustern auf die menschlichen Hände gebildet. Hier haben wir die magnetischen Polaritäten der Hand verwendet, wie von Davis & Rawls entdeckt. Das Spektakuläre an dieser Abbildung ist die Tatsache, dass diese vielfachen Wirbelmuster im Hyperraum entspringen und stattfinden, einer höheren Dimension. Innerhalb dieses Raumes treten sie in eine Wechselbeziehung mit anderen Feldstrukturen.

UNIVERSELLER FLUSS BEI ÄHNLICHEN GENERATOREN FREIER ENERGIE

Unser Diagramm in Abbildung 6.18 illustriert die Äquivalenz magnetischer Prinzipien eines Permanent-Stabmagneten und der menschlichen Hand. Den Stabmagneten kennzeichnet ein Achterschleifen-Muster von Süd nach Nord und von Nord nach Süd. Das Achterschleifenmuster erscheint auch bei der Bloch-Wand-Zone von Nullmagnetismus. Ähnliche Muster zeigt die Hand.

Ein Stabmagnet weist zwei Arten von Polarität auf, magnetische und elektrische. Diese Polaritäten bilden Dipole. Die Dipole bestimmen den Mechanismus zur Konstruktion von Vakuummotoren, die freie Energie aus dem Vakuum (hier auch die universelle Energiequelle genannt) extrahieren. Permanentmagneten verdanken ihre »Permanenz« einem kontinuierlichen, ständigen Energiefluss und Energieaustausch mit dem Vakuum. Jegliche Erschöpfung beim Magneten wird automatisch wieder aufgeladen durch den Resonanzschaltkreis, den der Magnet mit seiner unbeschränkten Energiequelle hergestellt hat. Ein Permanentstabmagnet ist ein Generator freier Energie.
Ein Magnetpol ist eine Energiezone von mangelndem Potenzial. Der andere ist eine Energiezone mit einem Potenzialüberschuss. In unserem Beispiel ist der Südpol als eine Mangelzone dargestellt. An dem Südpol wird Energie aus dem Vakuum hereingedrückt, oder, umgekehrt betrachtet, vom Magneten nach innen gezogen. Am Nordpol wird Energie vom Magneten nach außen gedrückt, oder, umgekehrt betrachtet, durch das Vakuum herausgezogen. Diese Druck-Zug-Wirkung kann man mit einer Art Vakuumpumpe oder -maschine gleichsetzen.
Magnetschaltkreise befinden sich in Resonanz mit dem Stoff von Raumzeit. Es kommt im Resonanzkreis des Magneten zu einer fortwährenden Wiederauffüllung von universeller Energie.
Die beiden Magnetpole wirken jeweils unterschiedlich auf biologische Systeme. Ein Pol entleert (entlädt) eine Bioenergie-Zone. Der andere Pol konzentriert und liefert überschüssige Bioenergie. Aufgrund dieser erheblichen realen biologischen Wirkungen, die hier auftreten, ist es von größter Bedeutung, dass »Magnettherapie« nur mit einem gründlichen Verständnis der magnetischen Prinzipien und Konventionen durchgeführt wird, insbesondere der bei der Bezeichnung des Magnetpols verwendeten Konvention.

Die Prinzipien des Magnetismus gelten auch für die Hand. Bei jeder Hand ist die eine Seite Süden, die andere Norden. Universelle Energie wird auf einer Seite der Hand extrahiert oder angesaugt, während sie auf der gegenüber liegenden emittiert wird. Dieser Fluss wird hergestellt in Resonanz mit der universellen Energie des Vakuums.
Die emittierte Energie ist von den Frequenzen des menschlichen Energiesystems moduliert und strukturiert worden. Man beachte, dass sich dies mit der Erkenntnis von Davis und Rawls deckt, dass elektromagnetische Energien ständig durch das menschliche Energiesystem fließen.

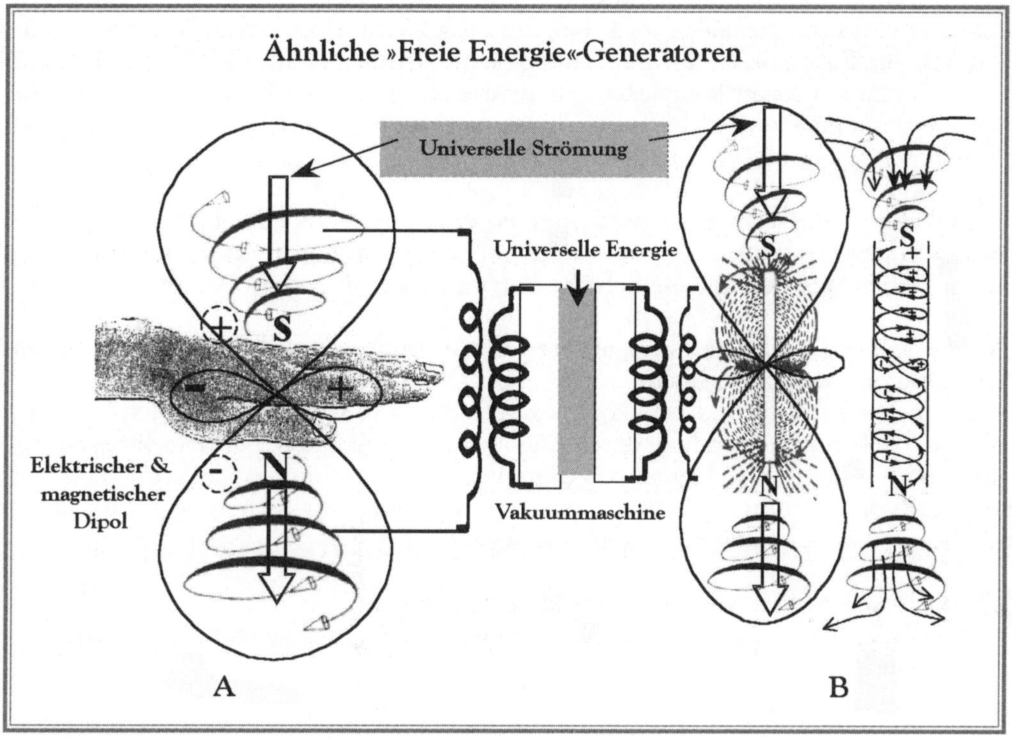

Abb. 6.18 »Universelle Strömung ähnlicher Generatoren Freier Energie«

EINE UMFASSENDE, HOLOGRAFISCHE, MULTIDIMENSIONALE BETRACHTUNG

Es wird in diesem gesamten Buch als selbstverständlich vorausgesetzt, dass wir als multidimensionale Wesen fungieren und die Gaben hyperräumlichen Funktionierens in uns tragen. Elektromagnetismus entspringt der fünften Dimension, und Licht ist ein Spiegel der fünften Dimension. Die fünfte Dimension verbindet mit höherem Raum.

Unsere elektromagnetische Natur hat ihren Ursprung in höheren Räumen komplexer Geometrien. Licht ist eine Reflexion der fünften Dimension.

Uns sind die hyperräumlichen Gegebenheiten, die biologischen Prozessen zugrunde liegen, nicht unbedingt bewusst, etwa die Existenz des skalaren-/Quanten-Biophoton-Kommunikationssystems. Und doch ist es da und arbeitet im Hintergrund still vor sich hin.

Das Gehirn funktioniert so, dass es uns in diese Vorstellung von Raumzeit eingebunden hält (und an keine andere), ohne unser bewusstes Gewahrsein, dass andere Wirklichkeiten parallel zu unser eigenen existieren. Wir können unsere hyperräumliche Natur und unsere Fähigkeiten nicht verstehen, wenn wir unsere Ansicht von Wirklichkeit auf das beschränken, was wir mit unseren Sinnen in einem dreidimensionalen Raum wahrnehmen. Wenn wir sagen, dass das Universum eine holografische Projektion sei, meinen wir damit nicht, dass das, was wir sehen, nicht real ist – es ist eine reale Projektion, die aus höherdimensionalem Raum entspringt (was allerdings, wie Einstein sagen würde, eine höchst hartnäckige Illusion darstellt). Von diesem höheren Raum mit seiner komplexen Geometrie aus betrachtet ist unser 4D-Raum (die Zeit inbegriffen) nur eine aus ihm herausgeschnittene Scheibe. Aus der Perspektive des 8D-Raums ist auf der 4D-Ebene alles verbunden.

Nichtlokalität – das Verwirrung und Staunen erzeugende Problem einer sofortigen Kommunikation in unserem Raum lässt sich leicht verstehen von einem 8D-Raum aus, der unseren Raum als eine ganze verbundene Scheibe unter anderen möglichen Welten sieht. [30]

Alles das soll besagen, dass es für unseren Organismus natürlich ist, mit hyperräumlichen Wellen und Signalen umzugehen.
Unser höheres Selbst ist in diesen komplexen Räumen beheimatet. Unser Ich, und unser Organismus, bleiben in Verbindung durch Signale, die durch das Hyperraum-Internet wandern. Natürlich wird dabei eine Menge von Signalen verarbeitet und moduliert/demoduliert. Das Verständnis der Wechselwirkungen in unseren zwischenmenschlichen Begegnungen muss bei der höheren Warte des höheren Raumes ansetzen.

Die Hand ist kein isoliertes multidimensionales Instrument. Wir sind Wesen mit holografischen, miteinander verbundenen Systemen. Wir funktionieren immer aus dem Innern der Essenz des Ganzen heraus.

KAPITEL SIEBEN

FARBENPRÄCHTIGE INTERAKIVE PHÄNOMENE

Das Energienetz des Lebens

»Fantasie ist wichtiger als Wissen.«

Albert Einstein

Die folgenden Ausführungen zum Torsionsfeld wirken vielleicht etwas zu fantastisch, um real zu sein. Im Folgenden spielen wir an auf die Existenz einer externen Torsionsfeldtechnik. Wir tun dies mit der ausdrücklichen Absicht, dass das Externe als Fingerzeig auf unsere eigene *innere* Technik dienen soll. Wenn wir unsere eigenen inneren Mechanismen entdecken und aktivieren, werden wir besser verstehen, dass es das Potenzial dieser inneren Technik ist, was zu fantastisch ist, um wahr zu sein. Wir sind Transceiver (Sender/Empfänger) von Torsionsfeldern. Bedenken wir, dass sich die beste Science Fiction des zwanzigsten Jahrhunderts auf die visionären Ideen der theoretischen Physik stützte.

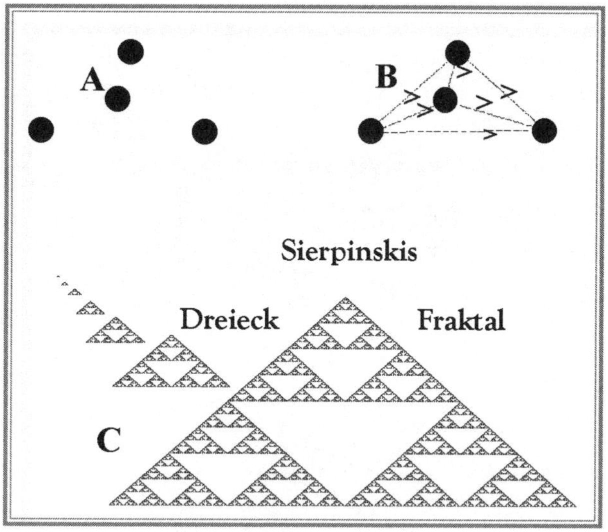

Abb. 7.1 »Skalare Tetraederstrukturen«
Jeder der vier Punkte von A stellt eine bestimmte Fluktuation innerhalb der Symmetrie / Balance des Vakuums dar. Diese Fluktuationen lassen sich als Störungen der Energiedichte an den Punkten auffassen. Aus diesen Fluktuationen werden die skalaren Potenziale erzeugt. Kollektiv stellen die Punkte ein Muster dar (B). Hier ist es die stabile und fundamentale Form des Tetraeders. Die relativen Unterschiede der Werte oder Energiedichten zwischen den 4 Punkten resultieren in Gradienten, die in diesem Medium geschaffen werden. Die Gradienten führen zu einem skalaren Stromfluss (von hoch nach niedrig) – schwingende stationäre Wellen. Der Skalarstrom erzeugt die Verbindungskanäle zwischen den Punkten. Diese Kanäle dienen als Leitungen für Licht und elektromagnetische Schallwellen. (Siehe Kommentar 24 zu diesem Kapitel).

DAS TORSIONSFELD ALS VERBINDUNGSTEIL ZUM GEDANKENFELD

Die theoretischen Physiker unserer Tage vermuten, dass das mentale Energiefeld des Bewusstseins mit dem Torsionsfeld in Wechselwirkung steht. [1] Das Torsionsfeld wird dann durch das elektromagnetische Feld zu einem Anschlussteil an die physische Wirklichkeit. Sobald wir die interaktiven Wirkungen von Torsionsfeldern voll würdigen, öffnen wir weitergehender Forschung und weitaus größerer Akzeptanz die Tür. Wir kennen die klassischen elektromagnetischen Felder und Schwerkraftfelder. Wenig wissen wir jedoch über die Verbindung zwischen diesen beiden Feldern. Das Torsionsfeld ist erst in neuerer Zeit in den Brennpunkt der Physik gerückt. Die Rede ist vom *einheitlichen Feld*, das schon Einstein suchte.

Es gibt Hinweise darauf, dass man sich in Russland schon seit mehr als einem Jahrzehnt mit Torsionsfeldtechnik beschäftigt. Im Westen spricht Bearden von der Skalarwellentechnik. Die Begriffe »Torsion« und »skalar« wirken vielleicht wie synonyme Begriffe, entspringen jedoch getrennten Hemisphären unseres Planeten. Derzeitige Veröffentlichungen verwenden meist den Begriff »Torsion«. Andere Bezeichnungen umfassen auch die Begriffe *Axion-* und *Spinfelder.* Vielleicht werden wir in der nahen Zukunft eine Richtschnur zur Definition haben, die alle diese Konzepte vereinen kann.

SPINS UND SPIRALEN ERZEUGEN FELDER

Es scheint, dass Torsionsfelder aus den Merkmalen von Spin resultieren. Rotation oder Spin ist kennzeichnend für alle Objekte, vom Atom über die Sterne bis zu den Galaxien. Rotierende Objekte erzeugen Störungen innerhalb des Raumvakuums, dem Grundstoff von Raumzeit. Diese Störungen pflanzen sich schneller als mit Lichtgeschwindigkeit fort und übertragen Information. Bei einem Objekt überlagern sich die kollektiven Spinmuster aller individuellen Teilchen oder summieren sich. Die kollektiven Störungen erzeugen eindeutige Interferenzmuster um dieses Objekt herum.

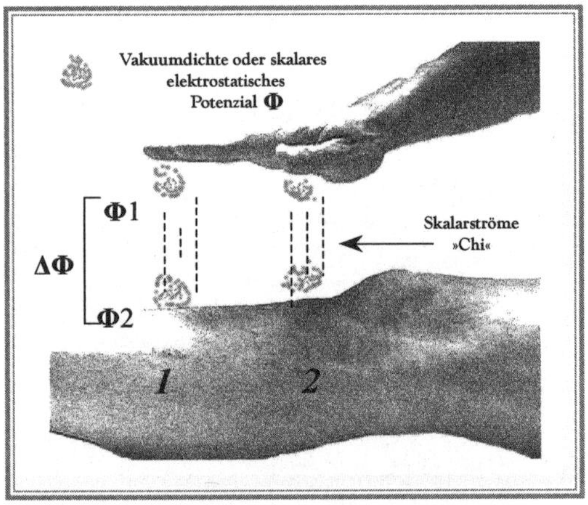

Abb. 7.2 »Handnachweis von Skalarwellen « Variationen von Potenzialen (ΦΔ) existieren zwischen Φ1 und Φ2. Das ist bei der oben gezeigten Zone 1 oder 2 der Fall. Diese Unterschiede bewirken, dass in der virtuellen Realität skalare Ströme fließen. Hand und Nervensystem bilden einen ausgeklügelten Skalarwellendetektor. Während die Hand sich durch das feinstoffliche Energiefeld bewegt, führen die Wechselwirkungen zu physischen Empfindungen (Nachweis) an der Hand. Nervensystem und Gehirn sind ein integrierter Skalarwellenumsetzer (Detektor/Sender).

Diese Muster sind eigentlich außerordentlich detaillierte Informationsfelder, die alles über das ganze Objekt enthalten. Man könnte jeden Bereich des Feldes dazu nutzen, Information über das gesamte Objekt zu erhalten. Das Feld ist holografisch, jeder Teil von ihm enthält Information über das Ganze.

Mit Spin oder Rotation verbunden sind Wirbel – rotierende Spiralmuster, die man in dem Hintergrundstoff antrifft, den wir »Vakuum« nennen. Zum Beispiel sitzt die Erde in einem eigenen rotierenden Spiralwirbel. Gleichzeitig wird der Erdwirbel von dem größeren Wirbel mitgerissen, den die Sonne erzeugt. Das Planetensystem wird vom Wirbelmuster der Sonne gelenkt und aufrechterhalten. Aus einer solchen Vorstellung können wir etwas Neues lernen über die Natur und den Ursprung von *Schwerkraft* und *Magnetismus.* Man kann die *Wirklichkeit* aus mehr als einer Perspektive erklären.

INTERAKTION VON INFORMATION

Informations- oder Torsionsfelder unterliegen wechselseitigen Einwirkungen. Interaktion mit diesen Feldern kann die physischen Merkmale des Objekts verändern.

Die Aura um den menschlichen Körper wird von russischen Forschern als Torsionsfeld bezeichnet. Bearden nennt die menschliche Aura eine skalare Aura, da sie im Grunde durch die Interferenzmuster von Skalarwellen erzeugt wird.

Man weiß, dass Torsionsfelder interagieren, das heißt, Information austauschen. Das Faszinierende ist, dass die Interaktion hyperräumlich stattfindet – außerhalb unserer gängigen Raumzeitvorstellungen. Einer neuen Sicht zufolge fungiert das Gehirn als Transceiver (Empfänger/Sender) von Torsionswellen. (Vom Gedanken her vergleichbar mit einem Skalarwellenumsetzer). Aus all dem sprechen die sich zunehmend erweiternden Vorstellungen unserer multidimensionalen Möglichkeiten.

Bekanntermaßen übermitteln Torsionsfelder Informationsmuster, ohne dabei Energie zu übertragen. Mittlerweile tritt recht deutlich zutage, dass das Torsionsfeld uns zu verstehen hilft, wie wir in der zwischenmenschlichen Beziehung interagieren. Darüber hinaus wird das Torsionsfeld uns helfen, zu begreifen, wie wir unsere physische Wirklichkeit zu unserem eigenen Wohl und zum Wohl der ganzen Menschheit verändern können.

Der Regenbogen in eurer Hand enthält die magnetischen Hyperfelder und außerdem die hyperräumlichen Torsionsfelder. Die Wissenschaft hat bereits begonnen, ungewöhnliche und erstaunliche Eigenschaften des Torsionsfeldes zu dokumentieren. Wir können die Existenz unserer eigenen hyperräumlichen elektromagnetischen Natur nicht länger ignorieren. Das Torsionsfeld ist das primäre interaktive hyperräumliche Bindeglied zu den feinstofflichen Energien. Es bildet die Basis der Verbindung von Mensch zu Mensch, immer wenn ihr andere mit dem Regenbogen in euren Händen unterstützt.

FEINSTOFFLICHE ENERGIEDETEKTOREN IN UNSERER HAND

In Abbildung 7.1 illustrieren wir das Konzept skalarer Potenziale und Gradienten. In dem dargestellten Tetraedergebilde steht jeder der vier Scheitelpunkte (Endpunkte) für lokale Störungen eines Hintergrund-Gleichgewichtszustands im Vakuum oder kosmischen Gitter. Diese vier Punkte sind eindeutige Bereiche von Energieschwankungen, die in dem Medium hergestellt worden sind. Zusammengenommen erzeugen sie *Form*. Die Geometrie dieser Form äußert sich in bestimmten Eigenschaften, Merkmalen oder Funktionen in unserem Raum. Die Differenzen von Energiedichten, die die Punkte dieser Form definieren, ermöglichen eine skalare Strömung zwischen den Scheitelpunkten. Die Unterschiede zum Höheren oder Niedrigeren erzeugen die Gradienten in der Energiedichte, die diese Strömung ermöglichen.

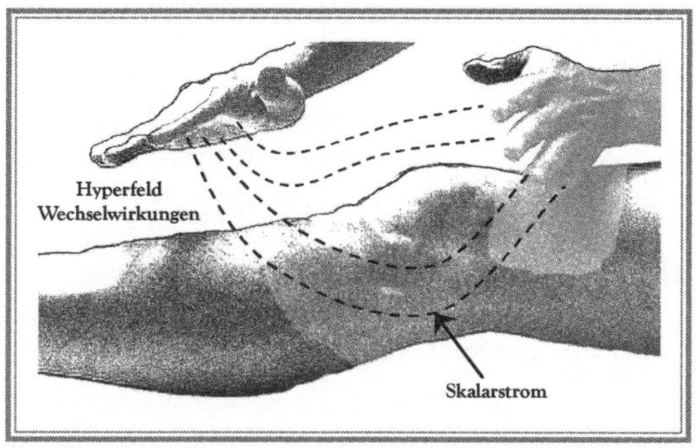

Abb. 7.3 »Induzieren von Skalarströmen «
Die beiden Hände liefern die Potenziale zum Induzieren von Skalarströmen. Diese Ströme können in dem Medium natürlich eingerichtet werden. Die Skalarwellen sind elektromagnetische Schallwellen mit einer reich strukturierten Frequenzsubstruktur. Diese wirken reinigend für die Meridiankanäle, die sich unter einer Art Hochpotenzial- Ultraschallwirkung öffnen. Außerdem reinigen Hyperfeldeffekte für die feinstofflichen Energien das Feld von leblosen Blockaden. Es handelt sich um Torsionsfeldeffekte.

Die Tetraederform von Abbildung 7.1 findet sich innerhalb dieser selbstähnlichen Struktur – einem Fraktal. Der Maßstab dieser Struktur lässt sich extrapolieren vom mikroskopischen zum makroskopischen Maßstab. Resonanz innerhalb dieser Struktur ist gleichzusetzen mit der Ausrichtung der interdimensionalen Geometrie. Durch Erzeugung der perfekten inneren Symmetrie wird Kommunikation und Informationsaustausch zwischen den Zellen ermöglicht. Innerhalb des Vakuums steht eine derartige Struktur für Stabilität, Symmetrie und Gleichgewicht. Auch innerhalb des menschlichen

Energiefeldes bedeutet sie Gleichgewicht. Das so entstehende Gitter lässt sich als »geometrische Ansammlung harmonischer Wellenformen von Licht, geleitet von Intelligenz« beschreiben. [29] Die Abstimmung besteht darin, Resonanz zwischen Geometrie und geometrischen Zellen herzustellen. Licht und Schall durchdringen das Gitter. Geometrie, Licht und Schall stehen alle harmonisch in Beziehung zueinander.

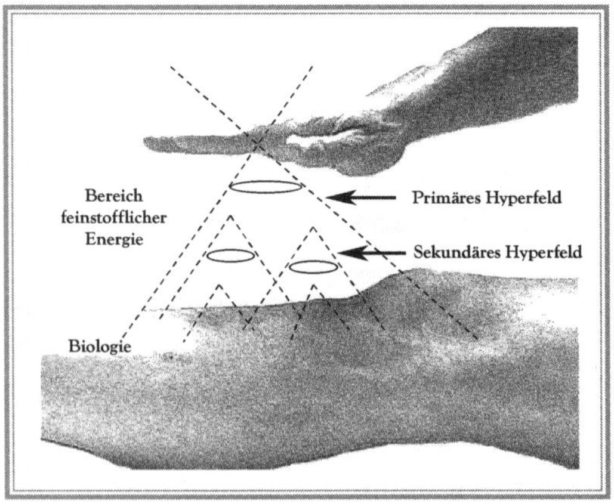

Abb. 7.4 »Hyperfeld-Interaktion der Hände « Konventionelle Energie von der Hand tritt mit biologischer Materie auf herkömmliche Weise in Wechselwirkung. Der Biologie liegen die Informationsfelder (Biofelder) und die feinstofflichen Energien zugrunde. Diese werden einer Wechselwirkung mit den Feldern nicht konventioneller Art, den Hyperfeldern, unterworfen. Hochenergetische Fäden virtueller subelementarer Teilchen bilden primäre und sekundäre Wirbelfelder, die auf die feinstofflichen Energien einwirken. Die Spin-/Torsionsfelder sind hyperräumlich. Ihre Wirkung auf die Veränderung der Informationsfelder resultiert schließlich in einer Veränderung auf der biologischen Ebene.

Im vorherigen Kapitel führten wir den Gedanken ein, dass die Hände sowohl Gradienten im Vakuum erzeugen als auch auf solche reagieren. Wir erwähnten, dass Gradienten auf Unterschiede von Parametern oder Werten an zwei getrennten Punkten zurückgehen, und dass das skalare Potenzial im Vakuum als eine lokale Schwankung in der Energiedichte an diesem Punkt verstanden werden kann (siehe Abbildung 6.6). Überall dort, wo Gradienten existieren, wird es immer eine Form von skalaren Strömen geben. Zwei Hände können zusammen diesen skalaren Stromfluss auslösen. Stehende Skalarwellen oszillieren zwischen den Händen in der feinstofflichen (hyperräumlichen) Dimension. Diese Wellen sind Träger einer umfangreichen Substruktur aus Frequenzen und Mustern, die von ihrem Urheber programmiert wurden. Wenn diese Wellen in das Meridiansystem gelangen, bereinigt eine Form von Hyperschall-(Ultraschall-)-Wirkung die Kanäle von stagnierendem Material. Die Skalarwelle ist eine elektromagnetische Schallwelle. (Diese Konzepte werden in den Abbildungen 7.2, 7.3 und 7.4 illustriert). Im Prinzip stehen Schall, Licht und Geometrie in harmonischer Beziehung.

Der Prozess spielt sich im Hinblick auf die menschlichen Hände ähnlich ab, da Magnetfelder die lokale Dichte im Vakuum variieren. Durch Veränderung der Symmetrie, die an diesem Punkt normalerweise existiert, fließt Energie von einer Zone hoher Energie zu einer Zone niedriger Energie. Diese Ströme kann man als skalare Ströme bezeichnen. Hier sei erneut erwähnt, dass lokale Fluktuationen innerhalb des Vakuums in Wirklichkeit Fluktuationen bei der Raumzeit selbst sind.

Gradienten in den feinstofflichen Feldern sind das, was wir mit der Hand lesen, zusammen mit den zugeordneten Resonanzabstimmkreisen. Unsere multidimensionale Natur ermöglicht es uns, durch Co-Resonanz (Mitschwingen) zu reagieren.
Die Hand ist nur ein Ablesezeiger; das gesamte elektromagnetische System des Menschen ist aktiv in dem Leseprozess.

EIN HÖCHST UNGEWÖHNLICHES WISSENSCHAFTLICHES GEBILDE: DAS TORSIONSFELD

Wie kann es sein, dass zwei Laserlichtstrahlen einander entweder anziehen oder abstoßen können? Wie können Lichtstrahlen sich so verhalten, als wären sie Magneten, die ein solches Verhalten aufweisen? Gewöhnliche Vorstellungen von Kräften erlauben keine Erklärung dieser Phänomene. Die Antwort ist eher im Folgendem zu suchen.

DAS WIEDERAUFLEBEN EINES THEORETISCHEN KONZEPTES

Um den unsichtbaren hyperräumlichen Interaktionen gerecht zu werden, die die Grundlage des zwischenmenschlichen Miteinanders bilden und an den Händen auftreten, setzen wir unsere Ausführungen zu jenem ungewöhnlichen Gebilde fort, das als das Torsionsfeld bekannt ist. Über das Torsionsfeld liest man in der theoretischen Literatur schon seit den frühen Jahrzehnten des letzten Jahrhunderts. Und doch wurde dieses Feld in der klassischen Physik weitgehend ignoriert. Einsteins Mechanik berücksichtigt die Existenz einer Interaktion von Torsionsfeldern nicht. Diese Bedeutung darf man nicht übersehen, da das Torsionsfeld heute als Einsteins einheitliches Feld bezeichnet wird.
Ausgedehnte Forschungsarbeiten unter dem Arbeitstitel »Torsionsfeld« stehen schon seit mehreren Jahrzehnten im Brennpunkt der Untersuchungen mehrerer Forscherteams in Russland. Akimov berichtet, dass sich in aktuellen Zeitschriften weltweit zirka 10.000 Verweise auf die Forschung an den Torsionsfeldern finden. Original-Fachaufsätze zu dem Thema gibt es von etwa hundert Autoren. Die Hälfte dieser Torsionsfeldtheoretiker arbeitet in Russland.

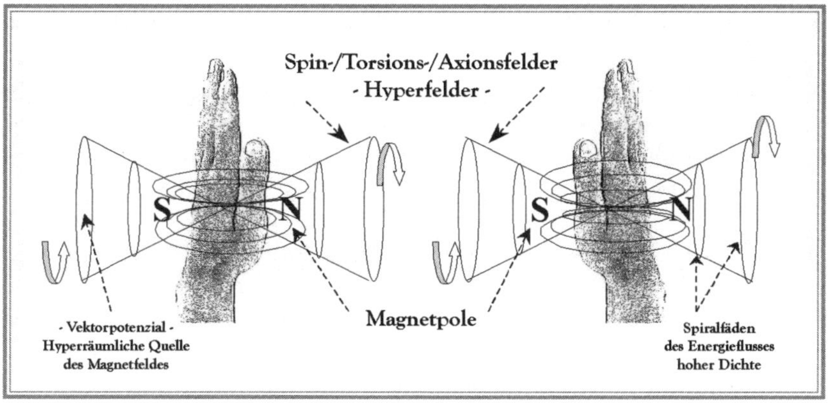

Abb. 7.5 »Torsionsfelder der Hände«
Es existieren Spin-/Torsions-/Axionsfelder an den Händen. Wo elektromagnetische Felder existieren, begleiten grundsätzlich Torsionsfelder immer diese Felder (Akimov, Tarascenko und Nachalov). Obwohl außerhalb unserer bewussten Wahrnehmung, sind diese Torsionsfelder dennoch ein Aspekt unserer multidimensionalen Realität. Sie zeigen Einfluss in Regionen oder Dimensionen, wo Aspekte unserer eigenen Energieanatomie anzutreffen sind. Wechselwirkungen finden auf unbewussten Ebenen statt, doch werden diese Felder durch bewusste Gedanken und fokussierte Absicht gelenkt. Alle elektromagnetischen Phänomene sind Sekundäreffekte unsichtbarer, virtueller Hyperfelder mit 5D+-Herkunft. Unsere gesamte multidimensionale Natur spiegelt sich in den komplexen Strukturen der Hand. In der Tat ist die Hand ein holografisches Instrument unseres gesamten Seins. (Siehe Anmerkung 25 zu diesem Kapitel).

Akimov offenbart auch, dass der erste Torsionsfeldgenerator der Welt in den Achtzigerjahren des letzten Jahrhunderts in Russland gebaut wurde. Die Entwicklung des Torsionsgenerators zog breite Forschungsmöglichkeiten für russische Wissenschaftler nach sich, aus denen sowohl experimentelle als auch praktische Ergebnisse hervorgingen. Einigen russischen Wissenschaftlern zufolge waren die Torsionsgeneratoren in der Lage, die ungewöhnlichen Kunststücke von Menschen mit übersinnlichen Fähigkeiten zu simulieren. Darüber hinaus konnte man feststellen, dass sie auch neue Phänomene hervorrufen konnten, die diese übersinnlich Begabten nicht herbeiführten. [2] Heute kann man Torsionsfelder anhand einer ganzen Reihe von Methoden entdecken. [3]

ALLGEGENWÄRTIGES FELD

Warum ist das Torsionsfeld für unsere Diskussion so zentral? Weil mit allen elektromagnetischen Phänomenen Torsionsfelder einhergehen! Im weiteren Verlauf des Buches wird sich zeigen, dass das Torsionsfeld ein höchst ungewöhnliches Gebilde ist. Torsionsfelder lassen sich unmittelbar mit feinstofflichen Energiefeldern gleichsetzen.
Wir sind elektromagnetische Wesen multidimensionalen Charakters und hyperräumlicher Herkunft. Als solche produzieren wir (unter anderem) elektrostatische, magnetische und elektromagnetische Felder. Diese hat man mit absoluter Sicherheit an den Händen, im Herzen und im Gehirn entdeckt. Wie bereits wiederholt konstatiert, liegt der Ursprung des Elektromagnetismus im fünfdimensionalen Raum. Als elektromagnetische Wesen bringen wir auch Eigenschaften zum Ausdruck, die typisch für höhere Dimensionen und hyperräumlicher Natur sind. Unserer hyperräumlichen Natur wohnt das inne, was die Wissenschaftler als Torsionsfeld bezeichnen. Alle Objekte und alle Lebewesen besitzen und erzeugen Torsionsfelder. Diese Torsionsfelder unterliegen Interaktionen.

Die folgenden Aussagen sind für unsere wissenschaftliche Diskussion vielleicht die zentralsten und haben maßgebliche Implikationen für unser Verständnis von feinstofflichen Phänomenen und Informationsfeldern. Es geht um die folgende wichtige Tatsache, die von Nachalov in seiner Arbeit *Theoretical Basis of Experimental Phenomena* betont wurde:

»Im Rahmen der Theorie von Elektro-Torsions-Interaktionen wird gezeigt, dass dann, wenn in einem Bereich des Raums elektrostatische oder elektromagnetische Felder existieren, in diesem Bereich des Raums stets Torsionsfelder vorliegen. Elektrostatische oder elektromagnetische Felder ohne Torsionskomponente gibt es nicht.« [3]

Akimov und Tarascenko präsentieren eine ähnliche Aussage:
»Konzeptionell ist die Folgerung, dass Torsionsfelder immer die Erscheinung von Elektromagnetismus begleiten, für eine große Zahl von fundamentalen und angewandten Problemen außerordentlich wichtig.« [4]

DER THEORETISCHE HINTERGRUND VON TORSIONSFELDERN

Spin oder Winkelmoment und die Interferenz von Wellenmustern erzeugen das Torsionsfeld. Jedes Teilchen rotiert auf einer Achse (um sich selbst). Spiralwirkung wird in jedem Maßstab beobachtet, vom mikroskopischen bis zum makroskopischen. Der Spin des Elementarteilchens fängt Licht ein. Die beiden primären Felder Schwerkraft und Elektromagnetismus sind allgemein bekannt und erzeugen weitreichende Wirkungen. Ein drittes Feld, das Torsionsfeld, ist ebenfalls ein Feld mit großer Reichweite, doch sind seine Eigenschaften »umfangreicher« als die der anderen beiden. Zu den ungewöhnlichen Eigenschaften von Torsionsfeldern gehören [5]:

- Das Torsionsfeld zeigt eine Fortpflanzungsgeschwindigkeit von mindestens 10^9 x c (1.000.000.000 Mal die Lichtgeschwindigkeit c im Vakuum).
- Das Torsionsfeld pflanzt sich in die Zukunft wie auch in die Vergangenheit fort.
- Das Torsionsfeld überträgt über große Entfernungen Information, ohne dass es zu einer Energieübertragung kommt.
- Torsionsfelder treten in Interaktion mit Laserstrahlen, verändern Frequenzen, und können auf Quarzkristalle einwirken.

ASTRONOMISCHE ASPEKTE

Eine wissenschaftliche Bestätigung der beiden ungewöhnlichen oben genannten Eigenschaften findet sich in den Forschungsarbeiten des russischen Wissenschaftlers Kozyrev, von denen Nachalov und Sokolov berichten. Kozyrevs faszinierende Entdeckungen sind das Ergebnis seiner vielen Beobachtungen durch das Teleskop. Kozyrev fiel auf, dass er ankommende Signale von Sternen aufzeichnen konnte, selbst wenn das Teleskop mit einem Metallschirm abgeschirmt war. Ein Metallschirm blockiert normale elektromagnetische Wellen, ist jedoch nicht in der Lage, skalare oder Torsionswellen zu blockieren.

Dies zeigte eindeutig an, dass Licht, eine elektromagnetische Welle, eine Komponente aufwies, die nicht durch Metallschirme abgeschirmt werden konnte, das heißt, Licht weist in seiner Substruktur hyperräumliche Komponenten auf, die sich im 3D-Raum nicht fortpflanzen.

Die hyperräumlichen Komponenten lassen sich nicht durch einen Schirm blockieren oder abschirmen, gewöhnliche elektromagnetische Wellen jedoch durchaus. Bei weiteren Beobachtungen mit dem Teleskop wurde das einfallende Licht von einem bestimmten Stern untersucht, wobei das Teleskop in drei verschiedene Positionen gerichtet wurde [3, 4, 5, 6]:

- Die sichtbare Position von einfallendem Licht – das ist das Licht, das aus der Vergangenheit entspringt und physische Zeit in Anspruch genommen hat, um über die Entfernung zu wandern;
- Die »wahre« Position des Sterns laut astronomischer Definition. Hier war das aufgezeichnete Signal viel stärker als bei Nummer 1. Allein schon die Existenz eines aufgezeichneten Signals von demselben Stern bei dieser Position wurde als Empfang von Strahlung von dem Stern mit Geschwindigkeiten ausgelegt, die Milliarden Male größer war als die Lichtgeschwindigkeit. Das bedeutete, dass das Lichtsignal keine Zeit dazu brauchte, das Teleskop zu erreichen – es traf im JETZT ein!
- Eine zur sichtbaren Position des Sterns symmetrische Sternposition, in Relation zu seiner wahren Position. Diese Tatsache wurde interpretiert als Entdeckung eines einfallenden Signals von einer künftigen Position des Sterns!

  Exakt dieselben Ergebnisse erhielt man auch, wenn das Teleskop mit einer Metallabschirmung versehen war. Es gab hyperräumliche Gegenstücke zu den Signalen am Teleskop. All diese Beobachtungen wurden interpretiert als Aufzeichnung von Torsionswellen.

PARANORMALE PHÄNOMENE IN VERBINDUNG MIT TORSIONSFELDERN

Laut Sokolov und Nachalov gibt es sowohl theoretische als auch experimentelle Gründe zu dem Schluss, dass diverse paranormale Phänomene mit bestimmten Manifestationen von Torsionsfeldern in Verbindung stehen. Darüber hinaus stellt Nachalov fest:

»Es ist festgestellt worden, dass Torsionsgeneratoren uns nicht allein erlauben, alle Phänomene zu reproduzieren, die sogenannte paranormal Begabte demonstrieren, sondern auch imstande sind, Effekte zu erzielen, die sich noch nie bei einem paranormal Begabten fanden.« [6]

Die beiden Forscher berichten, dass es sich bei dem, was wir visuell durch Kirlian-Fotografie beobachten, um Torsionsfelder handelt. Genau diese Felder beobachten entsprechend Begabte und deuten sie gewöhnlich als Aura. Da man Torsionsfelder als einheitliche Felder betrachtet, kann man die »Aura«, die feinstofflichen Energiefelder, als einheitliche Felder ansehen. [7] Also können wir einen Zustand innerhalb des feinstofflichen Feldes, in dem im Idealfall elektrische, Magnet-, Schwerkraft- und Torsionsfelder im Gleichgewicht sind, als ausgeglichenen Zustand betrachten.
Wenn äußere Torsionsfelder mit dem einheitlichen Feld feinstofflicher Energie in Interaktion treten, werden die inneren ausgeglichenen Kräfte getrennt, was Polarisierungseffekte erzeugt.
Von einem einheitlichen Feld oder Gleichgewichtszustand in den feinstofflichen Energiefeldern des Menschen zu sprechen, bedeutet also buchstäblich, von einer Geometrie des Gleichgewichts zu sprechen. Die Arbeit mit der Geometrie des feinstofflichen Feldes dient dazu, die inneren Kräfte zu ihrem einheitlichen Zustand des Gleichgewichts und der Ausgewogenheit zurückzubringen.
Auf diese Weise eliminieren wir Bereiche von Polarisation oder Ladung in dem Feld, welche die Substruktur des Feldes in ihrem unausgeglichenen Zustand hielt. Der Prozess in seiner Gesamtheit ist eine interdimensionale Aktivität geometrischer Ausrichtungen.

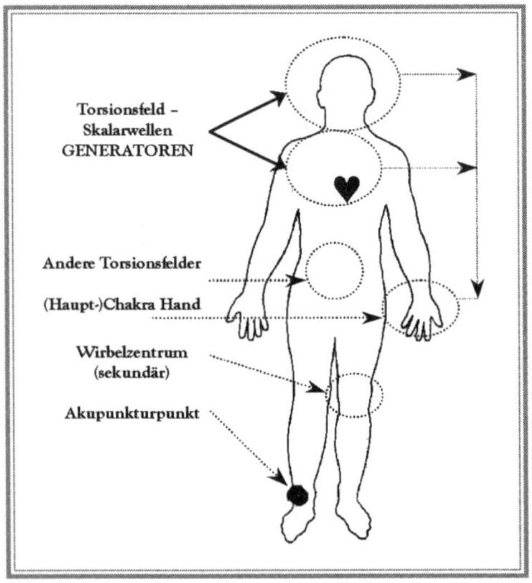

Abb. 7.6 »Torsionsfelder des Körpers«
Als Haupterzeuger nachweisbarer elektromagnetischer Felder sind Herz und Gehirn Generatoren von Torsionsfeldern und Skalarwellen. Der gesamte Körper erzeugt sein einzigartiges Torsionsfeld (von Bearden auch als skalare Aura bezeichnet), das holografisch jedes winzige Detail des gesamten lebenden Organismus enthält. Torsionsfelder tragen detaillierte Informationskarten als Muster in ihrer Substruktur. Ein Torsionsfeld erteilt anderen Torsionsfeldern seine räumliche Konfiguration. Das Torsionsfeld an der Hand wird durch die Muster von Herz und Gehirn (Emotion und Absicht) modifiziert. Torsionsfelder sind hyperräumliche Phänomene ungewöhnliche Eigenschaften. (Siehe Anmerkung 29 zu diesem Kapitel).

TORSIONSFELDER ALS MERKMAL ALLER OBJEKTE

Alle Materie, sei sie lebendig oder nicht lebendig, besitzt ihr ureigenes charakteristisches Torsionsfeld. Die Spins atomarer und subatomarer Teilchen überlagern oder ergeben zusammen genommen ein gesamtes kollektives Feld, das über die Intensität und Natur des Torsionsfeldes in dem jedes Molekül umgebenden Raum entscheidet. Das trifft auch zu auf den Raum, der die Substanz/das Objekt als Ganzes umgibt, und hieraus ergibt sich eine Überlagerung aller Spinfelder.
Jedes Objekt und jede Substanz verfügt also über ein Torsionsfeld mit einer einzigartigen räumlichen Anordnung, die auf seiner/ihrer Geometrie basiert. Man verändere das Torsionsfeld eines Objekts, und es lässt sich buchstäblich die Geometrie des Objekts verändern.

Die Struktur des Torsionsfeldes kann durch ein externes Torsionsfeld geladen (verändert, beeinflusst, geprägt, polarisiert) werden, das heißt, es kommt zu einer Spin-Spin-Interaktion. Das Torsionsfeld des Objektes nimmt eine neue Konfiguration an (als polarisierten Zustand), und diese Konfiguration bleibt selbst noch nach Beseitigung der Quelle des externen Torsionsfeldes erhalten.

DNS-PHANTOM – EIN TORSIONSEFFEKT

Ein Beispiel für dieses Phänomen ist der DNS-Phantomeffekt. [8] Bei diesem Experiment entfernt man die DNS aus einer Testkammer, aber Licht fährt fort, mit dem Bereich des Raumes zu interagieren, der vorher von der DNS-Probe besetzt war – als wäre die DNS noch anwesend. Hier erzeugt das Torsionsfeld der DNS eine Polarisierung in dem Vakuumzustand.

Die *Polarisierung* des Vakuums stellt eigentlich ein komplettes, detailliertes Muster der DNS-Struktur dar. Dieses Muster wird (als metastabiler Zustand) im physischen Vakuum »zurückgelassen« und überdauert dort noch eine Zeitlang. Das polarisierte Muster, das Torsionsfeld, zeigt anschließend Wechselwirkungen mit Licht. Unserer Auffassung nach existiert im Vakuum eine vollständige Kopie der physischen Wirklichkeit. Eine gute Darstellung der Prinzipien der Wellenformmuster, die im physikalischen Vakuum etabliert werden, findet sich in der Forschungsarbeit von Alex Kaivarainen. Kaivarainen präsentiert ein umfassendes Modell des Vakuums, der Materie und der physischen Felder, und dieses Modell erklärt alle paranormalen Phänomene und nichtlokalen Informationsfelder sowie die Prinzipien der Ganzheit und Selbstorganisation. [9]
Das bedeutet, dass auf jedem beliebigen physischen oder biologischen Objekt ein Feld mit einer bestimmten räumlichen Konfiguration oder einem bestimmten Muster aufgezeichnet werden kann, und ebenso zu dem physischen Vakuumzustand, wo auch eine Aufzeichnung existiert. Veränderungen am Spinzustand einer Substanz können deren elektrische Eigenschaften, ihre Magnetisierbarkeit, Wärmeleitfähigkeit und andere Merkmale verändern. [10]

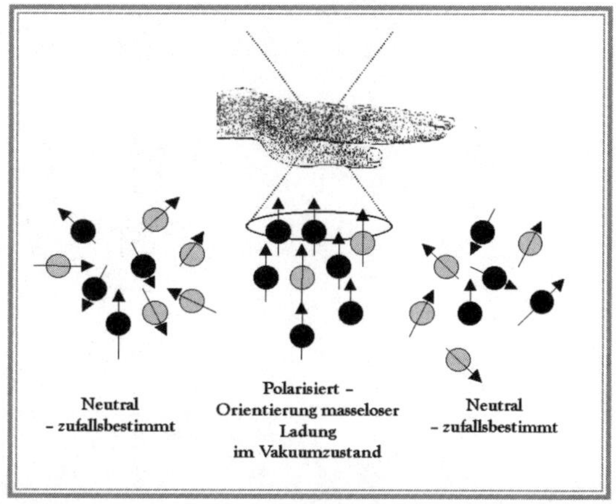

Abb. 7.7 »Vakuumpolarisierung«
Die Spin-/Torsionshyperfelder der Hand stören den neutralen, ausgewogenen Zustand des Vakuums. Die Polarisierung ist mehr als eine einfache Vorzugsorientierung masseloser Ladung. Ein komplettes Informationsmuster wird auf den Vakuumzustand übertragen, das den Zustand der Hand spiegelt. Es ist ein Resonanzmuster, das in Wechselwirkung mit den feinstofflichen Energien tritt, die Informationen übertragen. Dabei können nichtlokale Wirkungen auftreten. (Siehe Anmerkung 30 zu diesem Kapitel).

KONFIGURATIONSTRANSFER

Ein dramatisches Beispiel für den Interaktionseffekt eines externen Torsionsfeldes bei der Veränderung einer physischen Struktur zeigt sich nach Nachalov und Sokolov in dem nachfolgenden Experiment. [11] Die beiden russischen Forscher stellen die Hypothese auf, dass ein von Yu V. Tszyan Kanchzhen entwickelter Torsionsgenerator dazu verwendet werden könne, die Merkmale lebendiger Organismen zu verändern. Wir können nicht überprüfen, ob es einen solchen Generator tatsächlich gibt oder ob dieses Experiment tatsächlich stattgefunden hat. Die Gedanken und Ideen dahinter sind jedoch beeindruckend. Was für unser Verständnis maßgeblich ist, sind die Prinzipien des Prozesses.

Man betrachte einen Torsionsfeldgenerator, der mit Sende- wie auch Empfangskammern ausgestattet ist. Bei unserem vorgeschlagenen Experiment setzen wir eine Ente in die Sendekammer und dann eine Henne in die Empfangskammer. Bei dieser Anordnung wird die Henne zum

Empfänger des Torsionsfeldes der Ente. Über einen Zeitraum von mehreren Tagen, in dem die Henne dem übertragenen Torsionsfeld ausgesetzt ist, würde die Henne dann beginnen, Entenmerkmale anzunehmen. Die Henne könnte physisch Schwimmfüsse, einen Entenschnabel und ähnliches entwickeln.

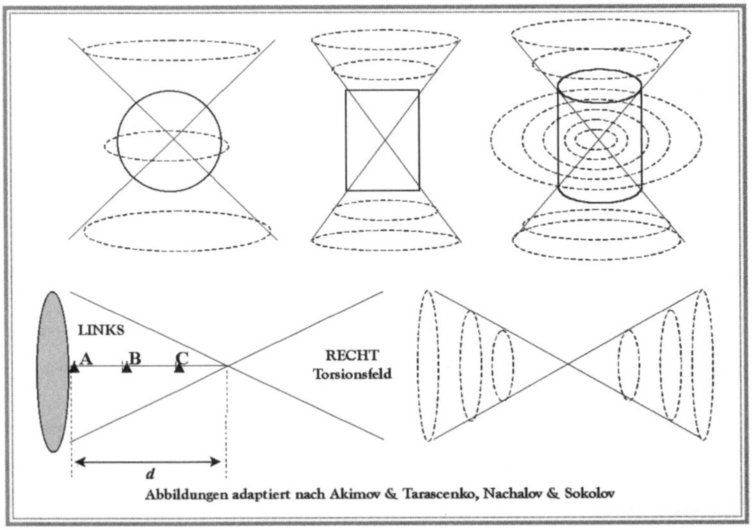

Abb. 7.8 »Torsionsfelder von Objekten«
Jedes Objekt besitzt sein eigenes Torsionsfeld. Die räumliche Konfiguration des Torsionsfeldes steht mit der Geometrie des Objekts in Beziehung. Die Abbildung illustriert die Feldkonfiguration unterschiedlicher geometrischer Strukturen. Man beachte, dass es linke und rechte Torsionsfelder gibt. Torsionsfelder können infolge einer Verzerrung des physikalischen Vakuums erzeugt werden. (Siehe Anmerkung 26 zu diesem Kapitel).

Wir sprechen hier von einem potenziellen Konstruieren des physischen Zustands unter Anwendung angewandter Torsionsfelder (Bearden bezeichnet dies als Skalarwellentechnik). Dementsprechend lässt sich physische Wirklichkeit durch die Interaktionen der Torsionsfelder umgestalten, verändern und modifizieren. In dem obigen Beispiel würde das Informationsfeld, welches das Muster der Henne definiert, mit der Musterbildung der Ente »aufgeladen« werden. Besteht der Einfluss des externen Enten-Torsionsfeldes auf die Henne lange genug, so wird das Informationsfeld der Henne umstrukturiert. Folglich entwickelt die Henne neue physische Merkmale. Denn mit Aufladung des Informations- und Torsionsfeldes der Henne mit dem Entenmuster würde sich der biologische Organismus der Henne im Laufe der Zeit umorganisieren, um sich den Modifikationen innerhalb ihres Informationsfeldes anzugleichen.

DIE WIRKLICHKEIT IST EINE PROJEKTION PRIMÄRER FEINSTOFFLICHER FELDER

Ausgehend hiervon kann man gar nicht genug betonen, dass die physische Wirklichkeit tatsächlich die Projektion der primären feinstofflichen Informationsfelder ist. Die oben erwähnten Feldstrukturen unterliegen Interaktionen, Beeinflussungen und Veränderungen. Letztlich liefern die feinstofflichen Felder die Muster oder Informationsgrundlagen, welche die Elementarteilchen bei der Gestaltung der physischen Wirklichkeit leiten. Ebenso wie ein Funksignal ein Schiff auf hoher See lenken und steuern kann, lenken die »feinstofflichen« Informationsfelder und Energien die Muster, in denen sich physische Materie ausdrückt, wie sie sich vor unseren Augen zeigt. Damit physische Veränderungen stattfinden können, muss das Torsionsfeld die Muster der feinstofflichen Informationsfelder verändern, in denen die eigentlichen Entwürfe für die Materie bestehen. Genau das geschieht offensichtlich bei unserem oben geschilderten Beispiel.

Torsionsfelder treten jedoch immer in Interaktion, selbst wenn es keine unmittelbaren oder offensichtlichen Auswirkungen gibt. Hierzu ist keine dramatische Veränderung der physischen Wirklichkeit erforderlich. Feinstoffliche interaktive Effekte treten auf innerhalb der feinstofflichen Energiefelder und auf der Quantenebene. Virtuelle (nicht zu beobachtende) Muster, die in feinstofflichen Mustern platziert werden, können gemäß Bearden aktiviert oder aufgeladen werden. Sobald das Individuum dem Muster genügend Energie hinzugefügt hat, wird die Quantenschwelle durchbrochen, und das virtuelle Muster wird nun real in seinem physischen Zustand.

TORSIONSFELDER FÜHREN ZU RESONANZINTERAKTION

Obgleich das Torsionsfeld niemals die Energie eines Systems verändert, kann es auf die Phase der Wellenfunktion einwirken und erteilt dadurch dem System Information. Zum Beispiel weiß man von biologischen Zellen und biologischen Prozessen, dass sie auf unendlich geringfügige elektromagnetische Felder und Fluktuationen im geomagnetischen Feld der Erde reagieren.
Mit Hilfe der herkömmlichen Theorie des Elektromagnetismus lässt sich diese Auswirkung geringfügiger elektromagnetischer Felder auf biologische Wirkungen nicht erklären. Aber stellen wir uns einmal vor, dass es zu den biologischen elektromagnetischen Feldern Torsionsfelder als Gegenstücke gibt. Und die Interaktionen zwischen den Torsionsfeldern können die Wechselwirkungen kleinen Maßstabs erklären, die Information erteilen. Dies wurde bei einem Ion (sozusagen geladenen Teilchen) in einem Proteinmolekül festgestellt, das einem externen Torsionsfeld ausgesetzt wurde. Das Ion reagierte auf das externe Feld resonanzartig. [12] Die biologische Wirkung auf das Protein-Ion geht auf Torsionsinterferenzeffekte auf der Quantenebene zurück.

RESONANZ AUF GEOMETRISCHE FORMEN

Resonanzinteraktionen können auch von passiven Torsionsfeldgeneratoren ausgehen. Russische Forscher konnten nachweisen, dass einige Objekte, vor allem solche, die bestimmte geometrische Eigenschaften und besondere Formen aufweisen, eine Resonanzinteraktion mit biologischen Objekten hervorrufen. [13] Zu den untersuchten Formen gehören Pyramiden, Kegel, Zylinder, Dreiecke, Türme und Kuppeln. Die Ergebnisse zeigten, dass man Objekte mit geometrischen Proportionen, die sich nach dem Verhältnis des Goldenen Schnittes (1:0,618) richten, als passive Torsionsgeneratoren betrachten kann.
Passive Torsionsgeneratoren erzeugen polarisierte Störungen innerhalb des physischen Vakuums. Die Polarisierungsmuster resultieren in den virtuellen Kräften aus dem Vakuum, die mit biologischen Systemen wechselwirken. Die Eigenschaft einer Substanz, die offen ist für eine Beeinflussung durch Torsionsfelder, ist der Spin. Spin geht mit virtuellen Strudeln einher, die im Vakuumzustand errichtet werden. Das Torsionsfeld ist in der Lage, das Tempo eines jeden physikalischen Prozesses zu verändern. So zum Beispiel ist experimentell belegt worden, dass ein Torsionsfeld die Oszillationsfrequenz von Quarzkristallen signifikant verändern kann. [14]

MAGNETISMUS PRODUZIERT TORSIONSFELDER

Ein natürliches Objekt, das in der Lage ist, jede physische Substanz zu beeinflussen, ist der Permanentmagnet. Ein Magnet kann auf ein Objekt einwirken, selbst wenn dieses Objekt nicht magnetisierbar ist. Das gilt für jedes Objekt lebender oder nicht lebender Art. Und wie? Jeder Permanentmagnet verfügt über sein eigenes Torsionsfeld. Diese Entdeckung wurde experimentell von dem russischen Forscher A. I. Veinik nachgewiesen. [9]
Ein Permanentmagnet besitzt nicht nur gerichtete Magnetmomente, sondern auch klassische Spinorientierung, die das Torsionsfeld hervorbringen. Das Torsionsfeld und seine Wirkungen sind getrennt und verschieden von dem, was wir als magnetische Kraftlinien kennen und sehen. Das Torsionsfeld kann sich auf jede Substanz auswirken, selbst auf Substanzen, die nicht mag-

netisierbar sind. So zum Beispiel kann ein Magnet die Eigenschaften von Wasser beeinflussen. Wasser ist diamagnetisch, was bedeutet, dass es nicht magnetisiert werden kann. Und doch reagiert die Struktur des Wassers auf das Torsionsfeld des Magneten. Natürlich ist jedes Magnetfeld mit einem Torsionsfeld verknüpft. Als Quellen nachweisbarer magnetischer Phänomene sind die Hände Erzeuger von Torsionsfeldern (siehe Abbildung 7.5).

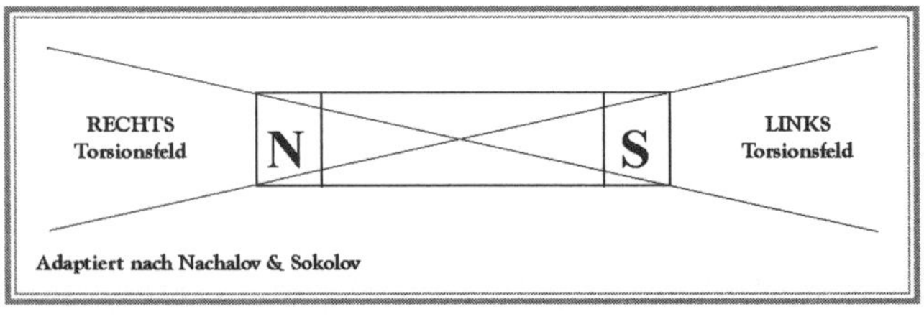

Abb. 7.9 »Torsionsfeld des Magneten«
Die Abbildung zeigt die Form des Torsionsfeldes für einen Permanentmagneten. Man beachte, dass ein rechtes sowie ein linkes Torsionsfeld existiert (der magnetische Norden ist ein rechtes Torsionsfeld). Jedes physische Objekt hat ein Torsionsfeld. Aufgrund dieser Tatsache ist das Torsionsfeld eines Permanentmagneten in der Lage, mit jeder beliebigen Substanz zu interagieren, selbst mit solchen, die nicht magnetisierbar sind oder diamagnetisch sind. (Siehe Anmerkung 27 zu diesem Kapitel).

MIT SPINS VERBUNDENER MAGNETISMUS

Ein Magnet entsteht durch die kohärente Ausrichtung der kleinen geladenen Partikel (magnetischen Bereiche), die die Grundlage der materiellen Substanz des Magneten bilden. Jedes Teilchen ist eine kleine rotierende Kugel mit einem Nordpol und einem Südpol. Unter dem Einfluss einer Kraft von außen wie beispielsweise dem Vorhandensein des Magnetfeldes während der Kristallisation der Substanz oder der Anwesenheit eines fließenden Stromes entsteht eine einheitliche Ausrichtung der rotierenden Kugeln. Die Substanz wird magnetisiert.

Die einheitlichen und kohärenten kollektiven Spins der geladenen Partikel errichten ein Spin-/Torsionsfeld. Das Spinfeld bildet zwei Kegel vom Zentrum des Magneten nach außen (siehe Abbildung 2.2). Innerhalb eines Kegels tragen die kollektiven Spins zu einer gegen den Uhrzeigersinn gerichteten Wirbelkraftpotenzialwirkung bei. Diese Spinfelder bewirken, dass die kreisförmige Bewegung von Teilchenenergiefäden im Vakuum zirkulieren.

EIN MAGNETSTROM

Die Magnetpole lassen Gradienten im Vakuum entstehen, die zu den magnetischen Kraftlinien führen, das heißt, einem Fluss. Der Einfluss des Spinfeldes trägt hierzu einen interessanten Effekt bei. Während die Teilchen den Magnetfäden entlang strömen, werden sie dazu gebracht, entweder im Uhrzeigersinn oder gegen den Uhrzeigersinn von ihrer Bahn abzuweichen, das heißt, die Teilchen beschreiben eine spiralförmige Bahn. Jeder Magnetpol stört die Teilchendichte im Vakuum. Dies erzeugt Gradienten, die das natürliche Gleichgewicht des Vakuums stören. Die Druckgradienten sind entweder auf den Magnetpol oder von diesem weg gerichtet.
Der Gradient manifestiert sich immer als Fluss. Selbst wenn es unbeobachtet bleibt, resultiert immer ein skalarer Strom oder eine entsprechende Bewegung. Aus der unbegrenzten Energiequelle des Vakuums schöpfend, löst der Magnet einen Zustrom in den Südpol aus. Mit der Spiralwirbelaktion des Spinfeldes werden die Partikelfäden scheinbar in den Südpol hineingezogen, während sie durch die im umgebenden Bereich erstellten Gradienten geschoben werden. Der im Uhrzeigersinn rotierende Wirbel ist die zentripetale, kompressive, verdichtende Aktion, bei der Energie in den Pol hinein gezogen wird (siehe Abbildung 6.11).

ZENTRIFUGALE UND ZENTRIPETALE AKTIVITÄT

Der rotierende Wirbel verdichtet, konzentriert und fokussiert den Strom vom Vakuum in den Südpol. Am Nordpol spielt sich das Gegenteil hiervon ab. Der Strom, der den Nordpol verlässt, folgt den Spiralwirbeln gegen den Uhrzeigersinn. Dies ist die zentrifugale, expandierende Bewegung. Die kombinierte Wirkung der beiden Pole besteht darin, eine Art Pumpenmechanismus mit Druck und Zug zu erzeugen, der Energie aus dem Vakuum am Südpol herauszieht und am Nordpol hinein bringt. Hier haben wir die Prinzipien zur Nutzung von Nullpunktenergie, »freier Energie«, durch das Konstruieren potenzieller Gradienten innerhalb des physikalischen Vakuums.

Ein Permanentmagnet ist eine Vakuummaschine, die ihre Permanenz dadurch aufrecht erhält, dass sie sich aus der unbegrenzten Energiequelle des Vakuums (auch Dirac-Ozean oder Kosmisches Meer genannt) speist. [16]

MAGNETISMUS IN RESONANZ MIT DEM URSPRUNG

Der Stabmagnet errichtet eine Resonanz, das heißt, einen geschlossenen Schaltkreis in Abstimmung auf die Quelle von Vakuumenergie, in welchem seine elektromagnetischen Felder eine kontinuierliche, permanente Ladung erhalten und aufrechterhalten. Die Permanenz eines Magneten rührt von dem geschlossenen Schaltkreis her, der einen Magneten zu einem Generator freier Energie macht. [16]

Ähnliche Prinzipien würden für die Magnetfelder an den Händen gelten, die eine Resonanz mit den Energien des Vakuums herstellen (siehe Abbildung 6.18). In diesem Fall wird das menschliche Magnetfeld kontinuierlich durch die elektromagnetische Energie von Resonanzfrequenzen des Vakuumfeldes geladen. Ein Beispiel dafür ist die Schumann-Frequenz, die auch der natürlichen Frequenz des menschlichen Organismus entspricht. Eine derartige Resonanz würde sich äußern als Empfangen freier Energie oder »Channeln«.

POLARITÄT ALS EIGENSCHAFT DES SPINS

An jedem Magnetpol existieren Fäden eines Ladungsteilchenflusses. [18] Diese folgen entgegengesetzten Mustern. Ein Fluss ist eine Bewegung von Ladungsteilchen im Uhrzeigersinn und manifestiert sich als negative elektrische Polarität. Das andere Muster ist ein Ladungsteilchenfluss gegen den Uhrzeigersinn, der sich als positive elektrische Polarität manifestiert.

Die Richtung des Wirbelspins schafft die elektrische Polarität. Die Spindichte des Wirbels – die Dichte der Fäden von Partikeln, die in dem Wirbel rotieren – begründet den Gradienten oder die Stärke der elektrischen Polarität. Hier haben wir beschrieben, inwiefern Polarität die Auswirkung, und nicht eine Ursache von Potenzialgradienten ist, die in der virtuellen Wirklichkeit geschaffen werden.

Elektrische Polarität lässt sich verstärken. Dafür gibt es verschiedene Ansätze:

- Die Gradienten ins Gleichgewicht bringen und laden oder verstärken (mehr Licht einfangen);
- Die Spinrichtungen des Wirbels ausgleichen und angleichen;
- Die Spindichte erhöhen, indem mehr Energiefäden in den Wirbel gezogen werden.

Die obigen Aktionen verändern wirksam die elektromagnetischen Eigenschaften eines rotierenden Wirbels wie etwa eines Chakras. Das oben Angesprochene kann auch sehr gut die Aktivität des Chakras beschreiben. Es ist ein entscheidender Grund dafür, dass das Chakra immer an seine korrekte Spinrichtung angeglichen und ins Gleichgewicht gebracht werden muss und nicht in einem statischen oder nichtrotierenden Zustand belassen werden darf. Der Wirbel

oder Spin des Chakras nimmt eine höhere elektrische Ladung an. (Man kann das Chakra als Mini-Einstein-Rosen-Brücke betrachten – ein interdimensionales Verbindungsstück).
Dieses Prinzip wurde in einem Versuch von Pat Flanagan 1976 demonstriert. Flanagan verwirbelte Wasser zu einem Strudel und entdeckte, dass rotierendes Wasser ein elektromagnetisches Feld erzeugte. Bei einer Wirbeldrehgeschwindigkeit von 1000 Umdrehungen pro Minute entwickelte ein Wasserstrudel von zirka 10 Zentimetern 10.000 Volt. Man erlaubte dem Strudel zu kollabieren, wobei die elektromagnetische Energie von den Wassermolekülen absorbiert wurde. Das Wasser wurde magnetisch geladen. Magnetisch geladenes Wasser hat einen positiven Einfluss auf den Ionenaustausch in Zellmembranen. Das Laden von Wasser verbessert die kristallinen Eigenschaften der Flüssigkeit. Damit befasste sich das Lebenswerk des berühmten Viktor Schauberger: die Kraft eines spiralförmig rotierenden Wasserstrudels zu studieren und zu nutzen. [19]

ERNEUTE ALLGEGENWART

Platziert man einen Stabmagneten in einem verschlossenen Behälter, so sind die magnetischen Kraftlinien in diesem gefangen. Effektiv quetscht dies das uns bekannte Magnetfeld. Das Spinfeld des Magneten jedoch kann durch das Gehäuse nicht abgeschirmt werden und wird es auch nicht. Der Grund dafür ist, dass das Torsionsfeld des Magneten im physikalischen Vakuum existiert – das anders ist als unser 3D-Raum. Gemeint ist dabei das Vektorpotenzial, das in Abwesenheit eines beobachtbaren Magnetfeldes existiert (siehe Abbildung 2.11).

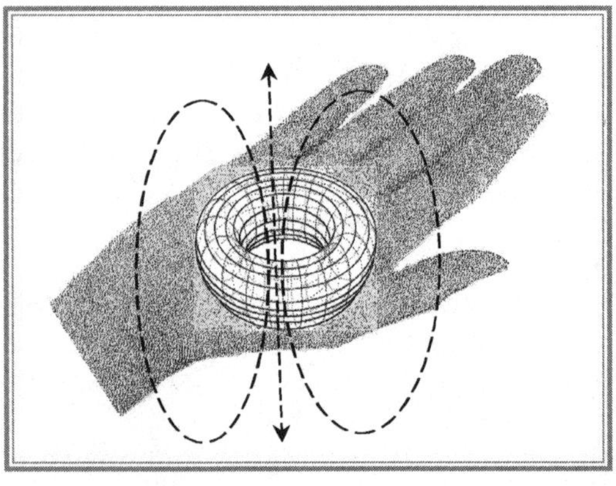

Abb. 7.10 »Torus in der Hand«
Die Torus-(Donut-)Form ist ein grundsätzliches Merkmal des Magnetfeldes. Die magnetische Nord-Süd-Achse ist im Mittelpunkt des Loches im Zentrum des Torus zentriert. Diese Form ist ein Aspekt der rotierenden Wirbelbewegung, die Licht und Energien sowohl einfängt als auch ausstrahlt. Der Torus ist eine hyperräumliche interdimensionale Anschlussstelle an virtuelle Wirklichkeiten. Er ist ein interdimensionaler Wirbel.

Das berühmte Experiment, das unter dem Namen Bohm-Aharonov-Effekt bekannt ist, ergab, dass das Vektorpotenzial selbst dann über große Reichweiten Wirkung zeigt, wenn im normalen Raum keine Magnetfelder existieren. Tiller zufolge ist das Vektorpotenzial das Bindeglied zum feinstofflichen Bereich. Vektorpotenziale existieren beim Stabmagneten. Ein Vektorpotenzial bestimmt die Magnetfelder an den Händen.

DIE HAND ALS LEBENDE ANTENNE

Nun wieder zum Magnetismus der Hand. Wir entdecken einige interessante Ähnlichkeiten mit einem Stabmagneten, stoßen jedoch auch auf außergewöhnliche Unterschiede. Als elektrische Kohlenstoff-Lichtwesen sind wir nämlich – anders als Materie auf Siliziumbasis – mit der Fähigkeit ausgestattet, Frequenzen zu modifizieren oder modulieren.
Emotion und Absicht mäßigen die Schwingungen im menschlichen Energiefeld. Die holografische Natur des menschlichen Körpers und des menschlichen Energiefeldes bringt all diese Schwingungen in unsere Handflächen ein.

Gut belegt wird dies in der Arbeit von Valerie Hunt, vom Heart Math Institute, von Davis und Rawls sowie von vielen anderen. Die Auswirkung von Emotionen lässt sich auch bei Kirlian-

Aufnahmen erkennen, ebenso wie in Verbindung mit anderen Verfahren, mit deren Hilfe die Aura fotografiert wird.
Die Hand ist an das Herz sowie an die Absicht und die skalare Aktion des Gehirns gekoppelt. Der menschliche Körper ist eine lebende Antenne und als solche Empfänger und Sender für einen unglaublichen Frequenzbereich. Die rechte und linke Handfläche tragen einander entgegengesetzte Magnetpole in sich. Auch der Handrücken jeder Hand trägt entgegengesetzte Magnetpole. Ein Spin-/Torsionsfeld erstreckt sich kegelförmig in beide Richtungen, von der Mitte des Handtellers aus (siehe Abbildung 7.5). Ein Torus ist um den Magnetäquator zentriert und ragt gleichmäßig an beiden Seiten der Hand hervor.

Das Spiralwirbelfeld der Hand ist sehr wahrscheinlich mit der Form der Spiralenergie innerhalb der DNS verbunden. Der Spiralwirbel wird um viele Größenordnungen vervielfältigt, während die Energie von innerhalb der DNS-Schablone kollektiv nach außen expandiert.

TORSIONSFELD – SPIN-SPIN-WECHSELWIRKUNG: DIE ENDGÜLTIGE ANTWORT...

Es gibt keine endgültigen Antworten, aber wir können weiter über die Möglichkeiten spekulieren. Welche anderen Wechselwirkungen können noch aus den Feldern der Hände resultieren?
Betrachten wir einmal die Auswirkung der Spin-Spin-Wechselwirkungen der Torsionsfelder mit biologischer und feinstofflicher Materie, die von unseren Händen ausgehen. Torsionsfelder interagieren mit anderen Torsionsfeldern. Das ist eine wissenschaftliche Tatsache. Es gibt auch Fälle, wo es zu direkten Wechselwirkungen zwischen der energetischen Substruktur des Torsionsfeldes und dem elektromagnetischen Feld kommen kann.
Erklärt wird dies von Alexander Shpilman, der einen einzigartigen Torsionsfeldgenerator herstellte. Shpilman geht außerdem auf die physikalischen Eigenschaften von Torsionsfeldern ein. Er verwendet die Begriffe »Spin« und »Axion« als Synonyme für »Torsion«. Spin/Axion/Torsion-Felder beziehen sich also auf das gleiche Gebilde, und wir verwenden diese Terminologie austauschbar. Gemäß Shpilman besteht das Spin-/Axionfeld aus komplexen Formen von ineinander verschachtelten Spiralgebilden. Genauer ausgedrückt:
»Entlang der Spiralfäden besteht ein Energiefluss von großer Dichte mit einer Pseudoladung, wodurch ein Magnetfeld geschaffen wird.« [20]
Die Fäden und Spiralen »reagieren sehr empfindlich auf die Größe und Richtung des Vektorpotenzials.« [20]
Shpilman beschreibt das Spin-/Axion-/Torsionsfeld als Geburtsstätte oder Ursprung virtueller Partikel. Innerhalb der Räume der »Spiralfäden« werden neutrinoähnliche Partikel erzeugt, und diese weisen eine Reihe von Merkmalen auf, zu denen ein Spektrum von Resonanzfrequenzen gehört. In vielen Jahren seines Experimentierens und seines Studiums der Auswirkungen von Torsionsfeldern auf biologische Materie beobachtete Shpilman, dass äußerlich angewandte Spins/Torsionen Folgendes bewirkten:

- Steigerung des bioenergetischen Energieflusses bei Pflanzen
- Verbesserung des tierischen Immunsystems
- Langfristiger Resteinfluss (über mehrere Wochen). Selbst noch nach Entfernung des äußeren Feldes.

Shpilmann geht auch auf die Verwendung passiver Torsionsgeneratoren durch ein Individuum ein und trifft die Feststellung, dass die Aktivität innerhalb der Feldstruktur weitgehend von den Gedanken des Experimentators abhängt. [20]

INTERAKTIVES POTENZIAL

Die menschliche Hand stellt uns ein natürliches Spin-/Torsions-/Axionfeld zur Verfügung. Wir sind Erzeuger von Spinfeldern. Wechselwirkungen mit anderen Spinfeldern kann dieses Feld unter anderem durch die Akupunkturpunkte (»Akupunkte« oder Energieaustauschöffnungen), Chakras und alle sonstigen primären/sekundären oder größeren/kleineren Wirbelenergiezentren des menschlichen Körpers und der menschlichen Energieanatomie herstellen.

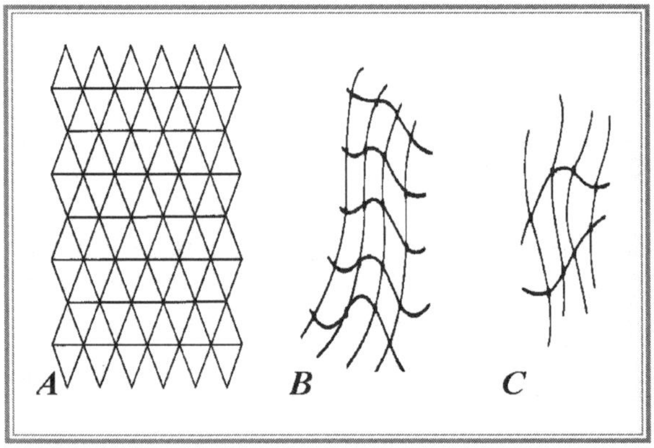

Abb. 7.11 »Kristalline Feldstruktur«
Wir können uns ein Informationsfeld oder eine feinstoffliche Energieschicht als etwas vorstellen, das aus einer n-dimensionalen (n>3 mit hyperräumlichen Merkmalen) kristallinen Gitterstruktur [A] besteht. Die elektrischen und magnetischen Vektoren weisen jeweils virtuelle Substrukturen auf, die mit höheren Räumen verbunden sind und in Beziehung stehen. Die Geometrie dieser Gitterstruktur stellt eine Resonanz her mit komplexerem Raum. Knotenpunkte, bei denen multiple Vektoren wechselseitig in Verbindung kommen, tauschen Informationen aus und haben, falls abgestimmt, interdimensionalen Zugang zu Information und Energiefluss. Normale Muster [B] in dem Gitter können durch Einfluss von äußerem »Rauschen« deformiert werden [C]. Die Muster [C] stellen einen Input für das kristalline Gitter dar, der nicht harmonisch gespeichert wird.

Zudem können wir einen interaktiven Prozess unterhalten, der sich zwischen dem Torsionsfeld der Hände und dem Informationsfeld abspielt, das den Organismus umgibt. Man betrachte das Informationsfeld als schwingendes Netz elektromagnetischer Energie, das jedoch dynamisch, lebendig und in Entwicklung begriffen ist. Wir können es als Biofeld bezeichnen.

Das Biofeld ist eine spezielle Art von Informationsfeld. Doch auch andere feinstoffliche Energiestrukturen lassen sich als Informationsfelder bezeichnen. Der Begriff »Informationsfeld« wird also sehr weit gefasst.

Die gesamten feinstofflichen Strukturen sind in irgendeiner Weise elektromagnetischer Natur, was bedeutet, dass immer Torsionsfelder mit ihnen einhergehen – ja, dass diese Informationsfelder sogar Torsionsfelder sind. [21] Wir müssen bedenken, dass sowohl physische als auch feinstoffliche Materie hierarchisch strukturiert ist.

Wie feinstoffliche Energiefelder oder Informationsfelder organisiert sind, hängt von ihrem jeweiligen Ursprung in höheren Dimensionen ab. Torsionsfelder interagieren mit anderen Torsionsfeldern.

Ist es möglich, Rauschen aus den feinstofflichen Feldern zu beseitigen? Ist es möglich, das Biofeld umzustrukturieren für einen normalen guten Gesundheitszustand? Ist es möglich, Biofelder von Parasiten zu zerstören und durcheinander zu bringen, die das menschliche Biofeld verstopfen und Krankheiten Vorschub leisten? Ist es möglich, die Rauschmuster zu eliminieren, die sich in den feinstofflichen Feldern eingenistet haben und den Emotionen entspringen?

Emotionen erzeugen eine skalare elektromagnetische Aktivität, die vom Gehirn/Nervensystem und den endokrinen Drüsen ausgeht. Die skalare Aktivität erzeugt Störmuster, und diese werden in die feinstofflichen Feldstrukturen eingebettet.

Verfahrenstechnisch geschehen diese Dinge seit längerem. Die Arbeit von Priore, Rife, Hulda Clark, um nur einige zu nennen, stehen in Zusammenhang mit diesen Ideen. Bearden behauptet, dass die derzeitige Skalartechnik Potenzial zur »Informationsstrukturierung« in sich trüge, und

dass dies erforscht wird. Außerdem haben die Versuchsergebnisse russischer Torsionsfeldforschung die Möglichkeit bewiesen, die physikalischen Eigenschaften lebendiger Organismen zu verändern. All diese Betrachtungen weisen auf einen gewaltigen Schluss hin:
Unsere physikalische Wirklichkeit unterliegt Veränderungen. Strukturierte Information kann übertragen werden. Physische Veränderungen können »zeitumgekehrt« werden. Krankheitsmuster können eliminiert und die Gesundheit kann wiederhergestellt werden... alles das einfach durch Zugriff auf und Veränderung der Informationsfelder, die die Materie (sowohl des Lebendigen als auch des Nichtlebendigen) organisieren.
Schon durch die Technologie des zwanzigsten Jahrhunderts ist es gelungen, solche Kunststücke zu vollbringen.

EIN VERBINDENDES FELD

Alle lebenden Zellen und jedes Molekül, das sie bildet, sind mit dieser unsichtbaren, spitzenwerkartigen Biofeldstruktur verbunden (siehe Anhang A und C). Das Netz oder Biofeld schafft nicht allein die unsichtbare Verbundenheit der Zellen, sondern auch die Plattform, von der ausgehend die Zellen die anfallende Arbeit planen.
Dieses Informationsfeld gleicht einem Zeichenbrett, auf dem – virtuell – zunächst einmal die Funktionsweise der Zellen skizziert wird. Ausgehend von diesem Arbeitsplan kommt es anschließend zur Umsetzung durch die physikalischen Prozesse. Die Arbeit der DNS wird zuerst in der Biofeldstruktur bearbeitet. Im Biofeld findet die Zelle die benötigten Muster und Strukturen, die für den lebenden Organismus kodiert worden sind. Doch gleichzeitig erhält das Feld Signale von den Zellen, welche die globale Netzstruktur als solche aktualisieren.
Damit die Evolution auf der physischen Ebene stattfinden kann, müssen die neu entwickelten Zustände in die Feldstruktur eingepflanzt werden, damit die Zellen Zugang zu dieser aktualisierten Information gewinnen. Hierin liegen die Prinzipien bei der Evolution auf der Zellebene.
Damit physische Veränderungen eintreten, muss neue Information für die Zellen in diesem Netz/Biofeld/Informationsfeld erscheinen.
Bearden und russischen Forschern zufolge können die Struktur und der Informationsgehalt dieses Feldes mit bereits existierender Technik manipuliert und verändert werden. Physische Veränderungen können entsprechend den veränderten Mustern Gestalt annehmen, die in das Informationsfeld eingepflanzt werden können.
Biologen erkennen an, dass zelluläre Reparatur von einem unsichtbaren Einfluss gesteuert wird – ob wir hier von einem Biofeld sprechen oder einem morphischen Feld. Genau diese unsichtbaren Felder, von denen aus eine holografische Projektion in den 3D-Raum erfolgt, sind notwendige und erforderliche Muster für die Formung der biologischen Reparatur. Die physischen Elemente der Zellen bauen sich um, indem sie einem detaillierten Plan folgen, der aus höheren Dimensionen stammt. Das Biofeld gehorcht wie ein Informationsfeld dem holografischen Prinzip – ein beliebiger Teil des Feldes enthält die Information des Ganzen.

DAS BEWUSSTSEIN VERBINDET MIT DEM TORSIONSFELD

Sind wir als multidimensionale Wesen mit der technischen Fähigkeit ausgestattet, unsere physische Wirklichkeit zu beeinflussen und zu verändern?
Bewusstsein und Absicht steuern das Torsionsfeld. Hiermit haben wir einen Mechanismus zum Verbinden des Gedankenfeldes mit feinstofflichen Strukturen durch das Torsionsfeld.
Die Formulierung der Torsionsfeldtheorie ist kein Thema für Laien. Ebenso wenig ist sie für die meisten Wissenschaftler ein Thema. Die verwendete Mathematik mutet wie eine eigene außerirdische Sprache an. Daher sind wir von den wirklichen Experten und Spezialisten abhängig, um die physikalischen Vorstellungen zu deuten, die mit der mathematischen Theorie

einhergehen. Einer dieser Experten ist Jack Sarfatti von der Advanced Intelligence Agency. Wir haben Sarfatti schon an früherer Stelle als Innovator der »Post-Quantentheorie« vorgestellt – einer Disziplin, die um eine Erklärung der Interaktion zwischen Geist und Materie bemüht ist. Sarfatti hat einen Primärtext eines russischen Autors [23] über die Torsionsfeldtheorie kommentiert. Wir entdecken, dass Shipov, dieser Autor, das mentale Bewusstseinsfeld mit dem Torsionsfeld verbindet. Das wird in den beiden folgenden Aussagen deutlich, die Sarfatti zitiert. [22] So heißt es auf Seite 74 von Shipovs Arbeit:

»Auf dieser Wirklichkeitsebene spielt das ›Superbewusstsein‹ eine entscheidende Rolle. Wobei dieses als der aktive Ursprung des Ideals erscheint, das im Rahmen des universellen Relativitätsprinzips wirkt.« [22] Und an einer zweiten Stelle heißt es, auf Seite 75 von Shipovs Text:

»Es kommt zu einem Übergang von der ersten Wirklichkeitsebene zur zweiten (der Ebene des primären Torsionsfeldes)... unter der Einwirkung eines externen Torsionsfeldes, von dem man experimentell nachweisen konnte, dass es sich anscheinend um das Vermittlungsmedium des ›Bewusstseinsfeldes‹ handelt.« [22]

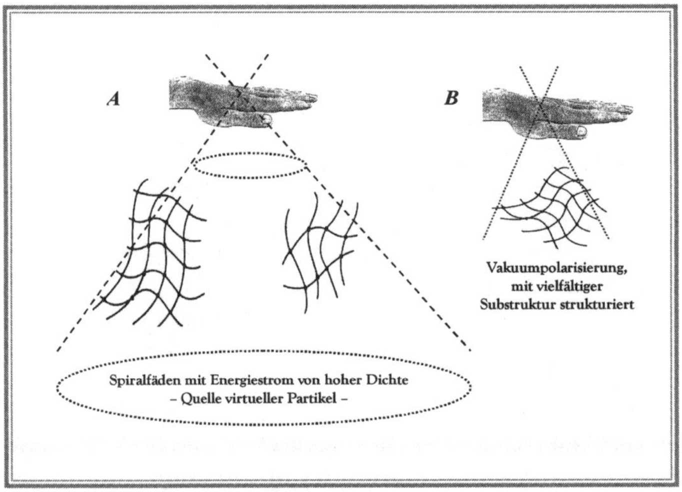

Abb. 7.12 »Interaktion Torsionsfeld / kristallines Feld«
Das Spin-/Torsionsfeld besteht aus Spiralfäden mit einem Energiefluss hoher Dichte. Außerdem ist das Torsionsfeld eine Quelle virtueller Partikel, die mit den feinstofflichen Feldern wechselwirken. Die Interaktionen mit einem feinstofflichen Energiefeld (A) resultieren in einer Desorganisation der Informationsfeldstruktur. Mit dieser Desorganisation werden die verzerrten Geräuschmuster effektiv ausgeschaltet. Das feinstoffliche Feld baut sich harmonisch, in Resonanz, neu auf und reorganisiert sich (verdrahtet sich neu). Diese Umstrukturierung wird von einer höheren virtuellen Realität geleitet. Ferner bleibt die Vakuumumgebung selbst nach Wegnahme der Hand mit der Torsionsfeld-/Skalarwellenstrukturierung (B) polarisiert. Die bio-elektromagnetischen Felder der Hand werden durch bewusste Absicht modifiziert. Das Torsionsfeld ist unmittelbar mit diesen bio-elektromagnetischen Feldern verbunden. Daher enthält die Strukturierung des Vakuums durch das Torsionsfeld Information, die durch bewusste Absicht programmiert wird. Die polarisierte Strukturierung des Vakuums übt weiterhin durch Informationstransfer einen Einfluss auf die Umstrukturierung der feinstofflichen Felder aus.

Allgemeinverständlich ausgedrückt, wird hier verkündet, dass Bewusstsein der wichtigste Spieler in der impliziten Wirklichkeitsordnung ist. Der ordnende Einfluss des Bewusstseins wirkt durch das Torsionsfeld als Bindeglied.

BEWUSSTSEIN, ABSICHT UND FELDSTRUKTUR

Untersuchungen an »Heilern« haben ergeben, dass die bio-elektromagnetischen Felder an den Händen durch die bewusste Intention der Heilenden modifiziert und verstärkt werden können. Das Torsionsfeld ist immer verknüpft mit dem Erscheinen eines elektrostatischen, magnetischen oder elektromagnetischen Feldes.

Eine Modifikation und Verstärkung der bioelektromagnetischen Felder an den Händen modifiziert und verstärkt auch die Torsionsfelder in dem Bereich des Raumes, der die Hände umgibt. Das Torsionsfeld wirkt auf das Vakuum ein, um durch eine Polarisierung der Muster des Mediums seine Informationsstruktur weiterzugeben. Daher wird der Bereich des Raumes, der die Hände umgibt, durch bewusste Absicht strukturiert.

Nimmt man die Hand weg, wird die strukturierte Informationsfeldstruktur im Vakuum nicht aufgelöst. Das Torsionsfeld hat das Medium, das die feinstofflichen Felder umgibt, mit Informationswellenmustern aktiviert, die als Schablonen für die Organisation, Geometrie, Struktur und Form erscheinen. Diese beeinflussen die Umstrukturierung der feinstofflichen Felder. Torsionsfelder übertragen Information ohne Energietransfer.

Das feinstoffliche Feld reagiert auf Informationswellenmuster. Hierbei kommt es darauf an, wo die Muster Bedeutung auf die feinstoffliche Feldstruktur übermitteln. Es ist, als würde Mitschwingung und harmonische Resonanz gesucht. In diesem gesamten Buch bezieht sich der Begriff »Vakuum« immer wieder auf etwas »Physikalisches«. Das Vakuum ist ein Plenum – ein Meer von Energie, das der materiellen Physikalität zugrunde liegt. Es wird angesehen als eine Form von suprafüssigem, gasförmigen Medium, das dem Strom keinen Widerstand bietet.

Störungen in dem Vakuum verursachen und erzeugen die unterschiedlichen beobachteten Kräfte – Schwerkraft, Elektromagnetismus und Torsionsfelder. Konstruieren oder Strukturieren des Vakuumzustands führt zum Konstruieren der beobachteten Kräfte. So entsteht die Möglichkeit, Energie direkt aus dem Vakuum zu extrahieren (»freie« Nullpunktenergie).

Die Polarisierung des Vakuums bezieht sich auf die bevorzugte Ausrichtung oder Orientierung beliebiger, nicht beobachtbarer Partikel, welche die eigentliche Substruktur des Vakuums bilden. Strukturierungen in dem Vakuum sind das Ergebnis stehender Wellenformen, die infolge verschiedener Arten von Deformationen des Vakuummediums geschaffen werden. [9]

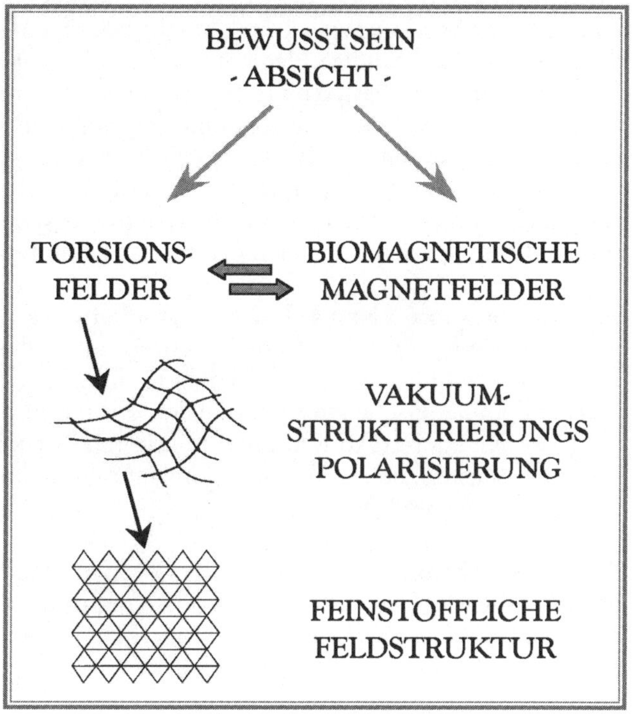

Abb. 7.13 »Bewusstsein, Intention & Feldstruktur«
Untersuchungen an »Heilern« haben gezeigt, dass die bio-elektromagnetischen Felder an den Händen durch die bewusste Absicht des Anwenders modifiziert und gestärkt werden können. Das Torsionsfeld ist immer mit dem Auftreten eines elektrostatischen, magnetischen oder elektromagnetischen Feldes verbunden. Eine Modifizierung und Stärkung der bioelektromagnetischen Felder an den Händen modifiziert und stärkt auch die Torsionsfelder in dem Raumbereich, der die Hände umgibt. Das Torsionsfeld wirkt auf das Vakuum, um durch Polarisierung des Mediums seine Informationsstruktur zu übermitteln. Daher wird der Raumbereich, der die Hände umgibt, durch bewusste Absicht strukturiert. Das Torsionsfeld hat das Medium, das die feinstofflichen Felder umgibt, mit Informationswellenmustern aktiviert, die als Vorlagen für die Organisation, Geometrie, Struktur und Form in Erscheinung treten. Torsionsfelder übertragen Informationen ohne Energietransfer.

Diese stehenden Wellen stellen einen Ordnungs- und Strukturierungsvorgang im Vakuum dar, der zu einer höherer Organisation oder negativer Entropie im Medium führt. Kaivarainen zufolge bilden die stehenden Wellen die Grundlage nicht-lokaler Informationsfelder sowie die der Prinzipien von Ganzheit und Selbstorganisation.

NEUVERKABELUNG DER FEINSTOFFLICHEN FELDER

Ein Informationsfeld ist wie ein Biofeld oder anderes feinstoffliches Feld ein n-dimensionales Gebilde (n>3). In den unmittelbar sichtbaren aktiven Elementen des Feldes und jenseits von ihnen existieren noch andere virtuelle Wirklichkeiten. Dieses Prinzip gilt auch für alle anderen feinstofflichen Strukturfelder. Feinstoffliche Felder sind holografisch – jeder Teil des feinstofflichen Feldes enthält vollständige Elemente des Ganzen. Die Umstrukturierung eines feinstofflichen Feldes kann man am besten als n-dimensionale holografische Projektion beschreiben. Aus dieser Warte ist das Rätsel der Selbstorganisation komplett gelöst. Die holografische Projektion von einem höheren Raum entscheidet immer über das Ergebnis in einem niedrigeren Raum. Das in der feinstofflichen Feldstruktur enthaltene holografische Bild ist die Potenzial- Information, die zur Rekonstruktion eines Feldes zur Verfügung steht. Neue Potenzial-Information kann hinzugefügt werden. Dies folgt den Prinzipien der Torsionsfeldinteraktion. Bewusstsein lenkt den Prozess.

Im Evolutionsprozess baut sich das feinstoffliche Netz neu auf. Das sich so erneuernde Netz ist besser verdrahtet als zuvor. Zu den wichtigsten Einflussfaktoren beim Umbau gehören:

- der interdimensionale Fluss höherer Energien und der Bioenergietransfer von Licht;
- die holografische Natur des Feldes, das modifiziert worden ist mit Informationsmustern aus dem durch Absicht programmierten Torsionsfeld;
- die Muster, die im Vakuum (Umgebungsmedium) verbleiben, programmiert durch Bewusstsein und Absicht.

Die Neuverkabelung führt zu einer überlegenen Struktur, deren Evolutionspotenzial größer ist als das vorherige. Ein größerer Funktionsgrad in dem Informationsfeld ist mit höherer Intelligenz gleichzusetzen. Signale werden stark, klar, kohärent und verstärkt. Kommunikations- und Energiekanäle erweitern und öffnen sich.

EIN NEUES INTERAKTIONSPARADIGMA

Unser Interaktionsparadigma besteht aus mehreren kühnen neuen Elementen. Man überlege:

- Das Gehirn ist ein Skalarumsetzer / Interferometer und Torsionsfeldgenerator, der durch Absicht gesteuert wird.
- Das Gehirn ist an das Herz gekoppelt – ein elektromagnetisches Kraftwerk / ein Torsionsfeldgenerator, durch Emotion gesteuert.
- Die Hand ist ein multidimensionales Torsionsfeld- / Skalarwelleninstrument. Diese kollektive Hardware wird durch hyperräumliche Aspekte unserer höheren Natur unterstützt.
- Man beachte, dass diese Hardware grenzenlos programmierbar ist und sich darauf abstimmen lässt, in Co-Resonanz zu funktionieren.
- Das Bewusstsein und das mentale Feld bilden die elementare Grundlage für die Festlegung der Muster, welche die Substanz sowohl der virtuellen wie auch der beobachteten physischen Wirklichkeit organisieren.

So sieht ein Modell des 21. Jahrhunderts aus zum Verständnis der Interaktion feinstofflicher Felder in unserem neuen Paradigma der Mit-Erschaffung unserer Wirklichkeit.

KAPITEL ACHT

GENERALSCHALTER HERZ

Die Resonanz auf emotionale Signale

»Liebe ist ein Tuch, das von der Natur zur Verfügung gestellt
Und von der Phantasie bestickt wird.«

Voltaire

In diesem Buch wird von dem grundlegenden Prinzip ausgegangen, dass Gehirn, Absicht, Herz und Emotionen bestimmende Faktoren für die Energiefelder an den Händen darstellen... und für unsere zwischenmenschlichen interaktiven Prozesse.
Das Gehirn spielt keine passive Rolle. Bearden zufolge fungieren die beiden Gehirnhälften im großen Stil als Skalarwellenerzeuger und -umsetzer. Das Gehirn bildet unentwegt elektromagnetische Muster.

Diese Muster werden mit Gruppierungen von Synapsen erzeugt, die gemeinsam feuern. Über die Gruppierung der Synapsen entscheidet das Bewusstsein.
Das Abfeuern von Impulsen an den Synapsenspalten begünstigt die Erzeugung von Skalarwellen, und jedes Muster, nach dem die Synapsen feuern, steht mit einem Skalarwellenmuster in Zusammenhang, das in den Hyperraum eintritt. Theoretisch besteht dieses Muster ewig fort. Der Wechsel von einem Feuerungsmuster zum anderen repräsentiert den Gedanken als solchen, der zum kodierten Muster der Skalarwelle wird. Die Skalarwelle ist also der Mechanismus, über den Gedankeninformation durch Zeit und Raum weitergeleitet wird. Fängt jemand diese Skalarwelle ab und setzt sie um, findet ein telepathisches Ereignis statt. Die Skalartechnik könnte theoretisch ein ähnliches Resultat hervorbringen, das heißt, eine geeignete Skalartechnik, die Skalarwellen liest, könnte einen Gedanken »lesen«. Genauso könnte eine geeignete Skalartechnik euch einen Gedanken »senden«. Eine Facette des Denkprozesses ist daher die Erzeugung von Skalarwellen mit einer programmierten, intelligenten, strukturierten Substruktur. Und eben diese Skalarwellen treten in der virtuellen Wirklichkeit auf der Quantenebene in Interaktion, um Materie und Substanz zu strukturieren.

Fokus erzeugt emotionsgestützte Muster. Bei konzentrierter Intention werden vom Gehirn spezifische Frequenzmuster, das heißt, Farbe und Information (Gedanken erzeugen einzigartige skalare Muster) erzeugt und durch das Nervensystem übertragen.
Das Nervensystem fungiert als Wellenleiter für Skalarwellen. Diese vom Gehirn ausgehenden Frequenzmuster produzieren auch Resonanzreaktionen in den Zellen des gesamten Körpers. Diese skalare Energie wird kollektiv in Form skalarer Biophotone durch gezielte Absicht zu den Händen gelenkt. Wie Davis und Rawls entdeckten, finden sich an den Händen alle vom Gehirn kommenden Energien. [1]
Das HeartMath Institut berichtet, dass die laufende Forschung sich damit befasst, die subtilen Energiefelder um den Körper zu messen und nachzuweisen. Man adaptiert gerade sehr empfindliche und spezialisierte Geräte für die Messung der unterschiedlichen elektromagnetischen Komponenten, die Eigenschaften des feinstofflichen Feldes offenbaren könnten. Die Forscher dieses

Instituts glauben, dass unser innerer emotionaler und geistiger Zustand sich auf die Qualität der vom Körper ausgesandten Photonen auswirken kann. Sie stellen die Hypothese auf, dass diese inneren Zustände die Frequenz (Farbe) und den Fluss der Biophotonenemissionen verändern können und erwarten, dass sich dies durch ihre Forschungsarbeit bestätigen wird. [2]

DAS KRAFTWERK IN BIOLOGISCHEN ORGANISMEN

Die Hyperfunktions- und skalaren Fähigkeiten des Gehirns eröffnen in der Tat unglaubliche Möglichkeiten. Unsere Gedanken, Absichten und Emotionen lenken und beeinflussen diese biologischen Fähigkeiten. Sie sind die Mechanismen hinter paranormalen Fähigkeiten. Das Gehirn, und mit ihm der ganze biologische Organismus, ist von Natur aus mit dem Vermögen ausgestattet, Energien von äußeren Quellen umzuwandeln. Energie wird gesammelt, umgewandelt und für diverse biologische und nichtbiologische Zwecke verarbeitet. Die elektromagnetischen Felder des Gehirns spielen eine Rolle bei der Umwandlung der Energie von einer Form in eine andere.

Wir sehen auch die DNS einer jeden Zelle als Wandler und Speicherort von Lichtenergie. Bringt man das Gehirn durch Aktivierung all seiner Komponenten auf ein höheres Funktionsniveau, und sind die Zellen des gesamten Körpers in Resonanz gestimmt, so ist der biologische Organismus imstande, sich in ein gigantisches fokussiertes und kohärentes Energiekraftwerk umzuwandeln. Bearden nimmt eine gründliche Berechnung der tatsächlichen Energiemenge vor, die unsere biologischen Organismen abgeben als Energiefluss vom Vakuum und durch virtuellen Flussaustausch. Sie entspricht der atemberaubenden Leistung von einer Million Kraftwerken, von denen jedes 1.000 Megawatt Energie erzeugt. [13]

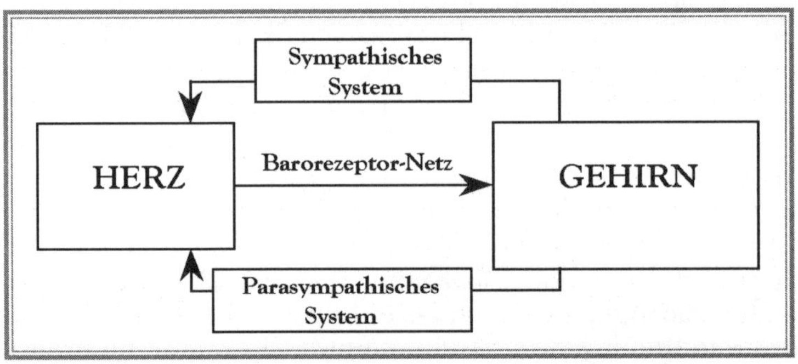

Abb. 8.1 »Verbindung zwischen Kopf & Herz«
Herz und Gehirn sind über bestimmte Kommunikations- und Rückkopplungssysteme verbunden: das Barorezeptornetz leitet Information über den physiologischen Zustand des Herzens zum Gehirn weiter – die Sympathikus- und Parasympathikuskanäle leiten Kommunikation vom Gehirn zum Herzen weiter. Die Synchronisation der Herz-Gehirn-Funktion sowie das Gleichgewicht innerhalb der Kommunikationssysteme wird, wie man herausfand, vom emotionalen Zustand des Herzens beeinflusst (Quelle: HeartMath Institute).

LADUNG = FLUSS

Die Durchflussrate der Energie in unsere energetische Anatomie hinein und aus ihr heraus entspricht unserer Ladung. Diese Ladung ist der relative Unterschied der Fließ- oder Flussintensität eines Teilchens (oder Systems) im Vergleich zur Flussintensität des Vakuumhintergrunds in der Umgebung (siehe Abbildung 2.6). Diesen Unterschied bezeichnen wir auch als das Potenzial. Ladung ist keine feste Größe, sondern eine Variable. Der Energiefluss durch unsere Anatomie, oder unsere Ladung, lässt sich durch bewusstes Eingreifen verändern.

Um jedoch den Energiefluss zu erhöhen, müssen die entsprechenden Bahnen vorhanden sein, damit wir mit der zusätzlichen »Last« fertig werden. Die Öffnung vorhandener Energiekanäle und -bahnen ist hier Grundvoraussetzung.

IN EINKLANG MIT DEM FLUSS

Da die Kanäle der energetischen Anatomie miteinander in Zusammenhang stehen und miteinander verbunden sind, müssen wir als nächstes Ausgewogenheit und Harmonie zwischen den Schaltkreisen herstellen. Diese Voraussetzung sorgt dafür, dass alle Potenzialleitungen an der Energieverteilung ohne Überlastung beteiligt sind.

Eine solche Überlastung könnte möglicherweise Symptome hervorrufen, die auf ein Ungleichgewicht im Nervensystem, Gehirn, im physischen und feinstofflichen Körper verweisen. [3] Haben bestehende Energieschaltkreise ihre maximale Durchflusskapazität erreicht, so könnte man meinen, dass die potenzielle »Ladung« ihre Potenzialgrenze erreicht hätte. Doch der nächste Schritt ist ein Entwicklungssprung, die Schaffung und Einrichtung neuer Schaltkreise zur Handhabung der Energie und Information.

DER ZÜNDSCHLÜSSEL

Worin besteht der eigentliche Schlüssel zum Einschalten dieses Kraftwerks? Natürlich ist die Abstimmung und Kohärenz des gesamten Systems eine Grundvoraussetzung. Wie schaltet man die Leistung ein, wenn das geschehen ist? Es finden sich zunehmend experimentelle Beweise, vor allem von dem HeartMath Institute, dass vielleicht die Emotion des Herzens letztlich der Hauptschalter für das Kraftwerk ist.

Gefühle der Wertschätzung, der Fürsorge und bedingungslosen Liebe zum Ausdruck zu bringen, die sich alle im Herzen konzentrieren, ruft messbare positive physiologische Wirkungen im menschlichen Körper hervor. [4] Das vom Herzen ausstrahlende Energiespektrum erweitert sich. Diverse physiologische Funktionen, darunter Gehirnwellen, Atmung und Pulsfrequenz, können durch Emotionen auf dramatische Weise beeinflusst werden.

»Jeder Gedanke, den wir denken, und jede Emotion, die wir verspüren, spiegelt sich in den elektrischen Systemen des Herzens, die auf den gesamten Körper wirken.« [5]

Das Herz ist auf das Engste mit der Gehirnfunktion verbunden. Herz und Gehirn sind durch sympathische, parasympathische und barorezeptorische Systeme miteinander verbunden. Die Zweiweg-Kommunikation kann dazu führen, dass Emotionen des Herzens entweder die höhere Gehirnfunktion fördern oder diese zum Erliegen bringen.

ERD- UND HERZRESONANZ

Dan Winter präsentiert einige aufschlussreiche Erkenntnisse über die Wechselbeziehung zwischen menschlichen Liebesregungen und der im Umfeld befindlichen Erde. In seinem Experiment wurde eine Versuchsperson aufgefordert, sich in ein Gefühl tiefer, konzentrierter Wertschätzung und Liebe hinein zu versetzen. Man überwachte ihre Herzsignale und stellte zudem in der Umgebung Messgeräte auf, unter anderem in einer nahegelegenen Baumgruppe. Zum Erstaunen der Forscher stimmte sich das Magnetfeld der Erde in der örtlichen Umgebung auf das Herzsignal ab. Das kohärente Herzsignal und die Magnetfelder der Erde stellten eine Resonanz-Ausrichtung her.

Dan Winter zufolge »klinkt sich die Frequenz des Erdgitters ein mit dem menschlichen Herzen bei der niedrigsten Frequenz oder größten Wellenlänge des intensivsten biologischen Resonators. Gleich, ob Herz, Gehirn und Erde, alle übertrugen ihre Schlüsselinformationen auf dem gleichen Kanal«. [6] Dan Winter gewinnt hieraus den Eindruck, dass die Herzenergie der Brennpunkt ist zum Ausrichten und Kräftigen aller anderen Zentren. Das Herz ist in der Lage, eine kohärente Frequenzstrahlung zu erzeugen, und der Schlüssel zu dieser Kohärenz liegt in den Herzemotionen der Liebe und Wertschätzung.

Das obige Experiment zeigt uns, dass alles Leben mit dem skalaren Pulsschlag des Planeten in Verbindung steht. Der skalare Herzschlag der Erde stellt für alles Lebendige eine lebenswichtige

Quelle von Bioenergie und Information dar. Der Kern des Planeten empfängt die ankommenden Skalarwellen von Sonne und Mond, setzt diese Wellen um, moduliert sie und sendet sie dann erneut an alle lebenden Organismen an der Erdoberfläche weiter. [7] Alles, was lebt, hat mit der Erde gemeinsame Resonanzschaltungen, und alles Leben hat die Resonanzschaltungen gemeinsam. Durch den Erdkern haben wir Anteil an den skalaren Emissionen der Sonne, der Galaxie und des Universums. Alles ist vereint, alles ist verbunden.

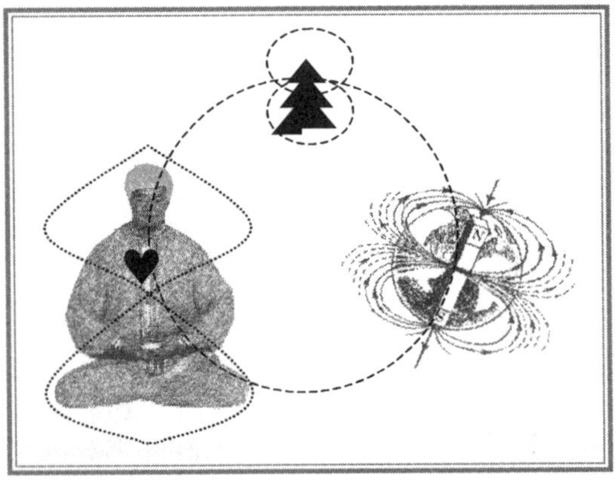

Abb. 8.2 »Erd- und Herz-Resonanz«
Es ließ sich eine Resonanz auf die Emotion des Herzens demonstrieren, bei der sich die Umgebung der Erde ‚abstimmte' auf das Herzsignal eines Meditierenden, der sich auf Liebe und Wertschätzung konzentrierte. Dan Winter berichtet über lokale Schwankungen bei dem Magnetfeld der Erde sowie Schwankungen bei den elektromagnetischen Signalen von einem Baum in der Nähe. Nach Winter ist das örtliche Umfeld ‚frequenzverriegelt' mit dem zentralen Energiespektrum des menschlichen Herzens. Alles Lebendige ist mit dem skalaren Puls der Erde verbunden, und alles Lebendige teilt mit dem Planeten eine gemeinsame Resonanzschaltung.

KALIBRIERUNG DES POTENZIALS

Dass Hyperraumfelder an den Händen existieren – so viel ist jedenfalls gewiss. Wir haben eindeutige Beweise dafür, dass diese Felder existieren. Wir haben auch Beweise dafür, dass es noch mehr zu entdecken und verstehen gibt. Einstein war der erste, der den Begriff »feinstoffliche Energie« für energetische Phänomene verwendete, die mit gewöhnlichen Mitteln nicht messbar waren. Die Energie mag feinstofflich sein, doch einige außergewöhnliche Beobachtungen zu den Auswirkungen von »Chi«-Energie sind sehr gut zu demonstrieren und höchst offensichtlich.
Dr. Richard Gerber berichtet in seinem Buch *Vibrational Medicine: New Choices for Healing Ourselves* ein weiteres Beispiel einer verblüffenden Meisterleistung eines Akupunkturarztes. [8] Der Akupunkteur hatte sich beigebracht, Energie zu akkumulieren, indem er seine Aufmerksamkeit in seinem Bauchraum konzentrierte, auch *Hara* genannt, einem Ort, von dem man glaubt, dass der physische und der feinstoffliche Körper dort stark in Verbindung treten. Sobald die Intensität der Energie stark genug war, konnte der Arzt seine Energie durch seine Hände zu einem Patienten am anderen Ende des Raumes projizieren. (Ein ähnliches Kunststück vollbringen viele Qigong-Meister.)
Wenn jemand seine Hände auf den Bauch des Arztes legte, während dieser Energie aussandte, erlitt er einen elektrischen Schock und sah sich gezwungen, die Hände wieder wegzunehmen. Der gleiche Arzt konnte auch eine zerknüllte Zeitungsseite entzünden, einfach nur, indem er den Zeitungspapierball in die Hände nahm. Das Feuer entzündete sich vom Innern des Papierballes aus.

UNSERE ANGEBORENE FÄHIGKEIT, LADUNG ZU AKKUMULIEREN

Was sich an diesen Versuchen so deutlich zeigt, ist die Tatsache, dass jeder Mensch von Geburt an über die natürliche Fähigkeit verfügt, Energie zu akkumulieren und zu speichern. Die oben angeführten Kunststücke zur Energieaussendung, wie sie unter Qigong-Meistern üblich sind, sagen uns, dass auch das Potenzial vorhanden ist, sehr große Mengen von Chi zu speichern. Voraussetzung ist lediglich ein langes, engagiertes Üben. Wo und wie findet diese Energiespeicherung statt?

Sie ereignet sich irgendwo in unserer multidimensionalen Energieanatomie. Wenn es in der Energieanatomie zu einer Speicherung von Energie kommt, so erhöht sich das Potenzial oder die Ladung des Systems. Das Potenzial des Feldes zu verändern, bezieht sich auf eine Kalibrierung – oder Neukalibrierung – des Systems.

Eine Kalibrierung des Feldes kann ohne äußerlich wahrnehmbare Veränderung der magnetischen oder elektrischen Kraftfelder stattfinden. Es handelt sich um einen Prozess, bei dem durch eine Sequenz von Lade- und Entladezyklen freie, überschüssige Energie geliefert wird. [9] Das Anheben der Ladung oder des Potenzials eines elektromagnetischen Kraftfeldes steigert und verstärkt die innerhalb dieses Feldes stattfindenden Photonen-(Licht)-Interaktionen. Das ist wichtig, weil Licht der Leiter von Neutrinowellen ist, dem hyperräumlichen Träger bioenergetischer Information. [10] Mehr Lichtinteraktionen führen zu einem vermehrten Informations- und Energietransfer, einem verstärkten Fluss und Austausch mit dem äußeren Umfeld.

Dieser Fluss und dieser Austausch sind Voraussetzung dafür, dass alle Evolutionsprozesse stattfinden. Bruce Cathie bemerkte hierzu:

»Wir Menschen müssen aus einer geometrischen Ansammlung der harmonischen Wellenformen von Licht, gelenkt durch Intelligenz, bestehen.« [11]

Cathie glaubt, dass das bioenergetische System des Körpers so abgestimmt ist, dass es auf die harmonischen Frequenzen von Licht reagiert. Das gilt auch für das Akupunktur-Meridian-System des Körpers.

DAS VEKTORPOTENZIAL: EIN KALIBRIERFELD

In der Wissenschaft bezeichnet man das Vektorpotenzialfeld als Kalibrierfeld. Physiker sehen ein »Feld« im Allgemeinen als eine Region zum Speichern von Energie an. Vektorpotenzialgeneratoren üben, wie man herausgefunden hat, einen biomedizinischen Einfluss auf Haut, Herz und autonomes Nervensystem aus. Außerdem hat sich gezeigt, dass das Vektorpotenzialfeld die nuklearen Magnetresonanzspektren von Flüssigkeiten beeinflussen kann.

Takashi und andere identifizieren ein vom menschlichen Körper ausgehendes Vektorpotenzialfeld. [12] Sie stellen die Hypothese auf, dass dieses Vektorpotenzialfeld auf elektrische Ströme im Körper zurückgeht. Dementsprechend behaupten sie, dass der menschliche Körper mit seinem Vektorpotenzialfeld einen biomedizinischen Einfluss auf andere Menschen ausübe. (Zweifellos steht das Vektorpotenzialfeld mit feinstofflichen Interaktionen bei zwischenmenschlichen Kontakten in Verbindung [Tiller]).

SPEICHERUNG DES POTENZIALS IM KALIBRIERGITTER

Wie lässt sich diese Energie speichern? Eine Methode zur Speicherung persönlicher Energie umfasst den Mechanismus der stehenden Wellen und der Skalarpotenziale. Das UCL (Universelle Kalibriergitter) wird als ein geeigneter »Hohlraum« – ein Resonanzhohlraum – gedeutet, in dem sich stehende Wellen ausbilden können. Die stehenden Wellen bilden eine skalare Resonanz in dem Resonanzhohlraum entsprechend den geometrischen Eigenschaften des UCL und sind deshalb bei jedem Individuum einzigartig. Die Abstimmung ist spezifisch für jeden Menschen.

Die Skalarwellen sind hyperräumlich, also nicht auf unsere Vorstellung von Zeit beschränkt. Diese Wellen können quer durch die Zeit in Resonanz kommen. Die Einzigartigkeit jedes persönlichen Gitters lässt darauf schließen, dass eine Abstimmung stattfindet, die für jedes Individuum einzigartig ist.

Schall und Licht stehen in einer harmonischen Beziehung, und die inneren Oberschwingungen der stehenden Wellen erzeugen ein n-dimensionales Gitter (n>3) von Saiten, die auf den einzigartigen persönlichen »Ton« des Individuums gestimmt sind.

Also würde die Gitterstruktur aus einer geometrischen Sammlung harmonischer Wellenformen von Licht bestehen, die durch Intelligenz geleitet werden. (Hier scheint Cathies Bemerkung höchst zutreffend).
Die Skalarwellen sind Elektrogravitationswellen oder elektromagnetische Schallwellen. Die stehenden Wellen stellen Variationen des Flusses virtueller Teilchen dar, die die Potenziale erzeugen. Das Herstellen von Resonanz innerhalb des UCL lädt die Potenziale auf. Soweit eine Deutung eines der Prozesse, der durch die EMF Balancing Technique zustande kommt.

EINMESSEN DER TORE

Eine zweite Bemerkung zu unserem oben beschriebenen Kunststück mit den »Qi-Abstrahlungen« ist die, dass das Phänomen womöglich nicht einfach eine Demonstration gespeicherter Energie ist. Vielleicht ist es ein ganzer Komplex von Faktoren. Qigong-Meister scheinen an den Energiefluss von dessen Quelle her angeschlossen zu sein. Einer Quelle, aus der sich anscheinend unbegrenzt Potenzial ableiten lässt. Der Aufbau von Ladung (im obigen Fall im Bauchraum) lässt sich als unterster Schwellenwert für die »Spannung« auslegen, die erforderlich ist, um das energetische Tor zum Kosmischen Meer zu öffnen.
Wir sehen, dass diverse Gehirnschaltkreise einen Mindestschwellenwert biologischer Ladung benötigen, damit sie aktiviert werden. Die Zelle muss eine Mindestladung erreichen, um eine DNS-Aktivität für die Zellteilung zu ermöglichen. Das Licht selbst ist quantisiert, und Elektronen müssen Licht einer Mindestenergie absorbieren, um in einen höheren Energiezustand befördert zu werden. Selbst im Quantenzustand existieren Schwellenwerte. Für den Eintritt in all diese Tore gelten Mindesterfordernisse. Um Mindest-Ladungsniveaus zu erreichen, müssen wir eine Öffnung unserer eigenen wesentlichen Energiekanäle anstreben. Diese Kanäle müssen buchstäblich im Gleichgewicht sein. Dementsprechend können wir dann »aufgeladen« werden auf unsere Mindestspannungspegel. Sobald diese Mindestschwellenpegel gegeben sind, werden die multidimensionalen Steuerungen in unserem Innern ausgelöst und ermöglichen das Öffnen unserer eigenen Schleusentore zu höheren Energien. Was finden wir jenseits dieser Tore vor? Zunächst müssen wir für die Aufgabe neu verdrahtet sein.

»Elemente, chemische Stoffe, Zellen, Atome und Moleküle –
aus ihnen allen setzt sich deine lebendige Skulptur zusammen, aber du bist es,
der ihre Aktivität steuert durch deine bewussten Überzeugungen,
die dann all diese großen kreativen Kräfte in Gang setzen,
die deinem Körper Leben geben, und die sicherstellen,
dass er unablässig das Ich spiegelt, für das du dich hältst.«

Jane Roberts, Seth,
»Das Wesen der persönlichen Realität«

KAPITEL NEUN

DAS EVOLUTIONSSYSTEM DER LIEBE

Die EMF Balancing Technique®

»Feinstoffliche Materie ... ist hochgradig magnetisch.«

R. Leichman,
Einstein Returns

Steve Bhaerman, der vielen als der New-Age-Humorist Swami Beyondananda bekannt ist, stellte bei einer Tagung zum Thema Wissenschaft und Bewusstsein in Albuquerque, New Mexiko, viele angesehene Sprecher vor. Während seiner Präsentation bemerkte er, dass sich: »... die imaginäre Grenze zwischen Wissenschaft und Spiritualität heute etwas mehr aufgelöst hat. Es wirkt merkwürdig, einen wissenschaftlichen Beweis dafür zu brauchen, dass Liebe, Mitgefühl und Freude gut für uns sind ... es funktioniert in der Praxis, aber funktioniert es auch in der Theorie?«

Diejenigen, die mit feinstofflichen Energien arbeiten, wissen, dass ihre Techniken im vorherrschenden Denken von Tag zu Tag immer mehr akzeptiert werden. In einem Artikel im *Journal of the American Medical Association* (JAMA) vom 11.11.1999 hieß es, dass alternative Therapien heute nicht mehr als etwas betrachtet werden sollten, das außerhalb der Zustimmung konventioneller medizinischer Therapien liegt, sondern als Ergänzung zu diesen Therapien. Ich persönlich habe die Vision, dass für diese komplementären Therapien gerade eine neue Ebene der Professionalität entsteht.

Wie in diesem Buch schon früher beschrieben, ist das Universelle Kalibriergitter (UCL) unsere persönliche energetische Tür, durch die wir Verbindung mit den unermesslichen Energien des Kosmischen Gitters aufnehmen. Der Begriff »Kalibrierung« bedeutet eine Eichung oder Kräftigung. Um als effektives Bindeglied fungieren zu können, sollte unser persönliches Gitter (unser UCL) im Gleichgewicht, kalibriert und dementsprechend gekräftigt oder gestärkt sein. Die wirksamste Weise, dies mit dem Universellen Kalibriergitter zu erreichen, ist die EMF Balancing Technique.

Die EMF Balancing Technique ist gleichzeitig ein Verfahren und ein Prozess. Grundziel einer Sitzung der EMF Balancing Technique ist die Herstellung eines Gleichgewichts im menschlichen elektromagnetischen Feld, die es der Energie des Individuums erlaubt, so viele Schaltkreise wie möglich zum Kosmischen Gitter zu öffnen.

Das EMF-Verfahren wurde aus Liebe geboren. Seit seiner Entstehung hat es ein solides Fundament an Erfahrungswerten und wissenschaftlicher Erkenntnis entwickelt. Wenn mich anfangs jemand fragte, warum es funktionierte, scheute ich mich nicht zu sagen: »Ich weiß es nicht.« Dann erteilte ich die Absicht, den Grund zu erfahren, und das Universum begann mir Antworten zuzutragen, oft direkt von den Teilnehmern meiner Kurse. Tausende von Menschen auf der ganzen Welt, von unterschiedlichster Herkunft, sind EMF Balancing Technique-»Practitioner« d.h. Anwender geworden. Unter ihnen sind eine wachsende Zahl von Wissenschaftlern, Ingenieuren und Ärzten. Oft erreichte mich die Rückmeldung: »Ich kann Ihnen durchaus sagen, warum das-und-das so funktioniert!« Ich selbst habe immer mein Herz eingesetzt, um die Bewegung der Energie zu spüren, und mein inneres Auge, um sie zu sehen. Es bereichert, wenn ein

Wissenschaftler meinen eher intuitiven Prozess unterstützt und den genauen Mechanismus des Verfahrens bestätigt. Ich bin denjenigen zutiefst dankbar, die ihre Auffassung und ihr Wissen geäußert haben zu dem, was ich immer einfach als wahr angenommen habe.

Anderen eine systematische Vorgehensweise zu vermitteln, war für mich etwas sehr Unvertrautes, da ich eher so ein Typ bin, der »mit dem Strom geht und macht, was er spürt«. Mein Horoskop bestätigt das auf stereotype Weise. Wenn ich die Aspekte in meinem persönlichen Horoskop gegenüber Teilnehmern meiner EMF-Workshops erwähne, kommt immer schallendes Gelächter von denen, die wissen, wofür diese Konstellationen gewöhnlich stehen.

Das Universum hat einen köstlichen und klugen Sinn für Humor. Wie sonst könnte ich die Ironie meiner Aufgabe erklären? So ein Mädchen wie ich vom Typ des Gehens mit dem Strom, das vor allem diejenigen ein anspruchsvolles und präzises Verfahren lehrt, die Freiheit von den Einschränkungen der Form anstreben! Viele, die sich mit Energiearbeit beschäftigen, haben das getan, um sich diesen herkömmlichen Einschränkungen zu entziehen, und ich verstehe dieses Bestreben zutiefst. Aber ich muss allen sagen, dass die Meisterung von Verfahren und Form noch größere Freiheit und noch wirksameren Ausdruck mit sich bringen kann.

In all den Jahren meines Lehrens sind mir viele wunderbare Heilerinnen und Heiler begegnet, die sich mit einer Vielzahl von Energieformen befassen. Die EMF Balancing Technique schmälert keinesfalls den Wert anderer Formen von Energiearbeit, die »Freistil-Arbeit« inbegriffen. Tatsächlich trifft das Gegenteil zu: Ich fand heraus, dass das Verständnis des UCL und der grundlegenden Prinzipien der EMF Balancing Technique die Leistung anderer Modalitäten erhöht. Die Essenz der EMF Balancing Technique besteht darin, die uns gegebene Weisheit zu ehren, also ehre ich die Weisheit aller in diesem Feld. Müssen wir als Energiearbeiter denn ausschließlich zwischen Freistil-Energieprozessen oder Prozessen differenzieren, die sich nach einem bestimmten Ablauf richten? Natürlich nicht. Wir können das Beste aus beiden Welten genießen, meine Freunde.

Viele von euch arbeiten gezielt mit Energie. Einige von euch haben es von jemand anderem gelernt. Einige von euch sind so sensibel, dass sie sich einfach auf das Gefühl verlassen, und das ist sehr angemessen. Kann man auch dann noch eins mit der Energie werden, wenn man eine bestimmte Methode verwendet oder sich an eine Form hält? Aber sicher. Denkt nur an die überzeugende Demonstration der Einheit, die sich bei einem Kampfkünstler findet, der sich an ein ganz bestimmtes Verfahren hält, um eins mit den »Chi«-Energien zu werden. Die EMF Balancing Technique ist wie eine Kampfkunst der Herzensenergie. Sich an diese Form zu halten, setzt enorme Mengen ans Liebesenergie frei.

AUFRUF ZUR UNIVERSELLEN KALIBRIERUNG – ZWISCHENMENSCHLICHE INTERAKTIONEN

Die Energiequelle des Universums, oder das Kosmische Gitter, wie es in diesem Buch genannt wird, wurde als die kraftvollste Energieform im Universum beschrieben. Welcher Überzeugung man auch sein mag, es ist leicht zu akzeptieren, dass das Universum voller Energie ist. Eine Hauptprämisse dieses Buches ist die, dass wir als in Entwicklung befindliche Menschen in der Lage sind, diese Energiequelle bewusst anzuzapfen. Physiker befassen sich mit der Energie des Universums und hoffen so, eine unbegrenzte, kostenlose und reine Energiequelle für unseren Planeten zu entdecken. Als Individuen können wir uns in eine Schwingungsfrequenz begeben, die uns erlaubt, diese universelle Energie zur Förderung unseres eigenen Wachstums einzusetzen. So müssen wir zwar vielleicht noch darauf warten, dass unsere Wissenschaftler auf globaler Ebene solche Entdeckungen machen, als Individuen jedoch hält uns nichts davon ab, hier und jetzt unsere eigene Energieanatomie zu stärken und ins Gleichgewicht zu bringen, um mehr von der Energie des Kosmischen Gitters in unserem Alltag einzusetzen zu können.

Das Universelle Kalibriergitter ist unsere persönliche Übergangszone zum Kosmischen Gitter. Der Kalibrierprozess ermöglicht es dem UCL, mehr von der im Universum verfügbaren Fülle an Energie zu fassen, und dem Menschen, sie zu nutzen. Ich bezeichne diesen Kalibrierprozess als eine »Neuverkabelung für die neue Energie«. Elektrische Ladung ist der göttliche Funke oder die göttliche Kraft in uns allen. Wenn wir die Fähigkeit entwickeln, eine Resonanz zwischen unserer eigenen Ladung und der elektrischen Ladung des Kosmos herzustellen, erlangen wir eine neue Form persönlicher Stärkung. Das Ziel des Aufrufs zur Universellen Kalibrierung besteht für menschliche Individuen darin, eine stärkere konfessionslose, fortlaufende und interaktive Einheit untereinander und mit dem Unendlichen zu schaffen. Unausgesetzte Kalibrierung des UCL stärkt unsere »energetische Muskulatur« auf recht ähnliche Weise, wie wir durch Training in einem Fitnesscenter unsere körperlichen Muskeln trainieren. Dieser Prozess der energetischen Evolution bereitet den Boden für eine Freisetzung von Karma, für Mitwirkung beim Schöpfungsprozess und persönliche Stärkung. Das UCL ist lebendig. Es ist in der Lage, vollständig mit bedingungsloser Liebe in Resonanz zu kommen. Es kann in unserem physischen Körper einen vollendeten Ausdruck der goldenen Energiewesen hervorbringen, die wir in Wirklichkeit sind, wenn wir unseren GEIST und unsere Biologie integrieren.
Unser Alltag versorgt uns mit allem Material, das wir brauchen, um uns spirituell und materiell weiterzuentwickeln. Wir können effizienter und effektiver wachsen, wenn wir mehr Energie haben. Könnte es sein, dass spirituelles Wachstum und die materielle Welt so eng zusammenhängen? Vielen von uns sind zunehmende Synchronizitäten oder günstige »Zufälle« in ihrem Leben aufgefallen. In seinem Buch *Die Prophezeiungen der Celestine* machte James Redfield auf breiter Basis wunderschön mit diesem Konzept vertraut. Das war nur der Anfang. Heute erlebt eine zunehmende Anzahl von uns bereits die Wirklichkeit, dass sich unser Zuhause dort befindet, wo wir gerade sind, und wir alle die gleiche Chance haben, einen persönlichen Himmel auf Erden zu erschaffen.

Die Veränderungen, die viele von euch derzeit spüren, begannen Ende der Achtzigerjahre, als die Magnetlinien der Erde sich zu verschieben begannen. Es ist belegt, dass man die Start- und Landebahnen auf Flughäfen neu nummerieren musste, da die Ausrichtung auf den magnetischen Nordpol sich signifikant zu verändern begann. Gregg Braden dokumentiert in seinem Buch *Das Erwachen der neuen Erde* Veränderungen der Schumann-Resonanz, dem Maß für die Basispulsfrequenz der Erde, ihren »Herzschlag«. Diese Erdveränderungen setzten sich durch die Neunzigerjahre hindurch fort, und viele glauben, dass sie sich mindestens bis 2012 noch intensivieren werden, einem Datum, das vielen von uns als das Endjahr des uralten Mayakalenders vertraut ist. Außerdem erlebten wir in diesem Jahrhundert einige der größten solaren EMF-Ereignisse, die je aufgezeichnet worden sind. Diese Veränderungen beschränken sich jedoch nicht auf natürliche Phänomene. Sie setzen sich auch zusammen aus der Vermehrung elektrischer Apparate und Geräte und den von ihnen erzeugten elektromagnetischen Frequenzen. Heute sind wir in unserem alltäglichen Leben mehr als je zuvor von elektromagnetischen Feldern aus Menschenhand umgeben. Jedes elektrische und elektronische Gerät, jeder Computer, jede Art von Telefon oder Radio erzeugt elektromagnetische Felder. Elektrische Verkabelungen bei uns zu Hause und im Büro generieren selbst dann noch elektromagnetische Felder, wenn die Geräte ausgeschaltet sind. Autos erzeugen (durch ihre Generatoren und Umsteuerventile) massive elektromagnetische Felder. Unsere bioelektromagnetischen Felder, die Energiefelder unseres Körpers, werden unablässig mit Kräften von außen bombardiert, die unsere persönlichen Felder aus dem Gleichgewicht bringen können. Die Technik hat viele Vorteile für uns, aber wir müssen auch bedenken, dass wir ein Teil dieser energetischen »Suppe« sind. Der Geist ist unendlich mächtiger als die Materie. Und dennoch sind Gleichgewicht und Kalibrierung mit den universellen Energien unsere Tür zu weitergehendem Wachstum und zu Harmonie. Energiearbeit, vor allem die Kalibrierung des UCL, ist in dieser Zeit sehr wichtig, wenn wir uns angesichts all der elektromagnetischen Veränderungen in unserem Umfeld erfolgreich weiterentwickeln und mit ihnen Schritt halten wollen.

Als ich meinen Freund Lee Carroll fragte, wie das UCL in seinen Augen aussieht, spürte ich jene wohlvertraute Wärme in meinem Herzen, bei der ich weiß, dass Kryon präsent ist, und hörte Lee antworten: »Ich weiß nicht, was diese Antwort bedeutet, aber sie lautet *gehäkelt.*« Ja, was für eine wunderbare Beschreibung für das UCL! Wie schon zuvor erwähnt, strahlen Licht- und Energiefasern horizontal von den Chakras. Diese Fasern bilden Achterschleifen, die zu den langen, vertikalen Energiefasern verbinden. Werden die Fasern in einem Teil des UCL gedehnt, so können andere Fasern in einem anderen Teil hierauf reagieren. Wie das Kosmische Gitter ist auch das Universelle Kalibriergitter biegsam und vermascht. Unser persönliches Energiegitter ist wahrlich ein Mikrokosmos des Makrokosmos.

Auf der Quantenebene ist die Kalibrierung der Fasern der menschlichen Energieanatomie hochkomplex. Die Kalibrierung jedes Menschen weist eine eindeutige mathematische Formel auf, die der Beziehung zwischen der persönlichen Vibrationsfrequenz und dem Kosmischen Gitter zugrunde liegt. Auf der bewussten Ebene spielt die Intention eine wichtige Rolle. Die Grundintention einer EMF Balancing Technique-Sitzung liegt darin, das elektromagnetische Feld des Menschen ins Gleichgewicht zu bringen, was es der Energie des Individuums ermöglicht, so viele Schaltkreise wie möglich zu dem Kosmischen Gitter zu öffnen. Derjenige, welcher die Behandlung empfängt, kann eine spezielle Absicht erteilen für fast alles, von Heilung über Selbsterkenntnis bis hin zu einfacher Stressreduzierung. Der Schwerpunkt jedoch liegt auf dem Gleichgewicht. Wenn durch die Kalibrierung die Fasern des UCL aktiviert werden, kommt es zu einer Neuverkabelung, und in dem Energiefeld des Individuums wird eine neue elektromagnetische Ordnung hergestellt. Diese neue Ordnung erzeugt eine stärkere Struktur, um Energie vom Kosmischen Gitter zu empfangen. Nachdem die Verbindungen verstärkt worden sind, kommt es oft zu einer dramatischen Zunahme des Erfolges des Miterschaffungsprozesses.
In meinem Unterricht hatte ich schon lange nicht mehr von Liebe gesprochen. Lange Zeit hatte ich das Gefühl, dass das Wort missbraucht wurde. Die Energie menschlicher Wesen und die Erde sind endlich bereit für einen beständigen Strom von Liebe, und wir werden in der Lage sein, damit umzugehen. Wir können dies bei Anwendung des UCL anmutig, liebevoll und voller Freude tun.

Alle Liebe, die wir Gott, Meistern wie Jesus oder Buddha, anderen spirituellen Führern, unserer Familie und unseren Beziehungen haben zuströmen lassen, ist eine potenzielle Reflektion der Liebe, die wir zu uns selbst haben. Wenn wir diese Liebe für uns in Anspruch nehmen, wächst unser Selbstwertgefühl. Diese Liebe unseres ganzen Selbst ist unermesslich, und das Gefäß muss stark genug sein, um sie festzuhalten. Das ist einer der Gründe dafür, das UCL zu verstärken. Wenn wir diese Liebe zuerst in uns selbst halten, werden wir ganz oder uneingeschränkt. Dann teilen wir unsere Liebe mit anderen aus einer anderen Perspektive, als wir es je zuvor gekannt haben. Die Aktivierung des Universellen Kalibriergitters ist ein integraler Bestandteil der Vorbereitung darauf, die Energie der Eigenliebe zu empfangen, während sie wie der Phönix aus der Asche in uns aufsteigt.

RESONANZABSTIMMUNG DES UCL UND HERSTELLUNG DES GLEICHGEWICHTS IM ELEKTROMAGNETISCHEN FELD

Resonanz entspricht einer ständigen Initiation.

Initiationen und Ausrichtungen sind sehr mächtige und resonante Ereignisse. Aber wir müssen nicht in der Großen Pyramide sein, um Initiation zu erfahren; alle unsere sensorischen Interaktionen erzeugen eine Resonanz in unserem Innern, und unentwegt stehen wir in Resonanz mit unserer Umgebung. Alles, was ihr seht, vom morgendlichen Blick in den Spiegel bis zu all den Dingen, die ihr im Laufe des Tages beobachtet, erzeugt eine Resonanz. Alles, was ihr hört – Geräusche, Stimmen, Musik – ruft eine Resonanz in euch hervor. Alles, was ihr berührt oder fühlt, und alles, was ihr riecht, erzeugt eine Resonanz. Erlebt den weitverbreiteten Einsatz der Aromatherapie. Geschmack erzeugt Resonanz; wir lieben unser Lieblingsessen und unsere Lieblingsrestaurants. Verwenden wir unsere Intuition, so erzeugt das eine Resonanz in uns, was wir intuitiv erahnen. Da alles und jeder, mit dem wir in Wechselwirkung treten, eine Resonanz erzeugt, tue ich mich leicht, zu akzeptieren, dass alle unsere Erfahrungen als Initiationen oder Ausrichtungen betrachtet werden können. Dieses Verständnis hat es mir ermöglicht, mir praktisch bewusst zu sein, dass alles spirituell ist.

SEGENSREICHE RESONANZ – ERZEUGEN ENERGETISCHER HARMONIE

Es gibt Initiationen oder Resonanzerfahrungen, welche wir wählen durch Umgang mit Menschen, die wir als Weise oder Heilige erachten, die uns als Gurus, spirituelle Lehrer, religiöse Führer oder Channelmedien begegnen. Diese Menschen übertragen eine spezielle Resonanz, und wir fühlen uns zu ihnen hingezogen, um diese Resonanz zu erfahren. Wenn wir Zeit in ihrer Gegenwart verbringen, spricht ihre Ganzheit / ihr Heilsein die Ganzheit in uns an, und auf diese Weise erfahren wir eine Bereicherung unseres Lebens. Wenn wir infolge der Begegnung mit diesen Menschen erhöhte Einsichten oder andere Segnungen erfahren, schreiben viele dieses Geschenk dem Guru oder Lehrer zu. In einem gestärkten Zustand übernehmen wir jedoch die Verantwortung für unser eigenes Leben. Aus dieser Warte erkennen wir, dass die scheinbaren Segnungen des Gurus oder Lehrers im Grund daraus resultieren, dass wir einen erweiterten und stärker resonanten Zustand unseres eigenen Wesens erfahren. Wenn ihr die Verantwortung als Mitschöpfer dieser Ergebnisse übernehmt, ehrt ihr nicht nur euch selbst, sondern zollt letztlich auch demjenigen den höchsten Tribut, der die Resonanz mit ermöglicht hat. Und denkt daran: eure Resonanz wirkt sich aus auf andere, und so weiter und so fort.

Deepak Chopra ist ein solcher Mensch mit einer Resonanz von Ganzheit, die viele spüren und erkennen. In einer regulären überregionalen Zeitschrift wird er als lebendes Kulturgut seines Landes bezeichnet. Das ist ein Ehrentitel, doch Chopra trägt ihn mit nonchalanter Eleganz. Was geschieht, wenn uns ein solcher Mensch begegnet? Vor ein paar Jahren fuhren mein Mann Stephen und ich nach Rhode Island, um dort einen Vortrag von ihm vor 1.500 Leuten zu hören. In der Pause saß er auf der Bühne, um seine Bücher zu signieren. Stephen und ich warteten geduldig in der Schlange. Während wir uns vorwärts bewegten, unterhielt ich mich mit einer jungen Dame, die hinter mir stand. Sie freute sich eindeutig überschwänglich, diesen großen Mann von Angesicht zu Angesicht kennen zu lernen. »Ich will eine Umarmung von ihm!« sagte sie zu mir. Aus dem Augenwinkel konnte ich beobachten, wie er in einem anscheinend meditativen Zustand ein Buch nach dem anderen signierte und dabei nicht einmal aufblickte. Mir kam meine Erfahrung mit meinem eigenen Meister, dem indischen Guru Swami Muktananda in den Sinn, der mich gelehrt hatte, wie wichtig es ist, ohne Erwartungen auf einen Lehrer zuzugehen. Instinktiv baute sich meine innere Mutter in mir auf, und ich machte mich unaufgefordert zur Beraterin der Dame, weil ich verhindern wollte, dass sie von der Begegnung enttäuscht wäre. Und so erinnerte ich sie daran, dass Chopra zuvor in seinem Vortrag gesagt hatte, wir alle würden schon allein dadurch, dass wir uns im gleichen Raum aufhielten, Moleküle miteinander austauschen. Ich versicherte ihr, dass die Umarmung also gar nicht nötig sei und redete ihr gut zu, einfach die Begegnung selbst und den Molekülaustausch auszukosten.

Zu meiner großen Überraschung blickte Chopra, als Stephen ihm sein Buch zum Signieren hinhielt, auf, und zwischen den beiden entstand ein Gespräch. Nach ein paar Augenblicken stellte Stephen mich vor: »... und das hier ist meine Frau, Peggy Phoenix Dubro«, worauf ich eigentlich nur antworten wollte: »Hallo, schön, Sie kennen zu lernen.« Stattdessen höre ich mich selbst sagen: »Sie haben vorhin etwas von ›kein Anfang und kein Ende‹ gesagt. Das Erlebnis kenne ich. Zum ersten Mal erfuhr ich es mit Anfang zwanzig und dann noch einmal vor ein paar Jahren. Es hat mein Leben von Grund auf verändert.« Er sah mir tief in die Augen, und ich ließ es zu, da ich festblieb in der Wahrheit. Ehe ich wusste, wie mir geschah, beugte sich dieser große Mann mit einem Mal vor und umarmte mich. Ich erinnere mich noch vage, wie mein Mann mich weggeleitete. Und ich habe keine Ahnung, wie die Dame hinter mir reagierte. Mein Mann und ich genossen den restlichen Abend. Als ich dann am nächsten Tag aufwachte, fühlte ich mich innerlich wie neu geboren, und mir wurde klar, dass mein zweites Erlebnis in Richtung »kein Anfang und kein Ende« nicht nur für mich allein bestimmt war. Ich trug Verantwortung dafür, andere daran teilhaben zu lassen. Und damals hatte ich keine Ahnung, wie viele »andere« das wohl sein werden.

VORLAGEN AUS LICHT UND RESONANZ

Wie funktioniert diese Resonanz von Mensch zu Mensch? Wir alle haben unsere eigenen heiligen Vorlagen oder Schablonen aus Licht und Energie. In unserem Streben danach, uns selbst zu kennen, beginnen wir, diese Vorlagen mit Leben zu erfüllen und bringen sie dazu, auf eine unnachahmliche Weise zu schwingen. Diese Vorlagen halten den Schlüssel zur interdimensionalen Kommunikation auf der Suche nach unserem einzigartigen Daseinszweck. Außerdem sind sie die Art und Weise, wie jeder von uns unser Stück des umfassenderen kosmischen Puzzles hält und anderen kommuniziert. Das alles geschieht über das Phänomen der Resonanz. Der Begriff »Resonanz« bedeutet hier energetisches Schwingen in Phase oder Harmonie mit etwas. Die Vorlagen sind die Stimmgabeln, und wir alle beeinflussen einander durch unsere Resonanz. In jedem Individuum finden sich ganz spezifische Vorlagen, die in Form des Zugangs zu Vorlagen höherer Dimensionen den Schlüssel zu einem umfassenderen Wissen in sich tragen.

Wenn wir diese Beziehung bewusst verstehen, beginnen wir die Verantwortung für die von uns geschaffene Resonanz zu übernehmen. Meine Aufgabe besteht darin, das Göttliche in allen zu sehen, und diese heiligen Vorlagen helfen mir dabei, das auf eine tiefere Weise zu tun als je zuvor. Ich kann einem anderen nicht sagen, welches Wissen seine eigenen Vorlagen ihm offenbaren werden; die Entdeckung und Aktivierung der eigenen heiligen Vorlagen bleibt jedem selbst überlassen. Was für ein würdiges Streben! Meine persönlichen Vorlagen halten den Schlüssel zu den Vorlagen des UCL und der EMF Balancing Technique.

Meine Erfahrung, die Energievorlagen des EMF-Verfahrens zu empfangen oder zu channeln, bestand darin, dass ich energetisch zu ihnen »wurde«. Bislang halte ich fünf dieser Vorlagen. Es sind dreidimensionale, im Schnitt rautenförmige Licht- und Energiemuster. Sie sehen aus wie zwei vierseitige Pyramiden, die an der Basis zusammengefügt sind, so dass sie die als Oktaeder bekannte geometrische Gestalt bilden. Diese Vorlagen halten eine Resonanz, die für die EMF Balancing Technique typisch ist. Ausgebildete EMF-Lehrer senden auf eine ganz bestimmte Weise diese Resonanz aus und ermöglichen den Lernenden, mit diesen Vorlagen in Resonanz zu kommen. Die Unmittelbarkeit dieser energetischen Ausrichtung durch diese Arbeit erlaubt

eine schnelle Vermittlung dieses Verfahrens. Die auf den angehenden Anwender (Practitioner) übertragene Resonanz wiederum trägt dazu bei, die Information im UCL jedes Individuums, das eine Sitzung von dem EMF-Anwender erhält, zu wecken oder zu klären. Jede Vorlage steht mit einer bestimmten Phase des Verfahrens in Zusammenhang, und ich werde noch ausführlicher auf sie eingehen, wenn wir diese Phasen besprechen.
Die EMF Balancing Technique wird vollständig innerhalb des Umkreises des UCL durchgeführt, das in alle Richtungen etwa 60 Zentimeter um den physischen Körper herum reicht. Der Anwender folgt genauen Mustern durch das UCL, das heißt, er zeichnet diese Muster durch das UCL mit einer Serie anmutiger Tai-Chi-artiger Hand-Bewegungen in Körpernähe nach. Während eines Großteils der Sitzung arbeitet der Anwender über dem Körper oder in Körpernähe, und bei einigen Schritten der Ausgleichsarbeit werden die Hände behutsam und respektvoll direkt auf den Körper des Klienten gelegt.

Als ich die Muster korrekt wahrzunehmen und zu deuten lernte, waren links von mir immer drei große goldene Lichtwesen dabei. Ich nannte sie liebevoll »die drei Weisen«. Im Allgemeinen gelang es mir, die Muster richtig nachzuzeichnen, wenn ich jedoch gelegentlich eine bestimmte Bewegung nicht korrekt durchführte, korrigierten sie mich immer liebevoll und geduldig. Dabei hatte ich ein Gefühl, als wären meine Arme und Hände nicht meine eigenen, während sie sachte in der bevorzugten Abfolge bewegt wurden.
Eines Tages wurde mir klar, dass es jetzt an der Zeit war, dem, was ich tat, einen Namen zu geben. Da ich so gründlich daran gearbeitet hatte, all diese spezifischen Muster zu erlernen und zu einem systematischen Verfahren zu kombinieren, nahm ich an, dass es mir zukäme, den Namen für dieses Verfahren anzugeben. Ich investierte eine Menge Gehirnschmalz, um einen wirklich einprägsamen und tollen Namen dafür zu finden – mein Favorit war »StarGate« (Tor zu den Sternen). Aber als ich gerade schon im Begriff war, mit meiner Entscheidung zufrieden zu sein, da kam eine unmissverständliche Anweisung von den drei Weisen. »Nicht *StarGate*«, hörte ich sie sagen, »du musst es *EMF Balancing Technique* nennen.« Was? Ich traute meinen Ohren nicht. Das klang aber gar nicht einprägsam oder toll. Wie langweilig! Mir war es peinlich, dass mir solche Gedanken durch den Kopf schossen, aber das dachte ich eben. »Nein!«, antworteten die Wesen mit Nachdruck und erklärten mir dann freundlicherweise, dass EMF für »elektromagnetisches Feld« stand, und dass in naher Zukunft die Menschen sich der Elektromagnetfelder sehr bewusst werden und vielen der Name etwas bedeuten werde. Heute wissen wir, dass das elektromagnetische Feld des menschlichen Körpers viele Schlüssel zur Menschheitsevolution in sich trägt. Nun schreiben wir also das Jahr 2001, und es folgt eine Berichterstattung über den aktuellen Stand der EMF Balancing Technique, was in Deutsch mit EMF-Ausgleichsverfahren wiedergegeben werden kann.
Derzeit besteht die EMF Balancing Technique aus vier verschiedenen Phasen. In jeder Phase verfolgt der Anwender eine ganz bestimmte Reihe von Energiemustern in dem UCL seines Klienten, das heißt, er zeichnet diese Muster mit den Händen nach. Die Muster, die nachgezogen werden, sind jedes Mal, wenn ein Klient eine bestimmte Phase empfängt, die gleichen, doch die aus dieser Sitzung resultierende Kalibrierung ist einzigartig. Diese einzigartige Kalibrierung wird bestimmt durch das angeborene Wissen des Klienten in Relation zu seiner gegenwärtigen Lebenssituation. Ich staune noch heute darüber, wie persönlich das Universum in seinem Verhältnis zu jedem von uns ist.
Der EMF-Anwender zeichnet in einem exakten und gründlichen Verfahren spezifische Muster durch das Energiefeld nach. Durch Bewegungen von den Füßen zum Kopf, von vorn nach hinten und vom Kopf zu den Füßen hinunter zurück, tritt der Anwender mit allen Abschnitten des UCL des Klienten in Interaktion. Die Energie lenkt und regelt sich dabei selbst und fließt

genau dorthin und füllt genau die Stellen, wo sie in dem Feld gemäß dem inneren Wissen des Klienten benötigt wird. Daher ist auf Seiten des Anwenders weder Rätselraten, Analyse noch ein eigenes Urteil erforderlich. Er muss nur einfach das Verfahren befolgen, dann wird das günstigste Ergebnis für den Klienten miterschaffen...

Viele Menschen können es spüren, wie die Energie während einer Sitzung durch ihren Körper fließt, doch selbst diejenigen, die sie nicht spüren, profitieren genauso von ihr. Irgendwann erleben die meisten in Verbindung mit den Sitzungen einige Empfindungen, von subtilen zu verblüffenden. Diese Wahrnehmungen werden oft beschrieben als Temperaturveränderungen, Pulsieren, Kribbeln oder Summen. Einige haben sogar schon kommentiert, sie hätten dabei den Eindruck, berührt zu werden, selbst dann, wenn der Anwender dreißig Zentimeter oder mehr vom physischen Körper des Klienten entfernt arbeitet.

Eine EMF Balancing-Sitzung dauert etwa 45 Minuten. Anfangs werden die vier Phasen der Reihe nach empfangen, über einen Zeitraum, der sich in der Regel über vier Wochen bis zu vier Monaten erstreckt. Jede Sitzung beginnt mit einem einfachen Segensspruch, der vom Anwender laut oder still gesprochen wird: »Vom Schöpfer in mir zum Schöpfer in dir und zu all den Wesen, die uns umgeben, lasst uns beginnen.« Mir gefällt diese Eröffnungszeremonie, da sie als gegenseitige Würdigung und Ehrung der inneren Weisheit von einem Mitschöpfer zum anderen dient. Wir brauchen nicht darum zu bitten, dass uns die Energie zur Verfügung stehen möge; wir erklären einfach, dass wir sie nutzen werden, und das tun wir dann.

Nach der gesprochenen Eröffnung beginnt der Anwender mit der energetischen Vorbereitung des Körpers. Teil dieser Vorbereitung ist eine Reihe von Handbewegungen und Intentionen des Anwenders, und mit ihr beginnt eine umfassende Zirkulation von Energie durch das UCL. In gewissem Sinne stellt der Anwender mit den Bewegungen des Verfahrens eine Resonanz her, und der Klient reagiert dementsprechend auf einer elektromagnetischen Ebene. Wenn die Energie nun freier durch das UCL fließt, fährt der Anwender mit der Sitzung fort.

Jede Behandlung folgt einer vorgegebenen Schrittabfolge, die aus Vorbereitung, Öffnung, Reinigen oder Freimachen, Ausgleichen und Schließen besteht. Die Arbeit ist gründlich und wendet sich an alle größeren und kleineren Energiezentren des Körpers. Interessant sind die Ringe aus Licht und Energie, die man horizontal und vertikal um den Kopf beobachten kann. An einem bestimmten Punkt während jeder Phase nimmt der Anwender vorsichtig den Kopf des Klienten in beide Hände und korrigiert die Ringe so, dass sie ein gesundes Muster mit gleichmäßigen Abständen ergeben. Dies erfolgt gemäß dem eigenen Wissen des Klienten. Einige Anwender haben berichtet, wie sie während dieses Abschnitts der Kalibrierung sehen, spüren oder sogar hören können, wie diese Ringe neu ausgerichtet werden.

Zum Abschluss jeder Phase vollführt der Anwender die tiefgreifende Ausrichtung des hohen Herzzentrums, wobei er beim Klienten eine Hand vorn auf die Region der Thymusdrüse legt und eine hinten, um dann die Energie so zu lenken, dass sie zwischen den Händen fließt. Tatsächlich richtet dies auch das Herz auf den Herzschlag des Universums aus, die Schwingung der Liebe. Der Anwender erinnert den Klienten daran, bewusst das eigene Licht und die eigene Energie wahrzunehmen, die durch den Körper strahlen und genau dorthin gelangen, wo sie am meisten benötigt werden. Der abschließende Segensspruch, der wiederum laut oder stumm gesprochen wird, lautet: »Ich ehre dich und den Schöpfer in dir.«

Jede Sitzung kalibriert das gesamte UCL, das sich streckt, lockert und umorganisiert zu dem nächsthöheren Gleichgewichtsmuster. Die Kalibrierung jeder Phase baut auf der vorangegangenen Phase auf. Wir haben einige der Elemente betrachtet, die bei allen vier Phasen gleich sind. Betrachten wir nun die einzelnen Phasen individuell.

EMF BALANCING TECHNIQUE PHASE I
WEISHEIT UND EMOTION

Die Absicht einer Sitzung der Phase I ist die Herstellung eines Gleichgewichts zwischen Kopf und Herz. Ein Mensch, der zu viel denkt ohne die Fähigkeit, zu fühlen, ist aus dem Gleichgewicht. Und umgekehrt ist jemand, der hauptsächlich emotional reagiert, ohne vernünftig oder klug zu überlegen, ebenfalls im Ungleichgewicht. Herkömmlicherweise stehen geistige Fähigkeiten oft höher im Kurs als die emotionalen Aspekte unserer Persönlichkeit. Wir beginnen Emotion nun als wichtigen Bestandteil einer umfassenderen, abgerundeten Definition von Intelligenz zu begreifen. Die EMF-Sitzung der Phase I hilft bei der Herstellung eines ausgewogenen Verhältnisses zwischen der Intelligenz des Herzens und der des Geistes. Durch das so entstehende Gleichgewicht drücken wir höhere Grade an spiritueller Intelligenz aus. Es ist wünschenswert, dass wir unsere Lebens-Entscheidungen aus der Warte dieses stärker integrierten Ichs treffen, und ich ermuntere die Lernenden, sich mit der Vorstellung auseinander zu setzen, *mit dem Herzen zu denken und mit dem Geist zu fühlen.*

Während des Reinigungsteils der Sitzung macht der Anwender mit leichten Bewegungen einige der primären Energiezentren frei, indem er mit einer Hand Energie zum Zentrum lenkt und mit der anderen Hand gleichzeitig reinigt. Klienten beschreiben dieses Freimachen oft mit der Bemerkung, es fühle sich an, als würde sachte an diversen Energiefäden in ihrem Feld gezogen. Nachdem die vorgeschriebenen Bereiche gereinigt sind, geht der Anwender zu dem Ausgleichsabschnitt der Sitzung über. Er legt eine Hand unter den Körper und die andere auf oder über jedes Zentrum des Klienten und weist dabei den Klienten auf ein wichtiges Merkmal der Energie hin: »Diese Energie ist vom Universum und nicht von mir persönlich, und du kannst soviel haben, wie du möchtest.« Diese Feststellung spricht allgemein Gefühle von Hegen und bedingungsloser Liebe an, was ein Gefühl von Fülle und Frieden schafft. Es kann gut sein, dass auch ihr etwas davon spürt.
Der Anwender arbeitet dann mit den Lichtringen um den Kopf und aktiviert die energetische Vorlage, die mit Phase I in Zusammenhang steht. Er bittet den Klienten, sich eine goldene Energiesäule vorzustellen, die durch den gesamten Körper reicht, von den Füßen bis zum Kopf. Eine einfache Handbewegung zieht das goldene Licht durch den Körper hinauf bis zum Scheitel. Die Arbeit im Kopfbereich wird komplettiert mit der Bitte um das Stattfinden zusätzlicher Energieabgleiche; dies schließt den Energieausgleich ab und stellt die Stabilität der neuen Muster sicher. Phase I schließt mit einer Betonung der Verankerung der Energie des Klienten im Hier und Jetzt. Der Klient geht aus dieser Sitzung mit Gefühlen von Frieden, Ruhe und Ausgeglichenheit hervor. Bei einigen kann die erste Erfahrung mit der EMF Balancing Technique ein spirituelles Erwachen fördern.

EMF BALANCING TECHNIQUE PHASE II
AUFSPÜREN DER SELBST-AUSRICHTUNG UND DER SELBST-UNTERSTÜTZUNG

Die Absicht einer Sitzung der Phase II ist die Förderung der Selbst-Ausrichtung und Selbst-Unterstützung. Phase II baut auf Phase I auf, indem sie uns erlaubt, uns die überschüssige Energie zurückzuerobern, die wir in unserer Vergangenheit investiert haben. Das geschieht in erster Linie durch die Arbeit mit dem Prisma der persönlichen Stärkung. Die drei langen, vertikal verlaufenden Informationsfasern aus Licht und Energie an der Rückseite des UCL kommen, gemeinsam mit den Achterschleifen oder Unendlichkeitsschleifen, die von den Rückenchakras ausgehen, und dem Grundmuster aus Phase II, zusammen, um ein prismaartiges Gebilde zu erschaffen. Die langen Informationsfasern tragen unsere persönliche Geschichte in sich – ererbte oder auf

unsere Ahnen zurückgehende Muster, Information aus früheren Leben und alle Ereignisse aus unserem jetzigen Leben. Bei der Arbeit in diesem Prisma kalibrieren wir die Energie, die uns bislang zurückgehalten hat, und diese Energie wandelt sich in Unterstützung um.
Viele von uns befinden sich noch auf der Suche nach dem »gnadenvollen Zustand«, der uns von unterschiedlichen Quellen verheißen wurde. Andere haben sogar die Möglichkeit eines so ursprünglichen und herrlichen Zustands vergessen und trotten in den schlammigen und teerartigen Zuständen alter Energiedynamiken. Wenn wir jedoch Verantwortung für uns selbst übernehmen und an dem Öffnen unserer Energiebahnen arbeiten, können wir diesen gnadenvollen Zustand oder Befreiung von Karma verdienen. (Vielleicht rührt daher das Wort »Arbeit« in »Lichtarbeiter«.) Durch Lenken von goldenem Licht zum Ausgleichen der langen Informationsfasern hintern uns können wir elegant einen Teil unseres Karmas und die ererbten Neigungen loslassen, die für uns nicht mehr hilfreich sind.

Das Ziel in Phase II liegt darin, uns die Weisheit der Erfahrungen und Ereignisse aus unserer Vergangenheit zu bewahren und so Dankbarkeit für alles Gelernte zu entwickeln. Das verwandelt die Energie unserer Geschichte in eine goldene Säule von Weisheit, die uns frei trägt. Um den Kalibrierungsprozess anzuregen, formulieren wir mehrere Absichten. Zuerst erteilen wir die Absicht, jedes Übermaß an elektromagnetischer Energie rund um zurückliegende Ereignisse freizusetzen, die uns nicht mehr dienlich ist. Zweitens erteilen wir die Absicht, diejenigen Neigungen in uns zu aktivieren, die unser Weiterkommen unterstützen und die Haltung von Selbst-Ausrichtung und Selbst-Unterstützung schaffen. Unsere dritte Absicht steht mit dem Rückgrat in Zusammenhang, wo unsere Lebensenergie und Kundalinienergie gelegen sind. Diese Absicht richtet sich darauf, eine starke persönliche Entschlossenheit und unser spirituelles Rückgrat zu fördern. Wir wurden mit energetischen Einschränkungen im Rückgrat geboren und halten daran fest. Diese Einschränkungen waren dazu da, uns beim Lernen zu helfen, indem sie uns mit geeigneten Lektionen versorgten. Unsere Absicht besteht hier also darin, uns von der Notwendigkeit zu befreien, diese karmischen Ereignisse immer wieder aufs Neue zu erschaffen, so dass wir einfach nur die Einsicht der Lektion zurückbehalten. Zusätzlich zu dem Arbeiten mit den langen Fasern, den selbstausgleichenden Schleifen und dem Rückgrat reinigen wir auch mehrere der Hauptenergiezentren und gleichen sie aus. Mit einer Reihe eindeutiger, fließender und anmutiger Bewegungen wird all dies bewerkstelligt durch Arbeiten mit dem hinteren Abschnitt des UCL.
Zum Abschluss arbeiten wir erneut mit der Energie um den Kopf und aktivieren das mit Phase II verknüpfte Energiemuster. Der Schließvorgang spornt das Individuum weiterhin an, gründlich in dieser Wirklichkeit verankert zu sein.

EMF BALANCING TECHNIQUE PHASE III AUSSTRAHLEN VON ZENTRALENERGIE

Die Sitzung der Phase III intensiviert unsere Zentralenergie oder Kernessenz, die vertikale Säule aus Licht und Energiefasern, die durch die Mitte unseres gesamten Seins führt. Diese Sitzung verstärkt unser Vermögen, das Licht auszustrahlen, das wir in uns tragen, und unterstützt die Vereinigung des Chakrasystems. In Phase III richten wir unsere Intention zunächst auf die Reinigung der kleineren Energiezentren im gesamten Körper. Diese weniger bekannten Zentren haben tiefe Auswirkungen auf die Hauptchakras und sind ein vitaler Bestandteil unseres gesamten Energieflusses. Phase III kann man durch das gedankliche Bild charakterisieren, dass nicht der Berg an uns reibt, sondern das Sandkorn in unserem Schuh.
In Phase III arbeiten wir mit zwei Oktaeder-Lichtvorlagen. Das erste Vorlagenmuster beginnt an dem Oberen Zentrum und endet in dem sechsten Chakra, dem als Drittes Auge bekannten

Bereich. Das zweite Vorlagenmuster beginnt in Kniehöhe und endet bei dem Unteren Zentrum unterhalb unserer Füße. Diese Vorlagen erhöhen unsere bewusste Wahrnehmung des Oberen Zentrums, des Unteren Zentrums und der Zentralenergie, so dass der Kern, das Zentrum, zur spirituellen Kraft des Wesens wird. Wenn wir diese Vorlagen nutzen, erteilen wir unsere Absicht, unsere Zentralenergie durch unsere gesamte Physis auszustrahlen. Dieser Prozess verbindet die Energie unseres individuellen UCL mit der Energie des Universums oder dem Kosmischen Gitter und strahlt diese Energie dahin aus.

In Phase III wird die stark verfeinerte Frequenz der Platinenergie eingeführt. Die Platinenergie fühlt sich anders an als die goldene Energie, etwas kühl und mit der Eigenschaft zum Verstärken. Sie steht nach unserem jetzigen Erkenntnisstand für die Verschmelzung weiblicher und männlicher Aspekte der universellen Energie. In dieser Phase verbindet sich die Platinenergie mit der Goldenergie zu erhöhtem Gleichgewicht; diese Vereinigung in unserer energetischen Anatomie erzeugt eine Ausrichtung des Chakrasystems auf die Zentralenergie, wodurch eine weitere Schwingungsverlagerung entsteht. Diese Ausrichtung gibt uns Impulse, mehr von unserer spirituellen Intelligenz auszudrücken, indem wir eine größere Rolle im universellen Plan der Dinge übernehmen.

Nach der Vorbereitung des Energiekörpers in Phase III reinigt der Anwender die Energiezentren, die sich an den Schultern, der Innenseite des Ellbogens, den Handgelenken und Handtellern, Hüften, Knien und Knöcheln befinden. Das Reinigen dieser Bereiche unterstützt das Öffnen und Reinigen vieler weiterer Teile des Körpers. Diejenigen, die beispielsweise zu Verspannungen im Schulter- und Nackenbereich neigen, fühlen nach dieser Sitzung möglicherweise eine Linderung. Der Anwender macht auch den Kiefer und das Dritte Auge frei, was eine Erhöhung der intuitiven Wahrnehmung fördert.

Nach Reinigung der Vorderseite des Körpers dreht sich der Klient sachte um, so dass der Anwender an der Körperrückseite arbeiten kann. Der Anwender reinigt einige weitere Energiezentren, darunter das Energiezentrum unterhalb der Rippen, wo die letzten Spuren der Rückstände alter Energiemuster gespeichert sind. Dann reinigt der Anwender den Nacken, eine sehr heilige Region unserer energetischen Anatomie. Zum jetzigen Zeitpunkt in der Evolution der Menschheit gelangt durch dieses Zentrum eine hochkonzentrierte Menge feiner Energie in das menschliche Energiefeld.

Nach Beendigung der Reinigung dreht sich der Klient wieder auf den Rücken. Die nächste Bewegungsabfolge regt die energetische Haltung der Ausstrahlung von Zentralenergie an, was oft ein zutiefst befriedigendes Gefühl des Friedens hervorruft. Wenn seine Zentralenergie gestärkt wird, kann der Klient sich auch gestreckt oder verlängert fühlen. Der Anwender bringt die Zentralenergie ins Gleichgewicht, indem er ein Unendlichkeitszeichen über die gesamte Länge des Körpers zeichnet. Dann werden die beiden Vorlagen von Phase III aktiviert, was das Bindeglied von der Zentralenergie zum Unteren Zentrum und zum Oberen Zentrum verstärkt. Die Sitzung schließt mit den Ausrichtungen im Umfeld des Kopfes und mit der Verankerung des Klienten im Jetzt. Klient und Anwender haben an diesem Punkt eine Menge erreicht; das gesamte Energiefeld ist jetzt gereinigt, was es dem Klienten ermöglicht, kraftvoller in der Jetzt-Zeit zu leben.

EMF BALANCING TECHNIQUE PHASE IV
ENERGETISCHE FERTIGKEIT UND KÜNFTIGES POTENZIAL

In Phase IV konzentrieren wir unsere Absicht auf energetische Fertigkeit. Hier kalibriert der Anwender die langen Informationsfasern in der Vorderseite des UCL so, dass wir freudvoll unser Potenzial mit-erschaffen können. In den langen Jahren meiner persönlichen Praxis beobachtete

ich, dass die Achterschleifen, die mit den langen Fasern auf der Vorderseite verbinden, bei den meisten Menschen unvollständig sind; sie befinden sich eher noch im Aufbau. Außerdem beobachtete ich, dass nach der Sitzung der Phase IV diese Schleifen nicht nur viel stärker wurden, sondern auch vollständiger ausgebildet waren.
Häufig bekomme ich Menschen mit einem guten Herzen und Energiefeldern zu Gesicht, die ein hohes Potenzial in sich tragen. Die »Reife« ihrer Felder ist kaum zu übersehen. Doch merke ich, dass diese wunderbaren Seelen oft frustriert sind, da sie nicht imstande sind, ihr Potenzial zu manifestieren, obwohl sie sich dessen durchaus bewusst sind. Phase IV ermutigt den Menschen, sein Potenzial zu manifestieren durch Vervollständigen und Verstärken seiner Achterschleifen in seinem UCL. Unabhängig davon, als wie fähig oder vollendet ihr euch in diesem Stadium eures Lebens anseht, überlegt einmal, wie es wäre, noch effektivere Manifestationsfertigkeiten zu besitzen. Wir sind der Urheber unserer eigenen Metamorphose und lernen, wie die Anwendung des Gitternetzes das Ergebnis unserer Handlungen und Intentionen verbessert. Die Aktivierung unseres UCL durch diese Sitzungen bildet die Vorarbeit zum Halten der vollen Ladung unseres Seins.

Das Oktaedermuster der Phase IV erstreckt sich über die gesamte energetische Anatomie und umfasst die Vorlagen aus den drei vorhergehenden Phasen. Die Vorlage der Phase IV aktiviert das gesamte EMF-Vorlagen-System in diesem Stadium seiner Entwicklung und umfasst die gesamte Energie des Prismas der persönlichen Stärkung, die Zentralenergie und das Prisma des Persönlichen Potenzials. Das Kombinieren von Intention und Handeln mit dem persönlichen Potenzialprisma ist eine wirkungsvolle Weise, die Energie der Zukunft anzuzapfen und ihr eine wesentliche Rolle bei der Erschaffung unseres Jetzt einzuräumen. Phase IV verlagert unsere Energie hin zu einem Gewahrsein des gegenwärtigen Augenblicks, bei dem die Weisheit der Vergangenheit und das Potenzial der Zukunft im Gleichgewicht sind.
Wie bei den ersten drei Sitzungen beginnt der Anwender die Sitzung der Phase IV mit der Vorbereitung des Energiekörpers. Direkt nach der Vorbereitung des UCL dreht sich der Klient auf den Bauch, und das persönliche Stärkungsprisma wird angesprochen. Klient und Anwender erteilen dann die Absicht, die Geschichte des Klienten zu ehren bei der Kalibrierung der langen Informationsfasern, der selbstausgleichenden Schleifen und des Rückgrats. Das Kalibrieren des persönlichen Stärkungsprismas ermutigt den Klienten, Wertschätzung auszudrücken für die Weisheit, die er durch seine Erfahrung gewonnen hat. Nach dem Ehren seiner Geschichte dreht sich der Klient wieder auf die andere Seite und ist nun bereit, sich im Jetzt zu zentrieren und Zentralenergie auszustrahlen. Die Absicht, die eigene Aufmerksamkeit im gegenwärtigen Augenblick zu zentrieren, dient als Ausgangspunkt für den Beginn der Arbeit mit dem persönlichen Potenzialprisma. Diese Phase besteht aus besonders anmutigen Bewegungen, die reich an Symbolgehalt sind.
Der Anwender lenkt dann an der Vorderseite goldene Energie durch die Fasern des UCL in die Vorderseite, was dem Klienten erlaubt, sich des Feldes potenzieller Möglichkeiten mehr bewusst zu werden, das sich direkt vor ihm befindet. Überschüssige elektromagnetische Energie verursacht durch Sorgen oder angstbesetzte Ereignisse oder Potenziale wird dann freigesetzt, und das einzigartige Potenzial des Klienten wird aktiviert.

Als Nächstes kommt einer meiner Lieblingsteile der Sitzung: Der Anwender aktiviert die selbstausgleichenden Unendlichkeitsschleifen, die mit dem Kern des persönlichen Potenzialprismas verbinden. Diese einfache Bewegung hat etwas wunderbar Heiliges und sehr Schönes. Wenn ihr einen anderen Menschen segnen wollt, ist dies die Verkörperung dieses Segens. Einem anderen Menschen Impulse zu geben zu seiner Ermächtigung oder Stärkung, ist ein Privileg

und ein besonderes Geschenk. Wenn ihr einen anderen zu dieser Stärkung verhelft, stärkt ihr euch selbst.
Die Öffnung der Energiezentren in dieser Sitzung ist ziemlich unverkennbar. Die anmutigen und eleganten Handbewegungen dabei erinnern an das Öffnen einer inneren Tür, was die Fähigkeit eines Klienten erleichtert, tief nach innen zu gelangen, um sich voll für sein Potenzial zu öffnen. Überlegt einmal, was es bedeuten würde, ständig in Selbstvertrauen und Liebe mit eurem potenziellen Selbst in Verbindung zu sein. Der Anwender fährt dann mit weiteren Bewegungen durch das UCL fort, und die resultierenden Energiemuster repräsentieren die Öffnung zum potenziellen Selbst durch Weisheit und Liebe, den grandiosen Werkzeugen der Mitschöpfung. An diesem Punkt in der Sitzung wird der Klient vielleicht neue Empfindungen, Ideen oder Intuitionen erleben. Das Ausgleichen in Phase IV wird langsam und gezielt ausgeführt, während der Klient sich weiter in der Energie der Liebe sonnt. Dann arbeitet der Anwender kurz mit der Energie rund um den Kopf und schließt die Sitzung ab.
Die EMF Balancing Technique hilft dabei, die Energiekreisläufe zu öffnen, so dass wir ein denkbar aufgeklärtes Leben miterschaffen können. Und doch ist es dem Einzelnen überlassen, die Verantwortung anzunehmen, die mit dem Miterschaffen einhergeht. Diese Verantwortung stellt eine Partnerschaft mit dem Universum dar und ist ein großes Privileg. Tag für Tag üben wir uns in Meisterschaft, wobei wir unsere Fertigkeiten zum Miterschaffen verfeinern.

KOMBINATIONSSITZUNGEN, FERNBEHANDLUNG UND SELBSTSITZUNGEN

Die Anwender lernen auch, wie sie EMF-Sitzungen in kombinierter Form anwenden können. Das bedeutet, bestimmte Phasen miteinander zu kombinieren. Die Phasen gehen hierbei an bestimmten Punkten ineinander über, so dass, wie wir sagen, Doppelsitzungen entstehen. Wenn ihr überlegt, dass jede Sitzung mit ihren vielfachen Bewegungen und Mustern unabhängig konzipiert war, ist es bemerkenswert, wie perfekt sie zueinander passen, als ob sie alle im Voraus geplant wären.

Aus eigener Erfahrung und aus der Forschung der Quantentheorie wissen wir, dass Zeit und Raum uns nicht unbedingt Grenzen auferlegen. Wir wissen außerdem, ebenfalls aus Erfahrung, dass Sitzungen ohne Einsatz der Hände eine sehr wirkungsvolle Form der Energiearbeit darstellen. Es gibt mehrere Formen von Fernsitzungen, für deren Durchführung EMF-Anwender qualifiziert sind. Diese Sitzungen können dadurch ermöglicht werden, dass der Anwender telefonisch in Kontakt ist mit dem Klienten, der die Sitzung erhält. Alternativ können sich Anwender und Klient einfach auf eine Zeit zum »Treffen« einigen, und die Sitzung wird ohne verbalen Kontakt durchgeführt, gegebenenfalls später gefolgt von einem Anruf zum Nachfassen. Sitzungen unter Verzicht auf einen Einsatz der Hände können auch dann erfolgen, wenn Klient und Anwender sich im gleichen Raum befinden. Dies ist eine nützliche Option zum Beispiel bei bettlägerigen Klienten, die nicht in der Lage sind, sich auf den Behandlungstisch zu legen, oder bei Klienten, denen eine Behandlung ohne Einsatz der Hände einfach lieber ist. Die Fernarbeit ist zwar kein Ersatz für die primäre Anwendungsweise des Verfahrens – von Mensch zu Mensch, von Angesicht zu Angesicht, getragen von wechselseitiger Hochachtung –, aber dennoch ist sie eine brauchbare Form zur Nutzung der Energie, und viele Menschen fühlen sich von ihr angezogen.

Während der Ausbildung lernen Anwender auch, sich eine Selbst-Sitzung zu erteilen. Man sollte beachten, dass auch der Anwender jedes Mal große Vorteile empfängt, wenn er die Sitzung für einen anderen durchführt. Während der Anwender sich nämlich in der Energie aufhält und einen Ausgleich für einen anderen anstrebt, reagiert auch sein eigenes Energiefeld. Einem anderen Menschen bei der Herstellung seines Gleichgewichts behilflich zu sein, erzeugt auch in uns selbst die Harmonie des Gleichgewichts. Dazu kommt, wie ein aufmerksamer Arzt in Frankreich mir gegenüber einmal bemerkte, der vielfältige körperliche Nutzen, den der Anwender schon allein daraus zieht, dass er die Bewegungen vollführt.

Die Ausbildung zum Anwender in der EMF-Balancing Technique dauert sechs ganze Tage. Je nachdem, welchen Maßstab man anlegt, kann das als kurz angesehen werden, wenn man bedenkt, welch eine Menge an Lernstoff bei einem derart komplexen und gründlichen System abzudecken ist. Aber das Lernen endet natürlich nicht am Ende dieser sechs Tage. Ich beschreibe diese Arbeit als Kampfkunst des Herzens, wobei »Kampf« sich auf die starke und aktive Intelligenz bezieht, die inhärent zum spirituellen Wohlergehen gehört. Mir gefällt diese Analogie zu einem Kampfkunstmeister – je geübter und präziser die Bewegungen des Anwenders, desto stärker die Kalibrierung des Gleichgewichts für den Klienten sowie auch den Anwender. Zu meiner großen Freude hörte ich neulich ein Radiointerview mit einem geachteten hawaiianischen Heiler, bei dem dieser bemerkte, welch eine atemberaubende Wirkung es hätte, wenn Energiearbeiter das gleiche Maß an Engagement und Übung in ihre Arbeit investieren würden wie diejenigen, welche die Kampfkünste ausüben.

GLEICHGEWICHT UND EIN WÖRTCHEN ZUM THEMA HEILEN

In erster Linie liegt der Zweck der EMF Balancing Technique darin, das UCL auszugleichen und zu stärken, was das gesamte Wohlbefinden des behandelten Menschen erhöht. Je ausgeprägter unser Gleichgewicht, desto mehr wächst unser Verständnis für spirituelles Wohlergehen, und wir erlangen neue Ebenen der persönlichen Stärkung. Dieser positive Zustand kann zu unserer Fähigkeit beitragen, andere zu »heilen« oder selbst »geheilt« zu werden. Der EMF Balancing Technique-Anwender ermöglicht oder erleichtert Heilen durch seine Arbeit mit dem UCL.

In der Geschichte wurden ganze Bände über das Thema Heilung verfasst, und auch heute noch sind wir damit beschäftigt, immer wieder neu zu definieren, was unter »Heilung« zu verstehen ist. Wenn wir erkranken oder uns verletzen, ist der Körper oft in der Lage, sich selbst zu heilen, doch manchmal ist auch unterstützende Hilfe von außen erforderlich. Bei der Entscheidung für die angemessenen medizinischen und/oder ganzheitlichen Hilfen gilt es viele wichtige Faktoren zu bedenken. In jeder Schule des Denkens ist Heilung letztendlich Selbstheilung.

Die primäre Rolle des Arztes, des Akupunkteurs, des Schamanen oder jedes anderen Menschen, der irgendeine Form von Heilung praktiziert, liegt immer darin, die natürlichen Selbstheilungskräfte des Patienten zu unterstützen. Worauf die Wahl auch fällt, jedem Individuum steht es zu, seine Rolle bei diesem Prozess spielen zu können, den wir Heilung nennen. Das Ja zur Selbststärkung oder Selbst-Ermächtigung kann einer der wichtigsten Faktoren im Heilungsprozess sein.

Obwohl ein Mensch einen Zustand der Un-pässlichkeit, des Un-wohlseins oder der Krankheit durchmachen mag, kann er sich aber auch im Zustand von Wohlergehen und Stärkung befinden. Ich konnte das in meinem eigenen Leben immer wieder feststellen und auch im Leben der Klienten und Schüler, mit denen ich gearbeitet habe. Energetisch die goldene Haltung des inneren Gleichgewichts einzunehmen und dann von diesem Ort des Gleichgewichts aus zu handeln, trägt bei zur Miterschaffung des denkbar aufgeklärtesten Lebens, unabhängig von den äußeren Umständen. Bei der EMF-Arbeit richten wir unser Augenmerk zunächst auf die Stärke des Individuums und bauen darauf auf. Das Unwohlsein kann unter anderem körperlicher, geistiger, situationsbedingter oder anderer Natur sein. Einige Menschen haben sich sogar für EMF-Sitzungen entschieden, um besser mit ihrem eigenen physischen Tod fertig zu werden. Ich betrachte den Tod nicht als Fehlschlag, sondern als Übergang. Wie im Vorwort zu diesem Buch zum Ausdruck gebracht, liegt es mir leidenschaftlich am Herzen, dass jeder Mensch das

Recht hat, jederzeit seine Selbst-Stärkung zu erfahren und zu kennen – ungeachtet seiner jeweiligen Lebensumstände.
Erfahrungen dieser Art, und zwar sowohl meine eigenen als auch die der Lehrer und Anwender der EMF-Balancing Technique werden im nächsten Buch vorgestellt mit dem Titel *Restoring the Electromagnetic Laws of Love* (Wiederherstellung der elektromagnetischen Gesetze der Liebe).

»Der ganze Körper ist von einer Flügelspitze zur anderen nichts anderes als Gedanke,
... Geist in sichtbarer Gestalt.
Durchbrecht die Beschränktheit eures Denkens,
und ihr zerbrecht damit auch die Fesseln des Körpers.«

Richard Bach
Die Möwe Jonathan

KAPITEL ZEHN

DER NEUE HORIZONT

Ein Aufruf zur Universellen Kalibrierung

UNSANFTES ERWACHEN

In der Nacht des 11. September 2001 wurde ich davon wach, dass das Schlafzimmer von einem hellen Licht erfüllt war. Zuerst dachte ich an Autoscheinwerfer, deren Licht durch unsere Fenster im zweiten Stock fiel. Als ich jedoch aufmerksamer hinsah, wurde mir klar, dass ich direkt auf das Kosmische Gitter blickte. In diesem Moment sah es völlig anders aus, als ich es sonst gesehen hatte. Eine Zeitlang beobachtete ich ganz eigenartige Muster in dem Gitter, dachte mir jedoch nichts dabei und wusste nicht, was ich davon halten sollte. Dann schlief ich wieder ein, während ich mich fragte, worin der Unterschied bestand. Erst spät am anderen Morgen wurde mir deutlich, dass der Teil des Gitters, der sich der Menschheit präsentierte, ausgeprägter war als je zuvor.

Das Energienetz, das uns alle verbindet, war durch die Ereignisse des Vortages verstärkt worden. Die weltweite menschliche Gemeinschaft hatte einen unüberhörbaren Notruf zur Geschlossenheit erhalten. Als Bürger dieses Planeten wissen wir, dass wir den Hass hinter uns lassen müssen, und toleranter werden und uns für neue Ebenen des Mitgefühls und der wechselseitigen Akzeptanz öffnen müssen. Uns bietet sich heute eine unvergleichliche Chance, unser begrenztes Verständnis von Liebe weit hinter uns zu lassen. Das kollektive Bewusstsein hat eine neue Öffnung geschaffen. Der nächste Schritt besteht darin, die Energie der Liebe zu verstehen – das Herz der Menschheit ist nun darauf vorbereitet worden, diese neue energetische Dynamik auszuhalten. Liebe findet nun einen ganz neuen Ausdruck, und ihr werdet es erkennen, wenn ihr sie erfahrt. Die Ereignisse des 11. September 2001 haben uns für immer verändert, und was wir mit dieser Veränderung anfangen, haben wir selbst in der Hand.

IM GEIST VEREINT

Am 29. September 2001 jeweils um 21.00 Uhr Ortszeit, taten sich EMF-Anwender und -Lehrer auf der ganzen Welt zusammen, um eine EMF-Sitzung der Phase I mit einem ganz besonderen Klienten durchzuführen: dem Bewusstsein der Menschheit. Sie begann in Neuseeland und setzte sich dann durch sämtliche Zeitzonen rund um den Globus fort (Australien, Malaysia, Hongkong, Singapur, Indien, Israel, Türkei, Italien, Schweiz, Deutschland, Frankreich, Großbritannien, USA, Mexiko, Hawaii und viele weitere Länder). Die Gruppe einigte sich ferner, ihrem ungewöhnlichen Klienten auch noch die übrigen Phasen des Verfahrens angedeihen zu lassen, und zwar am 10. Oktober, 11. November und 12. Dezember 2001. Zudem haben sich Lehrer und Anwender verpflichtet, mit dieser Sequenz so lange weiterzumachen, wie es angebracht scheint.

Betrachten wir uns zum Verständnis dieses Aufrufs zur Kalibrierung des Universums eine der grundlegendsten Eigenschaften, die diese Kalibrierung ermöglichen: Veränderungen, die in unserem eigenen physischen Körper beginnen.

HORMONE UND UNSERE KÖRPERLICHE EVOLUTION – DIE VERKNÜPFUNG ZWISCHEN CHEMIE UND BIOLOGIE

Die chemische Zusammensetzung des menschlichen Körpers spielt im Evolutionsprozess eine wichtige Rolle. Ernährung, spezielle Nahrungsergänzungen, körperliches Training, ja sogar die Luft, die wir atmen und unsere seelische Verfassung – sie alle tragen zu dieser chemischen Beschaffenheit bei. Zu den chemisch-biologischen Systemen, die eine Rolle in unserer Entwicklung spielen, gehört das endokrine System des Menschen. Das endokrine System ist eines der physischen Gegenstücke zu den feinstofflichen Energiestrukturen, die unsere Energiekörper bilden. Die endokrinen Drüsen versorgen uns mit hochspezialisierten chemischen Stoffen – den Hormonen –, die sie zu exakten Zeitpunkten und aus speziellen Gründen in die Körperchemie ausschütten. Die Hormonsekretion spielt eine zentrale Rolle. Könnte es sein, dass eine winzige Veränderung hormonaler Sekretionen neue Bereiche im Gehirn erschließt und in unserem Geist oder Bewusstsein die Fähigkeit auslöst, eine höhere Wirklichkeit wahrzunehmen? In den Sechzigerjahren gab es eine Massenbewegung zur Bewusstseinserweiterung unter Verwendung chemischer Substanzen. Mit diesem Drang forderte das kollektive Bewusstsein eine Verschiebung der Grenzen der Normalität. Aber kann Derartiges auch auf einfache Weise geschehen, im Alltag, in einem ganz gewöhnlichen Leben, ohne Drogen, ohne sich um den Verstand zu bringen oder »durchzudrehen«? Im neuen Jahrtausend lernen wir, noch tiefer in uns selbst zu gelangen, um den Schlüssel zu finden, der uns die Tür zu den Schätzen unserer körpereigenen »Chemiefabrik« öffnet. Die folgende Übung ist ausgelegt dafür, das endokrine System so zu stimulieren, dass es ein hormonelles Gleichgewicht herstellen kann, das einem Entwicklungssprung des Bewusstseins förderlich ist.

EMF BALANCING TECHNIQUE: DER GOLDENE WIRBELWIND

Der Goldene Wirbelwind ist ein kleiner, aber wichtiger Teil der Information, die im vollständigen System der EMF Balancing Technique enthalten ist. Hadassah Roberts, die sich ihr Leben lang mit Metaphysik beschäftigte, war die Erste, die in Grundzügen diese Übung niederschrieb. Sie war eine schöne und weise alte Frau. Ich lernte sie nur flüchtig kennen, aber ihre bloße Gegenwart flößte einem Respekt ein. Als ich 1987 zum ersten Mal von der folgenden Übung las, wurde mir klar, wie wichtig sie war. Hadassah Roberts schien fast amüsiert, dass ich die Übung so tiefgründig fand, und konstatierte, es freue sie, dass jemand sie nützlich fand. Ich erhielt ihre Erlaubnis, die Übung so einzusetzen, wie es mir angebracht schien. Sie war das energetische Werkzeug, das mein Energiefeld öffnete und auf das vorbereitete, was danach kommen sollte. Als Hadassah 1996 in die andere Welt einging, war sie einhundert Jahre alt. Ich halte ihre Weisheit dankbar in Ehren.

Der letzte Teil der Übung geht auf einen »Vorschlag« von Kleiner Falke zurück, einer indianischen Freundin von mir, Pfeifenträgerin der Lakota. »Sternenmensch«, sprach sie mich eines Tages liebevoll – herausfordernd an, »was tust du dafür, um die Leute wieder mit der Erde in Kontakt zu bringen?« Im Laufe der Jahre hat sich die Übung noch weiter entwickelt, das Grundmuster jedoch blieb bestehen.

In seiner derzeitigen Form hilft der Goldene Wirbelwind dabei, den Energiekörper auf die erhöhte energetische Ladung vorzubereiten, die wir nun in unserem Alltag in uns halten und einsetzen können. Wie viele von uns derzeit feststellen, ist das heilige Ereignis, nach dem wir gesucht haben, bereits eingetreten, und es besteht in uns, in der bloßen Realität unserer Existenz. Wenn wir uns selbst und alles Lebendige auf diese Weise ehren, ehren wir den Ursprung oder Schöpfer unseres Daseins, ganz gleich, wie wir uns diese Schöpfergestalt vorstellen.

Ihr könnt diese Übung, wenn ihr möchtet, langsam lesen. Sobald ihr euch mit ihr vertraut gemacht habt, könnt ihr so schnell vorgehen, wie ihr möchtet. Ihr könnt euch einfach die Energiemuster vorstellen, während ihr die Punkte eins bis zwölf hersagt.

1 – GOLDENES SKELETT

Spürt, fühlt, stellt euch goldene Energie vor, die im Uhrzeigersinn um eure Füße wirbelt. Lasst zu, dass diese Energie eure Fußsohlen durchdringt. Die mineralische Zusammensetzung eurer Knochen macht das Skelett zu einem guten Leiter für diese verfeinerte Energie. Lenkt die goldene Energie nun Knochen für Knochen durch euer Skelettsystem. Lenkt die Energie durch die Knochen in euren Zehen, durch alle Fußknochen, eure Knöchel, eure Knie hinauf, eure Kniescheiben und durch eure Schenkelknochen. Lenkt diese Energie durch eure Hüftknochen, hinunter zu eurem Steißbein, das Kreuzbein hinauf und nun durch euer Rückgrat aufwärts. Badet jeden einzelnen Wirbel in dieser goldenen Energie. Lenkt die Energie so, dass sie durch die Knochen in der Schulter und die Schulterblätter strömt, zum Brustbein hinunter und um die Rippen. Lenkt die goldene Energie hinunter durch die Knochen in euren Armen zu euren Handgelenken und zu allen Knöchelchen in euren Händen und Fingern. Nun lenkt eure Aufmerksamkeit und die Energie hinauf zu den Halsknochen, um eure Kiefer herum, durch eure Zähne und euren gesamten Schädel. Ihr habt gerade euer gesamtes Skelett in goldener Energie gebadet. Lasst das Gefühl, die Empfindung oder das Bild zu, dass ein goldener Schein alle Knochen in eurem Körper durchglüht. Atmet tief und entspannt euch.

2 – GOLDENES GEHIRN

Richtet eure Aufmerksamkeit auf euer heiliges Gehirn und erteilt die Absicht, dass euer Gehirn die neue Energie absorbieren soll. Beginnt bei der Hirnrinde, der grauen Masse, die die Oberseite des Gehirns bedeckt. Direkt unterhalb der grauen Masse ist die weiße Masse, die den größten Teil eures Gehirns ausmacht. Lasst die weiße Gehirnmasse diese goldene Energie aufsaugen wie ein Schwamm. Euer Bewusstsein wird das gefühlsmäßige Erleben dieser goldenen Energie über beide Hälften eures Gehirns verteilen. Eine der Funktionen der weißen Gehirnmasse besteht darin, euch bei allen extrasensorischen Wahrnehmungen behilflich zu sein. Konzentriert eure Aufmerksamkeit auf die Stelle zwischen euren Augenbrauen, etwas höher und etwa zweieinhalb Zentimeter tief in eurem Gehirn. Hier werdet ihr auf die Hirnanhangdrüse stoßen, eine kleine, birnenförmige Drüse. Lenkt die goldene Energie so, dass sie diese kleine Drüse komplett umgibt, und erteilt die Absicht, dass diese Energie vollständig absorbiert wird. Wenn ihr die Energie durch diese Drüse leitet, erteilt die Absicht, die hormonellen Veränderungen in eurem Körper zu aktivieren, die für euch angemessen sind, wenn ihr den nächsten Schritt in eurer Evolution tut. Die Hirnanhangdrüse ist der erste Kontaktpunkt, der energetisch mit der Zirbeldrüse verbunden ist.

Legt eure Aufmerksamkeit nun in eure Gehirnmitte. Mitunter wird diese Region als »heilige Kammer« bezeichnet. Hier findet ihr die Zirbeldrüse, eine kleine, wie eine Kidneybohne geformte Drüse. Lenkt die Energie so, dass sie eure Zirbeldrüse umhüllt und erteilt die Absicht, dass diese Drüse so viel goldene Energie absorbieren soll, wie sie kann. In dieser Region des Gehirns befindet sich auch der Hypothalamus und Thalamus. Euer Thalamus ist ein fächerartiges Organ, das aus grauer Gehirnmasse besteht, und mit weißer Gehirnmasse gesprenkelt ist. Die beiden Teile eures Thalamus verteilen sich über die beiden Hälften eures Gehirns. Der Thalamus ist für das bildliche Vorstellungsvermögen zuständig, das ihr jetzt gerade einsetzt. Visualisiert oder imaginiert einen goldenen Schmetterling, während von eurem Thalamus ein goldener Schein ausgeht. Erteilt die Absicht, den Ausdruck eurer eigenen Heiligkeit zu intensivieren.

Richtet eure Aufmerksamkeit auf euren Hinterkopf. Verlegt eure Aufmerksamkeit in eure Gehirnbasis. Hier befindet sich ein eiförmiges Organ, *Pons cerebri* (Brücke) genannt. Stellt euch vor, dass dieses eiförmige Organ, eure Brücke, durch und durch golden leuchtet. Lenkt schließlich mit starker Intention diese goldene Energie das gesamte Rückenmark hinunter. Ihr habt euer Gehirn gerade energetisch aufgeladen. Atmet tief und entspannt euch.

3 – DAS ENDOKRINE SYSTEM

Fokussiert eure Aufmerksamkeit jetzt aufs Neue und beginnt die goldene Energie abwärts durch euer endokrines System zu lenken. Konzentriert die goldene Energie zuerst in eurer Nebenschilddrüse und Schilddrüse im unteren Kehlbereich. Erteilt die Absicht, dass die goldene Energie komplett von diesen Drüsen absorbiert wird und diese durchtränken soll.

Über eurem Herzzentrum, unterhalb des Brustbeins, befindet sich die Thymusdrüse. Das Energiezentrum, das mit der Thymusdrüse zusammenhängt, wird auch das Hohe Herzzentrum genannt. Diese Drüse und die Energie dieser Region sind ein wichtiger Ausgangspunkt für das Strahlen der goldenen Energie in unserem physischen Körper. Die Intensivierung der Energie, die vom hohen Herzzentrum ausstrahlt, ist ein Schlüssel für den kraftvollen Ausdruck unserer elektrischen spirituellen Natur. Wenn wir unsere Fähigkeit steigern, diese elektrische Energie zum Ausdruck zu bringen, können wir den Heilungsprozess beschleunigen, wenn der Körper aus dem Gleichgewicht geraten ist. Diesen Bereich zu stimulieren, liegt in unserem besten Interesse. Lenkt die goldene Energie so, dass sie eure Thymusdrüse umkreist und komplett absorbiert wird. Intensiviert eure Intention, und während die Thymusdrüse sich mit goldener Energie füllt, wird sie einen Punkt der Fülle erreichen und dann diese goldene Energie durch die Zellen der gesamten Herzgegend ausstrahlen. Stellt euch bildlich vor, wie von eurer gesamten Herzgegend ein goldener Schein ausgeht!

Richtet eure Aufmerksamkeit auf den Herzmuskel. Das Herz gehört nicht mit zum endokrinen System. Und doch kann der Herzbeutel, ein Sack, der das Herz umgibt, sich mit ein paar kostbaren Tropfen Hormonflüssigkeit füllen. Diese Flüssigkeit wird zu einem erhöhten Ausstrahlen der Herzenergie beitragen. Erteilt die Absicht, das Herz mit der goldenen Energie der Evolution und Liebe zu füllen.

Links vom Nabel befindet sich die Bauchspeicheldrüse. Während wir dieses Organ mit goldener Energie stimulieren, erteilt die Absicht, eure Fähigkeit zu stärken, weiterhin die energetischen Veränderungen zu verdauen und zu assimilieren, die in unserer Gesamtheit stattfinden.

Lenkt eure Aufmerksamkeit nun auf die Nebennieren im unteren Rückenbereich. Diese sitzen oben auf den Nieren. Verwendet das goldene Licht und erteilt die Absicht, die Nebennieren komplett zu regenerieren.

Etwas weiter unten konzentriert ihr euch dann auf die Keimdrüsen, die Eierstöcke oder Hoden, und haltet die goldene Energie in diesem Teil eures Körpers. Erleuchtung bezieht sich auf jede Zelle eures Körpers einschließlich der Zellen unterhalb der Taille. Lenkt die Energie abwärts, durch eure Hüften, Ober- und Unterschenkel, Waden und Fußsohlen. Nun ist der physische Körper mit Energie aufgeladen worden. Atmet tief und entspannt euch.

4 – ENERGIE UM DIE FÜSSE

Die Energie wirbelt jetzt im Uhrzeigersinn um eure Füße und erzeugt einen ausgeprägten Erdungseffekt. Verstärkt diese Erdung mit dem Verständnis, wie wichtig es ist, eine tiefe Beziehung mit der Energie der Erde zu unterhalten. Diese heilige Erdung trägt zu unserem Vermögen bei, die höheren Energien zu halten, zu denen wir heute Zugang erhalten. Die Schwingungsfrequenz der Energie verändert sich, und diese beginnt sachte als konzentrierter goldener Licht- und Energiestrahl durch das Energiefeld nach oben aufzusteigen. Wir werden diesen goldenen

Strahl durch jeden der Energiewirbel lenken, die mit dem Drüsensystem zusammenhängen. Die Veränderung der Energie wird manchmal als Temperaturveränderung oder ein Kribbeln wahrgenommen, wenn ihr die Energie durch den Energiewirbel der Füße nach oben zu lenken beginnt, durch die Beine bis zur Wurzel des Rückgrats.

5 – BASISZENTRUM

Lasst eure Aufmerksamkeit auf dem unteren Ende eures Rückgrats ruhen und fühlt, spürt, denkt euch oder imaginiert dort eine leuchtende Kugel aus roter Lebensenergie. Während der goldene Strahl sachte in die Kugel eintritt, beginnt ein wunderbares Muster wie ein goldener Sternschauer sich zu bilden und strahlt in alle Richtungen aus. Erteilt die Absicht, das Energiezentrum an der Basis eures Rückgrats zu segnen, zu stärken und ins Gleichgewicht zu bringen. Während ihr das tut, erschafft ihr in euch die heiligen Grundlagen, die benötigt werden, wenn ihr damit fortfahrt, die Energie eurer göttlichen Natur weiter zu integrieren. Der goldene Lichtstrahl steigt zum nächsten Energiezentrum auf, dem Sexual- und Kreativitätszentrum.

6 – KREATIVES ZENTRUM / SEXUALZENTRUM

Wenn der goldene Energiestrahl zum Sexual- und kreativen Zentrum aufsteigt, richtet ihr eure Aufmerksamkeit gezielt auf die dort anzutreffende orangefarbene Kugel der Kreativität. Das goldene Licht strahlt durch diese orange Kugel wieder in einem Sternschauer-Muster. Erteilt die Absicht, zu bedenken, wie ihr eure sexuelle Energie ausdrücken wollt. Eure Sexualenergie ist Teil eurer Lebenskraft und lässt sich so lenken, dass sie eurer Evolution dient. Dieser Bereich ist auch der Sitz der Kreativität. Fördert den Energiefluss von dort, um eure Bemühungen zum Miterschaffen im Leben zu verbessern. Erteilt die Absicht, dieses Zentrum zu segnen, zu stärken und ins Gleichgewicht zu bringen. Und atmet.

7 – SOLARPLEXUSZENTRUM

Nun wandert der goldene Energiestrahl aufwärts. Lenkt die goldene Energie so, dass sie in die gelbe Kugel des Solarplexus (Sonnengeflecht) eintritt. Während es zu einer Resonanz der goldenen Energie in diesem Bereich kommt, könnt ihr ein Muster spüren oder fühlen, oder ihr denkt es euch beziehungsweise stellt es euch vor, das einer Sonnenblume ähnelt. Denkt daran, dass der Solarplexus auch als Sitz des Unterbewussten gilt, und alle Facetten des leuchtenden Sonnenblumenbildes erinnern euch an alle eure eigenen Facetten.
Atmet tief und gebt euch den Raum, einfach zu sein!

8 – HERZZENTRUM UND HOHES HERZZENTRUM

Lenkt nun eure Aufmerksamkeit und den goldenen Energiestrahl höher, in das wunderbare Smaragdgrün des Herzzentrums. Spürt die Energie, die in ein wunderbares Kaleidoskop aus goldener und grüner Energie explodiert, in komplexe Muster pulsierend. Wir alle tragen etwas vom Urschöpfer in unserem Herzen, und zusammen erschaffen wir das Eine. Lasst eure Wahrnehmung über dem Herzen ruhen, in der Thymusgegend, jenem Bereich, den wir als das Hohe Herzzentrum bezeichnen. Hier werdet ihr eine hohe Konzentration des goldenen Lichts finden. Erteilt die Absicht, dass dieses goldene Licht sich intensivieren soll. Ihr spürt vielleicht die Wärme und Fülle eures Herzens, während sich das einzigartige Lichtmuster eurer Herzenergie entfaltet. Wenn ihr das Gleichgewicht in eurem Herzen spürt oder ahnt, nährt ihr euch zunächst selbst mit dieser Liebe und strahlt sie dann nach außen ab.

9 – KEHLZENTRUM

Lenkt, während die Energie der Liebe weiterhin nach außen strahlt, den goldenen Strahl nach oben und in das Blau eures Kehlzentrums. Dieses energetische Zentrum ist eine ganz besondere Pforte, es ist nämlich der Ort, wo sich die »Wie-oben-so-unten«-Energie mischt und in nutzbare Kraft umsetzt. Das ist das Zentrum für den Ausdruck eures Stückes der Wahrheit. Erinnert euch an die Macht des gesprochenen Wortes. Strebt danach, nichts als Worte der Wahrheit zu sagen, selbst in den kleinsten Dingen. Lasst zu, dass die Energie die Art und Weise poliert, wie ihr euch der Welt gegenüber ausdrückt. Ihr könnt den Kopf langsam von einer Seite zur anderen drehen, während ihr die Energie durch eure Kehlgegend leitet. Danach seid ihr mit dieser Übung beinahe fertig. Atmet einmal tief durch und fokussiert eure Aufmerksamkeit neu.

10 – DRITTES AUGE

Konzentriert euch nun auf den goldenen Lichtstrahl und lenkt ihn aufwärts zum Zentrum eures Gehirns. In der Region von der Zirbeldrüse im Zentrum des Gehirns bis zur Hirnanhangdrüse etwa in der Stirnmitte befindet der als das »Dritte Auge« bekannte Bereich. Die Energie dort ist indigoblau. Während der goldene Strahl sachte in dieses majestätische indigoblaue Zentrum eindringt und durch es hindurchleuchtet, ähneln die Lichtmuster einem Edelstein mit vielen Facetten. Erteilt die Absicht, eure Weisheit zu vertiefen und euer Verständnis zu mehren. Ihr könnt darüber nachdenken, was es bedeutet, mit dem Herzen zu denken und mit dem Kopf zu fühlen. Diese Region steht auch mit Telepathie in Zusammenhang, unserem sechsten Sinn, den wir nun in rasanterem Tempo entwickeln.

11 – SCHEITELZENTRUM

Fokussiert und steigert eure Aufmerksamkeit aufs Neue, während ihr das goldene Licht weiter nach oben zu eurem Scheitelzentrum lenkt. Während die goldene Energie um euren Scheitel wirbelt, bildet sich euer einzigartiges Lichtmuster – ein Heiligenschein. Dies ist ein energetisches Muster der Einheit. Die goldene Energie eurer menschlichen Natur verschmilzt mit der Reinheit eurer göttlichen Natur.

12 – FESTHALTEN UND LOSLASSEN

Atmet jetzt tief durch die Nase ein und haltet einen Moment lang die Luft an, damit die Energie sich aufbauen kann. Atmet dann mit starker Absicht durch den Mund aus. Beim Ausatmen stellt euch eine Fontäne aus farbiger Energie vor, die aus eurem Kopf nach oben heraussteigt und dann abwärts, um und durch euer ganzes Wesen hindurch wirbelt. Diese Bewegung stärkt euer Energiegitter und vertieft eure Verbindung mit der Energie der Erde. Lasst euch einige Momente Zeit, um zu genießen. Möglicherweise habt ihr sogar das Gefühl, nun wirklich »zu Hause« zu sein.

Namaste, liebe Freunde... damit ist die Übung abgeschlossen.

Hier noch ein Vorschlag: Diktiert die Übung in einen Kassettenrekorder. Ihr könnt euch dann von eurer eigenen Stimme durch den Goldenen Wirbelwind führen lassen.

Wie geht es weiter?
Mit unserer eigenen Weiterentwicklung geht auch die Evolution des Gitters weiter. Wie schon zuvor erwähnt, gibt es noch zwölf weitere Informationsfasern, die gerade im Entstehen begriffen sind oder derzeit innerhalb des UCL verfügbar werden. Auch die EMF-Arbeit entwickelt sich weiter. Die ersten vier Phasen der EMF Balancing Technique bilden die Grundlage für die neue Resonanz unserer Zeit. Die Lichtvorlagen für die nächsten vier Phasen (Phase fünf bis acht) des Verfahrens sind bereits in meinem Energiefeld präsent. Diese Muster werden derzeit sehr aktiv, und ich bin bereit, sie zu interpretieren. Diese vier Phasen werden sich auf die multidimensionalen Aspekte unseres Selbst konzentrieren, während wir uns verändern und in unseren kreativen Fähigkeiten sowie unserer persönliche Macht reifen. Selbstverständlich hat unsere persönliche Resonanz Auswirkungen auf die Erde.

Bis zum Jahr 2012 wird es insgesamt zwölf Phasen für die Arbeit geben. Die letzten vier (Phase neun bis zwölf) werden sich auf eine neue Resonanz von Brüderlichkeit und Schwesterlichkeit konzentrieren, eine lebendige Bewusstheit einer Weltfamilie. Zu jenem Zeitpunkt haben wir vielleicht die Gelegenheit, ein Bewusstsein von echtem Dienen für einander zu entwickeln und zu definieren.

Ich erwähne in meinen Kursen oft, wie dankbar ich bin und wie geehrt ich mich fühle, diese Arbeit zu repräsentieren. Nach und nach wurden mir die einzelnen Schritte des Wegs gezeigt – immer erst dann, wenn ich in der Lage war, die Verantwortung für sie zu übernehmen. Diese Arbeit stellt eine der Voraussetzungen dar, die uns helfen wird, die potenzielle Wirklichkeit einer von Frieden erfüllten Selbst-Stärkung zu aktualisieren. Die weitreichendere Vision dieser Arbeit erstaunt mich jedoch noch immer – ich beobachte Fremde aus vielen Ländern, die in einem einzigen Kurs zusammenkommen. Neulich nahmen EMF-Anwender aus zehn verschiedenen Ländern an einer EMF-Lehrerausbildung in Frankreich teil. Sie arbeiteten zusammen und schafften es im Handumdrehen, die kulturellen Unterschiede zu überbrücken. Als in Entwicklung begriffene Wesen ehrten sie sich bei der Arbeit mit dieser Energie gegenseitig in ihrer Einheit und Individualität. Das ist die Liebesenergie des Universums in Aktion, und sie wirkt! Wir alle glauben, dass ihre Resonanz tiefgründig zur Heilung des Planeten in dieser ganz besonderen Zeit in der Menschheitsgeschichte beiträgt.

DIE ENERGIE DER LIEBE

Wie ihr euch vielleicht schon denken könnt, sind die EMF-Trainings immer sehr greifbar von der Energie der Liebe erfüllt. Das führt dazu, dass Teilnehmer einander oft »Ich liebe dich« und »Ich liebe euch« sagen. Ich verspüre große Liebe für meine Schüler, wenn wir zusammen mit dieser Energie arbeiten, und auch ich genieße es, diese Gefühle von Liebe zu teilen. Dennoch fragte ich mich oft staunend, wie ich diese Worte denn zu Menschen sagen konnte, die ich gerade erst kennen gelernt hatte, und sie mitschwingen lasse mit der Wahrheit und Freiheit, die ich tatsächlich empfand. Auf der Suche nach einer Antwort auf diese Frage begab ich mich zu einem ganz besonderen Ort des Bewusstseins und »begegnete« mehreren meiner Lieblingslichtwesen. (Ihr könnt sie »Engel« nennen, wenn ihr möchtet, oder ihr könnt sogar sagen, ich hätte sie mir lediglich eingebildet). Wie dem auch sei, liebe Leserin und lieber Leser, ich möchte euch zum Abschluss dieses Buches an meiner Erfahrung teilhaben lassen.

Ich hatte schon immer das Gefühl, dass die Lektionen der Selbst-Stärkung auf allen Ebenen präsent sind und weitergehen, also überraschte es mich nicht, als die Antwort auf meine Frage sich in Gestalt einer anderen Frage einstellte: »Was sonst könntest du denn sagen?« Ich überlegte einen Moment und gab dann zurück: »Ich könnte sagen: ›Im Licht liebe ich dich.‹« Da umarmte mich eines der Lichtwesen und sagte mit einem zustimmenden Lächeln: »Das ist sehr gut«. Dann intensivierte sich die Energie dieses besonderen Ortes und umhüllte und durchdrang uns durch und durch. Die Wärme des Lichtes durchflutete meinen Körper, und ich erlebte einen Zustand tiefsten Friedens.

»Das ist sehr gut ... aber wir sehen es ein klein wenig anders«, ertönte es. Und ich hörte mit sanfter Stimme gesprochen die Worte: »Im Licht sind wir Liebe!«

(... und für diejenigen, die mich kennen: TA DA!)

Ende des Buches

ANHANG A

DAS BIOFELD

Verbindendes Netz zwischen Physischem und Feinstofflichem

Biofelder sind das Bindeglied zwischen dem physischen Körper und den feinstofflichen Energiefeldern. [1] Es existieren noch weitere Bindeglieder, beispielsweise die Chakras und die Akupunkturpunkte. Das Biofeld ist auf der Quantenebene mit dem physischen Körper verbunden und regelt aktiv die biologischen Prozesse. Wir können das Biofeld als den in der östlichen Philosophie bekannten Ätherkörper ansehen. [1] Nach Aussage von Andrej Detela gewinnt das Biofeld als gedankliche Vorstellung jetzt Unterstützung in einem wachsenden interdisziplinären Wissenschaftsbereich – in Physik, Biologie und Kognitiver Wissenschaft. Andrej Detelas Abhandlung »Ein physikalisches Modell des Biofeldes« [2] (siehe Anhang C) ist von einem Physiker geschrieben und natürlich aus der Sicht eines Physikers. Diese Abhandlung ist ein wesentlicher Schritt hin zu einer Anerkennung der ersten Ebene von »feinstofflicher« Materie jenseits des physischen Organismus.

EIN NEUES REICH FÜR DIE PHYSIK

Über die Physik des Biofeldes ist bislang sehr wenig bekannt. Das Aufstellen einiger grundlegender Gesetze auf dieser Ebene würde uns schließlich unterstützen bei der Erweiterung unseres physikalischen Verständnisses der subtileren Ebenen. Wir werden hier kurz auf einige der hervorstechenden Merkmale von Detelas Hypothese zum Aufbau des Biofeldes eingehen. Wir können uns glücklich schätzen, Gelegenheit zum Abdruck dieser Abhandlung in unserem Anhang zu haben. Veröffentlichungen zu diesem Thema aus der Sicht eines Physikers sind selten, sogar noch heute. Wir danken Andrej Detela dafür, dass er uns an seinen Ansichten und Ideen teilhaben lässt und unserer Leserschaft diese Publikation zugänglich macht. Die in seiner Arbeit dargelegte Hypothese erfordert viele wissenschaftliche Überlegungen.

DIE WIRKLICHKEIT ALS INTERDIMENSIONALE VERBUNDENHEIT

In unserem gesamten Buch haben wir die Ansicht dargelegt, dass die Wirklichkeit eine fundamentale Verbundenheit aufweist durch eine holografische oder hierarchische Struktur. Wir haben gesehen, inwiefern diese Sichtweise auch vom Bohm, Tiller, Bearden, Kaivarainen, Sheldrake (unten) und Detela geteilt wird. [1, 8, 9] In jede Ordnung, Ebene oder Schicht, die wir für unsere Betrachtung auswählen, ist eine virtuelle Wirklichkeit eingebettet. Zum Beispiel werden elektromagnetische Felder durch Quellen oder »Störungen« in einem höherdimensionalen Raum erzeugt. [7, 8, 9]. Die mentalen und emotionalen Seiten unserer Natur berühren Ätherisches und Physisches. Im Kern sagt uns diese Sichtweise, dass der Teil das Ganze spiegelt und dass sich das Ganze im Teil spiegelt.

Ein Phänomen im Biofeld hat jeweils ein »Gegenstück«, das sich im höherdimensionalen Raum reflektiert.

Als elektromagnetisches Netz besteht das Biofeld aus skalaren oder Torsionsfeldderivaten, die wir als feinstofflichere Zustände betrachten können. Veränderungen der Struktur des Biofeldes spiegeln im Großen und Ganzen Veränderungen im höherdimensionalen Raum wider. Obwohl wir die feinstofflichen Zustände nicht direkt sehen oder messen können, können wir derzeit folgern, dass strukturelle Veränderungen am Biofeldnetz mit Veränderungen auf den höheren feinstofflichen Ebenen unseres multidimensionalen Daseins in Verbindung stehen.

FEINSTOFFLICHER EINFLUSS

Information tritt aus höherdimensionalem Raum in das Biofeld ein. Eine Weiterentwicklung in der Struktur des Biofeldes spiegelt sich auch in einer Weiterentwicklung der Komplexität in den höheren feinstofflichen Ebenen. Detela vertritt die Hypothese, dass das Biofeld in der Lage ist, kleine Defekte an der Netzstruktur zu beheben, dass nämlich das Biofeld Mechanismen enthält zum Reinigen unerwünschter Formen in seiner Feldstruktur. (Diese Gedanken werden mit theoretischer Begründung gestützt.) Selbstverständlich sind dies Merkmale, die, wie wir hypothetisch annehmen, für die höheren subtilen Zustände kennzeichnend sind. Reparaturen innerhalb des Biofeldes bedeuten Reparaturen auf feineren Ebenen. Eine Reinigung in dem Biofeld bedeutet eine Reinigung in den subtilen Ebenen. Zur Informationsspeicherung in dem Biofeld gibt es eine Entsprechung im höherdimensionalen Raum. Es ist nützlich, diese Perspektiven in Betracht zu ziehen, wenn wir uns die wissenschaftlich nicht greifbaren feinstofflichen Sphären ansehen. Man beachte, dass einige Forscher die feinstofflichen Regionen ohne Zuhilfenahme wissenschaftlicher Instrumente erkundet haben. [3]

BIOLOGEN STELLEN HYPOTHESEN ÜBER FELDSTRUKTUREN AUF

Viele Phänomene, wie etwa Speicherung und Austausch von Informationen in biologischen Organismen, lassen sich nicht allein als biomolekulare Prozesse verstehen. Schon in den Zwanzigerjahren erkannten Biologen die Notwendigkeit, hypothetisch die Existenz einer »Feld«-Struktur in Erwägung zu ziehen, um diverse biologische Prozesse zu erklären. Ein Biologe unserer Tage, Rupert Sheldrake, hat viel dazu beigetragen, die Öffentlichkeit mit der Idee der Existenz eines *morphischen Feldes* bekannt zu machen. »Morphisch« kommt von dem griechischen Wort für Form, *morphe.*
»Ein morphisches Feld ist ein Formfeld – ein Feld, ein Muster, eine Ordnung oder eine Struktur.« [4]

Sheldrake meint, dass solche Felder nicht nur alle lebendigen Organismen organisieren, sondern auch die der Gestalt von Kristallen sowie Molekülen. Es gibt etliche Typen von morphischen Feldern. Ist das Feld aktiv in der Hervorbringung einer »Form«, wird es als morphogenetisches Feld bezeichnet. Diese Felder dienen zur Verbindung von Materie und Energie. Sheldrake erklärt, dass das Konzept *morphogenetischer* Felder von Entwicklungsbiologen weithin übernommen wird. Aber es gibt noch weitere Arten morphogenetischer Felder, und zwar auch solche kultureller, mentaler, sozialer und verhaltensbezogener Art.
Alle diese Felder enthalten ein kumulatives Gedächtnis von Erfahrungen. Jedes Feld wird durch die morphische Resonanz »morphischer Einheiten« aufrechterhalten, die irgendwann von dem Feld beeinflusst wurden. Morphische Resonanz ist ein Phänomen, durch welches die vergangenen Feldstrukturen die gegenwärtige Organisation des morphischen Feldes beeinflussen. Die Merkmale des Feldes können über räumliche und zeitliche Grenzen hinweg weitergegeben werden, das heißt, sie sind hyperräumlich (existieren außerhalb von Raum und Zeit).
Die Felder durchdringen sich wechselseitig und erstrecken sich kreuz und quer durch das Raum-Zeit-Kontinuum. Für jede Ebene des Seins existiert ein morphisches Feld. Man bezeichnet diese Felder als morphische Einheiten. Es kann sich um subatomare Teilchen handeln, Atome, Moleküle, Zellen, ganze Organismen (Pflanzen, Tiere, Menschen), Planeten, Galaxien etc. Das Feld für jede morphische Einheit enthält die genetischen Pläne dafür, wie sich diese Einheit in der physischen Wirklichkeit entwickeln sollte. Wir können das Feld als etwas betrachten, das

die potenziellen Organisationsmuster enthält, die für jede Art lebender oder nicht-lebender Form kennzeichnend sind. Die morphischen Felder sind ineinander verschachtelt (ineinander geschichtet) gemäß hierarchischen Ordnungen, welche die morphische Einheit erfordert. Zum Beispiel organisiert ein morphisches Feld auf der Zellebene, das seinerseits Felder auf molekularer Ebene, gefolgt von Feldern auf atomarer Ebene, und so fort, bis hin zum kleinsten Teilchen enthält, eine biologische Zelle.

EIN 3D-NETZ AUS SONNENLICHT

In unserer nachfolgenden Diskussion werden wir Detelas Definition des Biofeldes als dreidimensionales Netz übernehmen, das sich mit winzigen Fäden in einem dreidimensionalen Stoff vergleichen lässt, der aus schwingenden elektrischen und Magnetfeldern gewebt ist. Das Biofeld ist aus Sonnenlicht gewebt. Strukturen in dem Biofeld fangen Protonen ein. Es ähnelt der Art und Weise, wie die chiralen Strukturen der Proteine in Pflanzen optisch aktiv sind und Sonnenlicht einfangen.

Die dreidimensionale Netzstruktur besteht aus ganz bestimmten Fadenmustern im Raum. Dieses Netz tritt in Wechselwirkung mit Atomen und Molekülen in lebenden Zellen. In lebenden Zellen sind diese Atome und Moleküle mit größter Wahrscheinlichkeit die Protein- und Nukleotidstrukturen der Mikrotubuli und DNS-Spiralen. Eine Ähnlichkeit von Spiralstrukturen findet sich auf beiden Ebenen, der physischen Ebene sowie der Ebene des feinstofflichen Biofeldes.

In früheren Ausführungen haben wir gesehen, wie das Biofeld den Mechanismus zur Selbstorganisation in lebenden Organismen liefert. Das Biofeld ist zu einer syntropischen Selbstorganisation in der Lage – einer Umkehrung der Entropie zur Schaffung höher entwickelter Netzstrukturen. Als lebendiges Gebilde besteht das Biofeld aus einer stabilen Informationskomponente. Eben die evolutionäre Komponente des Biofeldes ermöglicht Reparaturen kleiner Defekte an der Netzstruktur.

Detela legt nahe, dass das Biofeld Mechanismen für die Bereinigung unerwünschter Formen in seiner Feldstruktur enthält.

EIN SPIRALNETZ

Das Netz des Biofeldes ist aufgebaut aus Feldlinien, die miteinander verschlungen sind wie ein verdrilltes Seil, wie eine Spirale. Eine Feldlinie verwindet sich nach links, die andere nach rechts (siehe Abbildung 1, die wie die folgenden Detelas Abhandlung, Anhang C, entnommen sind). Eine derartige Struktur kann leicht mit ähnlichen biologischen Strukturen verschlungen und integriert werden. Um stabile Strukturen in der Zeit zu erzeugen, bilden die spiralförmigen Feldlinien regelrecht geschlossene Schleifen (Abb. 2).

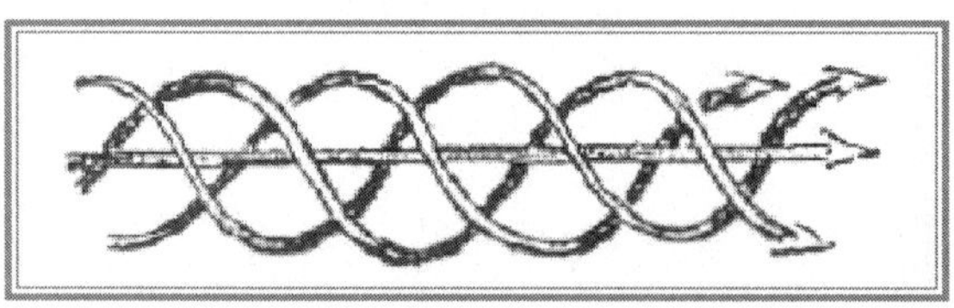

Abb. 1 »Spiralmagnetknoten«

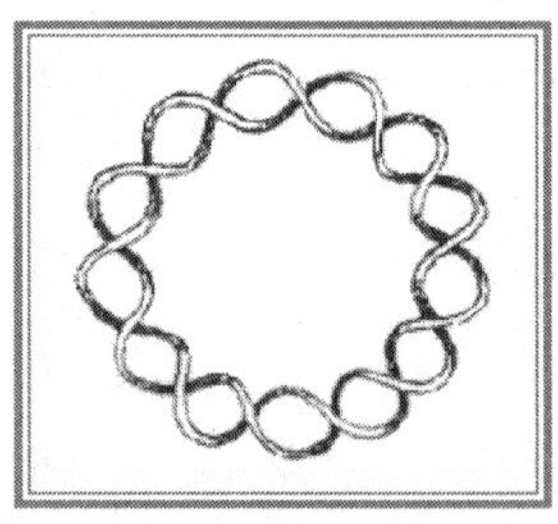

Abb. 2
»Geschlossene Magnetschleife«

Diese Strukturen geschlossener Schleifen sind identisch mit Fäden toroidaler Knoten. Einen Torus kann man sich bildlich als den Raum vorstellen, welcher von einer Kugel eingenommen wird, die in einer Kreisbahn umläuft. Der Torus sieht aus wie ein Magnetfeld, oder das Magnetfeld sieht aus wie ein Torus, da er durch Wirbel gepumpt wird. [6] Der Torus manifestiert ein Urfeld. Alle Urfelder sind fraktal, kumulativ und holografisch. [1] Die hierarchische Komplexität wiederholt sich auf vielen Ebenen.
Holografie ist ein Wellenphänomen, das mit dynamischen Bahnen in Beziehung steht. [5, 6] Als schwingende Lichtstruktur ist das Biofeld eine holografische Projektion aus der Wirklichkeit einer höheren Dimension. Im dreidimensionalen Raum ist Licht der Mechanismus, der wechselwirkt, um ein Hologramm zu rekonstruieren
Das Biofeld resultiert aus der holografischen Projektion eines unterschiedlichen Mechanismus. Dieser Mechanismus ist das Denken oder Bewusstsein, das aus einer Dimension ohne Raum und ohne Zeit heraus operiert. Es gibt keine lineare Zeit, nur eine Wahrnehmung einer solchen Zeit, während das Bewusstsein sich durch ein ganz anderes Realitätsfeld bewegt.

EINE KNOTENSTRUKTUR

Man stelle sich einen Torus vor, um den Fäden so gewickelt sind, dass ein einfacher Knoten gebildet wird. Der simpelste dieser Knoten ist in Abbildung 3a und 3b von Detelas Abhandlung gezeigt. Es gibt zwei solche Knoten, da diese beiden Knoten keine Spiegelbilder voneinander sind, einen linkshändigen und einen rechtshändigen Knoten, sie sind chiral wie die chirale Struktur der DNS-Helix. Folglich integrieren sich die Spiralknoten des Biofeldes leicht in die ähnliche Spiralstruktur von DNS und Mikrotubuli. Der Knoten ist ein Anker im Raum-Zeit-Kontinuum [5] – ein vierdimensionaler Anker. Er stellt einen Informationsfaden dar. Das Magnetfeld dieses Knotens kann je nach der Größe des Knotens variieren. Es kann auch je nach der Dichte der Fluxone *(magnetischen Flussquanten)* variieren, die durch die Schlinge strömen.

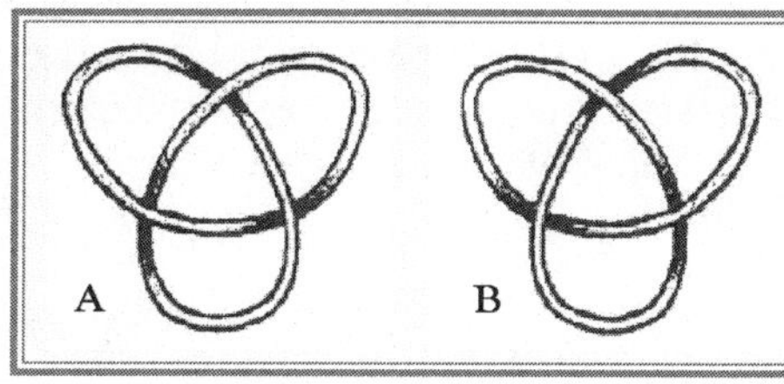

Abb. 3 »Chirale toroidale Magnetknoten«

EVOLUTION VON KNOTEN

Unter bestimmten Bedingungen kann sich die Struktur des Netzes weiterentwickeln. Evolution führt zur Umwandlung einfacher Knoten in komplexere Formen. Diese können irgendwelche aus einer stattlichen Anzahl möglicher Muster sein (siehe als ein Beispiel Abbildung 4). Ebenso können Gruppierungen oder Anhäufungen von Knoten, die Muster bilden, sich zu komplexeren inneren Strukturen entwickeln. Mit der Entwicklung komplexer Knoten und Muster wird der Netzstruktur weitere Information hinzugefügt. Bei jedem Schritt der Evolution entwickelt das Netz vermehrt die Fähigkeit, noch komplexere Formen und Muster in sich selbst auszubilden. Innere stabile Muster des Biofeldes führen zu einer Selbstorganisation innerhalb seiner Struktur.

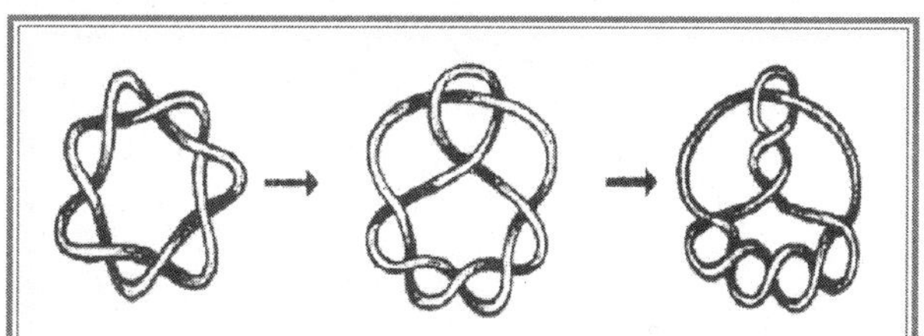

Abb. 4 »Sich entwickelnde Magnetknoten«

SCHWELLENWERTE DER MAGNETFELDDICHTE

Welche Bedingungen lösen die Evolution der Knotenstruktur aus? Die Stabilität des Knotens hängt ab von der Stärke des Magnetfeldes. Mit zunehmender Intensität des Magnetfeldes kann der Knoten bei bestimmten kritischen Größen instabil werden. Er kann abrupt die Form ändern. Ein zusätzliches Muster wird eingeführt, wenn der Knoten in eine strukturell komplexere Form umgewandelt wird. Die zusätzliche Komplexität stellt die hinzugefügte Information dar – die Evolution. Dieser Prozess gilt auch für Gruppierungen oder Ansammlungen von Knoten, die räumliche Muster bilden. Bestimmte Syntropiebedingungen können eine Evolution der Netzstruktur auslösen. Zu ihnen zählt eine angemessene Amplitude der Magnetfelddichte. Eine weitere Bedingung ist das Vorhandensein einer elektrischen Ladung mit hoher Beweglichkeit. Detela bezieht sich dabei auf ein elektrisch geladenes Teilchen mit einer sehr kleinen Restmasse, die dem normalen Nachweis entkommt. Ultraleichte geladene Partikel bilden sich und koexistieren mit dem Netz des Biofeldes.

Aber hier endet unsere Geschichte nicht. Das ist nur der Anfang! Detela bemerkt zum Abschluss: Das Leben bildet die Grundlage der Raumzeit-Strukturen.

Welche Bedeutung und Folgen hat die Evolution für die Struktur des Biofeldnetzes? Außerdem möchten wir diese Frage verallgemeinern, um nicht nur die Evolution des Biofeldes anzusprechen, sondern auch die höheren feinstofflichen Felder. Welchem Zweck dient die evolutionäre Struktur? Welche Geschichte erzählt sie? Wie fügt sich diese Geschichte in den lebenden Organismus ein?

ERSCHLIESSUNG DES POTENZIALS

Neu entstandene Netzstrukturen weisen eine Schwingung auf, die mit dem bestehenden Netz synchronisiert werden muss. Es muss eine Abstimmung und Integration zusätzlicher komplexer Strukturen stattfinden. Es wird eine Resonanz hergestellt. Die neuen Strukturen müssen mit bestehenden Schaltkreisen »fest verdrahtet« werden, um wirksam zu sein und zu der gewonnenen Information und der hinzugekommenen Intelligenz beitragen zu können. Neue Strukturen fügen komplexere Schwingungsmuster hinzu. Der Rhythmus der Schwingungen des Biofeldes als Ganzes muss sich dann dahingehend ändern, dass der neue Rhythmus der weiterentwickelten Strukturen integriert wird. Dieser Rhythmus ist erhöht. Im Rahmen seiner Evolution stimmt sich das System neu und gleicht sich selbst aus. Welche Geschichte erzählt ein entwickeltes Biofeld? Während dem Biofeld immer mehr Information hinzugefügt wird, weist die hinzugekommene Komplexität nun die Richtung für eine potenzielle voraussichtliche Zukunft. Es werden Vorlagen gebildet, die das Potenzial in sich tragen zur Veränderung in lebenden Zellen.

Zum Beispiel kann das versteckte Potenzial der DNS durch Resonanz mit neu gebildeten (oder aktivierten) Vorlagen in den Biofeldvorlagen erschlossen werden, die den Evolutionsprozess widerspiegeln.

Diese Biofeldvorlagen steuern den biologischen Prozess sowie die Evolution lebender Zellen. Der Schlüssel liegt darin, dieses Potenzial zu erschließen und die Zukunft in den physischen lebendigen Organismus zu integrieren.

In diesem Sinne finden wir es außerordentlich passend, diesen Abschnitt mit den poetischen Worten von Andrej Detela zu beenden:

Die Melodie des neu gebildeten Netzes ist ein Geschichtenerzähler und ein Träumer, sie ist der Träger der Evolution, sie ist der eigensensible Daseinszweck, der die Poren aller lebendigen Organismen tränkt.

ANHANG B

SICH SELBST ORGANISIERENDE SYSTEME

Aktive Information im zwischenmenschlichen Kontakt

Wagen wir es, hier ein Thema anzuschneiden, das ein klassisches physikalisches Gesetz bricht, nämlich das zweite Gesetz der Thermodynamik? Zu den Fragen des Gesetzes ziehen wir die Ansicht zweier Wissenschaftler zu Rate:

Ich ziehe es vor, die Metapher eines »Gesetzes« vollständig fallen zu lassen, zusammen mit ihrem veralteten Bild von Gott als einer Art von gesetzgebendem Herrscher sowie als allmächtigem und universellem Gesetzeshüter. [1]

In dieser Aussage finden wir Rupert Sheldrakes allgemeinen Kommentar zu der Vorstellung von Gesetzen und Absoluta in seinem Aufsatz *The Variability of the Fundamental Constants: Do Physical Constants Fluctuate?*

Und hier eine weitere Aussage:

Einige komplexe Quantenpartikel sind womöglich bereits zu clever, um einem Gesetz zu gehorchen, das gedacht und formuliert war, um nur mit sehr einfachen, nicht lebendigen Körpern umzugehen. [2]

So der Kommentar von Andrej Detela, Physiker am J. Stefan Institut in Ljubljana, Slowenien, und Verfasser der beiden Abhandlungen, die sich im Anhang dieses Buches finden. Eine dieser Abhandlungen (»Selbstorganisation in komplexen Quantenzuständen«) umreißt exakt das Thema dieses Kapitels, da wir uns hier mit dem Gedanken der Selbstorganisation befassen.

DAS ALTE GESETZ DER THERMODYNAMIK

Es gibt einen Zweig der Physik, der sich mit der Speicherung, der Umwandlung und dem Verlust von Energie befasst: die Thermodynamik. Das erste Gesetz der Thermodynamik besagt, dass Energie sich weder erzeugen noch vernichten lässt. Das zweite Gesetz der Thermodynamik, auch als Gesetz der Entropie bekannt, besagt, dass bei allen Prozessen ein Teil der involvierten Energie nicht nur ihre »Fähigkeit, Arbeit zu leisten« verliert, sondern auch eine Qualitätsminderung erfährt. Diesem Gesetz zufolge nimmt die Entropie immer zu, das heißt, es kommt stets zu einer wachsenden »Unordnung«, und dieser Prozess ist irreversibel (nicht umkehrbar). Es ist ein fortlaufender Vorgang – und es geht alles bergab!

NEUDEFINITION DIESES GESETZES

Natürlich teilen wir nicht die Ansicht, dass das Leben und das Los des Menschen ein Prozess ist, der bergab geht, und ebenso wenig, dass er umkehrbar abwärts gerichtet ist. Das menschliche Leben und die menschliche Erfahrung sind nicht zu verstehen in Begriffen eines Systems der klassischen Physik. Das Leben ist ein Prozess, der zunehmend höhere Komplexität erlangt, zusammen mit Wissen, Information und Verständnis, die wir als Hauptaspekte unseres *Evolutions*prozesses gewinnen. Wir sind zur Weiterentwicklung bestimmt, und die Weiterentwicklung stellt uns mit Sicherheit gelegentlich auf dem Weg »nach oben« vor Herausforderungen, die zur inneren Evolution des einzelnen Menschen beitragen sowie kollektiv zur Weiterentwicklung der Spezies Mensch. Diese Herausforderungen tragen bei zu den »Lektionen«, die uns das Leben erteilt.

KOMPLEXITÄT KEHRT DIE UNORDNUNG UM

Als multidimensionale Wesen mit einer spirituellen Essenz erschaffen wir durch Neuverkabelungsprozesse mehr und mehr Verbindungen, die tatsächlich unser Potenzial für innere Ordnung, Kohärenz, Komplexität und sogar Intelligenz erhöhen. Wir erhalten mehr Information, und mehr Information strömt durch uns hindurch. In den letzen fünfzig Jahren hat die Wissenschaft erkannt, dass die von einem System gewonnene Information eine negative Entropie darstellt, eine Umkehr des Prozesses zunehmender Unordnung. [3]

Dadurch, dass unsere Komplexität mit der Verarbeitung von Information zunimmt, werden wir fähigere Wesen, besser imstande, das Potenzial des Universums anzuzapfen. Als dynamische, multidimensionale, lebende »Energiesysteme« stehen wir in einem beständigen offenen Informations- und Energieaustausch mit unserer Umwelt. Unsere Weiterentwicklung fördert diesen Austausch noch zusätzlich. Zudem verändert sich durch sie unsere innere Architektur, über die wir mit dem äußeren Universum in Beziehung stehen.

INTELLIGENZ UND ORDNUNG IM QUANTENZUSTAND

David Bohm entdeckte auf der Ebene der Quantenphysik einige merkwürdige Phänomene. Zum Beispiel deuteten seine Beobachtungen zum Verhalten von Elektronen in Plasmen und Metallen an, dass Elektronen Eigenschaften einer »organischen Intelligenz« besitzen. Wir haben den Fall zweiter Lichtpartikel vorgestellt, die, wenn sie in Quantenbegriffen miteinander verwickelt sind, in der Lage sind, ohne Rücksicht auf den Abstand ihrer Trennung momentan miteinander zu kommunizieren.

Beide Beobachtungen verlangten nach einer nicht-klassischen Betrachtungsweise der Wirklichkeit. 1977 erhielt der in Russland geborene Wissenschaftler Ilja Prigogine den Nobelpreis in Chemie für Entdeckungen, die ebenfalls nach einem neuen Deutungsansatz der Natur verlangten. Prigogine beobachtete, dass im Gegensatz zu dem zweiten Gesetz der Thermodynamik bestimmte chemische Gemische tatsächlich spontan einen höheren Grad innerer Ordnung und innerer Anordnung herstellen konnten.

ENERGIE KEHRT DIE ENTROPIE UM

Im Kern zeigte Prigogines Arbeit auf, dass »dann, wenn einem beliebigen Feld Energie zugeführt wurde, dessen Komplexität zunahm ... und es sich nicht rasch durch Entropie zersetzte«. [4]

Spontanes Ordnen in Systemen kommt wirklich vor. Aus unbeschränkter Unordnung kann Ordnung entstehen und entsteht auch wirklich, entgegen der alten Sichtweise der Thermodynamik.

Ein System kann in der Tat eine negative Entropie aufweisen. Bearden zufolge gilt: »... je chaotischer die Unordnung, desto größer die Stabilität der geordneten Muster, die aus ihr hervorgehen«. [5] Obwohl es populär ist, von Prignones selbst organisierenden Strukturen zu sprechen, sollte man beachten: »Quanten-Selbstorganisation existiert auf einer viel tieferen Ebene und wird nicht durch irreversible thermodynamische Unterschiede angetrieben. [6] Während physische Phänomene aktive dynamische Prozesse sind, die in der Zeit interpretiert werden, zeigen Quantenzustände ein anderes Konzept von Zeit: ein sofortiges zeitweiliges Verbundensein. In Quantenzuständen, im Biofeld und in anderen feinstofflichen Energiezuständen gelten vollkommen andere Vorstellungen von Zeit und Raum.

ZUSAMMENBRUCH DER QUANTENWELLENFUNKTION DURCH DAS BEWUSSTSEIN

Wenn wir von Quantenzuständen sprechen, meinen wir damit die Wirklichkeitsebene jenseits der subatomaren Teilchen. In der Quantenphysik spricht man von »Wahrscheinlichkeitswel-

lenfunktionen«, da man außerstande ist, all die klassische Information subatomarer Teilchen gleichzeitig zu spezifizieren. Der Quantenzustand ist eine Wirklichkeit, die sich von der von uns wahrgenommenen Makrowelt unterscheidet. Er ist jedoch auch die naheste »Wirklichkeit«, die wir beobachten können, welche irgendwie mit dem feinstofflichen Bereich verknüpft ist.
Bohm definierte ein neues Quanten-Merkmal: das Quantenpotenzial. Dies ist ein Informationsbereich, der das Ganze verbindet. Sarfatti geht einen Schritt weiter und verbindet das Quantenpotenzial mit dem Superquantenpotenzial – einem weiteren nicht greifbaren Bereich.
Sarfattis Superquantenpotenzial ist tatsächlich dem Bewusstseins-Gedankenfeld gleichzusetzen.
Diese Gedanken ergeben sich bei Physikern, die ungewöhnliche und unerwartete Beobachtungen zu erklären suchen, welche nicht in klassische Deutungen hineinpassen.
An früherer Stelle in diesem Text haben wir gesehen, wie der Physiker Amit Goswami in *The Self-Aware Universe* zu dem Schluss kommt, dass das Bewusstsein die materielle Welt stürzt, indem es die Quantenwellenfunktion kollabiert. Auf die Rolle des Bewusstseins wird auch von Petersen in *The Quantum Tai Chi* eingegangen. Aus Petersens Sicht spielt das Bewusstsein eine Rolle bei der Wahl des Phasenwinkels der Magnetisierung, der den Zusammenbruch der Wellenfunktion in Gang setzt, die unsere Wahl der Wirklichkeit erzeugt. In seiner Abhandlung »Ein physikalisches Modell des Biofeldes« kommentiert Detela durchschlagend, dass es »einen großen Paradigmenwandel in den modernen Naturwissenschaften« geben wird, ... und dass die Physiker durch intelligente Quantenzustände das gegenseitige Wechselspiel von Bewusstsein und Materie erkennen werden.
Zu glauben, dass die Welt aus Objekten besteht, die vollkommen unabhängig von unserem menschlichen Bewusstsein sind, ist eine Prämisse, die fundamentalen Fortschritten und der Beobachtung in der Wissenschaft widerspricht.

FELSEN NEHMEN LEBENSARTIGE MERKMALE AN

In seiner Abhandlung »Selbstorganisation in komplexen Quantenzuständen« (siehe Anhang D) verwendet Detela eine Sprache, die man gewöhnlich für eine steinartige Welt nicht ohne weiteres verwenden würde. Zum Beispiel konstatiert Detela zu Anfang, dass Quantenzustände ein gewisses »*inneres Gefühl*« haben können. Hier bezieht er sich auf Gedanken von Jack Sarfatti, einem Physiker, der in diesem Buch schon zuvor vorgestellt wurde und der sich mit der »Post-Quanten«-Physik des Bewusstseins beschäftigt. Man erinnere sich, dass Sarfatti von einer Beziehung und Interaktion zwischen der Subquantenwelt (dem Bewusstsein) und der materiellen Welt (Gegenwirkungs-Prinzip, *Back-Action*-Prinzip) spricht. Detela stellt fest, dass nicht allein Quantenzustände Gefühle haben könnten, sondern dass diese womöglich in der Lage seien, auf eine »*intelligente Weise*« für sich Sorge zu tragen, und sicher auf eine Weise, in der sie *lebendig* seien. »Wahrscheinlich ist noch am untersten Fundament unserer physischen Wirklichkeit Leben anzutreffen.« (Man erinnere sich an Tillers Hypothese vom kosmischen Atom; es nimmt physische, ätherische, *emotionale, mentale* und spirituelle Bestandteile an!)
Für viele mögen solche Bemerkungen ja noch vertretbar sein, wenn von Haustieren die Rede ist – aber in der Weise von der steinartigen Teilchenwelt zu sprechen?

VERBINDUNDENSEIN DURCH INFORMATIONSFLUSS

Aus Detelas weiteren Ausführungen erfahren wir, dass »Intelligenz eine inhärente Fähigkeit komplexer Quantensysteme ist« und dass »in Quantenzuständen eine ganz subtile innere Aktivität vorhanden sein muss, die für Selbstorganisationsphänomene verantwortlich ist«. Um uns mit der Umkehr der Entropie zu befassen, müssen wir die Beziehung zwischen Quantenzuständen und Information betrachten.

Information ist das, was für das innere Verbundensein der verwickelten Quantenzustände sorgt. Was heißt »Information«? Information ist nicht das gleiche wie Energie. Ein Austausch von Information ist nicht mit einem klassischen Energieaustausch verknüpft. Hier schlagen wir unseren Lesern vor, Detelas Abhandlung komplett zu lesen. Sie ist überaus faszinierend. Er erklärt, dass »Information« bedeutet, zu »in-*Form*-ieren«, dass es in seiner Sprache jedoch auch *aktive Information* bedeutet – mit weiteren Konnotationen. Mit aktiver Information ist gemeint, dass sie überall »potenziell aktiv« ist, doch aktiv nur dort, wo ihr eine Bedeutung zukommt. Als komplette Bedeutung des Begriffs Information findet sich bei ihm die Beschreibung:
»Das lebendige Band, das die Vollständigkeit und Heiligkeit der gesamten Welt bewahrt.«

SYNTROPIE – EIN NEUER BEGRIFF

Detela macht uns mit einem neuen Begriff vertraut, der das Phänomen einer Umkehr der Entropie genauer beschreibt, bei der Ordnung wieder in einen ungeordneten Zustand zurückgebracht wird; er verwendet den Begriff »*syntropisch*«, um Phänomene zu beschreiben, die dem zweiten Gesetz der Thermodynamik nicht gehorchen. Ein syntropischer Prozess kann die Entropie eines geschlossenen Systems vermindern (d. h. seine Ordnung erhöhen).

BEDINGUNGEN FÜR SYNTROPIEPHÄNOMENE

Welche Voraussetzungen tragen zur Entstehung von Syntropiephänomenen bei? Hier halten wir Ausschau nach den Bedingungen, die den selbstorganisierenden syntropischen Prozess auslösen. Drei dieser Bedingungen (von den fünf, die erfüllt sein müssen) geben wir nachfolgend wieder:
Die erste Bedingung für Syntropie:

> **Ein Magnetfeld:** Das Vorhandensein eines Magnetfeldes kann dazu beitragen, die Entstehung syntropischer Ströme auszulösen. Ein syntropischer Strom kehrt die Entropie um. Das Magnetfeld liefert Information zur bevorzugten Fließrichtung. Es kommt zu einem Informationstransfer, ohne dass hierbei unbedingt eine Energieübertragung stattfindet.

Eine zweite Bedingung für Syntropie:

> **Quantenkohärenz:** Die Quantenzustände von Materiepartikeln sind über einen Zeitraum der chiralen Struktur kohärent. Hier spricht Detela von einem »Austausch von Raumzeitformen in Abwesenheit eines Energieaustauschs...Unendlich kleine Energien (de facto Nullenergien) können beträchtliche Mengen an Information übermitteln.« Die Verstärkung rührt von Quantenkohärenz her. Beispiele für makroskopische Systeme, die eine Quantenkohärenz aufweisen, sind Laserlicht und supraleitende Ströme.

Eine dritte Bedingung für Syntropie:

> **Abstimmung:** Dies betrifft eine aktive Kopplung, einen Phasenabgleich, eine Resonanz zwischen der Frequenz des Magnetfeldes und der Frequenz der Schwingung im Quantenzustand. Hier wird eine Toleranz zugelassen für die harmonische Kopplung zwischen den beiden, da die Frequenzen ein Vielfaches voneinander sein können. Wenn Quantenkohärenz gegeben ist, sind »die Resonanzfrequenzen um so schärfer«. Um diese Bedingung zu erfüllen, erklärt Detela, dass das Magnetfeld »genau gestimmt sein sollte, wie die Frequenz eines Orchestermusikers, der sein eigenes Musikinstrument in einem Orchester spielt«.

SELBSTORGANISATION ÜBER DAS BIOFELD

In seiner Abhandlung »Das physikalische Modell des Biofeldes« (siehe Anhang C) erklärt Detela, dass bei lebenden Organismen das Biofeld den Mechanismus für die Selbstorganisation körperlicher Prozesse liefert. Das Biofeld stellt auf der Quantenebene eine Verbindung mit dem physischen Körper her. Als lebendige Struktur besteht das Biofeld aus einer stabilen Informationskomponente. Das Biofeld ist zu einer syntropischen Selbstorganisation in der Lage. Detela stellt die Hypothese auf, dass das Biofeld Mechanismen enthält, durch die sich seine Feldstruktur von unerwünschten Formen bereinigen kann. Außerdem ermöglicht die beim Biofeld gegebenen *Evolutions*-Komponente Reparaturen kleiner Defekte in der Struktur des Netzes.

Ein maßgeblicher Faktor, den es zu beachten gilt, ist die Tatsache, dass das Biofeld ein Glied in einer Kette darstellt, die den physischen Zustand mit den feinstofflichen Feldern verbindet. Wir haben an Tillers Modell gesehen, dass die spirituellen Aspekte unseres Seins eine Verbindung zu den mentalen und emotionalen Aspekten aufweisen, die wiederum mit dem ätherischen (ätherisch = Biofeld) [1, 7] und dann dem physischen Körper verknüpft sind. Auf der Ebene des Biofeldes bedeutet Selbstorganisation eine Umstrukturierung, eine Umorganisation der inneren Strukturen aller verfeinerten feinstofflichen Zustände. Wenn wir mit Hilfe der EMF Balancing Technique das UCL umstrukturieren, wirken wir auf ähnliche Weise auf alle feineren feinstofflichen Zustände ein. Zu diesen gehören unsere emotionalen und mentalen Aspekte, die sich positiv im physischen Organismus niederschlagen.

SYNTROPIE IN ZWISCHENMENSCHLICHEN KONTAKTEN

Bei Interaktionen mit anderen Menschen (etwa während der Arbeit mit EMF Balancing) können wir uns ein Individuum vorstellen, das den subtilen Energiefeldern des anderen Individuums die äußeren Syntropiebedingungen liefert. Worin bestehen diese äußeren Syntropiebedingungen, die ein Mensch für einen anderen vorsehen kann?

> Wir alle tragen Magnetfelder in uns, zu denen hyperräumliche Gegenstücke in Form von Hyperfeldern existieren.
>
> Wir alle sind mit der Fähigkeit ausgestattet, in Resonanz mit den Schwingungen der Magnetfelder und der mit ihnen zusammenhängenden Muster und Formen zu treten.
>
> Wir alle können den Fluss biophotonsicher ordnender Energie einleiten, der sich auf die subtilen Ebenen auswirkt.
>
> Wir alle tragen die Macht der ABSICHT in uns, die durch das Bewusstsein agiert – das Bewusstsein wird tätig, indem es auf Materie und Energie einwirkt.

Diese Elemente unserer multidimensionalen Natur sind genau die Einflussfaktoren, die Selbstorganisationskomponenten »auslösen« können, die dem Biofeld sowie anderen feinstofflichen Energiefeldstrukturen innewohnen. Bei diesem Vorgang kommt es zu einer Übertragung aktiver Information. Wenn wir Selbstorganisationsprozesse auslösen, wirken wir ein auf einen dynamischen Bereich unseres »ganzen« Daseins, vom Physischen bis zum Spirituellen! Auf einen Teil einzuwirken, wirkt auch auf das Ganze. Die holografische Art wechselseitige Verbundenseins, die in unseren Energiefeldern existiert, sorgt dafür, dass ganze Energiesysteme so abgestimmt werden können auf eine neue »Gleichgewichts«-Position, selbst wenn nur ein beliebiger einzelner Teil davon angesprochen wird.

DIE STRUKTUR DER WIRKLICHKEIT

Zur Erweiterung der Perspektive, aus der wir hier die Selbstorganisation betrachten, stellen wir eine allgemeinere Frage: »Wie ist die physische Wirklichkeit aufgebaut?« Alex Kaivarainen hat ein umfassendes allgemeines Modell der physischen Wirklichkeit und des Bewusstseins

entwickelt. In diesem Modell findet sich eine dynamische Schichtung oder Hierarchie, welche die Wirklichkeit auf unterschiedlichen Ebenen verbindet. In dem Modell existiert eine holografische Überlagerung schwingender Wellen. Schwingungsmodi sind als Hintergrund des Selbstorganisationsprozesses zu sehen. Jede der aufeinander folgenden Wirklichkeitsebenen entfaltet sich aus einem tiefer gelegenen geordneten Schwingungszustand heraus oder hängt mit einem solchen zusammen.
Schwingungszustände können durch äußere Einflüsse wie etwa kosmische Strahlung oder das elektromagnetische Feld beeinflusst werden. [8] Kaivarainen zufolge ist jede Art von System zur Selbstorganisation und Evolution in der Lage.

»Tatsächlich neigen diese Systeme, von den Atomen bis zu lebendigen Organismen, Galaxien und dem Universum, zu Zuständen Verborgener Harmonie, sie neigen zur Verwirklichung des Goldenen Schnitts.« [9]
Beispiele für die Proportionen des Goldenen Schnitts finden sich bei der Beschäftigung mit der Heiligen Geometrie. [10] Die Natur wird von fundamentalen und universell gültigen, schlichten und dabei doch so eleganten Ausdrucksformeln geleitet.

EIN INTERDIMENSIONALER PROZESS

Ruth Norman schildert in *Interdimensional Physics* einen Energiefluss von höheren Energiefeldern, welcher als generative Kraft unseres interdimensionalen Kosmos dient. [11]
Ein interdimensionaler Wirbel verbindet die physische Wirklichkeit mit den unsichtbaren Ursprüngen unseres Universums und dann darüber hinaus.
Eine ähnliche »Wirbel«-Struktur gilt für den physischen Menschen. Durch sie ist der Mensch »interdimensional« mit seinem höheren Bewusstsein verbunden. Eine derartige Verbindung würde dazu dienen, die Organisation von Energie und Materie durch eine Art hierarchisches System zu lenken.
Unsichtbare energetische Kräfte, die von einer höheren Wirklichkeit aus durch diesen Wirbel wandern, würden natürlich die beobachteten Selbstorganisationsphänomene der diversen »niederen« Systeme erklären. Wir können einen solchen Wirbel als geschichtet ansehen wie die Schalen einer Zwiebel – eine Serie von Toren, ein Torus im anderen, wobei jede Schicht mit der nächsten verbunden ist. Von einer Schicht zur anderen findet eine Übertragung von Information und Energie statt. Transformationen finden statt von höherdimensionalen Zuständen aus, die schließlich in Materie »hinabsteigen«.

VOM BEWUSSTSEIN GELEITETE SELBSTORGANISATION

Jack Sarfatti macht uns mit dem Gedanken vertraut, dass Selbstorganisation mit dem Bewusstsein zusammenhängt. Selbstorganisation ist das Ergebnis davon, dass das Feld des Geistes (des Bewusstseins) in einem Prozess, den Sarfatti als *Back-Action* [12] definiert hat, mit der Materie in Interaktion tritt. Tatsache ist, dass letztlich die *Intention* des Geistes auf die Quantenebene der Materie einwirkt. Es besteht eine Zweiweg-Rückkopplungsschleife, die Geist und Materie verbindet, und dies führt zu spontan selbstorganisierenden Systemen. Durch diese Schleife existiert eine Kontrollstruktur auf höchster Ebene, die sozusagen »Moment für Moment« wirksam ist und die gesamten Bauprozesse leitet.
Innerhalb dieses Paradigmas sind Geist, Bewusstsein und ABSICHT von der physischen Wirklichkeit nicht zu trennen. Wir haben das Wirken des Bewusstseins, das die geometrische Form liefert (den In-*Form*-ationsprozess), welche Materie sowie Energie organisiert. Der Prozess der Selbstorganisation wird zum aktiven Prozess, bei dem Information eine Bedeutung innerhalb des Organisationssystems annimmt.

EIN MULTIDIMENSIONALES INTERAKTIVES PHÄNOMEN

Magnetfeld, Kohärenz und Abstimmung – das sind einige der Elemente, die laut Detela erforderlich sind, um syntropische Ströme auf der Quantenebene zu erzeugen. Lassen sich diese Bedingungen erfüllen, findet eine interne Selbstorganisation statt. Hierbei neigt das System zu einer verborgenen Harmonie, definiert durch mathematische und geometrische Naturgesetze in einer *tieferen Ebene.* Wir können feststellen, dass sich selbst organisierende Systeme vom Bewusstsein gesteuert werden, das in Wechselwirkung mit Energien tritt, die durch jenen interdimensionalen Wirbel wandern, der die physische Welt mit höheren Wirklichkeitsebenen verbindet.

Im zwischenmenschlichen Miteinander beobachten wir ein Vorliegen syntropischer Bedingungen, die im Energiefeld eines anderen Menschen eine Selbstorganisation beeinflussen und auslösen können. Hierzu gehören die Magnet- und Torsionsfelder der Hände, die in sich die Muster und bevorzugten Richtungen sowie die Absicht des Bewusstseins tragen, das mit Energiesystemen in Interaktion tritt. Selbstorganisation führt innerhalb eines jeden Aspekts des menschlichen Energiefeldes zu einer Umstrukturierung des Energiesystems als Ganzes. Die EMF Balancing Technique nutzt das Potenzial dieser Wechselwirkungen.

ANHANG C

EIN PHYSIKALISCHES MODELL DES BIOFELDES

© Andrej Detela
J. Stefan Institut, Ljubljana, Slowenien

Erstveröffentlichung 1997 – Nachdruck mit freundlicher Genehmigung des Verfassers*

ZUSAMMENFASSUNG

Biofeld – informationelle und evolutionäre Komponente
Lebende biologische Materie weist eine Vielzahl feinstofflicher Phänomene auf, die man höchstwahrscheinlich nicht allein durch biomolekulare Prozesse erklären kann. Von diesen Phänomenen erwähnen wir hier Informationsprozesse (Weitertransport, Verarbeitung und Speicherung von Informationen) sowie evolutionäre Entwicklungsprozesse in lebenden Organismen (zum Beispiel Mitose und Morphogenese). Und doch sind solche Phänomene besser zu verstehen, wenn wir hier die Idee der Existenz eines Biofeldes einführen. Das Biofeld ist eine feinstoffliche Materiestruktur, die biologische Zellen von Lebewesen durchdringt. Es unterscheidet sich gründlich von der Welt der Atome und Moleküle, ist jedoch ein Bestandteil der gleichen materiellen Welt und physikalisch zu erklären.
Diese Arbeit präsentiert theoretische Argumente für die Existenz von Biofeldern. Meiner Hypothese nach ist das Biofeld ein dreidimensionales Netz, das aus schwingenden elektrischen und magnetischen Feldern gewebt ist. Die Feldlinien gleichen winzigen Fäden, die ein dreidimensionales Geflecht durchziehen. Die erwähnten elektromagnetischen Felder weisen eine sehr komplexe innere Organisation auf.

Wir finden merkwürdige Arten chiraler Lösungen für die Maxwellschen Gleichungen, die keine Energie verbrauchen und zu stabilen Feldstrukturen führen. Dies ist die sogenannte informationelle Basis des Biofeldes. Die einfachsten Gebilde dieser Art sind toroidale Knoten.
Gelangt elektrische Ladung mit einer sehr geringen Masse in das Informationsbiofeld, kommt es zu nichtlinearen Phänomenen. Diese basieren auf Bifurkationen in inneren elektrischen Strömen sowie auf Resonanzeffekten zwischen Strömen und Feldern. Wir finden eine Evolution der Feldstruktur. Diese Entwicklung ist ein syntropischer Prozess, zeitlich ausgerichtet. Es gibt mehrere offensichtliche Bedingungen für syntropisches Verhalten, und eine davon ist Quantenkohärenz in den Zuständen elektrischer Ladung.

Biofelder umfassen immer sowohl die Informationsbasis als auch die Evolutionskomponente. Beide sind notwendig. Die erste Komponente gehorcht den linearen Maxwell-Gleichungen und bewahrt strukturell die Form des Biofeldes. Linearität führt zur Überlagerung vieler verschiedener nichtlokaler Zustände, daher zu einer großen Informationsspeicherkapazität. Die zweite Komponente ist für die Entwicklung des Biofeldes von primitiven toroidalen Knoten zu hochkomplexen (knotenreichen) Formen verantwortlich, die alle Merkmale von Leben aufweisen.

* Man beachte auch Detelas Buch *Magnetic Knots*.

Die Struktur des Biofeldes korrespondiert eng mit der molekularen Struktur lebender Organismen. Die diskreten Knoten im Biofeldnetz wechselwirken mit diskreten Atomen und Molekülen in lebenden Zellen, deshalb kann das Biofeld viele Prozesse in der lebenden Zelle regeln. Die wahrscheinlichsten Kandidaten für diese Wechselwirkungen sind chirale molekulare Strukturen von Proteinen und Nukleotiden, zum Beispiel Mikrotubuli und DNS-Spiralen.

EINLEITUNG

Viele Informations- und Selbstorganisationsprozesse in lebenden Organismen lassen sich besser verstehen und erklären, wenn wir uns die Existenz einer speziellen sich selbst organisierenden Struktur vorstellen, gewebt aus winzigen Fäden, die aus hochfrequenten elektrischen und magnetischen Feldern bestehen. Diese Fäden sind quer durch die molekularen Strukturen im Körper lebender Organismen miteinander verwoben. Das Konzept dieser Knotengebilde ist nicht neu, es war in vielen alten Kulturen anerkannt. Im alten Indien sprach man von *Prana*, während in der zeitgenössischen Wissenschaftstradition am ehesten der Begriff *Biofeld* gebräuchlich ist. Das Biofeld durchtränkt die gesamte lebendige Materie – den menschlichen Körper wie auch die Tiere, Pflanzen, Pilze, Bakterien, Viren, teilweise findet es sich sogar bei Kristallen. Es lebt in einer Symbiose mit den Eiweißstrukturen lebender Organismen. Im Innern lebender Organismen sorgt es für Selbstorganisation, für den Erhalt jenes thermodynamischen Zustands, der mit der geringsten Entropie einhergeht, und für die innere Informationsverbundenheit. Die theoretische Erklärung des Biofeldes ist für die heutige Wissenschaft eine große Herausforderung.

Um ein gewisses Grundverständnis zu erlangen, scheint es, dass wenigstens ein paar neue Schritte gleichzeitig begangen werden müssen in eine neue unerforschte Welt. Ein Verständnis der *syntropischen Prozesse* im Zustand der *Quantenkohärenz* ist mit Sicherheit unabdingbar [1]. Die syntropische Natur des Biofeldes basiert auf der wahrscheinlichen Existenz elektrisch geladener Partikel von sehr geringer Masse sowie auf einer eigentümlichen Raumzeit-Asymmetrie der Biofeldstruktur. Hier impliziert die zeitliche Asymmetrie einen Zeitpfeil der Biofeldschwingungen, während die räumliche Asymmetrie eine *chirale* Biofeldstruktur bedeutet. Wir gehen hier noch näher auf diese beiden Begriffe ein.
Obwohl es für die Biofeldhypothese bislang noch keine direkten wissenschaftlichen Beweise gibt, findet sie wachsende Unterstützung, vor allem in dem neuen interdisziplinären Bereich zwischen Kognitiver Wissenschaft, Physik und Biologie, wobei die Grenzen zwischen diesen Disziplinen nach und nach verschwinden.

Das Biofeld ist ein dreidimensionales (3D-) Netz mit zwei grundlegenden funktionellen Eigenschaften:

- Es ist in der Lage, enorme Informationsmengen zu speichern (viele Informations-Bits);
- Es kann seine eigene inhärente Evolution in die Wege leiten (Selbstorganisations prozess).

In dieser Arbeit werde ich eine Hypothese darlegen, die besagt, dass das Biofeld de facto aus zwei verschiedenen Komponenten verflochten ist: einer informationellen und einer evolutionären Struktur. Beide bestehen in recht definiten Materiestrukturen mit intrinsischen mathematischen Merkmalen. Nur wenn beide Strukturen miteinander verflochten sind, wird das Biofeld ermöglicht. Einige dieser Merkmale werden wir hier untersuchen.

DIE INFORMATIONSKOMPONENTE DES BIOFELDES

Zu den Merkmalen eines guten Speichersystems (zum Beispiel eines Speicherchips im Computer oder unseres menschlichen Gedächtnisses) gehören:
Das System sollte in der Lage sein, eine große Menge an Information zu speichern. Wird die Informationsmenge in einem quantisierten Sinne behandelt (wie in der Kybernetik seit Wiener üblich), dann bedeutet das eine große Anzahl von Informationsbits. Ein Informationsbit ließe sich als der kleinste Unterschied definieren (in materieller Hinsicht, worauf sich dies auch beziehen mag), den der Leser der Information gerade noch unterscheiden kann.

Dieses winzige Informationsbit sollte auf eine Weise zugänglich sein, dass es gelesen (oder geschrieben) werden kann, ohne die restliche Information zu verderben oder zu verändern. Also sollte eine Trennbarkeit zwischen verschiedenen Bestandteilen der Information gegeben sein.
Im Innern eines Computerchips oder auf der Oberfläche einer Diskette sind die verschiedenen Informationsbestandteile räumlich getrennt, während eine solche Trennbarkeit im räumlichen Sinne bei lebendigen Organismen vermutlich nicht existiert.
Zum Beispiel haben die neuere Hirnforschung[2] und die Erforschung anderer lebendiger Informationssysteme gezeigt, dass die Denkfunktionen *alokal* sind. Wenn das zutrifft und wenn die voneinander trennbaren Informationselemente tatsächlich räumlich in der gleichen Region gespeichert sind, dann ist bezüglich des Biofeldes eines gewiss: dass die Biofeld-Komponente, die für die Informationsspeicherung verantwortlich ist, durch lineare Gleichungen ausgedrückt werden sollte. Nur dann können unterschiedliche Stücke von Information unabhängig voneinander gespeichert werden, denn nur dann ist die Möglichkeit einer Überlagerung linear unabhängiger Lösungen für Informationszustände gegeben.
Welche Art von linearen Gleichungen eignet sich zur Beschreibung der Informationskomponente des Biofeldes?
Es gibt viele Argumente[3], die bestätigen, dass das Biofeld auf elektromagnetischen Phänomenen basiert (oder zumindest eng an solche gekoppelt ist). Die Maxwell-Gleichungen für das elektromagnetische Feld sind linearer Natur. Versuchen wir eine Struktur des elektromagnetischen (EM-) Feldes zu finden, die bewirkt, dass diese Feldstruktur zeitlich stabil bleibt und eine Dissipation der Feldenergie unterbleibt. Nur dann können wir davon sprechen, dass hier Erinnerung in die Feldstruktur eingebettet ist. Zudem möchten wir, dass die Feldstruktur stabil ist gegen die Grenzbedingungen. Solche Grenzen, die entfernt sind, sollten nur einen vernachlässigbaren Einfluss ausüben. Vereinfacht ausgedrückt, können wir uns ein EM-Feld als »Wolke« vorstellen, die sich in allen Regionen, die vom Zentrum der Wolke entfernt sind, asymptotisch einem Nullwert annähert. Ist ein solches Feld von einem großen Kasten umschlossen, so ist das Feld an den Wänden des Kastens bereits so schwach, dass die Wände sich nicht in nennenswertem Umfang auf die Feldstruktur auswirken.
Eine derartige Feldstruktur ist eine Art Paket aus stehenden Wellen. Sie bewegt sich nicht im Raum. Wir können sie bereits anhand gewöhnlicher Maxwell-Gleichungen im Vakuum beschreiben. Es lässt sich leicht aufzeigen, dass die oben beschriebenen Lösungen zu den Maxwell-Gleichungen die folgende Bedingung erfüllen:

$$\mathrm{rot}\,\mathbf{B} = k \bullet \mathbf{B} \qquad (1)$$

Hier ist B der Vektor der magnetischen Flussdichte (in dieser gesamten Arbeit werden Vektorgrößen durch Fettdruck gekennzeichnet), und k ist eine skalare Konstante. Beachten wir zunächst nur die harmonischen Lösungen, das heißt, Lösungen, die sich beschreiben lassen als:

$$\mathbf{E} = \mathbf{E}_o \bullet e^{i\omega t} \text{ (für das elektrische Feld);}$$
$$\mathbf{B} = \mathbf{B}_o \bullet e^{i(\omega+\delta)} \text{ (für das Magnetfeld).}$$

Wir setzen diese harmonischen Lösungen in die beiden ersten Maxwell-Gleichungen für das EM-Feld im Vakuum ein:

$$\text{rot } \mathbf{B} = \varepsilon_o \mu_o \bullet \partial \mathbf{E}/\partial t$$
$$\text{rot } \mathbf{E} = -\partial \mathbf{B}/\partial t$$

Versuchen wir es mit einem eigentümlichen Lösungstyp. Der Vektor des Magnetfeldes B ist in jedem Moment und an jedem Ort *kollinear* mit dem Vektor des elektrischen Feldes E:

$$\mathbf{B} = i\,\omega \bullet (\varepsilon_o \mu_o / k) \bullet \mathbf{E} \qquad (2)$$

Derartige Leistungen befriedigen zwar die Gleichung (1), jedoch keine der anderen Gleichungen (unter der Annahme, dass die Lösungen harmonisch sind). Die Kollinearität der Vektoren E und B ist eine sehr wichtige Eigenschaft der Informationskomponente des Biofeldes. Dies ist nämlich sehr verschieden von der Natur des gewöhnlichen EM-Feldes im Vakuum oder in einer homogenen Substanz, wo Vektor E senkrecht zu Vektor B verläuft. Auf eine wichtige Folge dieser Kollinearität (bezüglich des Poyntingschen Vektors oder der Strahlungsdichte) wird später eingegangen.
Gleichung (2) umfasst auch die imaginäre Einheit i, was bedeutet, dass das Magnetfeld phasenverschoben ist (um $\pi/2$, also um ein Viertel eines Zyklus) zum elektrischen Feld. In dem Augenblick, in dem das Magnetfeld sein Maximum (oder Minimum) erreicht, beträgt das elektrische Feld null und umgekehrt. Die Energie des elektrischen Feldes wird zu der und von der Energie des Magnetfeldes übertragen, wobei die Summe beider Energien konstant bleibt. Diese Tatsache ist ähnlich wie mit allen anderen idealen Oszillatoren ohne Dämpfung. Zum Beispiel ist in einem einfachen mechanischen Oszillator die Summe der kinetischen und potenziellen (oder elastischen) Energie bezüglich der Zeit konstant.

Beginnen wir in dem Moment, wo das elektrische Feld null ist. In diesem Moment existiert nur magnetische Energie. Das Magnetfeld hat eine ganz bestimmte Struktur, die wir später erforschen werden. Ein Viertel Zyklus später erhalten wir eine identische Struktur im elektrischen Feld, und wieder einen Viertelzyklus später wird diese wieder in eine identische magnetische Struktur umgewandelt (aber die Polarität der Felder ist umgekehrt). Die Kurven, welche die Linien beider Felder darstellen, verändern sich nicht mit der Zeit (ich verwende den Begriff Feldlinie an Stelle von Kraftlinie). Die relative Intensität des elektrischen und/oder magnetischen Feldes verändert sich. Beide Felder oszillieren zwischen einer positiven und einer negativen Amplitude. Die Richtung des Feldes jedoch ändert sich nicht. Das qualitative Bild beider Felder (die Feldstruktur) sorgt für den Erhalt seiner anfänglichen Gestalt. Es handelt sich um eine besondere Art von Wellenpaket – es wandert nicht mit Lichtgeschwindigkeit, sondern ist statisch, wobei es die ganze Zeit über an der gleichen Stelle bleibt. Es bewahrt seine innere Information (eingebettet in die Feldstruktur). Da dieses Paket von stehenden Wellen den linearen Maxwell-Gleichungen gehorcht, können mehrere überlagert werden. Wir werden ein solches Wellenpaket, das sich nicht mit Lichtgeschwindigkeit fortbewegt (und deshalb eine Restmasse aufweist), als *Informationsnetz* bezeichnen.

Schweifen wir hier ein wenig ab. Die Grenze zwischen einem Informationsnetz und einem klassischen *Photon* ist nicht sehr scharf umrissen. Die Ableitungen auf diesen Seiten beschreiben ein Informationsnetz im Leerlauf, dieses kann jedoch auch eine Geschwindigkeitskomponente aufweisen (aber mit einer Geschwindigkeit unter der des Lichtes). Je mehr sich seine Geschwindigkeit der Lichtgeschwindigkeit annähert, desto mehr ähnelt es einem klassischen Photon.

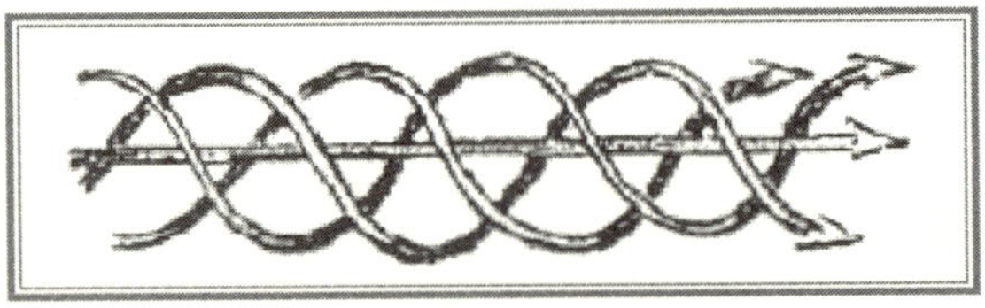

Abb. 1 »Spiralmagnetknoten«

Wenden wir nun die gewöhnliche Vorgehensweise für die Maxwellschen Differenzialgleichungen an, so finden wir leicht die zirkuläre Frequenz für ein Informationsnetz:

$$k^2 = \varepsilon_0 \mu_0 \bullet \omega^2, \text{ oder einfacher:}$$
$$\omega = ck, \qquad (3)$$

worin c die Lichtgeschwindigkeit im *Vakuum* ist.

Wir wollen auch die Raumkonfiguration dieser Lösungen bestimmen. Uns interessiert die Form der magnetischen oder elektrischen Linien (beide haben die gleiche Form). Es existieren viele Lösungsklassen, doch wir werden uns zunächst einmal auf die einfachsten Lösungen von allen beschränken, die nicht allzu empfindlich auf die Grenzbedingungen sind. Wie schon erwähnt, müssen diese Lösungen den asymptotischen Faktor aufweisen. Dieses Feld kann man sich bildlich als ein gerades, unendlich langes Seil vorstellen, das aus verdrallten Feldlinien besteht (Abb.1). Der Drall in der Mitte des Seiles entspricht dem einer rechtshändigen Spirale, wenn $k > 0$, und dem einer linkshändigen Spirale, wenn $k < 0$.

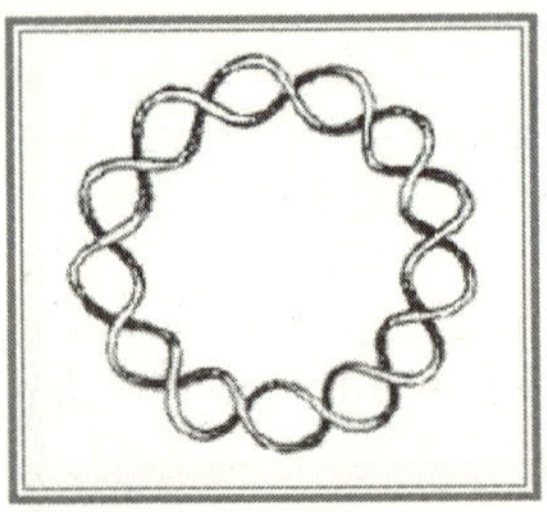

Abb. 2 »Geschlossene Magnetschleife«

Eine Beobachtung der Grenzbedingungen sagt uns jedoch, dass diese Lösung im Hinblick auf das zylindrische Koordinatensystem nicht zufriedenstellend ist. Und zwar geht Feld B nicht gegen null, wenn wir uns in z-Richtung fortbewegen. Auch tendiert es nicht schnell genug gegen null, wenn wir uns in der r-Richtung fortbewegen (Ergebnis von losem asymptotischem Verhalten).

Die komplette Magnetenergie, die durch das Raumintegral $fv(2\,\mu_0) \bullet \mathbf{B}^2\,dV$ (Integration über den gesamten Raum V) ausgedrückt werden kann, divergiert selbst dann, wenn nur die Magnetenergie in einer finiten Länge des Seils berechnet wird.

Diese Schwierigkeiten lassen sich alle beide mit Hilfe einer leicht modifizierten Feldstruktur lösen. Stellen wir uns vor, das oben beschriebene Seil innerhalb des Feldes weist eine finite Länge auf (dann haben wir einen Seilabschnitt) und ist zu einer geschlossenen Schleife gebogen (Abb. 2). Auf diese Weise können wir die erste Schwierigkeit sofort beseitigen. Was ist also mit der zweiten? Obwohl sich das Feld aufgrund dieser neuen Veränderung im Kern des Seiles nicht signifikant ändert, kann es sich in dem vom Zentrum der Schleife entfernten Bereich erheblich ändern. Das lässt vollkommen neue Lösungen erwarten – vielleicht mit finiter magnetischer Energie.

Viele Merkmale dieser neuen Lösungen finden sich, wenn man Gleichung (1) innerhalb eines *toroidalen Koordinatensystems analysiert.*[4,5] Der Berechnungsmodus ist hier sehr kompliziert. Die Lösungen (toroidale Lösungen) lassen sich nicht als gewöhnliche analytische Funktionen ausdrücken. Visuell jedoch sind diese Lösungen sehr attraktiv. Sie ähneln den zuvor erwähnten geschlossenen Schleifen aus spiralförmig verdrallten Seilen. Deshalb haben die Feldlinien die gleiche Struktur wie die Fäden toroidaler Knoten.[6] Toroidale Knoten kann man sich als einen Faden vorstellen, der auf die Oberfläche des Torus gewickelt ist. Der einfachste toroidale Knoten ist in Abb. 3 zu sehen.

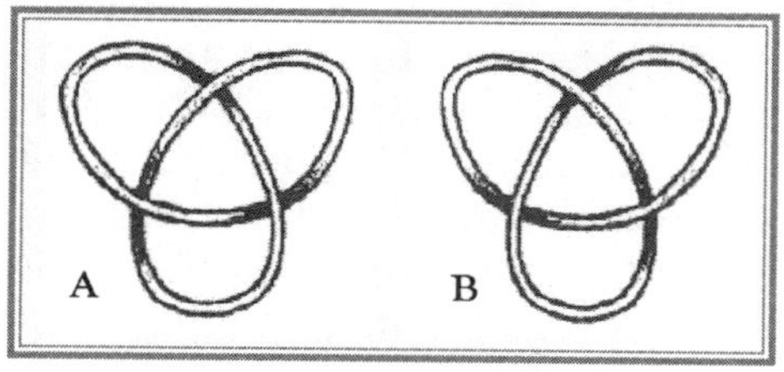

Abb. 3
»Chirale toroidale Magnetknoten«

Alle toroidalen Knoten sind *chiraler* Natur, daher gibt es eine linkshändige und eine rechtshändige Variante. Chirale Strukturen sind solche, denen ein *Inversionszentrum* fehlt, was bedeutet, dass ihr Spiegelbild nicht mit dem Original identisch ist. Sämtliche chiralen Strukturen gibt es also in zwei symmetrischen Ausführungen, zum Beispiel linkshändig und rechtshändig (griechisch *cheir* = Hand), linksgängige und rechtsgängige Schraube, linkshändiger und rechtshändiger Knoten (Abb. 3 a, b) etc. Es lässt sich leicht zeigen, dass alle mathematischen Lösungen für Gleichung (1) chiraler Natur sein müssen: der Differenzialoperator *rot* (= Krümmung) verwandelt einen polaren Vektor in einen axialen Vektor (oder umgekehrt), daher ist k de facto keine gewöhnliche skalare Konstante, sondern ein *Pseudoskalar.*[7] Jeder Pseudoskalar hat chirale Eigenschaften. Wird die Konstante k (in Gleichung 1) mit dem umgekehrten Vorzeichen verwendet, so erhalten wir vollkommen äquivalente, wenn auch nicht gleiche Lösungen – sie sind ein Spiegelbild des Originals.
Man kann zeigen, dass bei toroidalen Lösungen das oben angeführte Raumintegral konvergiert. Toroidale Lösungen sind gute Lösungen für Gleichung (1), da sie nicht-fiktive Feldnetze darstellen, Netze mit einer finiten Energie und unempfindlich für entfernte Grenzbedingungen.
Nur die einfachsten guten Lösungen (toroidale Knoten) wurden hier beobachtet, da sie sich mit relativ simplen mathematischen Werkzeugen erreichen lassen. Es kann jedoch auch kompliziertere Lösungen für Gleichung (1) geben, etwa verknotete Gebilde, die nicht toroidaler Natur und erheblich komplexer sind. Wir werden die Gesamtheit dieser verknoteten Feldstrukturen *Feldnetze* nennen.
Es ist leicht zu erkennen, dass Informationsnetze keine Energie abstrahlen. Der Poyntingsche Vektor[8] wird durch ein Vektorprodukt zwischen dem elektrischen und dem magnetischen Feld ausgedrückt, doch in einem Informationsfeld sind diese Felder nach Gleichung (2) vollkommen kollinear, und das Vektorprodukt zwischen ihnen verschwindet. Deshalb erfolgt innerhalb oder außerhalb dieses Netzes keine Abstrahlung. Das Netz ist dann zeitlich stabil.
Sind diese Strukturen auch stabil gegenüber Störungen von außen? Können solche Störungen unsere Netze langsam verderben und zerstören? Die Antwort auf diese Fragen ist nicht ganz einfach. Hier zwei Hinweise:

(1) Informationsnetze hängen mit den Evolutionsnetzen zusammen (mehr darüber später). Syntropische Prozesse in den evolutionären Netzen sorgen für Stabilität der evolutionären Netze und stabilisieren infolgedessen die Informationsnetze.

(2) Wir haben uns mit den Maxwellschen Gleichungen innerhalb der klassischen Grenze beschäftigt, doch eigentlich ist der Kraftlinienfluss in Netzen quantisiert. Wenn Schlingen der geknoteten Struktur sehr winzig sind und die Kraftliniendichte gering sind, passiert nur eine sehr begrenzte Zahl von magnetischen Flussquanten (Fluxone) jede Schlinge.

Das Netz könnte nur dann abstrahlen, wenn eine beträchtliche Störung den Fluss bei mindestens einem Fluxon verändern würde.

Im Grunde laufen beide Erklärungen auf dasselbe hinaus: Die syntropische Natur der Materie ist die Grundlage für alle Quantenphänomene. Heute kann bei uns noch nicht von einer ausgereiften Theorie der Quantenvorgänge, gedeutet durch syntropische Aktivität auf der Subquantenebene (in einem Subquantenvakuum oder, wenn man eine andere Terminologie verwenden möchte, im *Äther*) die Rede sein. Und doch gibt es einige vorläufige Vorstellungen, die bereits sehr erfolgversprechend wirken. Eine derartige Interpretation kommt diversen alternativen Auslegungen der Quantenphysik (etwa in heutigen Zeiten der Bohmschen Schule) viel näher als die »klassische« Kopenhagener Deutung.

Wir haben gesehen, dass Gleichung (1) zu außerordentlich interessanten Lösungen und Situationen führt. Lassen Sie mich eine weitere interessante Anwendungsmöglichkeit derselben Gleichung erwähnen. Wenn der Draht einer toroidalen Spule Linien folgt, die Lösungen für Gleichung (1) darstellen, so verhält sich der elektrische Strom in dieser Spule komplett kollinear zum Vektor des Magnetfeldes, das von eben dieser Spule erzeugt wird! Eine solche Spule ist frei von *Lorentz-Kräften*, also mechanisch sehr stabil. Spulen dieser Art werden mitunter zur Erzeugung sehr starker Magnetfelder benutzt, wo die mechanische Kraft der Spule selbst ein einschränkender Faktor sein könnte.[9]

DIE EVOLUTIONÄRE KOMPONENTE DES BIOFELDES

Hier weist das EM-Feld eine Struktur auf, die der Struktur in Informationsnetzen ähnelt (chirale Knoten – zumindest teilweise toroidale Knoten). Unter bestimmten Bedingungen kann aus einem Informationsnetz ein evolutionäres Netz erwachsen. Die Grundbedingung hierfür ist das Vorhandensein einer elektrischen Ladung im Umfeld des Netzes. Bislang haben wir über das EM-Feld im Vakuum gesprochen. Eine isotropische, homogene Substanz konnte an unseren Gleichungen nicht viel verändern (man müsste lediglich die dielektrische Konstante c hinzufügen), doch dies wäre hier realistischer, da man das Biofeld selten als etwas von der biologischen Materie Getrenntes antrifft. Was jedoch eine entscheidende Neuheit in unsere Gleichungen einführt, ist das Vorhandensein einer elektrischen Ladung mit hoher Mobilität, so dass diese Ladung weitgehend nur über das EM-Feld der Netzstruktur verteilt ist.

Wenn die Bedingungen für syntropische Prozesse in einem Netz erfüllt sind (siehe unten), setzt eine syntropische Selbstorganisation des Biofeldes ein. Das bedeutet mehr als die gewöhnliche Selbstorganisation von Eiweißstrukturen (Autopoiesis)[10] oder die Selbstorganisation in Prigogines dissipativen Strukturen.[11] Alle drei festgestellten Phänomene (Autopoiesis, Prigogines Selbstorganisation und die syntropische Selbstorganisation) finden dann statt, wenn Materie weit von einem Zustand des thermodynamischen Gleichgewichts entfernt ist. Das lässt sich an allen drei selbstorganisierenden Prozessen deutlich ablesen. Worin sich syntropische Prozesse von den beiden anderen unterscheiden, ist die Tatsache, dass sie eigenständig diesen Zustand herbeiführen, der weit von einem thermodynamischen Gleichgewicht entfernt ist.[12] Dieses anfängliche Ungleichgewicht lässt sich durch eine Fluktuation einleiten, die einen gewissen Schwellenwert überschreitet. Von diesem Punkt an hält das Ungleichgewicht an, ohne dass eine störende Einwirkung von außen vorliegt.

Syntropische Prozesse, die neue evolutionäre Netzstrukturen hervorrufen, entstehen unter den folgenden Bedingungen:

- Vorhandensein elektrischer Ladung mit hoher Mobilität
- geringe Masse von Partikeln, die Ladung tragen
- eine chirale Symmetrie der Netzstruktur
- ein zeitlich orientiertes Muster der EM-Schwingung (Zeitpfeil in der Netzstruktur)
- Quantenkohärenz in den Zuständen von Ladungsteilchen (die Kohärenzlänge übertrifft den Zeitraum der Knotenstruktur)
- adäquate Amplitude der Magnetfelddichte.

Die dritte Bedingung ist von Anfang an erfüllt, da schon die Struktur der Informationskomponente an sich chiraler Natur ist. Doch die vierte Bedingung (Zeitpfeil) ist nicht automatisch erfüllt. Eine entsprechende Fluktuation am Anfang erzeugt jedoch den Zeitpfeil, und von da an sind alle nachfolgenden syntropischen Selbstorganisationsprozesse möglich. Etwas später werden wir auf diese Fluktuation noch detaillierter eingehen. Unsere Beschreibung wird auf der modernen Chaostheorie aufbauen.

Die dritte und vierte Bedingung repräsentieren die erforderlichen Raum- und Zeit-Symmetrie-Attribute der Netzstruktur. Diese werden durch einige grundlegende physikalische Gesetze vorgegeben (Invarianz gegen unitäre Transformationen von Raum und Zeit). Die Muster bei der erforderlichen Symmetrie der Raum-Zeit-Struktur sollten sich im kompletten Quantenzustand eines geladenen Teilchens spiegeln, doch ist dies nur möglich, wenn die Kohärenzlänge des Quantenzustands zumindest über die Größe der diskreten Knoten hinausgeht und die Kohärenzzeit sich mindestens über eine Periode der EM-Oszillation erstreckt. Diese Tatsache führt zur fünften Bedingung. Sicher ist die Quantenkohärenz ein reiner Quanteneffekt und kennt keine klassische Analogie.[13] Der Grund dafür ist eine besondere informationsbezogene wechselseitige Verbindung innerhalb von Quantenzuständen; diese wechselseitige Verbindung hat in der klassischen Denkwelt keine Geltung. Die Quantenkohärenz beschert der Physik völlig neue Erkenntnisse – erinnern wir uns an die Aspect-Versuche und andere, verwandte EPR-Experimente.[14]

Die zweite und die sechste Bedingung sind wechselseitig verknüpft: die erforderliche Amplitude des Magnetfeldes korreliert mit der Masse geladener Teilchen und der Größe der Schleifen in der Knotenstruktur. Je größer die Masse und je kleiner die Schleifen, desto größer das resultierende kritische Feld (mehr über das kritische Feld später). Alles das würde bei Elektronen nur funktionieren, wenn die Schleifen sehr groß sind, doch dann dürfte auch die Kohärenzlänge beträchtlich sein. Ein Effekt dieser Art könnte bei supraleitenden Materialien möglich sein. Die thermische Kopplung zwischen den supraleitenden Cooper-Paaren und den Materieatomen kann man getrost vernachlässigen – in diesem Fall würde also nur eine Selbstorganisation von Elektronengas (ohne Kopplung mit dem Energiegitter) stattfinden. Dennoch bietet dieser hypothetische Prozess bei Supraleitern unglaubliche Möglichkeiten für die Informationsverarbeitung. Es ist nicht lächerlich, dass etwas Ähnliches im Inneren der Melaninproteinstrukturen des Nervengewebes (Cope[1]) stattfindet, aber wir können uns auf dieser gleichen Ebene auch viele weitere Formen von Quantencomputern[15] vorstellen.
In diesem Text werde ich auf eine andere Variante von Selbstorganisationsprozessen eingehen. Stellen wir uns die Existenz elektrisch geladener Teilchen mit einer sehr geringen Restmasse vor. Numerische Schätzungen lassen darauf schließen, dass die Bedingungen für eine Syntropie in diesem Fall sehr leicht erfüllt sind, selbst wenn das Magnetfeld ziemlich schwach und die Kohärenzlänge relativ gering ist. Derartige Partikel entgehen in der Regel unserer Beobachtung und unseren Messinstrumenten. Warum ist das so? Wie bereits in meinen neueren Arbeiten

herausgestellt, können diese Teilchen nicht unabhängig existieren, sondern existieren nur im Verbund mit der kompletten Netzstruktur. Die Netze sind ihr Zuhause und vielleicht auch ihr Körper – die Netzstruktur kann über die Eigenschaften entscheiden, die sie an den Tag legen (und mit diesen Eigenschaften über die Teilchen selbst). Die Netzstruktur behindert ferner die Annihilation ultraleichter Partikel und Antipartikel, indem sie diese beiden Partikeltypen jeweils in einer getrennten Region hält.

Daher wird ein Nachweis dieser ultraleichten Partikel erst dann möglich sein, wenn wir lernen, das Biofeld nachzuweisen (Nachweis durch eine wissenschaftliche Methode). Die Netze verbleiben in einem kohärenten, sich selbst erhaltenden und selbst organisierenden Zustand, ohne internen Energietransport (der Poyntingsche Vektor für die Informationskomponente ist gleich null). Doch ungeachtet dessen besteht eine wechselseitige interne informationsbezogene Verbindung. Energietransport ist nicht dasselbe wie der Transport von Information. Information und Energie sind nicht dasselbe. Sobald sich das Biofeld auflöst, lösen sich auch die ultraleichten Teilchen auf. Durch Annihilation und sonstige Reaktionen werden sie in Photonen und andere bekannte Partikel umgewandelt. Ultraleichte geladene Partikel sind eng mit dem Biofeld verbunden; sie entstehen mit ihm zusammen und werden mit ihm zerstört. Zusammen mit dem Feld bilden sie das Netz.

Zum kompletten Verständnis ist es daher wesentlich zu wissen, dass die Netze *lebendig* sind. Die herkömmliche Physik hingegen basiert darauf, dass der Informationstransport ausschließlich in Verbindung mit einem Energietransport geschieht (zum Beispiel Darstellung von Einflüssen mit Hamilton-Operatoren in der Quantenmechanik). Sie behandelt Materie als etwas Totes, misst nur tote Partikel, tötet also die Netze zuerst – aber damit geht die Möglichkeit verloren, etwas über sie in Erfahrung zu bringen.[16]

Ein syntropischer Prozess, der ein lebendiges evolutionäres Netz bewahrt, ist ein ausdrücklich nicht-lineares Phänomen. Das evolutionäre Netz (basierend auf dem nicht-linearen syntropischen Prozess) steuert das lineare Informationsnetz. Die evolutionäre Komponente des Biofeldes ist dieser Zusatz der informativen Komponente, die zu seiner Evolution führt. Und im umgekehrten Sinne ist die Informationskomponente die Ausgangsinformation (sozusagen der Urkeim) für die evolutionäre Komponente. Der syntropische (evolutionäre) Prozess ist nur bei ganz definiten Raum-Zeit-Mustern (Topologien) der Netzstruktur charakteristisch. Von diesen syntropischen Regionen ausgehend treffen wir keine syntropische Selbstorganisation an (zum Beispiel, wenn das Feld ein kritisches Feld nicht übersteigt). Das syntropische Muster ist daher ein *Attraktor* (bekannt aus der Theorie der Dynamik nicht-linearer Systeme), der sich innerhalb eines evolutionären Netzes etabliert. Ist die Netzstruktur sehr einfach (die einfachsten syntropischen Knoten, die überleben können), so kann dieser Attraktor periodischer Natur sein, aber in komplexeren Netzstrukturen finden wir Attraktoren, die mehr Ähnlichkeit mit chaotischen Attraktoren aufweisen. Diese »chaotische« Natur lässt jedoch bestimmte charakteristische Merkmale zutage treten, die nur für das syntropische Verhalten kennzeichnend sind. (Zum Beispiel sind die Attraktoren in Prigogines dissipativen Strukturen ganz anders.) Ein evolutionäres Netz schwingt und transformiert sich unablässig entsprechend seiner eigenen, ihm von Anfang an innewohnenden Gesetze. Die Attraktoren dieser Art könnte man also in eine bestimmte Kategorie einordnen: die der syntropischen Attraktoren.

Warum stehen das informationelle und das evolutionäre Netz in so enger Beziehung? Es liegt daran, dass die chirale Feldstruktur der evolutionären Netze sehr stark jener der Informationsnetze ähnelt. Der Hauptgrund für diese Ähnlichkeit liegt in der Tatsache, dass sich die Netze durch ähnliche Differenzialgleichungen beschreiben lassen.[17] In den nachfolgenden Abschnitten werde ich ein Argument vortragen (wenngleich ein sehr unexaktes), dem zufolge Gleichung (1),

in der die Struktur eines Informationsnetzes beschrieben wird, auch für ein evolutionäres Netz in den frühen Stadien seiner Entwicklung gilt:
Die Trajektorien geladener Teilchen im Innern eines evolutionären Netzes reihen sich, wenn man einen Durchschnitt aus vielen geladenen Partikeln bildet, in diesem Netz entlang der Linien eines Magnetfeldes auf:

$$\mathbf{j} = \mathbf{f}(\mathbf{B}) \qquad (4)$$

Hier ist j der Vektor der Stromdichte. Die Vektorfunktion f(B) ist nichtlinear, die Stromdichte j kann bei definiten Dichten B des Magnetfeldes deutliche Extreme aufweisen. In solchen Fällen können wir eine syntropische Ausrichtung (ein Ausrichten) geladener Teilchen erwarten. Betrachten wir nun, was geschieht, falls Funktion (4) linear verläuft. Gewiss hat diese Annahme innerhalb des syntropischen Bereichs von Parametern (wo die Felddichte über dem kritischen Wert liegt – wie wir gleich sehen werden) keine Gültigkeit. Uns interessiert es jedoch, in Erfahrung zu bringen, wo der Ursprung der Nichtlinearität (und des syntropischen Richtens) lokalisiert ist. Wir beginnen mit der Beobachtung des frühen Evolutionsstadiums, bei dem Feld B noch schwach ist (unter dem kritischen Wert), Gleichung (4) aber noch gültig ist. In diesem Stadium herrscht der lineare Term in Gleichung (4) vor:

$$\mathbf{j} = p \bullet \mathbf{B}, \text{ worin } p \text{ eine skalare Konstante ist (wieder ein Pseudoskalar)} \qquad (5)$$

Wird dieses j in die erste Maxwell-Gleichung eingesetzt (nun haben wir auch den Einfluss der Materie; elektrische Ströme geladener Teilchen), so erhalten wir

$$\text{rot}\,\mathbf{B} = \varepsilon\varepsilon_o\mu\mu_o \bullet \partial\mathbf{E}/\partial t + \mu\mu_o \bullet \mathbf{B} \qquad (6)$$

Nehmen wir erneut an, dass die Schwingung harmonisch ist, und nehmen wir auch an, dass die Vektorfelder E und B kollinear sind (was auf einfache Informationsnetze zutrifft), erhalten wir die bereits bekannte Gleichung:

$$\text{rot}\,\mathbf{B} = k' \bullet \mathbf{B} \qquad (7)$$

was unsere Annahme über die Kollinearität der Felder E und B bestätigt. Wären die restlichen beiden Annahmen ebenfalls wahr (dass die Funktion f linear ist und die Schwingung harmonisch ist), so würden das evolutionäre Netz und das entsprechende Informationsnetz exakt dieselbe Raumzeit-Struktur wie das EM-Feld aufweisen (nur die Ausdehnung wäre anders, nämlich $k \neq k'$). Doch innerhalb des syntropischen Parameterbereichs lässt sich weder die erste noch die zweite Bedingung erfüllen. Die Funktion j = f (B) muss oberhalb des kritischen Punkts aufhören, linear zu sein, und auch die Schwingung ist nicht mehr harmonisch, wenn eine zeitlich orientierte Evolution einsetzt. (Sie lässt sich jedoch noch immer als Fourier-Form durch eine Summe harmonischer Schwingungen ausdrücken).

Diese beiden Komplikationen (Nichtlinearität, Anharmonizität) deformieren die Netzstruktur und lassen sie verworrener werden. Wie lässt sich diese Deformation beschreiben?

Befassen wir uns zunächst mit den Folgen von Anharmonizität. Jede periodische Schwingung (obwohl unharmonisch) lässt sich durch harmonische Fourier-Komponenten ausdrücken. Die bereits angegebenen Gleichungen sind (definitionsgemäß) linear, deshalb kann man für jede

harmonische Komponente losgelöst von den anderen eigene Lösungen finden (die einfachsten Lösungen sind, wie wir wissen, chirale Gebilde in Form toroidaler Knoten), und dann können wir diese Lösungen für separate harmonische Komponenten summieren. Die gemeinsame Lösung wäre also die Summe der von den verschiedenen Knoten dargestellten Felder (unterschiedlicher Wert für k' für unterschiedliche harmonische Komponenten). Das Verhältnis zwischen Frequenzen harmonischer Komponenten ist sehr regelmäßig (Verhältnis zwischen diskreten Zahlen), so dass Gleichung (3) (in Verbindung mit der Annahme über Linearität) ebenfalls ein regelmäßiges Verhältnis zwischen den Parametern k' ergibt. Das bedeutet, dass die Struktur des kollektiven Knotens (alle harmonischen Komponenten zusammengenommen) ganz regelmäßig erscheint. Natürlich ist der kollektive Knoten nun erheblich verworrener als ein toroidaler Knoten, und darüber hinaus verändert sich seine kollektive Topologie innerhalb einer Periode (was beim Knoten einer rein harmonischen Komponente nicht der Fall ist).
Nun jedoch haben wir auch die Nichtlinearität von Funktion (4). Diese Bedingung verändert die Knotenstruktur sogar noch radikaler. Beginnen wir, um unsere Analyse zu vereinfachen, mit einem Netz, das aus einer rein harmonischen Komponente besteht.

Das nichtlineare Verhältnis (4) lässt sich in Form einer Potenzreihe schreiben (doch ohne den Term mit n = 0, da wenn B = 0 , auch j = 0 gilt; es kommt nicht zu einem syntropischen Richten von Partikeln).

$$j = \sum_{n = 1, 2, 3, \ldots} p_n \bullet \mathbf{B}^n \qquad (8)$$

Beobachten wir die Bedingungen, wenn B von B = 0 zunimmt. Anfangs ist B klein, und die Bedingung der Linearität herrscht vor. Das Feld B ordnet sich zu einer linearen Knotenstruktur (zum Beispiel zu einem toroidalen Knoten) an. In höheren Feldern unterliegt die lineare Struktur unablässig einer Deformation. Noch später, im kritischen Feld, B_k, tritt eine Instabilität auf[18], und die Knotenstruktur erleidet eine plötzliche Veränderung (Phasenübergang). Bei einem noch höherem Feld B bringen Bifurkationen eine zusätzliche Strukturvielfalt mit sich. Obgleich diese Gabelungen ebenfalls eine Art von Phasenübergängen darstellen, haben sie eine besondere Eigenschaft: aus der Urphase entwickelt sich nicht immer die gleiche neue Phase – es kommen mehrere Möglichkeiten in Frage. Die Linie der Phasenmöglichkeiten spaltet sich bei jeder Gabelung. Der Magnetknoten wird immer komplizierter, obwohl er innen nicht weniger geordnet ist (Abb. 4). Ähnliche Phänomene kennt man aus der Thermodynamik nicht im Gleichgewicht befindlicher dissipativer Strukturen (zum Beispiel den berühmten Bénard-Zellen in einer turbulenten Flüssigkeit). Es gibt jedoch auch einen grundlegenden Unterschied: syntropische Gebilde brauchen nicht aus ihrem Umfeld gespeist zu werden (etwa durch Temperaturunterschiede, wie im Fall der Bénard-Zellen, oder durch sonstige Gradienten).

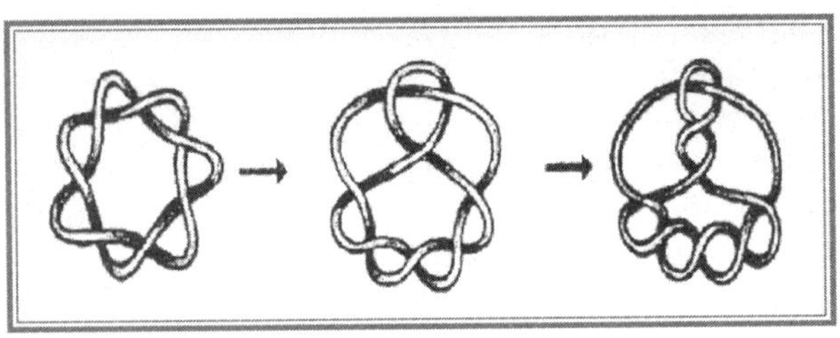

Abb. 4 »Sich entwickelnde Magnetknoten«

Was geschieht mit unserem ursprünglichen Netz? Aufgrund der syntropischen Lenkung elektrischer Ladung im Innern des Netzes werden der ursprünglichen Informationskomponente immer größere Mengen der evolutionären Komponente des Biofeldes hinzugefügt. Betrachten wir uns eingehender, wo der Ursprung der Syntropizität liegt. Syntropizität basiert auf Bifurkationen in elektrischen Strömungen innerhalb der Netze. Bifurkationen finden dann statt, wenn das Feld, das aus dem Informationsfeld entsteht, sukzessive kritische Werte übersteigt. Bifurkationen zeigen immer eine Hysterese, sind daher ein irreversibles Phänomen. Wenn das Feld zu seinem Nullwert zurückkehrt, durchläuft das Netz nicht exakt die gleichen Phasen wie zu dem Zeitpunkt, als das Feld von Null ausgehend anwuchs. Daher erhalten wir eine zeitlich orientierte Schwingung, eine notwendige Bedingung für Syntropizität. Aus einer rein harmonischen Oszillation erhalten wir eine zeitorientierte Mischung harmonischer Schwingungen, aus der primitiven Raumstruktur (die man als einen einzelnen Buchstaben des Alphabets darstellen könnte) erhalten wir eine komplexe Struktur (die man durch die Länge eines ganzen Wortes darstellen müsste). Es kommt hier zu einer Evolution von »Worten«. Einige von ihnen verschwimmen (ihre Energie wird von stärkeren Worten absorbiert). Doch einige von ihnen überleben – vor allem diejenigen, für die die Grundgleichung (1) gilt, da derartige Strukturen ihre Energie nicht dissipieren. (Der Parameter k' – der mit der Knotendichte zusammenhängt – ist nun wahrscheinlich höher). Wir sehen also, dass die evolutionäre Komponente auch die Informationskomponente steuert, ebenso wie die Informationskomponente die evolutionäre bestimmt. So schließt sich der Kreis.

Der oben geschilderte Prozess ist zeitorientiert. Könnte man dann erwarten, dass die Feldenergie abgeleitet (in Wärme) wird wie bei anderen irreversiblen Prozessen? Nein, hier hat Dissipation keine Chance. Das liegt daran, dass ein einfaches evolutionäres Netz nur aus EM-Feld und geladenen Teilchen besteht. Sobald Gleichung (4) irgendeinen Vorgang der Partikellenkung beschreibt – auch wenn es um Lenkung geht, die auf Partikel mit vollkommen verschwommener oder chaotischer Bewegung einwirkt – kann die Entropie der geladenen Teilchen nicht zunehmen. An etwas späterer Stelle werde ich den Begriff Äther verwenden, einen Begriff, der sich aus dem östlichen (zum Beispiel taoistischen) Denken heraus wesentlich leichter verstehen lässt als aus dem des Westens. Nun ist es ganz essenziell, dass der Äther selbst in seinem elementaren Quantenzustand (dem Zustand mit der niedrigsten Energie) einen verschwommenen Ausgangsimpuls aufweist, und Gleichung (4) reagiert hierauf. Aber vielleicht wächst ja die Entropie des EM-Feldes? Handelt es sich lediglich um das Feld der Informationskomponente, so nimmt die Entropie mit Sicherheit nicht zu. Dieses Informationsfeld ist die Grundlage, von der aus die evolutionäre Komponente weiterwächst. Ein Teil der Netzstruktur (ein Teil der Knoten) steht mit einer zunehmenden Entropie der evolutionären Komponente in Verbindung; dieser Teil zerfällt schnell. Der andere Teil hängt mit einer abnehmenden Entropie zusammen, oder, anders ausgedrückt, einer zunehmenden Syntropie; dieser Teil überdauert und setzt seine Evolution fort. Daher nimmt die Gesamtentropie des Netzes nicht zu. Hier stellt sich der Gedanke der Entropie als nur am Rande bedeutsam heraus, da die klassische Thermodynamik (mit ihrem zweiten Gesetz) hier keine Geltung mehr hat. Zunahme der Syntropie (und nicht Zunahme der Entropie[19,20]) bringt die Richtung der Zeit in die Natur, und hier beginnt auch die Irreversibilität. Syntropie hängt durch und durch mit der Evolution von Netzen zusammen (der Entwicklung von Worten aus Buchstaben, und von diesen zu reiferen Worten ...). Die Evolution lässt sich auch informationstheoretisch betrachten. Die Zahl der Informationsbits wächst durch Evolution. Evolution ist ein Phänomen, das Systeme/Organismen auszeichnet und auch in der heutigen Mikrobiologie bekannt ist. Höher entwickelte Netze überleben, andere vergehen und werden unverzüglich von den überlebenden absorbiert. Die Zeitrichtung liegt in der Wachstumsrichtung der internen Informationen, in der Richtung der Kognition, in der Richtung der (Selbst-)Organisation der Materiestrukturen.

Ein weiterer großer Vorzug der Vielfalt nichtlinearer syntropischer Strukturen ist verborgen in der Tatsache, dass eine einzelne winzige Zeitspanne der Biofeldschwingung (in der Größenordnung von 10^{-15} s für das Biofeld mit der Frequenz des Sonnenlichts - mehr hierzu im nächsten Kapitel) einen vollständigen Evolutionszyklus darstellt. Wenn Feld B nach einer Oszillation wieder seine Amplitude erreicht, so ist seine Struktur nicht dieselbe wie ursprünglich. Vielleicht haben wir mit einem einfachen toroidalen Knoten angefangen, nun jedoch haben wir ein ganzes Knäuel von zehn miteinander verflochtenen Knoten. Diese neue Struktur ist der Keim für den nächsten Zeitraum, wo das Gebilde sogar noch komplexer werden kann. Wir kennen etwas ganz Ähnliches aus dem Lebenszyklus von Pflanzen. Jeden Herbst wird neue Saat verteilt, um dem Leben im nachfolgenden Jahr eine Chance zu geben.

Die bisher dargelegte Theorie umfasst eine hypothetische Existenz ultraleichter Ladungsteilchen. Vielleicht besitzen diese Teilchen von sich aus keine klar erkennbare Gestalt, und nur die syntropische Einbettung in Netze bestimmt ihre Quantenmerkmale. Ich verwende hier für die nicht manifestierte Gesamtheit dieser Partikel den Begriff Äther, da dieser Name, der Phänomene genau dieser Art beschreibt, in der europäischen vorwissenschaftlichen Literatur schon lange Zeit verwendet wird. Das Sanskritwort Prana andererseits passt mehr zu bereits geordneten syntropischen Strukturen, daher hängt es mit Äther zusammen, der bereits eine manifeste Form angenommen hat.
Unsere Diskussion der evolutionären Komponente des Biofeldes ist verglichen mit den Ausführungen zur Informationskomponente mathematisch weniger strikt. Alles, was wir für die Informationskomponente benötigten, waren die Maxwellschen Gleichungen im Vakuum, während es bei der evolutionären Komponente weniger einfach ist. Wir mussten hier von mehreren Annahmen ausgehen – diese werde ich später vorbringen, sobald Zeit und Platz es erlauben. Viel mehr gibt es über den Äther selbst zu sagen – worum handelt es sich hierbei eigentlich? Dann sind da die Bedingungen für Syntropie und der Syntropismus selbst. Es muss noch mehr zur Beziehung der Netze zu Quantenzuständen gesagt werden, über Quantenkohärenz etc. Die Antworten auf diese Fragen hängen teilweise miteinander zusammen. Ich entschuldige mich dafür, dass ich in diesem Moment nicht mit der gebührenden Detailliertheit und Konzentration auf dieses riesige Gebiet eingehen kann.

DIE BEIDEN KOMPONENTEN DES BIOFELDES SIND MITEINANDER VERKNÜPFT

Die Phänomene im Biofeld lassen sich nur dann besser verstehen, wenn wir beide Komponenten gemeinsam betrachten, die Informations- und evolutionäre Komponente. Das Biofeld stellt immer eine Symbiose von beidem dar. Bei einem Biofeld mit einer sehr komplexen Netzstruktur können wir sogar eine Spezialisierung in bestimmten Regionen erwarten, so dass wir vorwiegend Informationsregionen und vorwiegend Evolutionsregionen antreffen.
Gäbe es keine Informationskomponente, so würde die Evolution im Biofeld sehr schnell degenerieren. Dann würden sich sehr chaotische Strukturen entwickeln (weit entfernt von denen, die sich über periodische Attraktoren beschreiben lassen). Wahrscheinlich würde die Grundlage für Quantenkohärenz schnell verdorben, und so würden auch Syntropismus und Evolution im Biofeld ersterben. Außerdem wird uns ein einfaches Beispiel (auf das später eingegangen werden soll) zeigen, dass jedes stabile Biofeld am äußeren Rand in eine Hülle eingeschlossen sein muss – die vorwiegend aus der Informationskomponente besteht.
Die Evolutionskomponente ist ebenfalls grundlegend. Ohne sie könnte das Biofeld nicht gleichzeitig so viele kleine Defekte in der Netzstruktur beheben. (Vor allem, wenn das Biofeld in Interaktion mit seiner Umgebung tritt, führen Störungen leicht zu enttropischer Degradie-

rung. Ferner würde ein Biofeld ohne evolutionäre Komponente immer in seinem primitiven Entwicklungsstadium mit der Struktur der einfachsten toroidalen Knoten verbleiben.
Wir können uns vorstellen, dass ein Magnetfeld B im Innern der Netzstruktur eines existierenden Biofeldes wie folgt aussieht: Der erste Teil (die Informationskomponente) entspricht linearen Gleichungen für Informationsnetze (1). Der lineare Teil der Netzstruktur strahlt keine Energie ab. Diese Struktur sorgt für ihre eigene Aufrechterhaltung. Sie ist wie ein fester Halt, an den sich in jeder Periode einer neuen Oszillation der zweite Teil des Biofeldes (die evolutionäre Komponente) anheftet. Das tatsächliche Gesamtfeld im Netz unterscheidet sich aufgrund nichtlinearer Effekte (Gleichung 4) ein wenig von der reinen Informationskomponente. Nennen wir diesen Unterschied zwischen dem tatsächlichen Feld und dem reinen Informationsfeld den nichtlinearen Überschuss an Biofeld. Allgemein gesprochen, darf der Poynting-Vektor dieses Überschusses nicht gleich null sein (die Vektoren E und B sind nicht mehr kollinear). Vor allem im nichtlinearen Teil sind kompliziertere Beziehungen gegeben als in Gleichung (5) ausgedrückt, also sind auch Gleichung (6) und (7) nur annäherungsweise gültig. Die exakten Lösungen für die Netzstruktur unterscheiden sich von denen, die durch Gleichung (1) festgelegt werden. Bei der evolutionären Komponente sind schwankende Strahlungspegel zwischen verschiedenen Regionen der Netzstruktur vorhanden. Die Energie wandert, wobei die Struktur dauerhaft ihre Form ändert. Dennoch ist Syntropismus nur dann lebhaft gegeben, wenn die Feldparameter auf ganz eingeschränkte Größenintervalle begrenzt sind; vor allem zeichnen sich (wie bereits erwähnt) für die Stromdichte j (Gleichung 4) nur bei definiten Größenordnungen der Felddichte, Knotendichte etc. klare Extreme ab. Auf diese Weise können sich über einen bestimmten Grad hinaus keine Gabelungen entwickeln, was dem syntropischen Verhalten Grenzen auferlegt. Die Evolution sitzt in Regionen, die von dynamischer Stabilität gekennzeichnet sind.

Dementsprechend verändert sich das gesamte Biofeld innerhalb eines Oszillationszeitraums nur sehr wenig. Der Biofeldattraktor ist nahezu periodisch, vor allem, wenn wir nur einen begrenzten räumlichen Bereich betrachten. Eine besondere Art von scheinbarem Chaoszustand (Chaoszustand im Sinne der modernen Chaostheorien) zeigt sich nur bei Beachtung größerer räumlich-zeitlicher Bereiche. Doch unterscheidet sich diese Chaotik sehr stark von der, die bei nicht-syntropischen Attraktoren zum Tragen kommt. Allerdings ist der Begriff Chaos hier nicht nur sehr passend, wenn man seine ursprüngliche Bedeutung im Griechischen kennt, wo er »Verwirrung, Unordnung« bedeutet (etwas nach menschlichem Dafürhalten Negatives). Der syntropische Tanz der Natur ist etwas vollkommen anderes. Bereits von der ersten Bewegung an übersteigt er das Konzept eines »Durcheinanders«.

Auch der Informationsteil bleibt nicht über die gesamte Zeit unverändert. Auch er wird gleichzeitig von der Evolution beeinflusst, denn Gleichung (1), die sich auf die Informationskomponente bezieht, gilt in etwa für das komplette Biofeld, zusammen mit dem nichtlinearen (evolutionären) Überschuss. Durch Evolution lässt das Biofeld schnell Strukturen entstehen, die dazu neigen, Energie und Information zu bewahren, so dass die Dissipation eingeschränkt wird. Das ist absolut auch im Interesse des Biofeldes. Ein Biofeld, das nicht in der Lage ist, seine eigenen Informationsmuster zu speichern, ist einem raschen Zerfall preisgegeben. Nur das Biofeld, das die korrekte Einstellung gegenüber seinen eigenen internen Informationen aufweist, überdauert. Natürlich kennt man all diese Gedanken aus der Biologie sowie aus der Mikrobiologie (Erkenntnisse zu Lebensmustern einzelner Zellen oder den Lebensmustern von noch kleineren Strukturen aus lebender Materie).
Ein Biofeld mit einer ganz definiten räumlich-zeitlichen topologischen Binnenstruktur wird also überleben. Das bedeutet effektiv ganz definite Raummuster von Fäden im dreidimensionalen

»Gewebe« des Biofeldes, und das mit recht definiter Übereinstimmung der zeitlichen Rhythmen dieser Fäden. Ein solches Biofeld ist vielleicht das Ergebnis einer langen Evolution, die nicht im Geringsten kürzer ist als die Evolution des molekularen Aspekts lebender Organismen. Vielleicht haben sich auch eben aufgrund dieses Biofeldes unterschiedliche Organe (oder Organellen) entwickelt, und sie existieren, um ganz spezifische Funktionen zu erfüllen: Informationsfasern (aus besonderen Fäden des Biofeldes) wie eine Art »Nervensystem«, Regionen mit so gut wie keiner Evolution – eine Art von Gedächtnis; Mechanismen, die unerwünschte Biofeldformen bereinigen etc. Höchst wahrscheinlich sind diese Funktionen wenigstens teilweise an entsprechende Funktionen in der molekularen Welt des Lebendigen angeheftet – das verleiht dem Biofeld eine bessere Stabilität. Das Biofeld und die molekularen Strukturen lebendiger Organismen profitieren wechselseitig von dieser Symbiose. Deshalb webt sich das Biofeld in der Mehrzahl, sobald es aus Sonnenlicht gewebt wurde, in die Proteinstrukturen lebendiger Organismen ein.

Eine kurze Frage: Wie geht dieses Weben des Biofeldes aus Sonnenlicht vor sich? Das plausibelste Szenarium gestaltet sich wie folgt: Die von der Sonne ausgehenden Photonen werden durch die Eiweißstrukturen der Grünpflanzen überallhin gestreut. Alle Proteine sind chiraler Natur und sind daher optisch aktiv. Die Wahrscheinlichkeit, dass beide zirkularpolarisierten Komponenten absorbiert werden, gestaltet sich anders, wenn ein Photon an einem optisch aktiven Molekül gestreut wird (zirkularer Dichroismus oder Cotton-Effekt)[21]. Es entstehen zirkular polarisierte Photonen. Derartige Photonen weisen eine chirale Symmetrie auf. Vielleicht hat das Biofeld sogar besondere Organellen, durch die chirale Protonen sich besser verlangsamen, einfangen und in die Biofeldstruktur einbauen lassen (vergleichbar mit Tentakeln, Mundöffnung, Kehle und Magen eines Tintenfischs). Im frühen Frühjahr (in der gemäßigten Klimazone wäre das im Monat März), wenn das Biofeld der Bäume noch schwach ist, müssen Proteine in der Baumrinde einen Großteil dieser Aufgabe übernehmen. Später jedoch werden diese Prozesse viel einfacher. Dann steuern die Proteine im Blattgrün ihren Teil zu dieser Arbeit bei, und infolgedessen kooperiert das Biofeld stärker.

Höchstwahrscheinlich synchronisiert die Integrität des Biofeldes die Oszillationen neugebildeter Netze mit der zeitorientierten Melodie eines existierenden Biofeldes. Die zeitorientierte Schwingung wird zunehmend komplexer, je mehr Information über das bestehende Biofeld und über künftige Biofelder in spe sie sammelt. Diese Melodie ist eine Geschichtenerzählerin und eine Träumerin, sie ist Trägerin der Evolution, sie ist der eigenempfängliche Daseinszweck, der die Poren aller lebendigen Organismen tränkt.

Von welcher Intuition ließ Louis Pasteur sich leiten, als er vor 150 Jahren ausgerechnet chiralen Molekülen »Élan vital« (eine lebensspendende Kraft und Fähigkeit zur Selbstorganisation) zusprach?

Die thermodynamische Temperatur der Erdoberfläche beträgt aufgrund eines dynamischen Gleichgewichts zwischen der Sonnenausstrahlung und der Infrarot-Abstrahlung zurück ins All etwa 300° K. Das Biofeld jedoch tendiert nicht zu diesem Gleichgewicht, denn es kann Strahlung in sich selbst zurückhalten (genau das ist das Wesen des Biofeldes). Die Photonen von der Sonne werden ohne augenfällige entropische Prozesse im Biofeld eingefangen (dank der selbstorganisierenden Natur des Biofeldes), also wird ihre Temperatur nicht wesentlich gemindert. Die Temperatur des Biofeldes ist daher ungefähr dieselbe wie die Temperatur der Sonnenoberfläche (6000° K) (oder vielleicht sogar höher als sie). Doch ist es eigentlich schwierig, hier von Temperatur zu sprechen. Die thermodynamische Temperatur lässt sich nur innerhalb des Geltungsbereichs des zweiten Gesetzes der Thermodynamik (des Gesetzes der Entropie) definieren. Finden lebhafte syntropische Prozesse statt, so können verschiedene räumliche Bereiche des Biofeldes sehr unterschiedliche »Temperaturen« aufweisen. Wenn Bifurkationen im Äther entstehen, nimmt die Dichte der Knoten und auch die Frequenz zu (höhere harmonische Komponenten) – und damit auch die scheinbare »Temperatur«.

Dennoch würden wir gerne die ungefähre Energie eines Knotens im Biofeld kennen. Ein einziges Photon von der Sonne verfügt über eine Energie von etwa 2 bis 3 eV (4.10^{-19} J). Ein Knoten hat daher eine Restmasse von etwa 4.10^{-36} kg. (4.10^{-6} der Elektronenmasse). Die Masse der geladenen Teilchen, die den Äther bilden, kann etwas ähnliches sein, in der Annahme, dass Photonen auch diese Partikel hervorbringen. Vielleicht sind diese geladenen Teilchen sogar mit einigen Knoten identisch (in diesem Fall sind die Knoten entweder geladen oder neutral).

Der klassische Radius eines geladenen Teilchens mit der oben genannten Energie beträgt etwa 0,6 nm (angenommen, dass geladene Teilchen eine Ladungseinheit tragen). Das ist bei einem Faktor $-2\pi \bullet 137$ (verbunden mit der Feinstrukturkonstanten) weniger als die Wellenlänge von Photonen mit entsprechender Energie. Das könnte bedeuten, dass syntropische Prozesse bis zu einem gewissen Grad noch in der Lage sind, filigrane Details in ein primäres Informationsnetz hineinzuweben. Diese feine Spitzenklöppelei kann auf einzelne Atome einwirken, die ungefähr dieselbe Größe haben (mehrere Zehntel nm).

Betrachten wir, um mehr Klarheit zu gewinnen, den kleinsten Bereich des Biofeldes, der noch in der Lage ist, syntropische Funktionen aufrecht zu erhalten – wir werden ihn als Biofeld-Zelle bezeichnen. In seinem Innern finden wir Entwicklungsregionen, die mit Informationsfäden verwoben sind – sie sorgen für die Aufrechterhaltung der erforderlichen Stabilität. Doch die äußere Hülle ist annähernd komplett vom Informations-Biofeld entfernt, so dass kein Leck entsteht, durch das Energie austritt. Wir stellen eine interessante Ähnlichkeit mit der lebenden biologischen Zelle fest, die eine äußere Membran und das innere Protoplasma aufweist. Vielleicht befindet sich oft auch ein Informationskern im Inneren (wie bei den eukariotischen Zellen)? Wir haben uns damit nun in eine wundersame neue Welt hineinbegeben, eindeutig von Leben durchdrungen. Nicht genug damit, dass diese Gesetze des Lebens auf der Ebene *katalytischer Kreisläufe* in Eiweißstrukturen existieren (wie es bei der Molekularbiologie der Fall ist), sondern sie existieren auch auf der Ebene elementarer Knoten im Netzaufbau des Biofeldes. Wir können verstehen, warum das Biofeld in so bemerkenswertem Umfang ein Vermögen an den Tag legt, die biomolekularen Prozesse in unserem Körper zu regeln: es kann sich völlig problemlos an sie anpassen. Mit den »ungeschickten« Molekülen verglichen, verfügt es über weit bessere Möglichkeiten der Selbstorganisation sowie der Speicherung und Verarbeitung von Information. Wir haben gesehen, dass die Biofeld-Struktur deutlich chiraler Natur ist, die Schleifen in den Knoten dreidimensionaler syntropischer Netze sind spiralförmig. Daher integriert sich das Biofeld problemlos in die ähnlich chiralen (spiralförmigen) Strukturen von *Proteinen* oder *Nukleotiden*. Zwei solche Strukturen mit einer sehr regelmäßigen Spiralform sind die Doppelhelix der DNS und die spiralförmig strukturierten *Mikrotubuli*.[22,23] Beide Arten von Biomolekülen spielen eine außerordentlich wichtige Rolle bei der Informationsspeicherung und der Verarbeitung im Innern lebender Zellen.

WEITERE BEISPIELE FÜR SYNTROPISCHES VERHALTEN

Eine quantitative Analyse zeigt, dass die Bedingungen für das Vorliegen einer Syntropie am ehesten bei den folgenden natürlichen Strukturen erfüllt sind:

- Biofeld

- Biomoleküle mit komplexen Elektronenzuständen (DNS, Mikrotubuli ...)
- komplexe supraleitende Netzstrukturen
- möglicherweise der Kugelblitz
- im Innern von Elementarteilchen.

Die weitere Beschäftigung mit diesen Phänomenen wird wahrscheinlich neues Wissen über hochinteressante Formen von Materie ergeben, bei denen sich die Ereignisse durch ganz andere und noch unbekannte Gesetze erklären lassen.
Die zuvor skizzierte Theorie des Biofeldes ist eine mögliche Vorlage für andere syntropische Gebilde. Bestimmte quantitative Parameter unterscheiden sich (z. B. die strukturellen Perioden und Frequenzen), doch die meisten der neu vorgestellten Gedanken bleiben.
Komplexe Biomoleküle sind winzige (aber außerordentlich fähige) Quantencomputer, ähnlich den zukünftigen Nanochips, basierend auf kohärenten Quantenzuständen in dreidimensionalen Knotengebilden aus winzigen supraleitenden Drähten und Tunneling-Schaltern.
Der Kugelblitz verfügt über ein sehr starkes Magnetfeld (> 10T), und seine beachtliche Stabilität lässt sich leicht anhand des gleichen Modells erklären, d. h., Magnetlinien und Stromlinien, die zu einem selbstorganisierten Gewebe verwoben sind.
Eigentümlicherweise erfüllen die Elementarteilchen die gleichen Syntropie-Bedingungen. Quantenpartikel sind stabile syntropische Strukturen, wahrscheinlich ganz genauso wie beim Kugelblitz. Die Symmetrieeigenschaften syntropischer Strukturen führen zu der hinlänglich bekannten CPT-Invarianz. Obwohl das Wirbelmodell eines Elektrons oder Photons nichts Neues ist, bekommt dieses Bild nun eine solide mathematische Grundlage basierend auf dem selbstorganisierenden Äther (Quantenvakuum). Viele philosophische Fragen haben genau hier ihren Ursprung: Wenn der Äther schon allein definitionsgemäß ohne Urstruktur und ureigene Eigenschaften ist, ist dann unsere manifeste Welt (Raumzeit) das offenkundige Ergebnis einer alles umfangenden syntropischen Aktivität, so wie in der vedischen Philosophie die Erscheinungswelt als Maya gilt, das Spiel zwischen Shiva und Shakti?
Fragen über die tiefere Natur von Quantenzuständen werden sich nicht so leicht beantworten lassen. Hier tut sich ein riesiges und unerkundetes Feld vor uns auf. Man kann neue mathematische Hilfsmittel anwenden (wie etwa die Fuzzy-Logik und komplexen Topologien der Raum-Zeit-Strukturen) und die syntropischen Aktivitäten im Äther zu beobachten suchen. Man kann neue, tiefgründige Definitionen der informationsbezogenen wechselseitigen Verbindungen innerhalb von Quantenzuständen finden. Werden sie sich mit einigen neueren EPR-Experimenten (wie etwa den Aspect-Versuchen) decken? Wird dieser Ansatz die Axiome eines Herrn von Neumann und Schrödingers Gleichung ergeben? Das sind einige Punke, an denen sich die Gültigkeit der neuen Quantenphantasie überprüfen lässt.
Eines jedoch ist bereits gewiss: die Ära, in der Physiker sich einzig und allein mit toten Körpern beschäftigten, ist eindeutig vorbei. Das Leben bildet die Grundlage der Raumzeit-Strukturen. In der heutigen weltweiten Krise, wo die Wissenschaft geduldig die ihr innewohnende Transparenz durch eine aufrichtige Selbstverpflichtung zu menschlicher Ethik und zeitgemäßer Interdisziplinarität erneuern muss, wird die Physik neue Anknüpfungspunke an die Biologie finden, so dass die Physiker durch intelligente Quantenzustände das Wechselspiel von Bewusstsein und Materie erkennen werden. Das wird wahrlich einen großen Paradigmenwandel in den modernen Naturwissenschaften bedeuten.

Mit Dank an Dr. Marta Klanjsek-Gunde, die viele hilfreiche Anregungen beisteuerte, und an Mitja Perus, MSc. und unsere fruchtbaren Diskussionen, die mich dazu anregten, diese Arbeit zu verfassen.

Quellennachweis:

[1] A. Detela, »*Sintropni pojavi v biopolju kot osnova informacijskih procesov v zivih organizmih*«, 2. slovenski forum kognitivnih znanosti, 1996 (Abdruck Übersetzung in diesem Buch).

[2] K. H. Pribram, »*Some Dimensions of Remembering: Steps toward a Neuropsychological Model of Memory*«, in: Macromolecules and Behavior (Hrsg. J. Gaito), Ac. Press 1966, S. 165-187.

K. H. Pribram, *Languages of the Brain: Experimental Paradoxes and Principles in Neuropsychology*, Prentice-Hall 1971.

K. H. Pribram, M. Nuwer, R. Baron, »*The Holographic Hypothesis of Memory Structure in Brain Function and Perception*«, Contemporary Developments in Mathematical Psychology, W. H. Freeman, San Francisco 1974.

[3] B. A. Brennan, *Licht-Arbeit. Das Standardwerk der Heilung mit Energiefeldern*, Goldmann 1998, Kapitel 4.

[4] P. M. Morse, H. Feshbach, *Methods of Theoretical Physics*, Mc. Graw-Hill 1953, S. 1301.

[5] K. Huang, R. Tipton, »*Vortex Exitations in the Weinberg-Salam Theory*«, Phys. Rev. D, 23 (1981), 3050.

[6] Lee Neuwirth, »*The Theory of Knots*«, Sci. Am. Juni 1979, S. 84-96.

[7] F. Krizanic, *Vektorji, matrike, tenzorji*, Sigma, Ljubljana 1962.

[8] R. P. Feynman, *Lectures on Physics*, Bd. II, Kap. 27, Addison-Wesley 1970

[9] D. H. Parkinson, B. E. Mulhall, *The Generation of High Magnetic Fields*, Plenum Press 1967, S. 154.

[10] F. Capra, *The Web of Life*, Anchor Books 1996.

[11] I. Prigogine, I. Stengers, *Die Gesetze des Chaos*, Insel 1998.

[12] M. Jibu, K. Yasue, *Quantum Brain Dynamics and Consciousness*, John Benjamins, Amsterdam 1995.

[13] R. Penrose, *Schatten des Geistes. Wege zu einer neuen Physik des Bewusstseins*, Spektrum 1995.

[14] L. E. Ballantine, *Quantum Mechanics*, Prentice Hall 1990

[15] R. Turton, *The Quantum Dot*, Freeman Spectrum 1995.

[16] A. Detela, *Dusevni procesi v zivih orgaiszmih – izziv za sodobno fiziko*, 1995 (Abdruck nach der englischen Übersetzung des slowenischen Originals in diesem Buch).

[17] R. P. Feynman, »The Same Equations Have the Same Solutions«, *Lectures on Physics* Bd. II/12-1.

[18] J. Gleick, Chaos: *Die Ordnung des Universums*, Droemer Knaur 1998.

[19] P. Coveney, R. Highfield, *Anti-Chaos. Der Pfeil der Zeit in der Selbstorganisation des Lebens*, Rowohlt 1994.

[20] S. F. Savitt (Hrsg.) *Time's Arrows Today*, Cambridge Univ. Press 1995.

[21] For Instance, *Applied Optics and Optical Engineering*, Bd. I, Kap. 9, R. J. Meltzer, S. 347.

[22] S. R. Hameroff, R. C. Watt, »*Information Processing in Microtubules*«, J. Theor. Biol. 98, 1982, S. 549-561.

[23] R. D. Allen, »*The Microtubules as an Intracellular Engine*«, Sci. Am., Febr. 1987.

SELBSTORGANISATION INNERHALB KOMPLEXER QUANTENZUSTÄNDE

© Andrej Detela
J. Stefan Institut, Ljubljana, Slowenien

Erstveröffentlichung 1998 – Nachdruck mit freundlicher Genehmigung des Verfassers

EINLEITUNG

In den letzten Jahren bemüht sich eine wachsende Zahl von Forschern, komplexe Quantenzustände als Selbstorganisationsprozesse auf der Ebene dieser Quantenzustände zu verstehen. Ihren Auslegungen zufolge basiert der Quantenzustand auf aktiver Information, welche die innere Raum-Zeit-Struktur dieses Zustands regelt. [1] Derartige Ideen sind vor allem hinsichtlich hochkomplexer Quantenzustände interessant, die strukturiert und doch kohärent sind. Beispiele für solche umfassenden kohärenten Quantensysteme sind die Quantenzustände in lebender Materie (z. B. in komplexen Eiweißstrukturen wie etwa den Mikrotubuli [2] oder komplexen supraleitenden Strukturen). Wenn mehrere Partikel einen derartigen kohärenten Quantenzustand ausmachen, dann ist dieser Zustand verschlungen. Auch die Suche nach einem Rechner-Quantenchip [3] basiert auf dem Gedanken, dass Subquanten- (manche nennen sie auch »Post-Quanten«)-Informationsfelder in der Lage sind, sich in einer wechselseitigen Beziehung zwischen der Subquantenwelt und der Welt der bekannten physischen Manifestationen selbst zu organisieren. [4] Folglich können die Quantenzustände ein gewisses inneres Empfindungsvermögen aufweisen.

Derartige Ansichten unterscheiden sich bereits von denen der Kopenhagener Schule. Diese Schule räumte nicht die Existenz von Quantenzuständen per se ein, sondern gestand nur die Existenz von Daten zu, die wir durch unsere (klassischen) Messgeräte erhalten. Eine bekannte Feststellung von Bohr lautete:
»Es gibt keine Quantenwelt. Es gibt nur eine abstrakte quantenphysikalische Beschreibung.«
Dennoch liegt es nahe, tiefe Hochachtung vor der physischen Wirklichkeit zum Ausdruck zu bringen, ob diese bekannt oder unbekannt ist – sonst könnten wir auch die Hochachtung vor der kostbarsten Essenz dieser Wirklichkeit ignorieren, die das Leben ist.
Wenn wir offen sind für das Leben, von dem alles in der Natur unwiderlegbar durchdrungen ist und das uns mit der Welt verbindet, nehmen wir ohne weiteres einige auffallende Ähnlichkeiten zwischen biologischen Organismen und komplexen Quantenzuständen wahr:
Quantenzustände sind sehr stabil – es gibt nichts wie die klassische Reibung, um ihre dynamische innere Aktivität zu bremsen. Sie reagieren aktiv auf die Störungen von außen, indem sie ihre innere Raumzeitstruktur (Selbstorganisation in Zeit und Raum) aufrechterhalten. Information betreffend diese Struktur geht nie verloren. Die innere Ordnung wird nicht aufgelöst, die Entropie des Zustands nimmt nicht zu, trotz der Störungen von außen. Quantenzustände sorgen auf eine intelligente Weise für sich selbst. Die Quantenwelt scheint von Leben erfüllt zu sein. Das Leben bildet wahrscheinlich die elementarste Grundlage unserer physischen Wirklichkeit. Aber um zu einer wissenschaftlichen Genauigkeit zu gelangen, sollten wir zunächst wissen, was

Leben ist. Können wir es definieren? Lassen wir diese Frage zunächst einmal offen. Ich hoffe, diese Arbeit wird hier ein Nachsinnen in eine fruchtbare Richtung in die Wege leiten.
Die moderne Mikrobiologie und die Kognitive Wissenschaft sagen uns, dass die Kluft zwischen lebender und nicht lebender Materie nicht mehr offensichtlich ist. Intelligenz ist eine inhärente Fähigkeit komplexer Quantensysteme. Diese sind im Hinblick auf Information kohärent, also ist die Informationstheorie (in der Kybernetik und den Kognitiven Wissenschaften schon lange bekannt) ein angemessenes Konzept für den Umgang mit diesen Systemen.
In dieser Arbeit werde ich versuchen, Sichtweisen dieser Art etwas ausführlicher darzulegen. Genau genommen ist sehr wenig darüber gesagt worden, worum es sich bei den Quanten-Selbstorganisationsprozessen eigentlich handelt und worin ihre rätselhafte innere Antriebskraft (der Élan vital, wenn man die Begrifflichkeit der Biologen verwenden will) denn überhaupt besteht. Offenbar muss sich in Quantenzuständen eine ganz subtile innere Aktivität abspielen, die für Selbstorganisationsphänomene verantwortlich sind.

Zunächst einmal müssen wir sehr vorsichtig sein bezüglich folgender Frage: Welche Art von Selbstorganisation haben wir im Sinn? Vielleicht eine Selbstorganisation von der Art, wie wir sie von Prigogines dissipativen Strukturen [5] oder Maturanas autopoietischen Strukturen [6] kennen? Wenn ja, so ist die treibende Kraft hinter selbstorganisierenden Quantenprozessen eine Ausgangsordnung in den kompletten Systemen, eine Ordnung, die nur dann hergestellt wird, wenn diese Systeme von Anfang an fern von einem thermodynamischen Gleichgewicht sind. Überlässt man solche Systeme sich selbst (von der Umgebung isoliert), so verblasst die Quelle der Ordnung (negative Entropie) schließlich, und mit ihr die interne Selbstorganisation.
Ich glaube nicht, dass komplexe kohärente Quantensysteme dieser Art von Selbstorganisation zuzuordnen sind. Wir können uns keinen Speicherplatz (thermodynamisches Reservoir) von Ordnung (negative Entropie) vorstellen, der uns unablässig mit der unvorstellbaren Vielfalt der Quantenmanifestationen versieht, und ohne sich je zu erschöpfen, Milliarden von Jahren fortbesteht, und sich noch unserer Entdeckung entzieht. Die Gesetze der Quantenphysik gehören sicher zu den grundlegendsten Gesetzen, die wir heute zu verstehen versuchen. Sie sollten möglichst ohne irgendwelche komplizierten Annahmen (verborgene Ordnungsreservoirs etc.) erklärt werden.

Doch wenn das so ist, dann ist Selbstorganisation nur für den Fall möglich, dass die mit Selbstorganisation einhergehenden Phänomene nicht dem zweiten Gesetz der Thermodynamik gehorchen (dem Gesetz der zunehmenden Entropie). Viele Autoren behaupten, dass eine solche Lösung Gültigkeit haben könnte. Kann eine derart gewagte Möglichkeit denn Bestand haben? Das zweite Gesetz beginnt mikroskopisch auf der Ebene der Quantenteilchen, doch mögen einige komplexe Quantenteilchen bereits zu gewitzt sein, um einem Gesetz zu gehorchen, das nur gedacht und formuliert war dafür, mit sehr einfachen leblosen Körpern umzugehen. In der Tat finden moderne Chaostheorien mit nichtlinearer Dynamik, wie sie unter anderem von den Mathematikern Kolmogorow, Arnold und Moser entwickelt wurden, keinen handfesten Beleg für das zweite Gesetz, nicht einmal in »lebloser« Materie. Moderne physikalische Theorien haben eingestanden, dass sich über die Gültigkeit des zweiten Gesetzes der Thermodynamik nichts, aber auch absolut nichts beweisen lässt, wenn das beobachtete System weit von einem thermodynamischen Gleichgewicht entfernt ist [7]. Hochorganisierte Quantenzustände können genau diesem Typ entsprechen, obwohl wir bislang noch nicht wissen, wie wir die negative Entropie eines komplexen Quantenzustands (ihre Entfernung von einem thermodynamischen Gleichgewicht) definieren können.

Negative Entropie steht in unmittelbarer Beziehung zu Information. [8] Daher brauchen wir ein neues Verständnis der feinstofflichen Information, die in einem komplexen Quantenzustand liegt. [1] Das Konzept von Information könnte vielleicht sich hinausentwickeln über das grundlegende Energiemodell und sogar einige neue Beschreibungen für Hamilton-Operatoren entdecken. Lässt sich ein Quantenzustand mit seiner inneren informationellen Verbundenheit verstehen (und vielleicht sogar definieren)? Falls eine Informationsstruktur charakteristisch ist für einen Quantenzustand, auf welcher Ebene sollten wir dann nach ihr suchen? Wahrscheinlich lässt sie sich nicht über gewöhnliche Raumzeitformen zum Ausdruck bringen, sondern existiert auf einer Ebene mit einer völlig anderen Zeitigkeit, wie an der unmittelbaren Verbundenheit verwobener Quantenzustände deutlich wird. [9] Unsere Aufgabe ist also recht schwierig, und es wird noch lange dauern, bis wir einige funktionierende mathematische Werkzeuge erstellen können.

Jedoch ist eine geeignete Definition für diese Art von Information der Engpass moderner Quanteninterpretationen. Sie ist das fehlende Bindeglied zwischen zwei Ideen: der Idee eines Quantenzustands und der Idee eines bewussten Wesens. Befassen wir uns also mit der Bedeutung des Wortes Information.

Vom Lateinischen und auch anderen Sprachen her ist die Wortbedeutung klar: In-form-ation bezeichnet, also etwas, das in einer Form steckt oder sich durch eine Form ausdrücken lässt. In meiner Muttersprache jedoch, dem Slowenischen, einer Sprache aus der slawischen Sprachgruppe, haben wir hierfür ein interessantes Wort: *vest*. Es bezeichnet eine »aktive Information« (eine Information, die von einem Lebewesen an ein anderes weitervermittelt wird), doch gleichzeitig bedeutet es auch »Gewissen«. Bewusstsein heißt »zavest«, etwas, das sich »hinter dem Gewissen« befindet. Also ist vest buchstäblich wie ein Wächter, der dafür Sorge trägt, dass Informationen dieser Art (daher passive Information im Reich des Bewusstseins) richtig übermittelt werden (was bereits ein aktiver Prozess ist), damit zwischen dem Geber und dem Empfänger ein lebenspendendes Verstehen zustande kommt. In meiner Sprache schließt eine aktive Information bereits gleichzeitig eine korrekte ethische Haltung ein; nur dann profitiert das wechselseitige Verständnis und ist in der Lage, Verbindungen zwischen diversen Teilen des Ganzen herzustellen. Eigentümlicherweise bedeutet »ves« im Slowenischen »alles«, »vollständig«, und »vez« bedeutet »Verbindung«, »Band«. Und wir brauchen nur die Reihenfolge der Buchstaben zu ändern, und schon haben wir »svet«, was die »Welt« bezeichnet, aber auch »heilig«, »geweiht« bedeutet. Also ist vest das lebendige Band, das die ganze Welt in ihrer Vollständigkeit und Heiligkeit erhält. [10] Es ist so etwas wie aktive Information, doch mit einer Betonung der ethischen Einstellung im lebensspendenden Sinne. Dementsprechend wäre es im Rahmen unseres weiter gefassten Verständnisses von Leben (siehe oben) nicht schwierig, die das Leben unterstützende ethische Einstellung selbst gegenüber physikalischen Gebilden wie Quantenzuständen zu verallgemeinern.

Ich werde dieses slowenische Wort »vest« verwenden statt »aktive Information«, da ich glaube, dass seine genaue Bedeutung ein Schlüssel zu einem korrekten Verständnis sein könnte.

Führen wir an dieser Stelle noch einige weitere praktische neue Begriffe ein. Ich werde hier den Ausdruck »*Syntropiephänomene*« für alle Phänomene verwenden, die nicht im engsten Sinne dem zweiten Gesetz der Thermodynamik gehorchen. Die syntropischen Prozesse können die Gesamtentropie eines geschlossenen und isolierten Systems mindern. Ein moderner Wissenschaftler gibt nur selten die bloße Möglichkeit ihrer Existenz zu (und jemand, der sich mit Theoretischer Physik beschäftigt, noch seltener), und, falls zugegeben, wird es sehr vage beschrieben. In den letzten paar Jahren jedoch hat diese Ansicht eine Phase rascher Veränderung durchlaufen. [11] Ich denke also, dass dieser Punkt so wichtig ist, dass er unsere volle Aufmerksamkeit erfordert.

Ohne ein gewisses Wissen um die syntropischen Phänomene können wir die Selbstorganisationsprozesse innerhalb komplexer Quantensysteme nämlich nicht verstehen.
Diese Phänomene verdienen einen neuen Namen, da sie sich stark von anderen, bekannten Typen der Selbstorganisation unterscheiden, die im Bereich der offiziellen Thermodynamik wirksam sind. Der Begriff »*Syntropie*« (der einfach nur negative Entropie bezeichnet) wurde von A. Szent-Gyorgy eingeführt, und zwar in Verbindung mit selbstorganisierenden Prozessen im Inneren lebender Zellen. [12] Heute, wo dieser Begriff (der ursprünglich im Rahmen der Biologie aufkam) als Bezeichnung für eine Gattung physischer Phänomene gebräuchlich ist, kann er neue Bedeutungen annehmen.

SYNTROPIEBEDINGUNGEN

Können wir mehr über die Natur syntropischer Phänomene sagen? Wir möchten hier mit den sogenannten Syntropiebedingungen bekannt machen, durch die selbstorganisierende syntropische Prozesse ausgelöst werden und die offenbar den Hintergrund ihres Daseins abgeben. Es gibt alles in allem fünf Syntropiebedingungen. Wie wir sehen werden, basieren diese fünf Syntropiebedingungen auf dem Verhalten von Informationsstrukturen in Zeit und Raum. Wir werden die Argumente aufstellen, auf denen die fünf Syntropiebedingungen basieren. Der Weg zu einem vollständigen Beweis ist außerordentlich lang, schwierig und kompliziert. Hier schildere ich ihn stark vereinfacht, da man sich immer zunächst einmal ein grobes Bild von etwas machen muss, bevor die offenkundigen Details kommen. Wir brauchen zunächst eine neue intuitive Vorstellung von den Syntropiephänomenen. Nur wenn wir mehr wissen, können wir Verallgemeinerungen anstellen.
Die fünf Syntropiebedingungen sind:

1. Einfluss eines Magnetfeldes auf Materiepartikel (z. B. Elektronen)
2. Gerichteter Raum: chirale (pseudoskalare, spiralförmige) Struktur der Materie und / oder des Magnetfeldes
3. Gerichtete Zeit: gebrochene zeitliche Symmetrie der Magnetfeldoszillationen
4. Quantenkohärenz: die Quantenzustände von Materieteilchen sind über mindestens eine Periode chiraler Struktur kohärent.
5. Abstimmung: Die Frequenz der Quantenoszillationen stimmt mit der Magnetfrequenz überein (oder die Vielfachen dieser Frequenzen sind abgestimmt).

Daher gibt es insgesamt zwei Bedingungen betreffend die Raumstruktur und zwei Bedingungen betreffend die Zeitstruktur, und all das hat einen definitiven Bezug zum Magnetfeld. Raum- und Zeitstrukturen müssen gleichzeitig gerichtet und synchronisiert sein. Erklärt werden diese Begriffe später.
Zunächst beschränken wir uns auf eine besondere Klasse von Phänomenen (die so genannten syntropischen Ströme), die wahrscheinlich die wichtigsten Syntropieprozesse umfasst. Alle Mitglieder dieser Klasse sind Syntropiephänomene, doch können auch noch andere Syntropiephänomene existieren, die nicht zu dieser besonderen Klasse gehören. Wie wir gleich sehen werden, ist es viel einfacher, die Syntropiebedingungen für syntropische Ströme aufzuzeigen als für einige andere syntropische Phänomene. Es scheint, dass andere syntropische Phänomene (nicht Ströme) sich nach ähnlichen Gesetzen richten, also werden die Syntropiebedingungen für alle möglichen syntropischen Prozesse von einem bestimmten Wert sein.
Definition syntropischer Ströme:
Um syntropische Ströme zu verstehen, beginnen wir mit einer Klasse von Strömen, die uns aus der Thermodynamik irreversibler Prozesse bekannt ist: Diffusionsstrom, Wärmestrom, elektrischer Strom ...und andere Transportphänomene [13]. All diese Ströme haben ihren Ursprung

in einem bestimmten Gradienten (partieller Konzentrationsgradient, Temperaturgradient bzw. Gradient des elektrischen Potenzials). In einem isotropen Medium weisen die Ströme in die entgegengesetzte Richtung wie die Gradienten, die diese Ströme hervorrufen. Deshalb fließen diese Ströme in eine solche Richtung, dass sie allmählich die Gradienten reduzieren. Das System tendiert also zu einem thermodynamischen Gleichgewicht. All diese Ströme sind irreversibel und erhöhen folglich gemäß dem zweiten Gesetz die Gesamtentropie eines isolierten Systems.
Stellen wir uns nun eine hypothetische zeitliche Umkehrung eines solchen Ereignisses vor. Die Richtungen der Ströme sind nun umgekehrt. Die Gradienten nehmen mit der Zeit zu. Das System ist ganz einfach, es gibt in ihm nichts als Ströme und Gradienten, und es ist von seinem Umfeld isoliert. Doch seine Entropie nimmt zusehends ab. Wie wir wissen, verbietet das zweite Gesetz einen solchen Umstand.
Nehmen wir jedoch einmal an, dass unter bestimmten hinzukommenden exotischen Bedingungen eine solche zeitliche Umkehrung dennoch möglich ist! Wir definieren lediglich diese Ströme (nach der Zeitumkehr) als syntropische Ströme, und die »exotischen Bedingungen« sind eben diese Syntropiebedingungen. Die Ströme aus der Thermodynamik irreversibler Prozesse fließen ohne die Syntropiebedingungen, während die syntropischen Ströme nicht ohne sie fließen können; daher sind die syntropischen Ströme nicht exakt die Zeitumkehr der oben erwähnten irreversiblen Ströme. Der Unterschied liegt in den Syntropiebedingungen.
Es gibt fünf Syntropiebedingungen, und nur wenn alle von ihnen gleichzeitig erfüllt sind, steht die Geburt eines syntropischen Stroms zu erwarten. Wir werden diese Bedingungen der Reihe nach durchgehen.

Dieses Kapitel (über die Syntropiebedingungen) ist schwer zu lesen, und ich bitte meine Leser um Entschuldigung hierfür. Dem Leser, der sich nach einer ersten Begegnung mit den Syntropiebedingungen eher für den phänomenologischen Aspekt der Natur interessiert als für die Theorie, wird geraten, auf Kapitel 3 überzugehen.

DIE ERSTE SYNTROPIEBEDINGUNG: EIN MAGNETFELD

Nehmen wir an, in unserem physischen Organismus entsteht ein syntropischer Strom. Welche merkwürdigen physischen Einflüsse spüren die einzelnen Materieteilchen, dass sie mit Selbstorganisation reagieren und sich zu einem syntropischen Strom anordnen? Mit Sicherheit erhalten sie offenbar Information über diese bevorzugte Fließrichtung. Und zwar hängen die Symmetrieeigenschaften des Ergebnisses (hier, der syntropische Strom) mit den Symmetrieeigenschaften der Ursache (hier: der Syntropiebedingungen) zusammen. [14] Die Partikel müssen diese Information (oder, was sie besser beschreibt, diesen »vest«,) ständig erhalten, da die irreversiblen (klassisch-entropischen) Prozesse, die den syntropischen Strom zum Erliegen bringen wollen, immer präsent sind, und die Quelle von vest sich nicht erschöpfen sollte, wenn der Strom syntropisch sein soll. (Nennen wir solche Einflüsse syntropische Einflüsse, und die Informationsströme vest-Ströme). Man kann nachweisen, dass nur solche Einflüsse erlaubt sind, bei denen der Transport von Information nicht direkt mit dem Transport von Energie in Verbindung steht. Daher sind syntropische Einflüsse solche Einflüsse, die nicht über Energie wirken. In der modernen Physik ist die Möglichkeit solcher Einflüsse immer übersehen oder sogar bewusst vernachlässigt worden. Und doch existieren syntropische Einflüsse mit Sicherheit. Genau sie sind für die innere Organisation eines Quantenzustands verantwortlich. Wie können wir das sehen? Stellen wir uns ein Experiment mit zwei verschlungenen Quantenpartikeln vor. Heute wissen wir, dass die interne Information in diesem verschlungenen Quantenzustand momentan fließt, viel schneller als die Lichtgeschwindigkeit. Wäre diese Information an Energie gebunden, so würde auch die Energie schneller fließen als Licht. Doch jede Energie hat eine Masse, und Masse kann sich nicht schneller fortbewegen als Licht (soweit uns bis heute bekannt ist). Innerhalb eines verschlungenen Quantenzustands wandert nur reine Information weiter ohne daran gekoppelte Energie und Masse.

Können syntropische Einflüsse auch von außen auf Quantenpartikel einwirken? Können wir Einfluss auf syntropische Ströme nehmen und können wir ihnen sagen, in welche Richtung sie fließen sollen? Können wir auch von makroskopischen *vest-Strömen* sprechen, die für die Erzeugung syntropischer Ströme verantwortlich sind? Versuchen wir syntropische Einflüsse doch einmal durch klassische (makroskopische) Felder auszudrücken.

Es ist leicht einzusehen, dass herkömmliche Potenzial-Vektorfelder keine zulässige Art von syntropischem Informationsgeber darstellen (das elektrische Feld oder das Schwerkraftfeld gehören zu dieser Kategorie). Jedes Vektorfeld ist entweder konservativ oder solenoidförmig (oder eine Kombination dieser beiden). [15]

Ein Magnetfeld ist eine zeitlich ungerade physikalische Menge, während die meisten anderen physikalischen Felder zeitlich gerade sind. Diese Tatsache spielt hier ebenfalls eine wichtige Rolle; es lässt sich zeigen, dass der syntropische Einfluss auf die Materieteilchen, damit ein syntropischer Strom entstehen kann, zeitlich ungerade sein sollte. (Dieses Argument stützt sich auf die zeitliche Symmetrie physikalischer Einflüsse: auf der mikroskopischen Ebene sind die Interaktionen zwischen individuellen Materiepartikeln vollkommen reversibel. [16]

Aus diesem Grund können die Partikel auch nicht von anderen Arten von Raumkonformationen die syntropische Information über die bevorzugte Richtung empfangen. Zum Beispiel können sie diese nicht von der Kristallstruktur erhalten (bestimmte Kristalle, die so genannten pyroelektrischen Kristalle, haben eine bevorzugte und orientierte Richtung. [17]) Sie können sie auch nicht von mikroskopischen Ventilen (»Nanoventilen«) erhalten, welche die Partikel nur in eine Richtung passieren lassen würden. [8]

DIE ZWEITE SYNTROPIEBEDINGUNG: EINE CHIRALE STRUKTUR

Diese Bedingung basiert auf den Symmetrieeigenschaften unseres physikalischen Raumes. Das Magnetfeld ist ein Axialvektor, während der gesuchte syntropische Strom ein polarer Vektor ist. Mathematisch betrachtet gibt es viele Möglichkeiten einer Kopplung zwischen einem polaren und einem axialen Vektor, aber all diese Möglichkeiten müssen wir beiseite lassen, wenn ein dritter Vektor im Spiel ist (denn nur der Vektor eines Magnetfeldes kann einen syntropischen Einfluss auf die Materiepartikel haben). Es bleibt noch eine Option, wie die Kopplung aussehen kann: die Multiplikation eines axialen Vektors mit einem Pseudoskalar ergibt einen kollinearen polaren Vektor. Ein Pseudoskalar ist, entsprechend seiner Raumsymmetrie, ein antisymmetrischer Tensor dritter Stufe. Die Einflüsse dieser Raumstrukturen, die sich mathematisch mittels eines Tensors beschreiben lassen, sind unter bestimmten Bedingungen syntropisch (z. B. bei Ermittlung ihres zeitlichen Durchschnitts).

Durchläuft ein Pseudoskalar eine räumliche Inversion (z. B., indem er sich spiegelt), so kehrt er sein Vorzeichen um. Daher hat jede Raumstruktur, der sich eine pseudoskalare Eigenschaft zuweisen lässt, eine linkshändige und eine rechthändige Form. Alle Strukturen dieser Art werden chiral genannt. Sie können nur in einem dreidimensionalen Raum existieren (nicht in zwei Dimensionen). Beispiele für solche chiralen Strukturen sind Spiralen und Schrauben (linksgängige und rechtsgängige). Chiralität hängt auf der molekularen Ebene mit optischer Aktivität zusammen. Sämtliche Aminosäuren sind chiral, und mit ihnen alle komplexen Biomoleküle. Die gesamte lebende Materie ist chiral. Auch die meisten Knoten (die nur im Raum existieren können) sind chiral. Chiralität ist gerichteter Raum: linkshändiger oder rechtshändiger Raum.

Die Einwirkung eines Magnetfeldes auf chirale Strukturen kann syntropisches Verhalten manifestieren. Es gibt zwei Möglichkeiten: 1. Das Magnetfeld selbst weist eine chirale Struktur auf. In diesem Fall sind die Magnetlinien spiralförmig oder in eine Knotenstruktur eingewoben; oder 2. Das Magnetfeld wirkt auf eine chirale Struktur von Materiepartikeln. Eine interessante Möglichkeit ist dann gegeben, wenn die Transportmedien des (syntropischen) Stromes selbst chiral sind (wie zum Beispiel optisch aktive Moleküle).
Als L. Pasteur sich mit Chiralität befasste, spürte er intuitiv, dass diese profunde Zusammenhänge mit dem Lebendigen aufweist. Er führte eine rätselhafte Eigenschaft ein, den *Élan vital* (die lebensspendende Kraft), die ein Kennzeichen aller chiralen molekularen Strukturen sei. Chiralität ist in der Tat eine Bedingung für syntropische Selbstorganisation. Sie steht tatsächlich in Beziehung zu Leben.

DIE DRITTE SYNTROPIEBEDINGUNG: GERICHTETE ZEIT

Diese Bedingung basiert auf den Symmetrieeigenschaften unserer physikalischen Zeit. Die Analyse des Einflusses eines Magnetfeldes auf Materiepartikel (die schließlich zu den Trägern eines syntropischen Stromes werden) zeigt, dass, obwohl Magnetismusphänomene eine inhärente *Zeitigkeit* in sich bergen (das Magnetfeld kehrt sich um, wenn die Zeit umgekehrt wird, und ebenso verhält es sich mit den magnetischen Momenten etc.), dies nicht genug ist, da das Magnetfeld selbst nicht reich genug an Information bezüglich der Zeit ist. Bei syntropischen Phänomenen sollte die komplette Zeitstruktur des Magnetfeldes zeitlich asymmetrisch sein.
Diese Bedingung schränkt uns natürlich auf zeitvariable (speziell oszillierende) Magnetfelder ein. Doch elementare Typen von Oszillationen sind dennoch zeitlich symmetrisch. Diejenigen, die es nicht sind, sind nur solche, die eine andere Ereignisfolge ergeben, wenn man sie in der umgekehrten Zeitrichtung liest.

Das einfachste Rezept, um zeitgerichtete Oszillationen von denen zu unterscheiden, die nicht zeitgerichtet sind, lautet: Wir machen eine Aufzeichnung von Magnetfeld B abhängig von der Zeit t. Dies soll unser Original B(t) sein. Wir machen dann eine Kopie des Originals, welche die umgekehrte Zeitrichtung aufweist. Nennen wir diese B(-t). Wir vergleichen dann diese Kopie B(-t) mit dem Original B(t). Zeigen die beiden Bilder eine umgekehrte Ausrichtung von Mustern, dann ist die Magnetfeldoszillation zeitorientiert. Die beiden Muster sind gewöhnlich invers, wenn jedes Muster aus wenigstens drei verschiedenen logisch trennbaren Ereignissen besteht. Präziser lässt sich die zeitliche Ausrichtung mit Hilfe der Gruppentheorie prüfen. Mathematisch ähnelt das Verfahren hierbei etwas dem bei der Aufgabe, aus einer großen Menge von Kristallen, die zahlreichen Symmetriegruppen angehören, jene Kristalle herauszufinden, die räumlich gerichtet (chiral) sind. In der Gruppentheorie ersetzen wir eine primitive Kristallgitter-Zelle durch eine Oszillationsperiode. Eine Periode sollte aus wenigstens drei verschiedenen Ereignissen bestehen.
Zeitlich gerichtete Oszillation ist wie eine Melodie mit einer definiten zeitlichen Ausrichtung. Ganz ähnlich verhält es sich in der abendländischen Musik, wo der Grundton, (Ereignis 1) sich gewöhnlich zuerst zur Quart (Ereignis 2) weiterentwickelt, und dann zur Quint (Ereignis 3), bevor eine Rückkehr zum Grundton stattfindet (so dass wir also die Ereignissequenz 1-2-3 vorliegen haben). Die Melodie klingt jedoch nicht so gut, wenn wir zuerst eine Quint und danach eine Quart haben (was der Sequenz 1-3-2 entsprechen würde).
Dieser Umstand verdeutlicht spezifiziert daher so etwas wie musikalische Regeln der Magnetfeldoszillationen. Ich sollte sagen, dass Élan vital sowohl Chiralität (gerichteten Raum) als auch zeitlich gerichtete Melodie (gerichtete Zeit) umfasst.

DIE VIERTE SYNTROPIEBEDINGUNG: QUANTENKOHÄRENZ

Die wechselseitigen vest-Ströme zwischen materiellen Quantenpartikeln und den sie umgebenden Feldstrukturen weisen einige interessante Eigenschaften auf hinsichtlich der Raumzeitsymmetrie von Informationseinflüssen.
Auf der klassischen Ebene durchläuft der Einfluss gerichteter Zeit, wenn er an Partikel (z.B. Elektronen) weitergegeben wird, nur einen Energieaustausch. Er erschöpft die Quelle des Informationsgebers. Dieser Einfluss ist nicht syntropisch. (Der Einfluss gerichteten Raumes jedoch kann syntropisch sein). Diese logisch voneinander trennbaren Ereignisse, die der Zeit eine Orientierung geben sollten, sind so ernsthaft getrennt, dass sich die Richtung der Zeit nicht an ihnen ablesen lässt, dies funktioniert nur durch Energieaustausch.
Mit dieser Materie verhält es sich auf der Quantenebene ganz anders – der Einfluss gerichteter Zeit kann durchaus, aufgrund der zeitlichen Verflochtenheit in der Abfolge logischer Ereignisse, syntropisch sein. (Gewiss kann auch der Einfluss gerichteten Raumes auf der Quantenebene syntropisch sein). Im weitreichendsten Sinne bedeutet dies einen aktiven Austausch von Raumzeitformen, doch dies bei fehlendem Energieaustausch. Unendlich kleine Energien (de facto Nullenergien) können beträchtliche Mengen an Information übermitteln. Es kommt zu einem Verstärkungseffekt bei aktiver Information auf der Quantenebene, was sich mit der Verstärkung schwacher Radarwellen vergleichen lässt, die (mit Hilfe einer komplexen Ausrüstung) den Kurs eines Ozeandampfers steuern [1].
Empfängt ein Teilchen *vest*-Strom der kompletten Raumzeitstruktur (die hier gerichtet ist), sollte das Teilchen wenigstens über die Zeitspanne einer Periode in der chiralen Struktur *kohärent* sein, will es in seinem eigenen Quantenzustand *vest* dauerhaft spüren.
Es sollte auch zeitlich kohärent sein, und zwar zumindest über einen Zyklus der Magnetfeldoszillation. Doch da im Rahmen der fünften Syntropiebedingung von zeitlicher Synchronizität die Rede ist, ist die Bedingung der Quantenkohärenz in der Zeit automatisch erfüllt, wenn die Bedingung der Quantenkohärenz im Raum erfüllt ist.
Einfache (primitive) Quantenzustände sind nur über eine sehr begrenzte Raumspanne (etwa ein Atom) hinweg kohärent. Sie sind nicht in der Lage, eine komplexe Struktur auszudrücken, die zeitlich und räumlich gerichtet ist (zumindest nicht nach außen hin).

In den letzten Jahrzehnten jedoch sind wir mit mehreren sehr unterschiedlichen Typen von Quantenzuständen vertraut geworden, die in ihrer Form weitaus komplexer sind. Unter ihnen sind die Zustände komplexer Proteinstrukturen (z. B. Mikrotubuli – denkbare biologische Quantencomputer) und die Zustände komplexer Supraleiter-Strukturen (z. B. Geflechte supraleitender Knoten – denkbare künstliche Quantencomputer). Derartige Quantenzustände können in der Lage sein, vest mit gerichtetem Raum und gerichteter Zeit zu manifestieren. Dann können sie auch die restlichen Syntropiebedingungen erfüllen.

DIE FÜNFTE SYNTROPIEBEDINGUNG: FREQUENZABSTIMMUNG

Eine aktive Kopplung zwischen dem Ursprung von zeitlich gerichtetem *vest* und manifestiertem Verhalten von Quantenpartikeln ist möglich, wenn die Frequenz der Quantenoszillationen (von Materieteilchen) der Frequenz der Magnetfeldoszillationen gleicht. Ist das nicht der Fall, so verlieren die beiden schnell ihre Phasengleichheit, ihre Synchronisation und folglich ihre wechselseitige Quantenkohärenz.
Eine weitere Möglichkeit für Kopplung: das Vielfache dieser Frequenzen ist jeweils gleich. Eine ähnliche Situation kennen wir gut aus der Musik. Zwei verschiedene Noten umfassen einige Oberschwingungen, die annähernd (scheinbar für unser Ohr) gleich sind.
Die Phänomene der Quantenresonanz kennt man in vielen Strukturen mit Quantenkohärenz.

Je größer der Maßstab, auf den sich diese Quantenkohärenz bezieht, desto schärfer die Resonanzfrequenz, und desto deutlicher treten diverse Formen des Resonanzeffekts hervor. [18]
Um diese Syntropiebedingung zu erfüllen, sollte die Frequenz eines Magnetfeldes genau abgestimmt sein wie die Frequenz eines Musikers, der sein eigenes Instrument in einem Orchester spielt. Syntropische Strukturen ähneln auch selbstorganisierten Orchestern; da sind Magnetfelder, da sind Quantenteilchen ... und alle müssen perfekt abgestimmt sein.
Dieses perfekte Stimmen ist dann möglich, wenn eine positive Verstärkung zwischen Quantenoszillationen und Magnetfeldoszillationen (positive Rückkopplung) stattfindet. Derartige Phänomene werden dann zu nichtlinearen Phänomenen erklärt. Angesichts der modernen Chaostheorien ist uns zunehmend bewusst, dass sie in der gesamten Natur eine immens wichtige Rolle spielen. [19] Wir begegnen ihnen mittlerweile sogar schon auf der Nanoebene der Quantenmanifestationen.

Die Elemente in der Kette mit positiver Rückkopplung unterscheiden sich von Fall zu Fall, es hängt davon ab, wie der Quantenzustand aufgebaut ist (Konformität von Quantenpartikeln etc.) Eine Möglichkeit (chirale, zeitgerichtete Strukturen aus nichtstrahlenden elektromagnetischen Feldern und geladenen Teilchen) wurde bereits beschrieben. [20]

SYNTROPISCHE PHÄNOMENE IN PROTEINSTRUKTUREN

Ein syntropisches System ist jedes physikalische System (offen oder geschlossen), in dem alle fünf Syntropiebedingungen erfüllt sind und wo folglich syntropische Phänomene auftreten. Ich präsentiere hier ein bekanntes System dieser Art, damit wir eine Vorstellung davon bekommen, wie die oben skizzierte Theorie in der Praxis funktioniert. In der Natur gibt es mit Sicherheit viele weitere syntropische Strukturen (de facto unzählige), aber wir müssen mit einem klar umrissenen Beispiel anfangen.
Wir werfen einen genaueren Blick ins Innere der Zellen lebender Organismen. Es scheint sehr gut möglich, dass hier eine Art von syntropischen Systemen anzutreffen ist.
An vielen Proteinstrukturen in lebenden Zellen zeigen sich recht interessante elektrische Phänomene. Sie weisen beachtliche Halbleitereigenschaften auf (mit einer sehr großen Mobilität elektrischer Ladungsträger) oder sogar etwas Ähnliches wie eine schwache Supraleitfähigkeit. [21] Die Quantenzustände der elektrischen Ladung in diesen Molekülen sind nicht in separaten Atomen lokalisiert, sondern über den Großteil eines Biomoleküls verteilt. Sie besitzen Merkmale von Quantenkohärenz. Nennen wir diese alokalen Elektronenzustände Q-Zustände. Sie finden sich in Proteinstrukturen.
Aufgrund ihrer halbleitenden oder supraleitenden Natur sind die Q-Zustände sehr empfänglich für die elektromagnetischen Felder (EM-Felder), die das Molekül durchdringen. Wo liegt der Ursprung dieser EM-Felder? Sie werden zu einem großen Teil von den Q-Zuständen selbst hervorgerufen. Deshalb ist die Frequenz eines EM-Feldes oft dieselbe wie die Frequenz von Q-Zuständen.
Wie die Proteinmoleküle haben auch Q-Zustände eine komplizierte räumliche Struktur, mit der gleichen räumlichen Symmetrie wie ihre Wirtsproteine, daher sind sie auch chiral (wie Proteine). Das gleiche gilt für die Struktur des durch Q-Zustände erzeugten EM-Feldes.
Q-Zustände sind in der Lage, wenigstens vier der fünf Syntropiebedingungen zu erfüllen:

1. Die elektrische Ladung von Q-Zuständen wird weitgehend von einem Magnetfeld beeinflusst.
2. Der Q-Zustand ist ein chirales System
   a) Q-Zustände sind über einen Großteil der chiralen Struktur hinweg kohärent.
3. Die Frequenz des Magnetfeldes entspricht der Frequenz von Q-Zuständen.

Über die verbleibende Syntropiebedingung (Nr. 3) weiß man nur wenig. Ist die Oszillation des Kraftlinienflusses zeitlich gerichtet? Die EM-Struktur ist zeitlich gerichtet, wenn die Q-Zustände ebenfalls zeitlich gerichtet sind. Obwohl die zeitliche Ausrichtung auf den ersten Blick kein Merkmal primitiver Quantenzustände scheint (die keine Quantenkohärenz nennenswerten Ausmaßes zeigen), konnte man die Existenz dieser Zeitorientierung bei bestimmten Elementarteilchen bereits nachweisen (zum Beispiel bei Mesonen $K_{20/}$). Wir können also zweifellos erwarten, sie in zahlreichen kohärenten Quantensystemen anzutreffen, etwa in vielen komplexen supraleitenden Systemen. Wir werden hier nicht ins Detail gehen (dazu bräuchte man eine Menge Mathematik!), aber wir sehen jedenfalls keinen Grund, warum komplexe Q-Zustände nicht auch zeitlich gerichtet sein sollten, ebenso wie sie räumlich gerichtet sind.
Befassen wir uns nun mit einem eigentümlichen Vertreter der Proteinstruktur, und zwar den Mikrotubuli. Die Bausteine dieser winzigen Röhrengebilde sind spiralförmig angeordnet. Dies ist eine chirale Struktur par excellence. Im Innern scheinen die Mikrotubuli mit reinem Wasser gefüllt zu sein [2].

Es scheint sehr wahrscheinlich, dass in diesem Inneren Mikrowellen-EM-Strahlung eingefangen ist. [22] Dieses EM-Feld ist vermutlich hochgradig geordnet; seine reiche innere Struktur braucht nicht zerstreut zu werden. [20] Reines Wasser transportiert die EM-Strahlung praktisch ohne jegliche Dämpfung. Diese Strahlung korrespondiert in hohem Maße mit Q-Zuständen in den Wänden von Mikrotubuli und dem Wasser in ihnen. Diese Q-Zustände zeigen sehr ungewöhnliche elektromagnetische Eigenschaften. Kohärente Quantenstrukturen können von einer dipolaren Wasserstruktur gebildet werden. [11] In einer dünnen Schicht von Wassermolekülen, die an der Innenwand der Mikrotubuli haften, sind die Q-Zustände chiral. Aber Q-Zustände finden sich nicht nur im Wasser – sie reichen auch bis ins Innere der Mikrotubulus-Struktur. Sie stehen mit diesem interessanten Elektron in Verbindung, das zwischen dem a- und dem b-Tubulin liegt. Dadurch können EM-Felder und Q-Zustände auf eine Manipulation von Biomolekülen in den lebendigen Zellen reagieren.
Die biochemischen Prozesse in der Nachbarschaft von Mikrotubuli sind also sowohl in Q-Zuständen als auch bei der EM-Strahlung innerhalb der Mikrotubuli sehr empfänglich für *vest*. Doch diese Strahlung wandert auch durch die Mikrotubuli in ihrer gesamten Länge. Dementsprechend ist *vest* in der gesamten lebenden Zelle vollkommen kohärent. Eine lebende Zelle ist mit kohärenten Quantenzuständen verflochten, die für Quanten-Informationsnetzwerke sorgen.

Wenn alle fünf Syntropiebedingungen in den Mikrotubuli erfüllt sind, kann in den Zellen lebender Organismen eine syntropische Selbstorganisation einsetzen. Wie bereits in den einführenden Abschnitten hervorgehoben wurde, kann diese Selbstorganisation ganz anders beschaffen sein als die Selbstorganisation, die wir aus Prigogines dissipativen Strukturen oder Maturanas autopoietischen Strukturen kennen. Sie kann das zweite Gesetz der Thermodynamik umgehen. Die Gesamtentropie eines isolierten physikalischen Systems kann mit der Zeit abnehmen, genau das Gegenteil von dem, was man von klassisch-irreversiblen Prozessen kennt. Diese Situation lässt alles in einem völlig neuen Licht erscheinen, die Bedeutung des Unterschieds kann also gar nicht genug hervorgehoben werden.
Betrachten wir diese Tatsache etwas eingehender. Nehmen wir eine lebende Zelle, die vor einer Zellteilung (Mitose) steht. Stecken wir diese Zelle in ein winziges Kästchen. Nehmen wir einmal an, dass die Wände dieses Kästchens keinerlei Austausch von Energie oder Materie mit der Umgebung zulassen. Die Zelle ist daher isoliert. Nicht einmal ein Wärmeaustausch mit dem Umfeld findet statt.

Nun beginnt die Mitose. Die Mikrotubuli spielen bei der Zellteilung eine sehr wichtige Rolle. So zum Beispiel ziehen sie die Gene auseinander und lassen dabei etwas entstehen, das nun zu zwei neuen Zellkernen wird. Schließlich haben wir zwei Zellen statt einer. Es ist nicht unbedingt nötig, dass diese beiden Zellen identisch sind. Eine Differenzierung ist möglich, wie in den Frühstadien der embryonalen Entwicklung.

Das neue System (zwei Zellen) ist dann strukturierter als das ursprüngliche (eine Zelle). Ist die Entropie dieses neuen Systems geringer als die Entropie des Originalsystems? Die Antwort ist nicht so einfach. Wir kennen viele Beispiele, wo ein System einen strukturierteren Zustand entwickelt, und doch nimmt seine Entropie zu. Wie etwa im Fall des Wachstums eines Kristalls in einer übersättigten Lösung. Nehmen wir an, ein solches Kristallwachstum findet in einer isolierten Box statt. Die Entstehung eines Kristalls aus übersättigter Lösung ist ein klassisches Beispiel für einen irreversiblen Vorgang. Er hat nichts Geheimnisvolles an sich. Am Ende des Kristallwachstums ist die Entropie des Gesamtsystems größer als am Anfang.

Doch biologische Prozesse unterscheiden sich sehr stark von einfachem Kristallwachstum. Ein großer Unterschied besteht darin, dass die Faltung von Proteinen nicht allein von energetischen Veränderungen bestimmt wird. Eine stabile Proteingestalt und eine instabile Proteingestalt kann praktisch das gleiche Energieniveau aufweisen. [23] Niemand weiß bislang, warum eine Formgebung stabil ist und eine andere instabil, warum der Prozess der Proteinfaltung schnell in Richtung aktiver Formgebung führt und nicht in Richtung einer inaktiven (was vom energetischen Standpunkt aus betrachtet ganz genauso günstig wäre). Hier haben wir einen großen Unterschied zum einfachen Kristallwachstum. Das Wachstum einer inneren Struktur in lebender Materie geht nicht offensichtlich auf Kosten von Energieaustausch, sondern kann, wie bereits zu Anfang konstatiert, eine Manifestation von *vest* in syntropischen Quantenzuständen sein. Vielleicht könnten sehr sorgfältige Messungen winziger Energieaustauschvorgänge (Veränderungen in der chemischen Energie, winzige Wärmetransporte etc.) uns sagen, ob der Prozess der Mitose noch der klassischen Thermodynamik gehorcht. Man kann bei einem solchen Experiment jedoch kaum ein orthodoxes Ergebnis erwarten. Lebensvorgänge bringen unentwegt wunderbare, selbstorganisierende Ordnung zum Ausdruck. Höchst wahrscheinlich wird diese Ordnung nur teilweise von klassischen Dissipationsmechanismen genährt. Diese subtileren Ebenen biologischer Prozesse werden wahrscheinlich von syntropischen Phänomenen bestimmt.

Quellennachweis

[1] D. Bohm, B. Hiley, *The Undivided Universe*, Routledge 1993.
[2] R.Penrose, *Schatten des Geistes. Wege zu einer neuen Physik des Bewusstseins*, Spektrum 1995.
[3] R. Turton, *The Quantum Dot*, Freeman Spectrum 1995.
[4] Sarfatti, *Beyond the Quantum* [http:/www.hia.com/hia/pcr/vigier/pqml.html].
[5] I. Prigogine, I. Stengers, *Die Gesetze des Chaos*, Insel 1998.
[6] H. Maturana, F. Varela, *Autopoiesis and Cognition*, D. Reidel, Dordrecht, Holland, 1980.
[7] J. Ford, »*What Is Chaos, that We Should Be Mindful of It?*«, in: The New Physics, ed. P. Davies, Cambridge University Press 1989, S. 348 f.
[8] N. Wiener, *Cybernetics or Control and Communication in the Animal and the Machine*, Wiley 1948.
[9] A. Aspect, P. Grangier, G. Roger, »*Experimental Realization of Einstein-Poldolsky-Rosen-Bohm Gedankenexperiment: A New Violation of Bell's Inequalities*«, Phys. Rev. Lett. 48, 1982, 91-4.
[10] J. Rozic, private Mitteilung. Ich hoffe, dass er seine hochinteressanten Beobachtungen bald veröffentlicht.
[11] M. Jibu, K. Yasue, *Quantum Brain Dynamics and Consciousness*, John Benjamin 1995
[12] A. Szent-Gyorgy, seine Arbeiten zu katabolischen Prozessen.
[13] S. R. de Groot, *Thermodynamics of Irreversible Processes*, North Holland 1963.
[14] Dies ist ein bekanntes Postulat von Neumanns.
[15] I. N. Bronstein, K. A. Semendiaev, *Mathematical Handbook*, Teil 5/11/16, Nauka, Moskau 1990.
[16] Lars Onsager, seine bekannten Argumentationen zum detaillierten Gleichgewicht.
[17] J. F. Nye, *Physical Properties of Crystals*, Oxford 1957.
[18] Ein interessantes Beispiel findet sich in: S. Shapiro, Phys. Rev. Lett. 11, 1963, S. 80.
[19] J. Gleick, *Chaos: Die Ordnung des Universums*, Droemer Knaur 1998.
[20] A. Detela, »*Biopolje: Reprezentacija z informacijsko in evolucijsko komponento*«, Zbornik Tretji slovenski forum kognitivnih znanosti 1997. Nachdruck in diesem Buch, ebenso wie eine Kurzfassung in englischer Sprache: »*Biofeld (Informations- und Evolutionskomponente*«).
[21] F. W. Cope, Phys. *Chemistry & Physics* 10 (1978) 233, II (1979) 65, 13 (1981) 99, 467.
[22] I. Jerman, Osnove spoznavanja v luci nove biologije, Casopis za kritko znanosti 176 (1995), S. 141 f.
[23] R. Rosen, »Some Epistemological Issues in Physics and Biology, in: *Quantum Implications*, Routledge 1987.

(Erstellt für die 4. Slowenische Tagung der Kognitiven Wissenschaften, Herbst 1998.)

GLOSSAR

BEGRIFFSDEFINITION UND ERGÄNZENDE HINWEISE

Absicht, Intention: Die Absicht gilt als reale metaphysische Kraft – eine Kraft jenseits der messbaren orthodoxen Physik. Unsere Absicht wirkt sich dahingehend aus, die Informationsfelder und -muster, die unsere Wirklichkeit organisieren und ihr Gestalt verleihen, zu beeinflussen, verändern, prägen, modifizieren.

Aharanov-Bohm-Effekt: Ein quantenmechanischer Effekt, der belegt, dass elektromagnetische Potenziale, und nicht elektromagnetische Felder, die Ausgangsgrößen darstellen. Elektromagnetische Felder leiten sich von den elektromagnetischen Potenzialen her. Die Potenziale sind die skalaren, hyperräumlichen Größen aus höheren Dimensionen, die uns an den Hyperraum, das Vakuum und den feinstofflichen Bereich verbinden.

Aktive Information: Information, die überall (wie die nichtlokale) oder für jeden Teil eines Systems verfügbar ist, auf die jedoch nur dort »reagiert wird« oder die nur dort relevant ist, wo dies sinnvoll ist. Dieses Konzept impliziert eine Beziehung zwischen Geber und Empfänger. *Information* leitet sich von *in-form-ieren* her – was wörtlich bedeutet, sich durch eine Form auszudrücken. Eine Resonanzreaktion ist eine Reaktion auf aktive Information.

Antipartikel: Ein Antimaterieteilchen, das eine entgegengesetzte Ladung aufweist wie sein Gegenstück auf der Ebene der Materie. Jedes Elementarteilchen unserer materiellen Welt verfügt, wie wir heute wissen, über ein zusätzliches oder als Gegenstück zu betrachtendes Partikel in der Welt der Antimaterie.

Anwender: Bei der EMF Balancing Technique® ist der Anwender die Person, die den Prozess der energetischen Kalibrierung vornimmt. Die Person, welche die Ausgleichsbehandlung erhält, wird gewöhnlich »Klient(in)« genannt.

Aspect, Alan: siehe *Aspect-Experiment*

Aspect-Experiment: Ein wegweisendes physikalisches Experiment, 1982 von Alan Aspect durchgeführt, das gezeigt hat, dass zwei Photonen nichtlokal miteinander in Verbindung bleiben, wenn sie sich voneinander weg bewegen. Damit war die *Quanten-Nichtlokalität* bewiesen. Nicolus Gisin und andere wiederholten in neuerer Zeit ähnliche Versuche an der Universität Genf. Die Resultate waren noch atemberaubender insofern, als die beobachteten Abstände zwischen den Photonen viel größer waren. Daraus wurde der Schluss gezogen, dass selbst dann, wenn Detektoren getrennt an entgegengesetzten Enden des Universums installiert würden, die Ergebnisse die gleichen wären. Diese Experimente zeigen und belegen, dass *Nichtlokalität* eine Eigenschaft des Kosmos ist.

Back-Action: Ein von Sarfatti geprägter Begriff, der das Wechselspiel zwischen dem Geist einerseits und der Welt der Materie und Energiefelder andererseits beschreibt. Siehe *Selbstbezüglichkeit*.

Bewusstsein: Mit den Strömungen des Geist-Körper-Organismus verbunden, wächst das Bewusstsein in seiner Ausrichtung, Kalibrierung und synchronen Beziehung zur Haupt-Bewusstseinsachse des »gesamten Seins«. Wachstum des Bewusstseins bedeutet inneres Wachstum und Erweiterung dieser Beziehung. Man kann in Erwägung ziehen, dass es minimale konfigurierte Ausrichtungen und ausgeglichene Zustände gibt, die ein fortlaufendes und fortgesetztes Erwachen hoherer Bewusstseinsniveaus zulassen. Siehe *Kalibrierung*.

Beziehung Photon/Materie: Eine Elektronenwelle, die phasengleich mit ihrer Antiteilchen-(Antimaterie)-Positronenwelle ist, erzeugt ein Lichtphoton. (Konzept der Kollision zwischen Materie und Antimaterie).

Biofeld: Hyperfeld eines lebendigen Organismus. Träger der Muster oder Baupläne, welche die grundlegende Organisation führen zur Bildung der physisch-biologischen Systeme. Aus Licht gewebt. Das Biofeld ist ein Primärfeld und die Grundlage für selbstorganisierende Prozesse in lebenden Organismen. Siehe auch *morphogenetisch.*
Biophoton: Ein von einem lebenden Organismus ausgesendetes Lichtpartikel. In lebenden Organismen stehen Biophotonen mit der DNS in Beziehung. Ferner sind sie Aspekte des menschlichen Energiefeldes. Das Photon ist das *Basisquant** des elektromagnetischen Feldes. Motoyama fand heraus, dass umso mehr Photonen von einem Chakra ausgesendet werden, je aktiver und ausgeglichener dieses Chakra ist.
Biophotonenprisma: Eine multidimensionale Gitterstruktur, die Licht einfängt, speichert oder sammelt, umsetzt oder ausstrahlt. Eine solche Struktur tritt in Interaktion mit dem lebenden Organismus sowie mit dem äußeren Universum. Der Evolutionsprozess führt zur Modifikation dieser Gebilde und erhöht deren Komplexität. In ihnen erfolgt die Speicherung von und der Zugriff auf Information sowie deren Umsetzung und Kodierung. Durch Abstimmen der interdimensionalen Knotenpunkte dieser Strukturen können Energien leicht über Schwingungsebenen hinweg kommunizieren. Diese Strukturen wechselwirken mit ihren physischen Gegenstücken und stehen in Beziehung zu ihnen.
Bohm, David: Verstorbener englischer Physiker, der maßgeblich zur Deutung problematischer Phänomene auf dem Gebiet der Quantenmechanik beitrug. Bohms Interpretation dieser Phänomene mündete in die Idee vom holographischen Universum. Bohms Werk befürwortet eine Nichttrennbarkeit von Materie und Bewusstsein als eine der Realitäten dieses Universums. Alles existiert als ein geeintes und verbundenes Ganzes. Eine unsichtbare oder implizite Ordnung liegt der Entfaltung der Wirklichkeit in unserer physischen Welt zugrunde.
Chi Kung (sprich: Chi-Gong): Auch unter dem Namen Qigong bekannt. Besteht aus Techniken zur Lenkung des menschlichen Energieflusses. Durch Qigong-Techniken erfolgt eine aktive Nutzung der Chakras, Meridiane und Energiefelder des menschlichen Körpers. Aus der Sicht der chinesischen Medizin werden zahlreiche Erkrankungen durch Blockaden des Energieflusses in den Energiekanälen verursacht. Siehe auch *Tai Chi*
Chi: Im Fluss befindliche Potenzialenergie des Lebens. In den unterschiedlichen Kulturen auch unter Dutzenden anderer Namen bekannt, zum Beispiel *Qi, Ki* (Japan), *Orgon* (Reich), *Prana* (Indien), Bioenergie, *Mana*, Lebenskraft, *Oki* (Huron), *Ntu* (Bantu), *Orenda* (Irokesen), Biomagnetismus, feinstoffliche Energie, *Sila* (Inuit), *Tane* (Hawaii), *Ankh* (altes Ägypten), *Wakan* (Lakota), *Ton* (Dakota), *Manitu* (Algonquin) etc.
Chiral, Chiralität: Eine »Händigkeit« – rechts oder links orientiert – bei der das eine Bild kein Spiegelbild des anderen ist.
Dimension: Ein willkürlich gewähltes Koordinatensystem, das verwendet wird zur Definition eines Bereichs von Eigenschaften einer Schwingungsebene. Diese Eigenschaften können Skalare, Vektoren, Symbole, Tensoren oder das Fließen oder der Austausch von Energie sein. Es existieren durchaus Dimensionen außerhalb dessen, was wir als Raum und Zeit kennen. Die Superstring-Theorie der Physik unserer Tage umfasst nicht weniger als 26 Dimensionen. Frequenz, Phase und Amplitude sind Merkmale, die Dimensionen im Hyperraum definieren.
Dimensionierung: Ein von Bearden verwendeter Begriff, mit dem dieser (bewusst) die Bildung eines Musters oder einer Schablone innerhalb des virtuellen Photonenflusses des Vakuums oder des virtuellen Photonenflusses beim skalaren Potenzial beschreibt. Durch eine Trägerkomponente im Vakuum lässt sich dieses Muster oder diese Schablone weiter übertragen. Auch das Quantenpotenzial kann dimensioniert werden, was bedeutet, dass die resultierenden Vaku-

* Die kleinste Energiemenge (Anm. d. Übers.)

ummaschinen unverzüglich an ferne Punkte übertragen werden und wobei sie auf den fernen Empfänger einwirken. Bearden zufolge lässt sich das skalare Potenzial so gestalten, dass ein Zugang zu Dimensionen höherer Ordnung entsteht, das heißt, fünfte, sechste, siebte Dimension und darüber hinaus, daher der Begriff »Dimensionierung«. Über das skalare Potenzial Zugang zu höheren Dimensionen zu gewinnen, kann sämtliche tiefer gelegenen dimensionalen Ebenen verändern. Siehe *Vakuummaschine.*

Dipol: Eine gebrochene Symmetrie im Vakuum, die durch zwei verschiedene Ladungen (magnetischer oder elektrischer Art) hervorgerufen wird und zu Potenzial-Extraktion virtueller (freier) Energie aus dem Vakuum führt.

DNS (Desoxiribonukleinsäure)/Deoxyribonucleic acid (DNA): Organisches Material im Zellinneren, das jetzt allgemein bekannt ist als Träger des genetischen und Erbmaterials des lebenden Organismus. Eine spiralförmige Struktur mit Gegenstücken ähnlicher Spiralstruktur in dem Biofeld, die Kommunikation ermöglichen. Die DNS tritt in Wechselwirkung mit Licht, wobei sie sowohl aus Photonen (Quanten und Licht) hergeleitete Energie speichert als auch Biophotonen emittiert. Untersuchungen haben bestätigt, dass Qi-Emission (universelle Energie vom menschlichen Wesen), Klang (menschliche Stimme und Musik), klangmodulierte Lichtwellen (Laser), Funksignale (zum Beispiel die Frequenz von Mobiltelefonen – nicht gut), bewusste Absicht sowie Emotion (Energie in Bewegung) die Eigenschaften und Funktionen der DNS verändern oder modifizieren können. Die DNS besitzt natürliche oder resonante Frequenzen. Das Anpassen an diese kann die angeborenen Funktionen der DNS auslösen, das heißt, einen Informationsaustausch erzeugen. Wenn der geeignete melodische Akkord gespielt wird, singt die DNS zurück. Diese Frequenzen stehen mit Mustern spezieller Geometrie oder Form in Beziehung. Allgemeiner betrachtet wird die DNS heute als Bindeglied angesehen zum Dekodieren oder Umsetzen von Information aus diversen universellen Feldern, die außerhalb von Raum und Zeit existieren (zum Beispiel morphogenetische, Biofeld-, feinstoffliche, kosmische etc. Felder verändern die Primärfelder, und es verändert sich die physische Realität). Damit wird die DNS zu einer hyperräumlichen, interdimensionale Brücke zwischen der normalen Wirklichkeit der dritten Dimension und der unsichtbaren Wirklichkeit.

Bei dem Austausch von Licht, in die Zelle hinein und aus ihr heraus, wäre eine eigene Sprache im Spiel – eine »lichtgestützte« Sprache. Die DNS besitzt dementsprechend das innere »Alphabet« (Symbol-Kode), das Information von außen dekodiert oder umsetzt in einen sinnvollen inneren Zweck. Die DNS gilt als Supraleiter (der einen Fluss ohne Widerstand gestattet) – im Wesentlichen fließendes Licht – die eine »Stromquelle« bildet. Diese Eigenschaft lässt sich durch bestimmte natürliche atomare Elemente (sogenannte ORMEs) innerhalb der Zelle steigern und maximieren, wenn die Zelle frei von fremden oder »toxischen« Substanzen ist, die ihre Funktion verschlechtern. Beobachtungen zufolge sind nur etwa 5 Prozent der DNS aktiv. Die verbleibenden 95 Prozent können mit höher entwickelten Hyperfunktionen des Gehirns und dem Auftreten ungewöhnlicher Fähigkeiten verknüpft werden. Die DNS ist angegeben worden als in der Resonanz äquivalent zu der Geometrie des globalen menschlichen Energiefeldes und zu der Geometrie der unterschiedlichen elektromagnetischen und hyperräumlichen Felder, welche die Erde umgeben. Bei dieser Konstellation existiert eine Resonanz oder ein Austausch von Information / Kommunikation zwischen der DNS, dem menschlichen Energiefeld und dem Planeten. Es gibt eine holografische, fraktale oder selbstähnliche wechselseitige Verbundenheit in diesen Konfigurationen. Man kann diese ansehen als harmonische Beziehungen zwischen Licht, Klang und Geometrie. Eine Veränderung von Aspekten des Teiles wirkt sich auf das Ganze aus. Eine Veränderung am Ganzen spiegelt sich in jedem der Teile wider. Die Wechselwirkungen des menschlichen Energiefeldes sind ein Mittel zum Ändern des Ganzen oder seiner Teile.

Einheitliche Feldenergie: Energie, die von einer hohen Schwingungsebene herrührt. Diese Energie ist mit Bewusstsein und Emotion vereinigt. Sie kann in einem präzise konstruierten Hohlraum oder einem Gebilde mit präziser geometrischer, harmonischer und mathematischer Konfiguration enthalten sein und ist unerschöpflich, da sie der Urquelle entspringt. Sofern nicht in Bewegung, ist die Einheitliche Feldenergie reines Potenzial. Wenn sie fließt, ist die Einheitliche Feldenergie ein Fluss innerhalb des Tachyonenkontinuums. Das Fließen der Einheitlichen Feldenergie kann durch Bewusstsein aktiviert werden. Der Mensch ist Architekt und Manipulator der Einheitlichen Feldenergie.

Einheitliches Feld: Ein Zustand, in dem alle Energien eines Systems sich in einem Zustand geometrischer harmonischer und mathematischer Einheit befinden.

Einstein-Rosen-Brücke: Ein Bereich im Raum oder ein Tunnel, charakterisiert durch die Gestalt eines Rohres mit trompetenartigen Enden, der einen Bereich der Wirklichkeit mit einem anderen verbindet. Diese Bereiche können bestimmte dimensionale Wirklichkeiten sein oder bestimmte Raumzeitpunkte. Ein Chakra kann als Einstein-Rosen-Brücke charakterisiert werden. Eine Einstein-Rosen-Brücke kann sowohl auf mikroskopischem als auch auf makroskopischem Maßstab existieren. Siehe *Wurmlöcher.*

Elektromagnetische Strahlung: Die Energie, die mit einer elektromagnetischen Welle verknüpft ist und durch diese weitergeleitet wird.

Elektromagnetische Welle: Im dreidimensionalen Raum eine wellenartige Störung, die durch einen elektrischen und magnetischen Vektor im rechten Winkel zueinander gekennzeichnet ist – beide unter 90 Grad zur Ausbreitungsrichtung. Elektromagnetische Wellen weisen verborgene Substrukturen auf, die anderen dimensionalen Raum einnehmen. Die Substruktur kann strukturiert oder programmiert werden mit eingefalteter oder verborgener Information. Elektromagnetische Wellen bilden dreidimensionale sphärische Wellenstrukturen, und eine unendliche Menge dieser Strukturen kann an der gleichen Stelle und zur gleichen Zeit in den Hyperraum passen. Siehe *Hyperraum*.

Elektromagnetisches Feld (EMF): (1) Die externalisierte Struktur einer organisierten Wirklichkeit, die in höheren Dimensionen entspringt, definiert durch skalare Potenziale und strukturierte Substrukturen. Ein organisiertes Gebilde, das durch Interferenz zweier oder mehrerer skalarer Potenziale gebildet wird. Ein Feld ist ein organisierter Einflussbereich. In der Regel ein Ort zum Speichern von Energie. Elektromagnetische Systeme sind offene Systeme, die in Austausch und Kommunikation mit dem virtuellen Teilchenstrom des Vakuums stehen. Elektromagnetische Felder sind durch elektrische und magnetische Vektoren gekennzeichnet. Das elektromagnetische Feld ist das erste Hyperfeld. (2) Im allgemeineren Sinne die Schwingungsenergiemuster, die von elektrischen Energiequellen ausgesendet werden oder diese umgeben. Es gibt eine große Vielfalt elektrischer Felder, sie decken die Gesamtheit des elektromagnetischen Spektrums ab. Siehe auch *elektromagnetisches Spektrum*.

Elektromagnetisches Spektrum: Eine Ordnung oder Anordnung von Licht oder elektromagnetischen Wellen nach deren Eigenschaften Frequenz, Wellenlänge, Energie oder sonstigen Eigenschaften. Das Spektrum deckt einen ganzen Bereich von Frequenzen ab, von extrem niedrigen bis zu extrem hohen. Hierzu gehören Funkwellen und sichtbares Licht, Mikrowellen, Röntgenstrahlen, Gammastrahlen, ultraviolette und Infrarotstrahlen.

Elektromagnetik erster Ordnung: Die reale Komponente elektromagnetischer Wellen, die mit Lichtgeschwindigkeit wandern und im physischen Raum wahrnehmbare Signale erzeugen.

Elektromagnetik zweiter Ordnung: Hyperräumliche oder »imaginäre« elektromagnetische Wellen-Komponenten, die keine wahrnehmbaren Signale im dreidimensionalen Raum widerspiegeln. Es sind longitudinale »skalare« Wellen, die mit Über-Lichtgeschwindigkeit wandern. Mit diesen Wellen können psychoaktive Wirkungen einhergehen.

Elektromagnetik dritter Ordnung: Hyperräumliches Potenzial, das gleichzeitig das gesamte Raumzeitkontinuum beeinflusst. Dies wandert mit unendlicher Geschwindigkeit. Solitons, Neutrinowellen sowie Tachyon-Wellen gehen in diese Kategorie ein. Tachyonen reagieren auf Bewusstsein, wie berichtet. Mit diesen Wellen können psychoaktive Wirkungen einhergehen.
Elementarteilchen: Ein Baustein subatomarer Teilchen wie etwa Elektronen, Protonen oder Neutronen. Elementarteilchen weisen interne oder höherdimensionale virtuelle Wirklichkeiten auf.
EMF: Siehe *Elektromagnetisches Feld.*
EMF Balancing Technique®: Ein Prozess resonanter Abstimmung des (persönlichen) Universellen Kalibriergitters (Universal Calibration Lattice, UCL) durch zwischenmenschlichen Kontakt. Der Prozess wurde von Peggy Phoenix Dubro geschaffen und entwickelt. Es ist ein neues Energiesystem, welches die Integration von GEIST und Biologie beschleunigt.
Energie: Physiker wissen eine Menge *über* Energie. Was Energie eigentlich ist, bleibt ziemlich trügerisch. Ist Energie letztlich reines Potenzial? Gedanken erfordern Energie. Ist Energie eine Manifestation von Bewusstsein in verschiedenen Formen? Im Allgemeinen wird Energie aufgefasst als Fähigkeit, Arbeit zu leisten oder Veränderung zu erzeugen. Energie wird verstanden als eine Manifestation des Wirkungsprinzips. Wirkung ist Energie mal Zeit (Energie x Zeit), und Wirkung wird vermittelt durch die Wechselwirkung des Photons mit Materie. Siehe *Licht* und *Photon.*
Energiefluss: Das Strömen einer beliebigen Form von Energie durch einen definierten Einheitsbereich in allen Richtungen. Diese Definition steht auch in Beziehung zur Kommunikation, Weiterleitung und Umsetzung von Energie in den einzelnen Dimensionen.
Entropie: Das Maß für die Größe von Unordnung, Willkürlichkeit oder Informationsverlust in einem System. Im Allgemeinen verbunden mit der Vorstellung stetiger Verschlechterung in einem System. Im herkömmlichen Kontext glaubte man lange Zeit, dass die Entropie in Systemen stets zunimmt und nicht umgekehrt werden kann. In den letzten Jahren hat sich diese Vorstellung als unrichtig erwiesen. Umgekehrte Entropie oder syntropische (negentropische) Phänomene sind eindeutig belegt in intelligenten Zuständen von der Gruppierung von Elektronen bis hin zu komplexen biologischen Systemen.
Evoziertes Potenzial: Eine messbare elektrophysiologische Reaktion, die im Gehirn erzeugt wird aufgrund eines sensorischen oder parasensorischen Reizes.
Explizite Ordnung: Ein von dem Physiker Dr. David Bohm geprägter Begriff zur Charakterisierung des äußeren, sichtbaren Universums. Das äußere Universum entfaltet sich aus der Ganzheit und wechselseitigen Verbundenheit der *impliziten Ordnung.* Die explizite Ordnung befindet sich in fortwährendem Austausch und Wechselwirkung mit der impliziten Ordnung. Bohm verwendete den Begriff Holobewegung zur Beschreibung des Interaktionsprozesses der expliziten Ordnung, der sich von innerhalb der impliziten Ordnung entfaltet. Das äußere Universum entfaltet sich aus der Ganzheit und wechselseitigen Verbundenheit, die für die implizite Ordnung charakteristisch sind. Folglich sind die Eigenschaften von Ganzheit und Verbundenheit inhärent für die explizite Ordnung oder das äußere Universum.
Falun Dafa, Falun Gong: Eine moderne Form physischer und mentaler Übungen aus China, die den Übungsbewegungen beim Qigong ähnlich ist. Das Praktizieren von Falun Dafa unterstützt die Entwicklung erhöhter Bewusstheit der feinstofflichen Lebenskraftenergien (*Qi*) der Erde und des Körpers. Diese Übung beschleunigt die Bewusstheit und die Entwicklung der multidimensionalen Natur der menschlichen Energiefelder.
Faradayscher Käfig: Ein Metallgehäuse, das herkömmliche elektromagnetische Felder sperrt und für eine Isolierung gegen diese sorgt. Ein Faradayscher Käfig ist nicht in der Lage, hyperräumliche, Skalarwellen- oder Torsionsfeldphänomene zu blockieren.
Feinstoffliche Energien: Sämtliche im Universum existierenden Energien, die in der orthodoxen Wissenschaft entweder unbekannt sind oder nicht von ihr akzeptiert werden. Der Begriff

»feinstofflich« (subtle) wurde zuerst von Einstein geprägt zur Beschreibung von Energien, die wissenschaftlich nicht direkt messbar sind.

Fernwirkung: Die Existenz eines kausalen Zusammenhangs zwischen einer entfernten Quelle/Ursache und einer lokalen Wirkung, die zu einer Aktion führt, welche in einem lokalen dreidimensionalen Raumsystem eintritt. Keine getrennte lokale Ursache ist vorhanden oder wird nachgewiesen in dem dreidimensionalen Raum.

Frequenz: Die Zahl vollständiger Zyklen, die eine Welle pro Sekunde durchläuft. Die erste Dimension des Hyperraumes. Man beachte, dass nahezu eine unbegrenzte Anzahl elektromagnetischer Übertragungsfrequenzen (Funk, Fernsehen, Mobiltelefon etc.) den gleichen »Raum« belegen. Information wird mit jeder einzelnen Wellenlänge übermittelt und ist verschieden von der jedes anderen Trägers. Einstellen einer bestimmten Frequenz bewirkt eine Trennung von Informationen. Der leere Raum, in dem Übertragung stattfindet, ist der Hyperraum. Das elektromagnetische Feld ist das erste Hyperfeld.

Gingerg-Zylberbaum-Experiment: Ein wegweisendes Experiment, vorgenommen an zwei Versuchspersonen von dem mexikanischen Neurophysiologen Gingerg-Zylberbaum, welches die nichtlokale Natur der Gehirn-Geist-Systeme in der Verbindung von Mensch zu Mensch bestimmte. Bei diesem Versuch waren zwei Versuchspersonen in nichtlokaler Kommunikation, wie nachgewiesen wurde durch die Übertragung eines Gehirnwellenmusters zwischen den Versuchspersonen. Diese Übertragung fand statt trotz elektromagnetischer Abschirmung der beiden Versuchspersonen. Jede Person wurde in einen Faradayschen Käfig gesetzt, der elektromagnetische Strahlung oder Signale abschirmt. Die nichtlokale Verbindung wurde im Hyperraum geschaffen. Das Experiment zeigte, dass eine Wechselwirkung im Hyperraum, beispielsweise durch Skalarwellen oder Torsionsfelder, nicht durch einen Faradayschen Käfig abgeschirmt werden kann

Gitter: Ein Ordnen, eine Anordnung oder eine periodische Struktur in zwei oder mehr Dimensionen, gekennzeichnet durch einzigartige geometrische Formen oder Beziehungen. In unseren Darlegungen ist ein Gitter auch ein Bestandteil eines multidimensionalen Netzwerks. Die Knoten der Gitterstruktur werden zu den Verbindungsstellen oder Hyperkanälen sowie zu den Wandlern eines Energietyps in einen anderen. Siehe *Kristalline Strukturen.*

Gitterstruktur des Vakuums: siehe Vakuum-Gitterstruktur

Gleichgewicht: (1) Gleichgewichtszustand. Auch ein Zustand, in dem die Systeme, die feinstoffliche Energie in elektromagnetische Energie umwandeln, und die Systeme, die Anweisungen zur physischen Manifestation kodieren und dekodieren, optimal operieren. Die wechselseitigen Beziehungen der verschiedenen Komponenten, aus denen sich eine energetische Struktur zusammensetzt, bewegen sich in Richtung eines Gleichklangs, der Sphärenmusik in wahrer Harmonie wäre, wenn die Töne zu hören wären. Die Lebensenergien sind im Fluss, wir erleben einen optimalen Gesundheitszustand und die Freude von Erfüllung. Mehr im Einzelnen ist Gleichgewicht verbunden mit den Strömen des Geist-Körper-Systems, die zunehmen in Ausrichtung, Kalibrierung und synchroner Beziehung mit der prinzipiellen »Ganzheits«-Bewusstseinsachse.

(2) Gleichgewichtszustand bedeutet, energetisch betrachtet, dass unsere Energiefelder und Energiezentren offen sind für den optimalen Fluss von Energien in unseren Organismus hinein und aus ihm heraus, während wir mit anderen Menschen und unserer Umwelt in Interaktion treten. Mangelndes Gleichgewicht ist ein Zustand, bei dem die Energien des Körpers so weit phasenverschoben sind, dass der natürliche und anmutige Fluss gehemmt wird. Un-wohl-sein ist das Resultat eines Ungleichgewichtszustands. Es kann sich als physisches Gebrechen manifestieren, wenn man zulässt, dass das Ungleichgewicht länger anhält. (vergl. Greenia, *Energy Dynamics*).

Gleichgewicht herstellen: Mit den Energiefeldern und Energiefasern des Körpers arbeiten, um einen Optimalzustand von Gesundheit, Gleichgewicht und Energiefluss hervorzubringen.

Harmonie: Betrifft zwei oder mehr Systeme, die simultane Schwingungen erfahren. Die Oberwellen der Schwingungen erzeugen keine Dissonanzen. Komplette Übereinstimmung. Je größer die Harmonie, desto geringer der Energiebedarf zur Erzeugung von Resonanzschwingungen. Ein Einssein.

Harmonische Komponente: In einfachen Worten handelt es sich um ein ganzzahliges Vielfaches einer Grundfrequenz, eine Oberwelle oder eine harmonische Oberschwingung. In der Musik spricht man von Obertönen. In der Musik und bei der Stimme ist es die Mischung von Obertönen, welche das Timbre eines speziellen Musikinstruments oder der menschlichen Stimme ausmacht. Die Grund- oder Basisfrequenz hält eine Form von Resonanz stehender Wellen. Theoretisch gibt es eine unbegrenzte Zahl von (harmonischen) Obertönen, bezogen auf eine Grundfrequenz. In der Geometrie kann eine bestimmte Form eine harmonische Beziehung zu anderen geometrischen Formen in sich tragen. Harmonische Frequenzen können einander überlagern oder sich summieren, um neue geometrische Strukturen zu bilden. Harmonische Beziehungen existieren überall, von Atomen bis zu Planetensystemen. Angesichts der einzigartigen Mischung von Oberschwingungen oder Akkorden in den Schwingungen jedes Individuums können wir sagen, dass jeder Mensch seinen einzigartigen Ton aufweist.

Harmonische Beziehungen: Systeme bevorzugen harmonische Beziehungen. Solche harmonischen Beziehungen können zwischen geometrischen Formen sowie zwischen Frequenzmustern und Form bestehen. Zum Beispiel besteht eine harmonische Beziehung zwischen der Frequenz von Licht, Ton und Geometrie. Was als unähnliche Komplexe erscheinen mag, kann verborgene harmonische Beziehungen enthalten. Harmonische Beziehungen eignen sich zur Abstimmung und Resonanz.

Heilung: »Ganzmachen«, das heißt Wiederherstellen der ursprünglichen Unversehrtheit. Harmonisierung von Schwingung. Beseitigung von Zuständen der Trennung und Furcht in unserem Wesen.

Hertz: Eine Maßeinheit, die »Schwingungen pro Sekunde« bedeutet. In Hertz misst man, wie viele Male pro Sekunde eine Welle einen bestimmten Punkt passiert. Kilohertz (kHz) ist eine Abkürzung für »tausend Schwingungen pro Sekunde«. Ferner bedeuten: Megahertz (MHz) = Millionen Hz und Gigahertz = Milliarden Hz.

Hertzsche Welle: EinBegriff, der für elektromagnetische Strahlung verwendet wird, welche durch eine zyklische Sinuswellenform gekennzeichnet ist. Nicht alle elektromagnetischen Wellen sind Hertzscher Natur.

Gehirnoberfläche: Das menschliche Gehirn weist ein großes Verhältnis von Oberflächenbereich zu Volumen auf. Die Oberfläche enthält *Ladung.* Durch Erhöhung der Ladung wird mehr von der Gehirnoberfläche und vom Gehirnpotenzial genutzt. Das menschliche Nervensystem operiert mit einem sehr hohen elektrischen Potenzial. Eine Erhöhung der Gehirnladung führt dazu, dass mehr »überschüssige« elektromagnetische Energie für die höheren Gehirnfunktionen verfügbar wird, zum Beispiel für multidimensionale Schaltkreise und Hyperfunktionen. Die Aktivierung ungenutzter Gehirnoberflächenbereiche (das heißt Gehirnzellen) wird durch Bewusstseinsakte ausgeübt.

Holobewegung: Ein von Bohm geprägter Begriff zur Beschreibung der fortlaufenden Entfaltung der äußeren Welt von ihrem Ursprung in der unsichtbaren, impliziten, verborgenen Ordnung. Die implizite Ordnung ist eine höherdimensionale Wirklichkeit. *Holo* leitet sich von dem Wort Holografie ab. Bohm verstand, dass die physische Welt eine in Bewegung befindliche, lebendige, holografische Projektion der impliziten Ordnung ist. Die holografische Natur unserer Wirklichkeit verbindet alles miteinander – Lebendiges und Nichtlebendiges.

Holografisches Universum: Die Ansicht, dass das Universum einer Holografie gleiche, dass es holografische Interferenzmuster gibt, die überall im Raum existieren. Diese Vorstellung, die auf den großen Physiker David Bohm zurückgeht, erklärt vieles von unserer neuen Sicht der Wirklichkeit. Sie hat in Wissenschaftlerkreisen zunehmend Unterstützung gefunden. Das physische Universum ist eine Projektion holografischer Interferenzmuster, die ihren Ursprung in einer höheren oder impliziten, verborgenen Wirklichkeit haben. Holografische Strukturen werden durch ihre eigentümliche Wellenlänge definiert. Strukturen außerhalb des Abstimmbereichs unserer physischen Körper sind für uns nicht nachweisbar. Mit anderen Worten definieren die Schwingungen oder Frequenzen, auf die wir uns abstimmen können, unsere Wirklichkeit.
Hologramm: Ein kodiertes Gebilde, in dem jedes seiner Teile die Information des Ganzen enthält. Ein Gebilde, das sämtliche Eigenschaften der Interferenzmuster kodiert, die das Hologramm bilden. Jedem einzelnen Teil kommt die gleiche Bedeutung zu wie dem Ganzen. Einer anderen Sichtweise zufolge ist das Hologramm ein Gebilde, in dem jeder Punkt in Kontakt mit jedem anderen Punkt steht. Hyperräumliche Phänomene besitzen Merkmale eines Hologramms: sie spiegeln Muster des Ganzen wider. Das menschliche Energiefeld ist ein Hologramm. Wir leben in einem kosmischen Hologramm. Man beachte, dass ein Lichtstrahl im Universum – so klein er auch sein mag – sämtliche Information des Universums in sich trägt. Man stelle sich vor, dieses Licht bei zunehmend kleinerer Blende einzufangen und dennoch weiterhin dieselbe Information zu erhalten. Ein einziges Lichtphoton enthält die Information des gesamten Universums!
Homöopathie: Die angewandte Heilkunst, die auf den Prinzipien dimensionierter Potenziale basiert, welche Vakuummaschinen enthalten. Übertragung von Mustern ohne chemische Rückstände.
Hyperfeld: Eine Struktur oder ein Störmuster im Hyperraum. Bearden beschreibt das elektromagnetische Feld als das erste Hyperfeld. Als nächstes kommt das Neutrinofeld, gefolgt von dem mentalen oder Gedankenfeld. Hyperfelder stellen höhere Ebenen verschachtelter virtueller Zustände dar.
Hyperfunktion: Beziehung zu oder Manifestation von Fähigkeiten oder Besitz von Attributen zur Wechselwirkung mit dem Hyperraum. Imstande zum Überbrücken der sichtbaren und unsichtbaren Welten. Fähigkeiten außerhalb von normalem Raum und normaler Zeit. Eine Fähigkeit höherer Dimensionen.
Hyperkanal: Ein Kommunikationskanal zwischen Rahmen im Hyperraum. Diese Kanäle ermöglichen ein Zirkulieren oder Übersprechen von Skalarwellenenergien. Siehe *Interdimensionaler Knotenpunkt*, auch als magisches Fenster bekannt.
Hyperraum: Dimension(en) jenseits des gewöhnlichen dreidimensionalen Raums und der dreidimensionalen Zeit. Im Hyperraum gibt es keine Zeit oder keinen Raum – alle Handlungen und Aktivitäten erfolgen umgehend. Mathematisch ist der Hyperraum ein Raum, der am gleichen Ort zwei- oder mehr dreidimensionale Volumina enthalten kann. Frequenz, Phase und Amplitude gehören zu den Merkmalen, die Dimensionen im Hyperraum definieren.
Hyperräumlich: Betreffend eine Hyperraumdimension, jenseits gewöhnlicher vierdimensionaler Raum-Zeit.
Hyperschallwellen: Schallwellen im Hyperraum.
Implizite Ordnung: Ein von dem Physiker David Bohm geprägter Ausdruck zur Charakterisierung der verborgenen oder eingebetteten Ordnung einer höheren Wirklichkeit. Das äußere Universum entfaltet sich aus der Ganzheit und Verbundenheit, die für die implizite Ordnung charakteristisch sind. Die implizite Ordnung ist ein Subquantenzustand.
Infrarotstrahlung: Unterhalb des roten Lichtfrequenzbereichs (längere Wellenlänge) unter dem des sichtbaren Lichtes. Bezieht sich auf den Infrarotanteil des elektromagnetischen Spektrums. Unsichtbare (Licht-)Strahlung von Wellenlängen in dem Bereich von 750 Nanometer (nahe sichtbarem Rot) bis 1 mm (Mikrowellen).

Intentionalität: Wir schließen uns Tillers Sichtweise an, indem wir Intentionalität als einen Prozess beschreiben, der mit dem Platzieren eines Wunsches auf der Ebene des höheren Geistes (des Geistes) anfängt. Dieser Wunsch, mit Geist eingeprägt, erzeugt Muster in aufeinanderfolgenden Schwingungsebenen, damit Handlungen schließlich auf der physischen Ebene Gestalt annehmen. Das Individuum ist ein aktiver Mitwirkender in diesem Prozess und ist gleichzeitig der Beobachter der Endergebnisse und Teilnehmer daran.
Interdimensionaler Knotenpunkt: Synonyme Begriffe sind *magisches Fenster* oder *Hyperkanal*. Bearden beschreibt diese als frequenzabhängig: mit der natürlichen Frequenz eines Hyperkanals ausgestattet. Bei der natürlichen Frequenz des Hyperkanals können Skalarwellenenergien leicht zwischen separaten Rahmen des Hyperraums übersprechen oder kommunizieren. Bearden zufolge stellen diese Frequenzen Kanäle höherer Ordnung dar, die virtuelle und beobachtbare Zustände (zwischen Subquanten- und Quantenzuständen) verbinden. Zu den hier benannten Frequenzen gehören der Infrarot- und der ultraviolettnahe Bereich (Frequenz der Lebensenergie). Das Ultraviolett ist de facto die erste Oberschwingung des Infrarot. Andere Frequenzen für Hyperkanäle sind 38-40 kHz, 150-160 kHz, 1,1-1,3 MHz, 1,057 GHz (Lamb-Verschiebung).
Interferenzmuster: Wellen unterschiedlichen Ursprungs verflechten und überlappen sich, um einzigartige Muster zu bilden. Das Muster führt an einigen Orten zur Verstärkung und an anderen zur Auslöschung aufgrund der Überlagerung zweier oder mehrerer Wellen. Interferenzmuster erzeugen eine neue Form und Geometrie, die vielfache Schichten virtueller Realität transzendieren.
Interferometer: Ein Instrument, in dem eine Welle in zwei Strahlen aufgespalten wird, die nach Durchlaufen verschiedener Wege anschließend wieder vereinigt werden und dabei Interferenzmuster bilden.
Inzeption: Ein von Bearden gebrauchter Begriff zur Beschreibung des Sammelns und Kondensierens feinstofflicher Energien zu virtuellen Photonen oder Materie. Diese Aktion koppelt skalare Wellenmuster an einen lebenden Organismus oder ein Objekt. Vom Geist- oder Gedankenfeld aktiviert, ist der Anregungsprozess ein kumulativer, integrativer Prozess. Wenn ein virtuelles Zustandsmuster integriert wird (Energie akkumuliert wird), durchbricht es schließlich die Quantenschwelle und wird zu einem realen, physisch beobachtbaren Ereignis.
Kalibrierung: Ein Prozess, bei dem die minimalen oder Schwellensymmetrien in einem System hergestellt werden, um dieses in Ausrichtung und Harmonie mit der Zentralachse zu bringen. Ein solcher Prozess kann durch den symmetrischen inneren und äußeren Ausgleich der Zentren zustande kommen. Während des Kalibrierprozesses werden bestimmte Muster in den Zentren stabilisiert, was eine harmonische Beziehung oder Ausrichtung zwischen sämtlichen Aspekten der mentalen, emotionalen, übersinnlichen, feinstofflichen und spirituellen Energien bewirkt. Das Herstellen harmonischer Symmetrien resultiert in inneren Anpassungen an die Zentren, die ihr latentes oder unentwickeltes Potenzial aktivieren. Das ist der Prozess des »Aufblühens«. Das Ziel der Kalibrierung liegt darin, eine Ausrichtung auf die Bewusstseinsachse des gesamten Wesens zu suchen und zu begründen. Das ist der Prozess von Wachstum und Bewusstheitserweiterung und die Verschmelzung des spirituellen Potenzials mit der Biologie. Das Erreichen stabiler und ausgewogener Zustände ist auf jeder Stufe des Kalibrierprozesses erforderlich. Wir sind mit den Strömen des Geist-/Körper-Systems verbunden, und dabei wächst unsere harmonische Ausrichtung, Kalibrierung und synchrone Beziehung zur grundlegendem »Ganzheits«-Bewusstseinsachse. Ein »kalibrierter« Organismus impliziert, dass die erforderliche »Abstimmung« stattgefunden hat und dass eine etablierte Harmonie zwischen den miteinander verwandten Teilen existiert. Gleichgewicht wird dann eine natürliche Folge.
Kohärenz: Existenz fester gleichphasiger Beziehungen zwischen getrennten Wellen, Mustern oder Systemen. Kohärenz erlaubt, dass Interferenzeffekte, Informationstransfer und Signalverstärkung stattfinden.

Krankheit, Un-wohl-sein (engl. dis-ease), Schmerzen: Vibration außer Harmonie mit dem Ganzen. Ein Zustand von Trennung und Angst.
Kristalline Strukturen: Geometrische Formen, die so geordnet oder ausgerichtet werden können, dass Gitter entstehen. Geometrische Formen können verschiedene Gestalten annehmen. Grundsätzliche geometrische Formen sind das Tetraeder, Oktaeder, Ikosaeder und Dodekaeder. Viele primitive Lebensformen im Meer sind reine geometrische Formen. Viren sind geometrische Gebilde mit verwandten Lichtwellenkonfigurationen, die dazu verwendet werden könnten, sie zu vernichten und so Krankheiten zu eliminieren. Das menschliche Energiefeld besteht aus einer Vielzahl von kristallinen Strukturen, die Gitter bilden. Bestimmte geometrische Formen sollen unmittelbar mit dem menschlichen Bewusstsein verknüpft sein. Einzelne Bewusstseinsebenen stehen in Beziehung zu alternativen oder sich entwickelnden geometrischen Konfigurationen. »Kristallin« beschreibt die Struktur geometrischer Form, die sich zur Vollendung entwickelt. Zu den kristallinen (also kristalltypischen) Eigenschaften gehören äußere Form, innere Ordnung, Farbe, Leuchtkraft, Fluoreszenz, Phosphoreszenz wie auch die elektrischen Eigenschaften Piezoelektrizität, Pyroelektrizität und Magnetismus.
Künstliches Potenzial: Eine Polarisierung des lokalen Vakuums, die spezielle Wellenmuster darin anlegt.
Laden oder Aufladen: Im Hinblick auf Torsionsfelder deren Beeinflussung, Veränderung oder Prägung durch ein Informationsmuster.
Ladung: Alles trägt eine Ladung. Ladung bedeutet Fluss. Bezüglich Fundamentalteilchen betrifft Ladung die Emissions- und Absorptionsaktivität von virtuellen Teilchen. Diese virtuelle Aktivität bildet Wolken von Mustern, welche die Partikel umgeben. Eine Veränderung dieser Aktivität kann die Größe der Ladung ändern. Ein geladenes Teilchen, ein Magnetpol oder ein Potenzial sind allesamt Versionen bestimmter Einrichtungen, welche die Symmetrie des Vakuums durchbrechen durch die mit ihnen verbundene Emissions- und Absorptionstätigkeit. Unter dieser Voraussetzung sind alle Masseobjekte geladen, ungeachtet ihrer Größe. Alles trägt eine Ladung. Durch ein geladenes System oder Teilchen strömt unentwegt Energie. Eine Zunahme des Flusses erhöht die Ladung. Elektromagnetische Systeme sind geladen, und sie sind ihrer Definition nach offene Systeme. Sie stehen in einer beständigen Interaktion mit der äußeren Umgebung, und sie sind auch mit virtuellen Wirklichkeitszuständen verknüpft.
Laser: (*Light Amplification by Stimulated Emission of Radiation*): Eine Vorrichtung, die Licht einer bestimmten Frequenz oder Wellenlänge erzeugt, wobei sämtliche Photonen phasengleich sind und einen kohärenten Strahlerzeugen. Hierbei kommt es zu einem Multiplikationseffekt der Stärke der einzelnen Wellen; zum Beispiel überlagern sich zwei Wellen und erzeugen die vierfache Amplitude; drei Wellen überlagern einander und erzeugen die neunfache Amplitude. Laserlicht ist ein makroskopischer Quanteneffekt. Siehe *Phasenbeziehung*.
Licht: Eine Welligkeit der fünften Dimension. Verbindet Materie mit höherdimensionalem Raum, da Materie sich in ständiger Interaktion mit Photonen befindet. Siehe *Photonen* und *Materie*. Eine Oszillation in der Zeit und außerhalb der Zeit. Im Allgemeinen ist sichtbares Licht die elektromagnetische Strahlung im Bereich von 400 (violett) bis etwa 800 (rot) Nanometer. Nicht alle Lichtphotonen sind sichtbar. Das Lichtphoton ist der Bote des elektromagnetischen Feldes, Transportmittel und Träger von Information. Licht trägt eine hyperräumliche Substruktur außerhalb von Raum und Zeit. Zeigt Wellen- und Teilchendualität, da es gleichzeitig physische und hyperräumliche Dimensionen überspannt. Trägermedium für die Bioenergie lebender Organismen. Gehirn und Nervensystem kommunizieren durch ein auf Licht basierendes Übertragungssystem. Biologische Lebewesen kommunizieren durch Biophotonen. Eine Lichtkomponente lässt sich nicht mit Metallschirmen abschirmen, da eine solche Komponente hyperräumlicher Natur ist, sich also außerhalb unserer »Raumzeit« bewegt. Der »Stoff« der

Netze, die das menschliche Energiefeld erzeugen und ein Raumzeitgitter bilden. Licht steht in harmonischer Beziehung mit Klang und geometrischer Form. Licht ist Bestandteil von Materie, Trägermedium von Neutrinowellen (siehe *Neutrinowellen*). Weißes Licht hält alle Farben. Licht führt holografische, kodierte Information des gesamten Universums.
Lichtquotient: Ein Maß für die Fähigkeit, mit Licht zu interagieren sowie Licht zu verarbeiten und zu nutzen.
Lokalität: Die Vorstellung, dass Interaktionen und Kommunikation zwischen Objekten oder Lebewesen durch einen Mechanismus von Feldern oder Signalen geschehen, die sich durch die Raumzeit fortpflanzen. Diese Fortpflanzung ist auf Lichtgeschwindigkeit beschränkt. Lokale Wechselwirkungen hinterlassen beobachtbare oder messbare Spuren oder Signale im dreidimensionalen Raum.
Magisches Fenster: Siehe *Interdimensionaler Knotenpunkt*, auch *Hyperkanal* genannt.
Magnetische Kraftlinien: Das Ergebnis der Bildung kohärenter Muster spiralförmiger Hyperschallwellen.
Magnetisches Vektorpotenzial: Das der Ausbildung des Magnetpols und des zu ihm gehörenden Feldes zugeschriebene skalare Potenzial. Allgemein eine mathematische Größe von Elektromagnetismus, welche die Natur des Magnetfeldes definiert. Das Magnetpotenzial ist ein reales Feld und lässt sich vom Magnetfeld trennen. Die Verursacher elektromagnetischer Phänomene sind die Potenziale, welche die Kraftfelder erzeugen. Tiller verwendet das magnetische Vektorpotenzial als Verbindungsteil zwischen physischem und feinstofflichem Bereich.
Magnetostatisches Potenzial: Das der Ausbildung des Magnetpols und des zugehörigen Feldes zugeschriebene skalare Potenzial.
Magnon: Ein magnetisches Monopolteilchen, von dem Tiller annimmt, dass es im ätherischen/feinstofflichen/Vakuumbereich existiert. Es ist die Pilotwelle, die dem Elektron Anweisungen und Orientierung gibt.
Makroskopische Quanteneffekte: Phänomene, die auf der menschlichen Ebene sichtbar sind, jedoch von der klassischen Physik nicht komplett beschrieben und erklärt werden. Beispiele umfassen die Kohärenz von Lasern im großen Maßstab, Supraleitfähigkeit und Supraflüssigkeit.
Masse: Siehe *Materie*.
Materie: Gefrorenes Licht – verlangsamte Energie. Resonanz stehender Skalarwellen. Verdünnter Vakuumzustand. Die Energie der Materie leitet sich vom Vakuum her, ihre Dichte liegt jedoch erheblich niedriger als die des Vakuumzustands (siehe *Vakuum*). Materie ist in ständiger Interaktion mit Photonen (Licht). Es findet eine fortwährende Absorption und Emission von Photonen statt. Dementsprechend verbindet Materie unablässig mit der vierten Dimension der Zeit, und löst sich von ihr. Und dennoch ist das Licht als solches eine Welligkeit der fünften Dimension. Licht verbindet Materie mit höherdimensionalem Raum. Materie wandert mittels quantisierter Impulse oder Wechselwirkungen mit dem Photon durch die Zeit.
Maxwellsche Gleichungen: Die ursprünglichen Gleichungen oder mathematischen Ausdrücke von James Clerk Maxwell, spätes 19. Jahrhundert, die elektromagnetische Phänomene beschrieben. Die ursprünglichen Gleichungen beschrieben sowohl die »realen« als auch die nicht beobachtbaren imaginär-hyperräumlichen Komponenten elektromagnetischer Phänomene. Die endgültigen Gleichungen, die im 20. Jahrhundert allgemein angenommen wurden, spiegeln nicht in vollem Umfang Maxwells Originalarbeit wider; sie ignorieren die imaginären/hyperräumlichen Komponenten, die relevant sind für Freie-Energie-Vorrichtungen und Nullpunktphysik. Insbesondere beachten wir die Komponenten, die eingebettete Ebenen virtueller Wirklichkeit repräsentieren.
Mitführen oder Mitreißen: In Synchronisation bringen, die Schwingungen (Pulsationen) verschiedener Syteme zusammenbringen. Dies könnten Gehirnströme, Herzschläge etc. sein.

Resonanz oder Schwingung mit dieser Frequenz hervorrufen. Ein klassisches Beispiel hierfür ist eine Wand, die voller Pendeluhren hängt. Eine Gruppierung von Uhren ist so eingestellt, dass sie zufällig pendeln. Nach einiger Zeit jedoch gelangen sie, sich selbst überlassen, dazu, alle gemeinsam zu schwingen, »synchron«. Nicht alle Mitführung (Mitreißen) des menschlichen Organismus ist positiv. Zum Beispiel vermindert die Frequenz eines Mobiltelefons, wenn sie das Gehirn oder die DNS mit der zellularen Frequenz mitreißt, die Fähigkeit des Gehirns (und der DNS), in seinem natürlichen Rhythmus in seinem höchsten Potenzial zu funktionieren. Siehe *Resonanz* und *Harmonie*.

Montessoripädagogik: Ein von Dr. Maria Montessori entwickelter pädagogischer Ansatz für die Früherziehung, der den individuellen und besonderen Bedürfnissen unserer »Indigo«-Kinder Rechnung trägt.

Morphogenetisches und morphisches Feld: Eine weitgehend anerkannte Vorstellung von Entwicklungsbiologen, dass ein Feld aus Form oder Muster der Steuermechanismus für organisierte Lebensprozesse ist. Das Primäre ist dabei das Feld selbst. Dieses morphische Feld enthält Pläne oder Strukturen, die erforderlich sind, um physische Formen ins Dasein zu bringen. Das Feld verbindet Energie und Materie. Selbst Kristallwachstum und Molekülstruktur werden von einem morphischen Feld bestimmt. Diese Feldvorstellung hat heute durch die Arbeit von Rupert Sheldrake große Popularität gewonnen. Derartige Felder existieren außerhalb von Vorstellungen von Raum und Zeit; sie sind hyperräumlich. Die Information in ihnen ist zugänglich für biologische Lebensvorgänge außerhalb der Einschränkung von Zeit und über sie hinweg. Durch morphische Resonanz kann diese Information in der Struktur des Feldes Einfluss auf die aktuelle Organisation nehmen. Ein morphisches Feld existiert für jede Ebene des Daseins – von Atomen bis hin zu Galaxien! Es gibt also eine Schichtung oder hierarchische Struktur für die physische Wirklichkeit.

Multidimensional: Mit Eigenschaften oder Charakteristika von mehr als einer Schwingungsebene oder mehr als einem Koordinatensystem gleichzeitig ausgestattet. Der Gedanke, dass es Dimensionen außerhalb unserer regulären 3D-Welt gibt, zählt mittlerweile zu den Grundaussagen unserer fortgeschrittenen physikalischen Theorien.

Multiversum: Die Vorstellung, dass unser Universum nur eines von vielen separaten und unterschiedlichen Universen ist.

Neutrino: Ein elektrisch neutrales, masseloses (null Masse) subatomares oder Elementarteilchen (Mitglied der Familie der Leptonen. Lepton bedeutet » Leichtes«. Das Elektron ist ein Mitglied der Leptonen-Familie.) In Beardens Ansatz besteht das Neutrino aus einem Fluss kleinerer Teilchen in seiner Substruktur. Die kleineren Partikel werden »nackte Neutrinos« genannt. Neutrinos sind sehr zahlreich, ja sie sind das gewöhnlichste Objekt im Universum. Nach Tiller übertrifft die Population von Neutrinos zahlenmäßig die Protonen und Elektronen um etwa im Verhältnis eine Milliarde zu eins. Siehe *Neutrinowelle*.

Neutrinowelle: Besteht aus nackten Neutrinos (siehe Neutrino), die sich eher wie eine Welle verhalten als wie ein Teilchen. Diese Wellen nehmen die herkömmliche elektromagnetische Welle oder das Lichtphoton »huckepack« bei supraluminaler Geschwindigkeit (ist das Quadrat der Lichtgeschwindigkeit, c^2). Die gewöhnliche elektromagnetische Welle ist der eigentliche Träger dieser supraluminalen Welle, also beobachtet man nur das Wandern mit Lichtgeschwindigkeit. Die Neutrinowelle ist also eine Substruktur des Lichtphotons und bewegt sich in einer Ebene, die senkrecht zur Fortbewegungsrichtung des Lichts steht. Sie wird einer Spinwelle gleichgesetzt, die das Photon umkreist, und wird auch als longitudinale Skalarwelle kategorisiert.

Nichthertzsche Welle: Störungen, die nicht durch eine Hertzsche Wellenform definiert sind. Zum Beispiel sind gepulste Übertragungen keine sinusförmigen Wellenformen, sondern zeigen sich als eine bestimmte Zahl von Wiederholungen pro Sekunde. Zyklen pro Sekunde wäre hier ein geeigneterer Begriff.

Nichtlineare Reaktion: Allgemein die Reaktion auf einen äußeren Einfluss, die nicht proportional zur Größe des Auslösers ist. Zum Beispiel besitzen einige Stoffe oder Systeme optische Eigenschaften mit Reaktionen, die je nach Lichtintensität variieren. Bei Beleuchtung mit einer einzigen Lichtfrequenz kann das System eine Grundfrequenz zusammen mit zusätzlichen Oberschwingungen dieser Frequenz erzeugen oder emittieren. Bearden bringt vor, dass derartige nichtlineare Materialien oder Systeme auch ein zeitlich umgekehrtes Signal hervorbringen, die einer Bahn zurück zur Signalquelle folgen, unabhängig von der Entfernung zurück zur Signalquelle.

Nichtlokale Natur des Geist-Gehirn-Komplexes: Festgestellt von dem mexikanischen Neurophysiologen Gingerg-Zylberbaum in einem wegweisenden Experiment, das eine nichtlokale Verbindung (außerhalb des 3D-Raumes) zwischen den Geist / Gehirnkomplexen zweier Menschen belegte.

Nichtlokalität: Die festgestellte Eigenschaft des Universums, dass Korrelationen zwischen verschiedenen Ereignissen unabhängig von räumlicher Trennung existieren. Diese Korrelation oder Kommunikation tritt unmittelbar, »im Nu« ein. Diese Eigenschaft ist unter Laborbedingungen für Teilchen belegt (Aspect und Gisin) sowie mit Gehirnsignalen zwischen Versuchspersonen (Jacobo Gringerg-Zylberbaum). Nichtlokalität oder Nichttrennbarkeit ist eine natürliche Tatsache und ein dynamischer Lebensaspekt des Universums. Sofortiger Einfluss oder Kommunikation in der Ferne tritt ohne jeglichen Austausch von Signalen in der Raumzeit auf. Die ungebrochene Ganzheit oder Nichttrennbarkeit, die die Nichtlokalität darstellt, transzendiert selbst die Raumzeit.

Nullpunktenergie des Vakuums: Das Vakuum gilt als aus einer außerordentlich dichten Menge virtueller (unsichtbarer) Energie zusammengesetzt. Dieser Energiezustand existiert sogar bei einer Temperatur von absolut null Grad, wenn theoretisch minimale Energiezustände existieren. Die Energie des Vakuums hängt nicht mit der Temperatur zusammen. Einer Schätzung zufolge beträgt die in einem Kubikzentimeter leeren Raumes enthaltene Energie mehr als die Gesamtenergie aller Materie im bekannten Universum. Kein System kann null Energie aufweisen. Siehe *Vakuum*.

Nullpunktphysik: Angewandte Wissenschaft und Engineering zu dem Zweck, »freie« Energie aus dem Vakuum zu extrahieren. Der Grundgedanke liegt darin, die Symmetrie des »ausgewogenen« Vakuumzustands zu verändern, um einen Energiefluss zu bewirken, der für terrestrische und nichtterrestrische Anwendungen nutzbar gemacht werden kann.

Offenes System: Ein System, das mit seiner äußeren Umgebung kommuniziert. Es kann zu einem Austausch von Energie, von Materie oder von Energie und Materie zwischen dem System und seiner Umgebung kommen.

Ordnung: Auf einer bestimmten Ebene Maß für Information in einem System.

Paradigma: Geht auf das griechische *parádeigma* (»Vorbild, Urbild, Musterbeispiel«) zurück. Ein Paradigma bedeutet ein eingefahrenes Denkmuster oder eine eingefahrene Betrachtungsweise.

Paradigmenwandel: Eine grundlegende Veränderung von Hauptkonzepten sowie der Weltsicht, die wissenschaftliche Arbeit bestimmen.

Partikel: Ein Raumzeitereignis, das Information trägt. Eine wechselnde Manifestation von Energie, die in gleichzeitigen Wirklichkeitszuständen existiert.

Phasenbeziehung: Maß für die rhythmische Beziehung einer Welle zu anderen Wellen. Maß für die Winkeldifferenz zwischen zwei Wellen. Mathematisch ferner die zweite Achse des Hyperraumes. Zwei phasengleiche Wellen erzeugen eine Welle, die viermal so stark ist wie eine einzelne Welle. Drei phasengleiche Wellen erzeugen eine neue Welle, die neunmal so stark wie die ursprüngliche einzelne Welle ist etc..

Photon: Träger von Energie. Lichteinheiten oder Energiequanten, die in sieben Grundfarben oder -frequenzen existieren. Das Photon besteht aus einer Substruktur von Derivaten »höherer« Dimensionen wie etwa der Neutrinowelle. Das Photon ist das Quantum des elektromagnetischen Feldes sowie das Botenteilchen der elektromagnetischen Kraft. Zeit ist an die Wechselwirkung des Photons mit Materie gekoppelt. Das Photon ist das kleinste Lichtbündel, ein Stück elektromagnetische Strahlung. Bearden beschreibt das Photon als etwas, das Aspekte aufweist, die sowohl in positiver als auch in negativer Zeit existieren. Ein Photonenfeld kollabiert, um Atomwirbel zu bilden.
Physik: Das Studium der Materie und Energie sowie der wechselseitigen Beziehungen zwischen den beiden. Die älteste reine Wissenschaft und die grundlegendste. Bis zum ausgehenden 19. Jahrhundert als Naturphilosophie bekannt. Die Physik unserer Tage hat sich zu vielen spezialisierten Feldern und Disziplinen entwickelt.
Plasma: Elektrisch hoch geladene oder ionisierte Massepartikel.
Potenzial: Allgemein die Idee von Energie oder Arbeit, die an einem Punkt eingesperrt ist. Es können künstliche Potenziale geschaffen werden, die das Vakuum polarisieren und ein bestimmtes Muster darin platzieren.
Potenzialenergie: Gespeicherte Energie, die zur Verwendung oder Umwandlung in eine andere Form verfügbar ist.
Practitioner: Englische Bezeichnung für den Anwender (siehe dort) der EMF Balancing Technique.
Psychoaktiv: Bezogen auf den Geist und Gedanken, mentale Prozesse, Stimmung, oder die emotionale Stabilität beeinflussend.
Psychokinese: Wie von Bearden beschrieben, ist diese die Wirkung von Skalarwellenmustern, die von den beiden zerebralen Gehirnhälften projiziert werden. Sie ist der Wirkungsweise eines skalaren Interferometers ähnlich.
Qi Gong: siehe Chi Kung
Quant: Abgeleitet von *quantum*, dem lateinischen Wort für *Menge*. (Plural = *Quanten*). Ein Quant ist die kleinste Einheit, in die etwas unterteilt werden kann. Zum Beispiel sind Photonen, das kleinste Lichtbündel, die Quanten des elektromagnetischen Feldes.
Quantenphysik: Ein Zweig der Physik, der uns gezeigt hat, dass eine grundlegende Beziehung zwischen unserem Denken über die Welt und der Art und Weise besteht, wie uns die Welt erscheint. Gemäß einer der der Quantenphysik zugrunde liegenden Theorien ist es uns nicht nur unmöglich, die Position und den Impuls eines Teilchens gleichzeitig mit gleicher Präzision zu messen, sondern es gibt auch keinen Beweis dafür, dass ein Teilchen *irgendwelche* deutlich definierten Eigenschaften aufweist, wenn es nicht gemessen wird. Wir sind ein Teil der Welt, die wir beobachten, und können nicht beanspruchen, unabhängige, objektive Beobachter dieser Welt zu sein.
Quantenpotenzial: Ein Begriff, der von dem Physiker Dr. David Bohm geprägt wurde und ein Informationsfeld definiert, das sich mit der Quantenwelt durchdringt, mit der Quantenwelt wechselseitige Verbindungen herstellt und die Quantenwelt informiert. Zum Beispiel werden Elektronen über ihre Umgebung informiert mittels Wellen, die von diesem Informationsfeld oder Quantenpotenzial ausgehen. Das Quantenpotenzial ist ein nichtlokales Konstrukt, das sich außerhalb von Raum und Zeit befindet.
Quantentheorie: Die theoretische Grundlage der modernen Physik, welche die Natur und das Verhalten von Materie und Energie auf atomarer und subatomarer Ebene erklärt. Die Grundlagen der Quantentheorie gehen auf das Jahr 1900 und die Entdeckungen des Physikers Max Planck zurück. Spätere Beiträge leisteten Wissenschaftler wie Albert Einstein, Louis de Broglie, Werner Heisenberg, David Bohm und andere. Die Quantentheorie ist die Grundlage für die Quantenphysik.

Quantenwellenfunktion: Eine prämaterielle Phase, die an die Wahrscheinlichkeit gekoppelt ist, mit der ein Ereignis eintritt. Diese Welle bewegt sich schneller als mit Lichtgeschwindigkeit in der Zeit vorwärts und rückwärts. Sie verbindet unseren Geist mit der physischen Welt.
Raumzeit: Das Verschmelzen oder die Vereinigung von Raum und Zeit, die jenen Stoff erschafft, aus dem das Universum aufgebaut ist. Ereignisse in unserem dreidimensionalen Raum entfalten sich aus der Raumzeit. Die Raumzeit besteht aus vier Dimensionen. Wir schreiben Einstein das Hinzufügen der Zeit als vierte Dimension zu. Bearden assoziiert Raumzeit mit dynamischer Geometrie, Potenzial (eingefangene oder akkumulierte Energie), Vakuum, virtuellem Teilchenfluss und verborgenem Wellenfluss.
Realität: (1) Alles umfassend, einschließlich lokaler und nicht lokaler Aspekte des Universums. (2) Eine Verbundsicht des Daseins, vertreten von einem Individuum auf der Basis seiner Überzeugungsmuster, mitgeschaffenen Ereignisse, Objekte und Gebilde.
Resonanz: Abgestimmt oder in Sympathie sein – als eines schwingen. Ein Zustand, der zwischen zwei Größen oder Systemen mit gleichen oder ähnlichen Eigenschaften oder Merkmalen existiert und zulässt, dass ein Informationsaustausch (Kommunikation) stattfindet. Ein natürlicher Rhythmus, eine Schwingung, Oszillation oder Frequenz eines Systems in Verbindung mit Muster und Form. Wirkt ein externer periodischer Einfluss, dessen Frequenz der natürlichen freien Oszillation des Systems gleicht, auf ein System ein, so wird die Amplitude der Oszillation groß. Das System befindet sich, wie man dann sagt, in einem Zustand der Resonanz. Besteht eine solche Resonanz, findet ein Austausch von In-formation oder Energie statt. Systeme/Organismen können auf ihre Resonanzeigenschaften gestimmt werden, und an diesem Punkt findet in dem System Schwingung oder Nachhall statt. Materie ist eine Manifestation von skalarer Resonanz oder von stehenden Wellen. Findet man den geeigneten »Klang« für ein System und löst seine spezielle Resonanzfrequenz aus, so singt es ein reflektiertes Lied zurück. Das reflektierte Lied kann Information übermitteln, die zuvor in der Struktur des Systems eingeschlossen war. Die Darlegung der Resonanz führt die Vorstellung einer Resonanzschwingung ein, die spezifisch das Antreiben eines Systems bei seiner eigenen Resonanzfrequenz betrifft durch die Energie eines externen Systems, das mit der gleichen Frequenz schwingt. Eine Energieübertragung erfolgt über die Resonanzschwingungen. Wenn Systeme aufeinander abgestimmt sind, regen die Energiemuster, die in einem System geweckt werden, in dem zweiten System ähnliche Muster an. Je größer der Grad der Übereinstimmung oder des Mitschwingens zwischen den beiden Systemen, desto größer ist die Leichtigkeit, mit der dies eintritt. Die Abstimmung zwischen zwei Systemen bedeutet, dass harmonische Akkorde vorliegen – eine Übereinstimmung. Perfekte Sympathie oder Harmonie zwischen zwei Systemen hängt nicht nur ab von den Grundfrequenzen, die zusammentreffen. Das Zusammentreffen muss auf den Ebenen aller Schwingungskomponenten erreicht werden, einschließlich der Oberschwingungen und partiellen Oberschwingungen. Wenn diese Situation eintritt, funktionieren die ganzen Systeme reibungsloser, mit minimalem Widerstand und Disharmonie, so dass schließlich widerstandsfreie Schaltkreise und Systeme geschaffen werden. Dies sind Systeme größter Effizienz und Fähigkeit. Resonanz, die zwischen Objekten oder Systemen hergestellt wird, erzeugt stehende Wellen in den Objekten oder Systemen. In manchen Fällen kann Resonanz stehende Wellen zwischen den beiden Systemen errichten.
Resonanzabstimmung: Ein Prozess, bei dem die natürlichen inneren und interdimensionalen vereinten Zustände von Ausrichtung, Integration und Ausgleich in einem System ausgelöst werden. Verbunden mit den Strömungen des Geist-Körper-Komplexes, das zunimmt in Ausrichtung, Kalibrierung und synchroner Beziehung mit der Haupt-Bewusstseinsachse des »ganzen Seins«. Die Abstimmung führt zu expandierenden Zuständen innerer Kohärenz – ein Einswerden zu dem Ganzen hin. Siehe *Kalibrierung.*

Resonanzschwingung: Bezieht sich spezifisch auf das Ansteuern eines Systems bei seiner eigenen Resonanzfrequenz durch die angelegte Energie eines äußeren Systems. Das äußere System schwingt mit derselben Frequenz. Energieübertragung erfolgt über die Resonanzschwingung.
RNS/RNA (Ribonucleinsäure/Ribonucleic Acid): Ähnlich wie die DNS ist die RNS ein lineares, gewöhnlich einsträngiges Polymer von Ribonukleotiden, von denen jedes das Zuckermolekül Ribose in Verbindung mit einer Phosphatgruppe und einer von vier Stickstoffbasen enthält: Adenin, Guanin, Zytosin oder Uracil. RNS ist in allen lebenden Zellen vorhanden. Sie kodiert die Information, die benötigt wird, um Proteine zu synthetisieren gemäß den Anweisungen, die sie von der DNS erhält.
Schmerz/Krankheit: Schwingung, die nicht der Harmonie des Ganzen entspricht.
Schwingung: Eine Veränderung eines Zustands, der von einem positiven energetischen Zustand über einen neutralen zu einem negativen Zustand übergeht. Dies tritt während einer bestimmten Zeitspanne ein. Schwingungen kombinieren sich, um einzigartige Kombinationen oder Akkorde zu bilden. In Gitterstrukturen finden Ausrichtungen statt gemäß den Richtungen, die durch die Schwingungsakkorde definiert sind. Die Schwingung ist das Bindeglied zwischen allem im Universum. Schwingung bedeutet Klang.
Schwingungsmuster: Eine genaue Anzahl von Scheitelwerten und Wellentälern zusammen mit definierter Amplitude. Auch die Geometrie und Form eines Interferenzprofils, das eine multidimensionale Wellenform sein kann.
Selbstbezüglichkeit: Kommunikation, Austausch zwischen Ursprung/Sender und Empfänger. Ein Zweiweg-Flussprozess, der für jede Interaktion grundlegend ist. Ein wechselseitiger Austausch zwischen der Quantenwelle und ihrem reflektierten Raumzeitkorrelat oder -bild. Selbstbezüglichkeit ist eine Interaktion unseres Ichs mit unserem Bild, ein Prozess, der Grundlage der Selbstorganisation ist. Visuell wird dieser Gedanke durch das Unendlichkeitssymbol oder eine Achterschleife dargestellt.
Selbstlenkende Energie: Bei der EMF Balancing Technique ist die Energie des Universellen Kalibriergitters (siehe dort) als Fließen zu spüren und organisiert sich in dem Feld, wenn sie durch höherdimensionale Prozesse gelenkt wird. Also ist auf Seiten des Anwenders keine Raterei, Analyse oder Beurteilung erforderlich. Durch einfaches Befolgen des Verfahrens wird das optimale Ergebnis für den Klienten erreicht.
Selbstorganisation: Eine Fähigkeit aller Lebewesen. Spontanes Auftreten von Ordnung in einem System. Je größer der Komplexitätsgrad oder das Bewusstsein/Gewahrsein von Lebewesen, desto größer ihre Fähigkeit zur Selbstorganisation. Lebewesen sind offene Systeme in ständiger Interaktion mit ihrer äußeren Umgebung. Selbstorganisation ist eine Manifestation einer verborgenen Ordnung, ob resonante Schwingungsmoden und -zustände, virtuelle Wirklichkeitsebenen, implizite Ordnung, Biofeld, feinstoffliche Felder oder morphogenetische Felder, morphische Resonanz, kontinuierlicher Einfluss »intelligenter« Energie, Existenz syntropischer Bedingungen, chaotischer Attraktor, Geometrie des Lebens, Quanteninformationsfelder, Back-Action, Interaktion von Geist und Materie, eingebettete oder verschachtelte selbstbezügliche »Schleifen«, Q-Bit-Informationswellen, ein wechselseitig verbundenes Bewusstseinsfeld, die harmonischen Beziehungen zwischen geometrischer Form, Klang und Licht, Interaktion des mentalen Feldes auf Subquantenebenen der Wirklichkeit oder direktes Eingreifen des Bewusstseins.
Skalar: In der Mathematik bezieht sich Skalar auf eine Quantität, die aus einer einzigen reellen Zahl zum Messen der Größe besteht. Zum Beispiel können Messungen von Spannung, Masse und Temperatur als skalare Größen beschrieben werden. Skalare Größen können virtuelle Substrukturen im n-dimensionalen Raum enthalten.
Skalare Resonanz: Stehende Skalarwellen in einem resonanten Hohlraum. Man kann sich dies vorstellen als zwei gewöhnliche elektromagnetische Wellen, die miteinander gekoppelt sind, aber

genau um 180 Grad phasenverschoben. Äußerlich treten keine elektrischen oder magnetischen Felder zutage. Masseobjekte sind ein Beispiel für skalare Resonanz stehender Wellen.

Skalarer Umsetzer: Eine Vorrichtung, die elektromagnetisch in skalar und skalar in elektromagnetisch umsetzen kann.

Skalares Potenzial: Was den Gesichtspunkt der Partikel angeht, definiert Bearden Potenzial als virtuellen Teilchenfluss. Gestalten des Potenzials bedeutet Gestalten der Raumzeitgeometrie als solche. Potenziale lassen sich als Potenziale in Potenzialen ausdrücken, was zu verborgenen Dimensionsordnungen in dem Potenzial führt. Jedes der aufeinander folgenden eingefalteten Potenziale steht für eine höhere dimensionale Ordnung –z. B. 5., 6., 7. etc. Dimension des Hyperraums. Bearden bezeichnet die Gestaltung des inneren Potenzials als Dimensionierung. Das skalare Potenzial enthält eine n-dimensionale Substruktur, wobei jede eine feinere und subtilere Region des Hyperraums ist. Potenziale stellen Krümmungen im Vakuum oder in der Raumzeit dar. Es können künstliche Potenziale erzeugt werden, die das Vakuum polarisieren und ein bestimmtes Muster in dieses einbringen.

Skalarwelle: Oszillationen in der Spannungsenergie des Vakuums. Diese Oszillationen enthalten virtuelle strukturierte Substrukturen. Diese sind longitudinale Druckwellen der Raumzeit. Die Skalarwelle ist in der Lage, sich in vier oder mehr Dimensionen zu bewegen. Sie mag sich nur in der Zeit bewegen und dabei den Fluss der Zeit, die Schwerkraft oder Eigenschaften eines Objekts verändern; sie mag sich nur im Raum bewegen, wobei die Zeit dabei stabil bleibt, oder sie kann sich in Kombinationen dieser zwei beschriebenen Modi bewegen. Andere Bezeichnungen für Skalarwellen sind Teslawellen, Gravitationswellen, elektromagnetische Schallwellen, Elektrogravitationswellen. Schwingungswellen, die zu schwach sein mögen, um die Quantenschwelle zu durchbrechen, sind dennoch real, sie sind Skalarwellen. Skalarwellen sind nicht beschränkt durch die Lichtgeschwindigkeit, sie sind hyperräumlich und supraluminal. Bearden betrachtet Skalarwellen als die Vereinigung von Elektromagnetismus und Schwerkraft.

String: Das fundamentalste, nicht weiter reduzierbare, eindimensionale Fadengebilde. Der String bildet die Basis der Stringtheorie. Strings nehmen eine Vielzahl von Modi, Mustern und Schwingungen an. Diese entscheiden über die Natur der Kräfte, die in unserer dreidimensionalen Welt manifest werden.

Stringtheorie: Eine einheitliche Feldtheorie des Universums, die postuliert, dass der String der Grundbaustein der Natur ist. Die Stringtheorie sieht sowohl 11- als auch 26-dimensionale Strukturen der Wirklichkeit.

Supraleitfähigkeit: Fließen ohne Widerstand. Sehr hohe Leitfähigkeit des elektrischen Flusses. Die DNS soll ein Supraleiter sein. Einige Metalle, als ORMEs bekannt, sind supraleitfähig bei Zimmertemperatur. (ORMEs: monoatomare Elemente – weiße Pulver – einige sind auch Bestandteile der DNS und tragen mit zu den supraleitenden Eigenschaften der DNS bei. Offenbar können sich diese Materialien auf die ätherischen Energiefelder auswirken). Es besteht eine Beziehung zwischen dem Elektronenfluss und der Umwandlung in Licht. Supraleitfähigkeit ist mit Diamagnetismus verknüpft – einem gewöhnlichen Magnetfeld entgegengesetzt. Dieses Phänomen steht mit Levitation in Verbindung. Führt man eine Hand über ORME-Pulver, so »levitieren« die Pulver aufgrund des Magnetfeldes an den Händen. In supraleitenden Stoffen herbeigeführte Ströme bleiben selbst noch nach Beseitigung des auslösenden Magnetfeldes bestehen.

Supraluminal: Schneller als Lichtgeschwindigkeit im Vakuum.

Symbiose: Eine Beziehung, die von gegenseitigem Vorteil ist für die betroffenen oder verbundenen Elemente.

Synchronizität: (1) Ein von Carl Gustav Jung geprägter Begriff, der auffällige gleichzeitige Vorfälle bezeichnet. (2) Synchronizität beschreibt eine Situation, bei der bestimmte Ereignisse uns das Gefühl vermitteln, dass diese Ereignisse irgendwie miteinander in Verbindung stehen, obwohl uns der Mechanismus solcher Zusammenhänge nicht eindeutig klar ist. Mitunter erfahren wir Ereignisse zur richtigen Zeit, die eigens dazu angelegt zu sein scheinen, unsere Bedürfnisse genau in diesem Moment zu erfüllen, obwohl ihr Auftreten oberflächlich betrachtet zufällig und nicht von uns geplant wirken mag. Synchronizität impliziert eine unsichtbare Kraft am Wirken, die auf eine wechselseitige Verbundenheit zwischen allen Dingen reagiert, und einen Hinweis, dass universelles Gleichgewicht tätig ist, das Ereignisse herbeiführt, bei denen wir Teilnehmer und Beobachter wie Mitschöpfer sind. Dies gilt, ob nun die Mitschöpfung stattfindet auf unserem derzeitigen Bewusstseinsniveaus oder darunter.

Syntropische Phänomene: Verursachen die Umkehr der Entropie (Negentropie), oder ein Zurückversetzen von Ordnung in einen Zustand der Unordnung. Prozesse, die nicht dem Zweiten Gesetz der Thermodynamik gehorchen. Ein syntropischer Prozess kann die Entropie (Unordnung) eines Systems reduzieren. Syntropiebedingungen können katalysiert werden durch eine Vielzahl externer oder interner Faktoren. Diese umfassen das Hinzufügen von Energie oder Information zu einem System, das Vorsehen der äußeren Bedingungen eines Magnetfeldes, das syntropische Ströme herstellt, die Herstellung von Kohärenz im Quantenzustand; ein Abstimmen, die Herstellung von Phasengleichheit oder Resonanz zwischen den äußeren und inneren Zuständen. Syntropische Prozesse erfordern nicht unbedingt die Eingabe von Energie.

Tachyon: Ein supraluminales Teilchen, das Berichten zufolge auf Bewusstsein reagiert.

Tai Chi: Eine physische und mentale Disziplin aus dem alten China, ähnlich Qigong, deren Ausübung dabei hilft, eine erhöhte Bewusstheit der feinstofflichen Lebenskraftenergien (»Qi« oder »Chi«) der Erde und des Körpers zu entwickeln. Es gibt verschiedene Stile von Tai Chi. Der »weiche« Stil erinnert stark an einen eleganten Tanz und hilft dabei, ein besseres Gleichgewicht von Körper, Geist und Seele herzustellen. Die Chinesen betrachten Tai Chi als eine Form von Qigong (siehe *Qigong*). Das Praktizieren von Tai Chi ist eine hervorragende Weise, die Gesundheit des Körpers zu verbessern und geistigen Frieden herbeizuführen. Tai Chi basiert auf den Konzepten von Yin und Yang.

Teilbarkeitsprinzip: Die Vorstellung, dass Dinge, die nicht mehr in Kontakt, Verbindung oder Kommunikation miteinander stehen, einander nicht beeinflussen können. Die Nichtlokalität der Quantenwelt und des menschlichen Gehirns hat das Gegenteil bewiesen.

Tensoren: In einem biologischen Organismus sind dies multidimensionale Echos des Bewusstseins, die in der Lage sind, diverse skalare Potenziale zu generieren. Diese Potenziale erzeugen Felder, die Einheitliche Felder sind – vereint durch Bewusstsein und Emotion.

Tensorpotenzial: Die Akkumulation von Energie in einem genau gefassten Hohlraum, charakterisiert durch eine Energieansammlung ohne Fließen von Energie.

Tesla: Dr. Nikola Tesla, Physiker, Erfinder, großer Denker und Genie des 19. und 20. Jahrhunderts. Mit über 600 Patenten und 1200 ihm zuzuschreibenden Erfindungen gab Tesla der Welt das Wechselstromsystem (neben vielen weiteren Beiträgen). Entdecker der Teslawelle, der hyperräumlichen Skalarwelle. Eigentümlicherweise (oder, je nach Standpunkt, nicht so eigentümlich) behauptete Tesla, er sei alltäglich praktisch in Kontakt mit extraterrestrischem Leben.

Torsionsfelder/-wellen: Neben den herkömmlichen bekannten klassischen Feldern des Elektromagnetismus und der Schwerkraft existiert noch ein drittes Feld, das weitreichende Auswirkungen hat. Das Torsionsfeld ist Folge der Eigenschaft Winkelspin oder Rotation. Die kollektiven Spins eines Objektes überlagern sich (addieren sich), um in ihrer Umgebung einzigartige Interferenzmuster zu erzeugen, die holografische Informationsfelder sind. Ein Torsionsfeld, ein hyperräumliches (außerhalb der Raumzeit) und Schneller-als-Licht-Phänomen überträgt Information ohne den Transfer von Energie. Torsionsfelder sind interaktiv und tauschen mit anderen Torsionsfeldern Information aus. Die Aura wird in der russischen Fachliteratur als ein Torsionsfeld beschrieben. Torsionsfelder werden auch als Einheitliche Felder im Sinne von Einstein bezeichnet. Der Begriff Torsionsfeld wird in der russischen Literatur häufig verwendet. Im Westen scheint dem von Bearden verwendeten Begriff »Skalarwellen/-felder« die analoge Bedeutung zuzukommen. Vieles am Torsionsfeld bleibt im Westen noch zu untersuchen und zu verstehen. Das Gehirn tritt in Interaktion mit dem Vakuum – deshalb kann das Gehirn als Torsionsfeldtransceiver (Empfänger/Sender) bezeichnet werden, vergleichbar damit, dass das Gehirn ein skalares Interferometer genannt wurde. Energiesysteme bilden Interferenz-Wellenmuster, die wiederum die Grundlage zur Erschaffung holografischer Informationsfelder bilden. Das Torsionsfeld kann als ein solches Feld verstanden werden. Man betrachte das Torsionsfeld als ein Verbindungsfeld – zum Beispiel zur Verbindung zwischen Elektromagnetismus und Schwerkraft oder als Verbindungsteil zu dem elektromagnetischen Feld.

UCL: (siehe Universelles Kalibriergitter)

Ultraviolette Strahlung: Bezieht sich auf die unsichtbare UV-Strahlung des elektromagnetischen Spektrums. Unsichtbare Strahlung von Wellenlängen im Bereich von 380 Nanometer (Grenze zu Violett) bis 4 Nanometer (Grenze zu Röntgenstrahlen).

Universelles Kalibriergitter (*Universal Calibration Lattice*, UCL): Eine Struktur in der energetischen Anatomie des Menschen, definiert durch zwölf miteinander verbundene Grundfasern, die eine multidimensionale Gitterstruktur bilden. Dieses Gitter weist Grundverbindungen zu den Chakras auf und verknüpft den lebenden Organismus mit dem äußeren Universum.

Vakuum: Das Fehlen von Raum und Zeit. Der nichtmaterielle Äther, bestehend aus einem Plenum masseloser Ladung. Das Vakuum ist die längelose, zeitlose Raumzeit. Man schätzt, dass der Energiegehalt oder die Dichte eines Kubikzentimeters des Vakuumzustands die Gesamtenergie der gesamten Materie des Universums übersteigt (die nach Schätzung von John Wheeler das Materieäquivalent von 10^{94} g/cm^3 ist. Man vergleiche dies mit der relativ geringen Energiedichte eines Atoms, 10^{14} g/cm^3) In einem globalen Kontext kann man das Vakuum als einen Hintergrund oder Stoff ansehen, auf welchem sich die Wirklichkeit entfaltet. Es ist ein Zustand immenser Schwingungsintensität. Es gibt eine Vielfalt von Vakuumzuständen mit ihren einzigartigen Eigenschaften und Merkmalen. Das Vakuum ist ein Skalarfeld und enthält eine n-dimensionale Substruktur.

Vakuumgitterstruktur: Eine Organisationsform im Äther oder Vakuumzustand. Zeitgenössische Gedanken unter Physikern deuten darauf hin, dass das Vakuum durch eine eigene Gitterstruktur getragen wird. Zu den geometrischen Strukturformen im Vakuum gehören Anhäufungen des Tetraeders (wie das Sierpinski-Fraktal), des Oktagons und des Hexagons (Tiller). Die Ikosaederstruktur wird von Erol Torun skizziert. Eine Destabilisierung des geometrischen Gitters bricht die Symmetrie und führt zur Extraktion von Energie.

Vakuummaschine: Gemäß Beschreibung von Bearden ist eine Vakuummaschine ein inneres Muster oder eine Schablone, das/die bewusst in einem Skalarpotenzial erzeugt/gestaltet wurde. Ein Skalarpotenzial oder eine laufende elektromagnetische Welle im Vakuum kann dieses innere Muster transportieren. Der Skalarpotenzialaspekt entweder der elektrischen oder der magnetischen Ladung kann auch zum Träger des inneren Musters oder der inneren Schablone werden. Eine Vakuummaschine kann im Vakuum implantiert werden. In diesem Fall hat sie während ihrer Erzeugung eine »Aufladezeit« und auch eine »Entladezeit«. Bearden bezeichnet den Akt des Implantierens eines inneren Musters in einen Träger (im Vakuum) als Dimensionieren des Trägers. Russische Arbeiten auf dem Gebiet der Energetik beziehen sich auf das Dimensionieren als den Informationsgehalt des Feldes. Bearden zufolge hat eine Vakuummaschine, wenn sie auf ein Objekt einwirkt, absolut keine Wahl, als dass diese Wirkung eintritt (es sei denn, dass eine genaue Antimaschine für sie geschaffen wird). Wie man hieraus ableiten kann, unterscheidet

sich diese Wirkung eindeutig davon, dass ein Objekt sich entscheidet, auf gewöhnliche Signalinformation zu reagieren oder nicht. Eine Vakuummaschine kann die örtliche Raumzeit verändern und führt zu einer Interaktion mit Objekten in diesem Raum und dieser Zeit.
Vektor: Ein mathematischer Operator, der gleichzeitig eine Richtung und eine Größen in einem gegebenen Koordinatensystem definiert.
Verschlingung: Die Phasenverriegelung von zwei oder mehr Partikeln, welche Korrelationen erzeugen außerhalb dessen, was normalerweise von Lokalität erwartet wird.
Virtuelle Teilchen: Partikel, die kurz aus dem Vakuum auftauchen oder hervorbrechen und dann rapide zerstrahlen. Das geschieht so schnell, dass sie nicht wahrgenommen werden können. Virtuelle Teilchen treten jedoch in Wechselwirkung mit Masse oder Ladung, um sehr reale, beobachtbare Wirkungen zu erzeugen.
Virtueller Photonenfluss: Für elektromagnetische Phänomene kann das Vakuum modellhaft als Fluss virtueller Photonen verstanden werden.
Virtueller Zustand: Jener Teil der Wirklichkeit, der aus nicht wahrnehmbarer und nicht nachweisbarer Veränderung besteht, jenseits der kleinsten Quantenveränderung. Nicht individuell beobachtbare Ereignisse. Virtuelle Zustände bestehen aus vielfachen inneren, verborgenen und eingebetteten Ebenen. Jede dieser Ebenen ist eigentlich eine feinere, subtilere, höhere Dimension. Gedanken sind virtuelle Ereignisse. Die Ladung auf einem Partikel geht auf virtuelle Ereignisse im Austausch mit der Ladung oder dem Masseteilchen zurück.
Vorbereitung des energetischen Körpers: Der einleitende Vorbereitungsprozess bei der Durchführung der EMF Balancing Technique. Er umfasst eine Reihe von Bewegungen sowie vom Anwender geäußerte Absichten und setzt eine enorme Energiezirkulation durch das UCL in Gang. Der Anwender stellt gewissermaßen eine Resonanz mit den Bewegungen dieses Vorgangs her, und der Klient reagiert entsprechend auf einer elektromagnetischen Ebene. Wenn die Energie dann freier durch das UCL fließt, fährt der Anwender mit der übrigen EMF-Sitzung fort, wobei die für den Klienten zu diesem Zeitpunkt optimale Behandlungsphase angewandt wird.
Wechselwirkungen des menschlichen Energiefeldes: Ein Mittel zur Beschleunigung der Transformation und Evolution des Individuums sowie des Kollektivs.
Wellenfunktion: siehe *Quantenwellenfunktion*
Weltenvielfalt: Der Physiker Hugh Everett brachte vor, dass nach Deutung der Quantentheorie für jeden möglichen Ausgang eines Ereignisses eine eigene Welt existiert. Das bedeutet, dass eine unendliche Anzahl von Universen oder Parallelwelten existiert. Diese Universen sind über komplexe Vernetzungen verbunden. Das bedeutet, dass unsere lokale Welt vielfache Kopien von sich selbst aufweist. Man beachte, dass das elektromagnetische Feld und das molekulare Feld Paralleluniversen sind, die durch die Lichtgeschwindigkeit getrennt sind.
Wurmloch: Eine röhrenartige Region im Raum, die einen Bereich des Universums mit einem anderen verbindet – eine Einstein-Rosen-Brücke. Eine Krümmung in der Textur der Raumzeit, die ein Versetzen oder eine Bewegung materieller Dinge von einem Punkt zu einem anderen ermöglicht. Solche Regionen können voneinander getrennte Punkte im Raum sowie verschiedene Punkte in der Zeit verbinden. Atome sind Wurmlöcher. Jeder Punkt ist in Kontakt mit jedem anderen Punkt. Zum Denken und zur vernunftgelenkten Überlegung gehört das Assoziieren von Ideen, die sehr weit durch Logik getrennt sein können. Dieses Arbeiten im Gehirn ist eine Manifestation der Existenz von Wurmlöchern im Gehirn.
Zeit: In der Relativitätstheorie wird die Zeit zur 4. Dimension. Man betrachte Zeit als eine Richtung in Relation zu Materie. Das Ansehen der Zeit als Frequenz ermöglicht das Verständnis, dass das Bewusstsein sich wirklich auf spezifische oder alternative »Zeit«-Koordinaten »abstimmen« kann, die gleichzeitig nebeneinander existieren. Bewegen durch Zeit bedeutet Bewegen durch »Frequenz« in Dimensionen. Zeit ist eine Vorstellung, die mit dem Strömen

von Bewusstsein durch sein eigenes Wirklichkeitsfeld zusammenhängt. Zeit ist ein Produkt dreidimensionaler Wahrnehmung der Wirklichkeit, die das Erscheinungsbild und die Illusion einer Vergangenheit, Gegenwart und Zukunft erzeugt. Vielfache Dinge und Ereignisse können gleichzeitig in der Zeit existieren. Zeit ermöglicht ein Ordnen von Ereignissen. Die Vorstellung von der Zeit als etwas »Vertikalem« statt Linearem ist ein Gedanke, der uns dem Verständnis der holografischen Zeit näher bringt. In vertikaler Zeit sind Vergangenheit, Gegenwart und Zukunft »übereinander gestapelt« und stehen durch schleifenförmige Zyklen in Verbindung. Auf der Quantenebene ist die Zeit mit Wechselwirkung von Photonen verknüpft. Durch Beschleunigung des Interaktionstempos kann auch der »Fluss« von Zeit geändert werden, das heißt, der »Fluss« von Zeit kann beschleunigt werden. Die Zeitdimension macht es möglich, dass vielfache Objekte in demselben Zeitintervall existieren. In der Quantenmechanik ist Zeit kein beobachtbarer Parameter und ist auch nicht nachweisbar. Quantenwellen bewegen sich vorwärts und rückwärts in der Zeit.

Zusammenbruch der Wellenfunktion: Einwirkung aller Quantenwahrscheinlichkeiten auf ein Quantensystem, die über die Wahl eines bestimmten und wahrscheinlichen Ergebnisses entscheidet. Dieses Ergebnis manifestiert sich in physischer Realität. Das Bewusstsein spielt die Rolle spezifischer und endgültiger Selektion. Das Bewusstsein ist der Mittler, der die Wellenfunktion zusammenklappt, um ein Ereignis in unserer physischen Welt zu materialisieren.

Zweites Gesetz der Thermodynamik: Ein physikalisches »Gesetz«, das besagt, das Entropie stets zunimmt. Siehe *Entropie.*

ANMERKUNGEN ZU DEN KAPITELN

EINLEITUNG

1. Braden, Gregg, *Das Erwachen der neuen Erde*, Hans-Nietsch Verlag. Siehe auch seine späteren Werke .
2. Chicago Research Group & Associates, Ancient Wisdom & Modern Physics, Leading Edge International Research Group, Yelm, WA, 1999, S. 114.
3. Tiller, William A., Ph. D., *Science and Human Transformation: Subtle Energies, Intentionality and Consciousness*, Pavior Publishing, Walnut Creek, CA, 1997, S. 181.
4. Ebenda, S. 181 – Obwohl wir aus Tillers Arbeit zitieren, sind wir außerstande, ihm im Hinblick auf die Weise, in der er seine Ideen präsentiert, komplett gerecht zu werden. Wir empfehlen unseren Leser(inne)n, den Originaltext zu studieren.
5. Ebenda, S. 290.
6. Ebenda, S. 290.
7. Corso, Philip J., und William J. Birnes, *Der Tag nach Roswell. Der Beweis: Die UFOS kamen wirklich*, Goldmann, Mchn. 2002 (zum Zeitpunkt der Drucklegung noch nicht erschienen).
8. Yao, Dr. George, T. F., *Pulsor Miracle of Microcrystals – a Treatise on Energy Balancing*, Gyro Industries, Newport Beach, CA 1986, S. 162.
9. Ebenda, S. 133.
10. Petersen, P. Stephen, Ph. D., *The Quantum Tai Chi-Gauge Theory: The Dance of Mind over Matter. Empyrean Quest Edition*, Concord, CA 1996, S. 176.
11. Ebenda, S. 178.
12. Melchizedek, Drunvalo, *Die Blume des Lebens*, Bd. 1, KOHA Verlag, Burgrain 1999, S. 185.
13. Goswami, Amit, Ph. D., *The Self Aware Universe: How Consciousness Creates the Material World*, Tarcher/Putnam, New York, NY, 1995, S. 126.
14. Keepin, Will, Ph. D., *Lifework of David Bohm – River of Truth*, www.satyana.org/html/bohm.html
15. Brian Greene, *Das elegante Universum*, Berliner Taschenbuch Verlag, Berlin 2002, S. 34.

KAPITEL 2

Der Begriff »Intentionalität« im Untertitel ist angeregt von William Tillers Buch Science and Human Transformation – Subtle Energies, Intentionality and Consciousness. Siehe Anm. 8

1. Bearden, T. E., Energetics of Free Energy Systems & Vacuum Engine Therapeutics, Tara Publications Center, Brampton, Ontario, Kanada, 1997, S. 54-61.
2. Davis, Albert Roy, und Rawls, Walter C., *The Rainbow in Your Hands*, Exposition Press, Hicksville, N.Y., 1976.
3. Werk des Physikers David Bohm.
4. Davis, Albert Roy, und Rawls, Walter C., *The Rainbow in Your Hands*. s. Anm. 2
5. Kaku, Michio, Im Hyperraum. Eine Reise durch Zeittunnel und Paralleluniversen, rororo, Reinbek bei Hamburg 1998.
6. Siehe Kaku, *Im Hyperraum*, und Brian Greene, *Das Elegante Universum: Superstrings, verborgene Dimensionen und die Suche nach der Weltformel*, Berliner Taschenbuch Verlag, Berlin 2002.
7. Bearden, T. E., *Excalibur Briefing*, Tesla Book Company, Box 121873, Chula Vista, CA 91912.
8. Tiller, William A., Ph. D., Science and Human Transformation: Subtle Energies, Intentionality and Consciousness, Pavior Publishing, Walnut Creek, CA, 1997, S. 182.

9. Hunt, Valerie, *Infinite Mind: Science of the Human Vibrations of Consciousness*, Malibu Publishing, CA 1989, 1996, S. 51.
10. Tiller, William A., Ph. D., *Science and Human Transformation*, S. 59.
11. Tiller, William A., Ph. D., *Science and Human Transformation.*
12. Torun, Erol O., *The Complexified Aether*, 1993, www.meru.org/Advisors/Torun/cmplethr.html
13. Tiller, William A., Ph. D., *Science and Human Transformation*, S. 36.
14. Detela, Andrej, *Ein physikalisches Modell des Biofeldes*, J. Stefan Institut, Slowenien 1997.
15. Im Innern des »Hohlraums« bilden sich stehende Wellen. Diese kann man als elektromagnetische Schallwellen oder Elektrogravitationswellen – Skalarwellen – betrachten. Diese Wellen können »geladen« werden. Sie rufen elektromagnetische Phänomene hervor. Die Skalarwellen rufen resonante Schwingungsmuster im UCL hervor. Im Umgebungsvakuum (kosmischen Meer) existieren buchstäblich unendlich viele Anordnungen hyperräumlicher Skalarwellen. Man beachte, dass Resonanzschaltkreise eine Spannungs- oder Ladungsquelle benötigen, um aktiv zu werden. Die Feldstrukturen an der Hand weisen eine Resonanz auf das gesamte menschliche Energiesystem auf. Werden die Energiesysteme des Menschen auf die natürlichen Schwingungen (Schaltkreise oder Vorlagen) gestimmt, so entsteht eine Resonanz, die ein »Aufladen« der energetischen Anatomie wie auch einen Informationsaustausch ermöglicht. Diese Resonanz führt zu freier Energie an der Hand. Die Frequenzen an der Hand widerspiegeln sämtliche Frequenzen, mit denen die Energieanatomie Resonanz hergestellt hat (holografisches Prinzip). Die grundlegende Frequenz im Universum ist die ryhsmonische oder Ätherfrequenz. Ihr Wert liegt bei 1,855 x 1043 Hertz. Das Prinzip besteht darin, dass eine Wechselwirkung mit dieser Frequenz, oder ihren Oberschwingungen oder ihren Subharmonischen unter Resonanzbedingungen zu einem Energieaustausch, einer Energieübertragung oder einem Abziehen von Energie führt. Einige der Oberschwingungen und Subharmonischen dieser ryhsmonischen Frequenz finden sich auch in den Schumann-Resonanzfrequenzen (Erdfrequenzprofil). Im menschlichen Organismus überwiegen einige der Schumann-Frequenzen. (Die Spitzen liegen hier im ungefähr Bereich 1,8; 3,7; 7,4-8; 14; 20; 26; 32-33, 37-39; 43-45 Hz.). Diese existieren in Verbindung mit hyperräumlichen Skalarwellen-Entsprechungen. Es gibt noch andere, immense Ordnungen von Schwingungen, die überall im Kosmos entspringen. Viele spielen zentrale Rollen für biologische Systeme. Bearden (Excalibur Briefing) schreibt über die Existenz von Kanälen, die einen direkten Energieaustausch oder Übersprechen zwischen Rahmen im Hyperraum ermöglichen. Diese werden Hyperkanäle, interdimensionale Knotenpunkte oder magische »Fenster« genannt. Diese Fenster sind frequenzabhängig und natürlich gestimmt. Einige der Hyperkanalfrequenzen finden sich in den Bereichen 38-40 kHz, 150-160 kHz, 1,1-1,3 MHz, 1,057 GHz und auf der Frequenz der ultravioletten Lebensenergie. Man beachte, dass Resonanzschaltkreise eine Spannungs- oder Ladungsquelle benötigen, um operieren zu können [16]. Wird eine Resonanz zwischen dem UCL und dem Kosmischem Meer (Vakuum) hergestellt, so entsteht ein »Freie-Energie-Generator«.
16. Frolov, Alexander V., *Resonance Effects*, www.padrak.com/ine/NEN_4_8_6.html
17. Brian Greene, *Das elegante Universum*, und Michio Kaku, *Im Hyperraum*.
18. Walker, Evan Harris, *The Physics of Consciousness – The Quantum Mind and the Meaning of Life*, Perseus Books, Cambridge, Mass., 2000.
19. Bearden, T. E., *Excalibur Briefing* und *Mind Matter Unification Project*, Cavendish Laboratory, Cambridge, Brian Josephson's Homepage, www.tcm.phy.cam.ac.uk/_bdj10/index.html.
20. Nadeau, Robert, und Kafatos, Menas, *The Non-Local Universe – The New Physics and Matters of the Mind*, Oxford University Press, New York, NY 1999, S. 79.

21. Ebenda, S. 3.
22. Ebenda, S. 5.
23. Bearden, T. E., *Excalibur Briefing*, S. 199-200.
24. Reed, Donald, Torsion Field Research, *New Energy News*, www.padrak.com/ine/NEW_6_1_6.html
25. Goswami, Amit, Ph. D., *The Self Aware Universe: How Consciousness Creates the Material World*, Tarcher/Putnam, New York, NY, 1995, S. 132 & 172, sowie Grinberg-Zylberbaum, J., M. Delaflor, M. E. Sanchez Arellano, M.A. Guevara und M. Perez, »Human Communication and the Electrophysical Activity of the Brain«, 1992, Journal of Subtle Energies, International Society for the Study of Subtle Energies and Energy Medicine, Abstracts, Bd. 3.
26. Goswami, Amit, Ph. D., *The Self-Aware Universe*, S. 130.
27. Hunt, Valerie, *Infinite Mind: Science of the Human Vibrations of Consciousness*, S. 50-51.
28. Ebenda, S. 93.
29. Rollin McCarthy, William A. Tiller und Mike Atkinson, »Head-Heart Entrainment: A Preliminary Survey«, http://www.HeartMath.org/ResearchPapers/HeadHeart/HeadHeart.htm.
30. Childre, Doc, *Die Herzintelligenz entdecken. Das Sofortprogramm in fünf Schritten*, VAK Verlags GmbH, Kirchzarten 1999.
31. Goswami, Amit, Ph. D., *The Self-Aware Universe.*
32. Petersen, P. Stephen, Ph. D., *The Quantum Tai Chi-Gauge Theory: The Dance of Mind over Matter.* Empyrean Quest Edition, Concord, CA 1996.
33. Detela, Ein physikalisches Modell des Biofeldes, Anhang C.
34. Keepin, Will, Ph. D., Lifework of David Bohm, »Wholeness and the Holomovement«, www.satyana.org/html/bohm.html
35. Ebenda.
36. Keepin, Will, Ph. D., Lifework of David Bohm, »The Implicate Order«,www.satyana.org/html/bohm.html
37. Sarfatti, Jacob (Jack), Ph. D., »Progress in Post-Quantum Theory«, www.qedcorp.com/pcr/index.html, 7. Aug. 1999.
38. Ebenda.
39. Sarfatti, Jack, »Post-Quantum Physics of Consciousness«, Diashow, http://qedcorp.com/pcr/pcr/pq/pq.htm
40. Ebenda.
41. Sarfatti, Jacob (Jack), Ph. D., »Progress in Post-Quantum Theory«.
42. Ebenda.
43. Petersen, P. Stephen, Ph. D., *The Quantum Tai Chi-Gauge Theory*, S. 146.
44. Ebenda, S. 169
45. Ebenda, S. 171.
46. Bearden, T. E., *Gravitobiology – The New Biophysics*, Tesla Book Company, Box 121873, Chula Vista, CA 91912, 1991, S. 47.
47. Siehe Vakuum im Glossar.
48. Den Südpol verlassend, wirbelt die Energie nach rechts (im Uhrzeigersinn); kommt sie vom Nordpol, rotiert die Energie nach links (gegen den Uhrzeigersinn). Die Energien gelangen in das Zentrum des Magneten, wo sie die Richtung ändern (Blochsche Wand). Man beachte die Bildung des Achterschleifenmusters aus dem Zirkulieren der Magnetenergien. Im Zentrum ist kein Magnetismus vorhanden (Blochsche Wand). An den Enden jedes Pols wurde ein Energiekegel ermittelt. Diese kegelförmigen Energien erstrecken sich nach außen und weisen keinen Umkehrpunkt auf. Außerdem ermittelten Davis & Rawls eine geradlinige Projektion von Energie, die sich von jedem Pol aus auswärts erstreckt – diese Energie weist keinen

Wendepunkt auf. Die neuen Entdeckungen von Davis & Rawls sind Prinzipien, die für alle Magnetismusphänomene gelten.

49. Das geladene Teilchen gleicht einer Pumpe, die virtuelle Partikel absorbiert und dann freisetzt. Eine Ansammlung oder Konzentration masseloser geladener Partikel im Vakuumzustand erzeugt ein »Potenzial«. Genauer ausgedrückt, erzeugt eine Gruppierung von Lichtphotonen das elektrostatische (EM) Skalarpotenzial. Das Skalarpotenzial ist ein (stationärer) Punkt fließender virtueller Teilchen. Ladung hängt mit einem Fluss oder Durchfluss zusammen, der unterschiedlich ausfallen kann, und die Ladung ist keine Konstante. Ein Massepartikel wird unablässig durch Aufnahme und Abgabe von Skalarwellen geladen und entladen. Bearden zufolge (Excalibur Briefing) kann das Gedankenfeld in eine Wechselwirkung treten, um die Ladung eines Teilchens zu verändern, zu erhöhen oder zu löschen. Jedes Mal, wenn wir den Fluss ändern (wie bei der Energie), verändern wir die Ladung. In diesem Sinne sind Ladung und energetischer Fluss synonyme Terme.

50. Das herkömmliche Verständnis von Schwerkraft als einer »Massenanziehung« ist unzutreffend. Definitionsgemäß ist alles, was die Raumzeit krümmt, ein Schwerkraftfeld – und all die unterschiedlichen Kräfte ergeben sich aus der Krümmung von Raumzeit. Das 5D-Gravitationspotenzial drückt sich innerhalb des 5D-Raumes weitgehend als Elektromagnetismus aus. Wir beobachten die Auswirkungen des Primärausdrucks oder »Ausblutens« dieses 5D-Potenzials als unsere reguläre Schwerkraft. Dieses 4D-Schwerkraftfeld ist im Grunde ein sehr kleiner Bruchteil der zum Ausdruck kommenden Potenzialenergie. Das 5D-Gravitationspotenzial leitet sich aus der Gesamtsumme verschiedener Belastungstypen und -muster (Raumzeitkrümmungen oder Potenziale) im Vakuum her. Hierzu gehören die Beiträge virtueller Partikel, die innerhalb des Vakuums in einem unablässigen Fließzustand sind. Die virtuellen Photonen, Neutrinos, geladenen und ungeladenen Teilchen etc. tragen allesamt zum Gesamtpotenzial des 5D-Schwerkraftfeldes bei (die Ideen Beardens). Licht ist elektromagnetischer Natur. An Obigem können wir ablesen, wieso es von der Stringtheorie heißt, Licht sei eine Kräuselwelle aus der fünften Dimension. Elektromagnetismus ist wie das Licht selbst Ausdruck eines höherdimensionalen Phänomens. Was dieses Material für das Verständnis der menschlichen Energieanatomie bedeutet, zeigt Folgendes. De facto sind wir von einem einheitlichen Schwerkraftfeld des 5D-Typs umgeben (Schwerkraft auf das bezogen verstanden, was die Raumzeit krümmt). Dieses ist für den Ausdruck unserer elektromagnetischen Natur verantwortlich. Dieses Feld kann aufgeladen werden. Den Fluss oder die Ladung der virtuellen Existenzzustände zu erhöhen, erhöht das Potenzial dieses primären Feldes. Dementsprechend wird mehr elektromagnetische Energie für uns verfügbar, die wir im JETZT einsetzen können. Umgekehrt hätten unerwünschte »Ausblutungen« aus dem persönlichen 5D-Feld den entgegengesetzten Effekt: weniger elektromagnetische Energie, die im JETZT verfügbar wäre.

51. Dem herkömmlichen Verständnis zufolge besteht das Photon aus dem Vektor des elektrischen Feldes E, dem Magnetfeldvektor H und dem Geschwindigkeitsvektor V. Alle drei Vektoren (Richtungen) stehen orthogonal zueinander (im 90°-Winkel). Jedem Vektor liegt eine reiche Substruktur virtueller Zustände zugrunde, die aus dem Raum höherer Dimensionen in unserem Wirklichkeitsrahmen hineingelangen und dann zu dem virtuellen Zustand zurückkehren, aus dem sie kommen. Das Photon ist ein nichtlokales Phänomen. Bearden beschreibt in *Excalibur Briefing* die oszillierenden elektrischen und magnetischen Felder als rotierenden ätherischen oder hyperräumlichen Fluss. Die Substruktur der individuellen Vektoren kann als mit einer unendlichen Anzahl virtueller Vektoren ausgestattet gelten. Diese Substruktur ist veränderbar, und es lässt sich ihr ein virtuelles Muster einprägen. Der Fluss innerhalb eines jeden E- und H-Vektors ist ein Neutrinofluss – eine neutrinische Welle ruht in der Hülle des Photons. Neutrinos werden bereitwillig in die E- und H-Felder des Photons hineingelassen. Die

neutrinische Welle wechselwirkt auch hochgradig mit dem elektrischen Feld oder Magnetfeld. Die Neutrinowelle ist eine Hyperfeldwelle. Es handelt sich um eine wirbelnde Welle, die um das elektromagnetische Feld zirkuliert. Je größer die Ladungen innerhalb eines elektromagnetischen Feldes (je größer also das Potenzial oder die Spannung), desto größer die Anzahl der verfügbaren Photonen ... folglich ein vermehrtes Auftreten von Neutrinowechselwirkungen mit dem Feld. Man kann Licht als Leiter von Neutrinowellen betrachten. Bearden zufolge ist die Neutrinowelle der Träger der Bioenergie oder eloptischen Energie (Hieronymus) und kann auch die wirbelnde Welle sein, die unter dem Namen Organenergie (Reich) [7] bekannt ist. Ferner erklärt Bearden, dass das Neutrinofeld das Bindeglied zum Gedankenfeld ist. Motoyama hat festgestellt, dass aus einem Chakra umso mehr Photonen ausgesendet werden, desto aktiver und ausgeglichener das Chakra ist.

52. Versuchsperson A und B wurden, nachdem sie zunächst mehrere Minuten lang interagiert hatten, um einen »Kontakt« herzustellen, in separaten Faradayschen Käfigen isoliert. (Faradaysche Käfige blockieren alle herkömmlichen elektromagnetischen Kommunikationsmittel zwischen den Versuchspersonen). Im Rahmen des Experiments wird Versuchsperson A ein aufblitzendes Licht gezeigt. Infolgedessen entsteht im EEG (Aufzeichnung der Hirnsignale) von Versuchsperson A ein evoziertes Potenzial in Zusammenhang mit diesem aufblitzenden Licht. Versuchsperson B weiß nichts von diesem Ereignis, und dennoch »erscheint« im selben Moment bei B im EEG ein ähnliches Signal (Übertragungspotenzial). Der Denkapparat/das Gehirn überspannt tatsächlich mehrere Dimensionen der Wirklichkeit. Beheimatet ist es in einer höheren Dimension, die die physische Raumzeit in sich eingekapselt trägt, ist jedoch nicht auf die Raumzeitdimension beschränkt. Wir können daraus schließen, dass zwischenmenschliche Interaktion stets unsichtbare, und doch reale, nichtlokale Korrelationen aufweisen. Das Auftauchen ähnlicher Signale bei den voneinander getrennten Versuchspersonen kann als Herstellen einer Resonanz durch die Verbindung von Mensch zu Mensch betrachtet werden. Das Torsionsfeld des Gehirns ist intrinsisch nichtlokal. Dieses Feld trägt die Informationsmuster in sich, die mit den Torsionsfeldern anderer Individuen interagieren.

53. Nach Valerie Hunt ist jeder Teil eines organisierten Feldes ein Hologramm, bei dem jeder Teil das Muster des Ganzen in sich trägt. Das menschliche Energiefeld ist ein solches holografisches Feld. [27]. Materie, Energie, Geist und universeller Geist sind allesamt Teil einer erweiterten Wirklichkeit. Hunt konnte nachweisen, dass die ABSICHT einer Person sich auf das Energiefeld einer anderen Person auswirken kann, und dass Energiefeldmuster mit dem Bewusstsein zusammenhängen. [28] Das HeartMath Institute hat festgestellt, dass Herz und Gehirn ein hochgradig integriertes System bilden. [29] Emotionale Aktivität hat einen Einfluss auf die Leistungsfähigkeit des gesamten Systems. Gedanken und Emotionen spiegeln sich im elektrischen System des Herzens. [30] Das Herz ist der stärkste körpereigene Generator des elektromagnetischen Feldes, und dieses Feld lässt sich mehrere Fuß vom Körper entfernt messen. Das HeartMath Institute konnte experimentell nachweisen, dass dann, wenn sich Menschen berühren oder sich nahe beieinander befinden, das Herzsignal (EEG) der einen Person in den Gehirnsignalen (EEG) der anderen Person und an anderen Stellen des Körpers der anderen Person registriert wird. Wir können Gedanken-/Hirnsignale als holografische Teile der gesamten menschlichen Dynamik betrachten. Gedanken-/Hirnsignale sind, wie man nachweisen konnte, nichtlokal. Wir können diese als »Träger« emotionaler Wellenmuster betrachten, zusammen mit der Kodierung anderer Wellenmuster der menschlichen Dynamik. Wie später in diesem Text dargelegt, ist das Herz der Generator von Torsionsfeldern, die intrinsisch nichtlokal sind. Das Torsionsfeld trägt die Informationsmuster in sich, die mit den Torsionsfeldern anderer Individuen interagieren. Wir können die emotionalen Aspekte unseres Seins als etwas betrachten, das in einer höheren Dimension zu Hause ist. In dieser Dimension ist die physische Raumzeit

eingekapselt, ohne dass die Dimension jedoch auf die Raumzeitdimension beschränkt ist. Dieser emotionale Aspekt erstreckt sich über mehrere Dimensionen der Wirklichkeit.

54. Sarfatti, Jacob (Jack), Ph. D., »Military Applications of Post-Quantum Physics«, http://qedcorp.com/Q/ChiaoBell.html

55. Es werden zwei miteinander verbundene Wege skizziert: 1) Weg A, eine direkte Raumzeitstruktur und der Weg der herkömmlichen allopathischen Medizin, und 2) Weg B, eine entgegengesetzte Raumzeitstruktur (eine Frequenzdomäne) und Weg der homöopathischen Medizin. Diese auftretenden Schleifen verbinden den biologischen Prozess des Körpers durch das magnetische Vektorpotenzial mit den feinstofflichen Feldern. Man beachte, dass die Einflussgleichungen in beiden Richtungen funktionieren. Das Körperliche wirkt sich auf den Zustand des Feinstofflichen aus, und das Feinstoffliche wirkt sich auf den Zustand des Körperlichen aus. Wir vertreten die Ansicht, dass sich die feinstofflichen Felder durch Akte des Bewusstseins oder externe »Torsions«felder verändern lassen, oder auch durch Methoden zum Ausgleich der Energien in der Verbindung von Mensch zu Mensch. All diese Einflüsse auf die feinstofflichen Felder »sickern« schließlich von den feinstofflichen bis zu den physischen Bereichen durch, wie Tillers Gleichung zum Ausdruck bringt.

56. Derartiges existiert sogar dann, wenn kein Magnetfeld beobachtet wird (Bohm-Aharonov-Effekt). Gezeigt wird das Magnetfeld eines zylindrischen Solenoids. Das Vektorpotenzial A existiert getrennt von Magnetfeld B. B abzuschirmen, eliminiert nicht das Vektorpotenzial im Vakuumzustand. Die Spiralfäden des Spin-/Axion-/Torsionsfeldes folgen der Richtung des Vektorpotenzials. Tiller zufolge ist das Vektorpotenzial das Bindeglied zu den feinstofflichen Energiefeldern.

57. Die Gitterabmessungen variieren je nach Gitter-Substruktur, wobei sie vom Gitter des Geistes (kleinstes) zur physischen Wirklichkeit reichen (größtes). Nach Tiller gibt es durch das Netzwerk wandernde Wellen, die mit dem Bewusstsein in Verbindung stehen. Es handelt sich um interdimensionale Knotenpunkte. Diese kann man als Kanäle des geringsten Widerstands betrachten, die einen direkten Anschluss und eine direkte Energiezirkulation mit anderen Dimensionsrahmen herstellen können. Derartige Kanäle zu etablieren, ist die Folge der bevorzugten Abstimmung innerhalb der Struktur und erfordert Kohärenz innerhalb des Systems als Ganzen. Diese Punkte sind frequenzabhängig und von Natur aus gestimmt. (Bearden bezeichnet solche Punkte als magische Fenster). An genau den erwähnten Knotenpunkten werden diese Bewusstseinswellen in Energien umgewandelt, die in Wechselwirkung mit Materie treten. Die Gitterpunkte sind noch aus einem anderen Grund von Bedeutung: sie speichern die Potenziale, die aus unseren Denkprozessen hervorgehen. Diese wandelt sich in Muster um, die in unser Leben projiziert werden. Die Muster und Potenziale an den Knotenpunkten zu verändern, wird die Ereignisse verändern, die in unser Leben projiziert werden.

58. Aus Tillers Sicht erfordert die Wiederherstellung der Homöostase, wenn auf der biologischen Ebene ein Ungleichgewicht besteht, ein chemisches Ungleichgewicht eine Korrektur auf der elektromagnetischen Ebene; ein Ungleichgewicht auf der elektromagnetischen Ebene erfordert Korrekturen auf der ätherischen Ebene; ein Ungleichgewicht auf der ätherischen Ebene erfordert Korrekturen auf der emotionalen Ebene; ein Ungleichgewicht auf der emotionalen Ebene erfordert Korrekturen auf der mentalen Ebene; ein Ungleichgewicht auf der mentalen Ebene erfordert Korrekturen auf der spirituellen Ebene. [8] In diesem Modell wird die Organisation auf jeder einzelnen Ebene der Wirklichkeit von einer höheren Wirklichkeitsebene bestimmt. Daher unterliegt die biologisch-physische Wirklichkeit dem organisierenden Einfluss des elektromagnetischen Feldes. Durch »Manipulation« der feinstofflichen Strukturen können wir den größten Einfluss auf physisch-biologische Funktionen ausüben. Diese können wir durch bewusste Akte ändern wie auch durch Intervention mit der Verbindung von Mensch zu Mensch.

59. Magnetische Polaritäten leiten sich von den magnetostatischen skalaren Potenzialen her, die zirkulär sind, spiralförmige Spannungen in der Raumzeit. Die magnetostatischen Potenziale können aufgeladen werden. Eine Qualität von Energie bewegt sich spiralförmig von Nord nach Süd; eine andere Qualität von Energie bewegt sich spiralförmig von Süd nach Nord (eine Art Yin-Yang-Kombination).
60. Die herkömmlich Sichtweise von Schwerkraft als »Massenanziehung« ist unzutreffend. Definitionsgemäß ist alles, was Raumzeit krümmt, ein Schwerkraftfeld – und all die unterschiedlichen Kräfte ergeben sich aus der Krümmung der Raumzeit. Das 5D-Gravitationspotenzial drückt sich im 5D-Raum weitgehend als Elektromagnetismus aus. (Siehe Kapitelanmerkung Nr. 50).
61. Die Knotenpunkte hängen mit der wechselseitigen Verbindung zwischen allen Dingen im Universum zusammen. Zusätzlich lässt sich der holografische Zugang zu sämtlichen Informationen sowie die lokalen wie nichtlokalen Wirklichkeiten aus dieser Perspektive verstehen. Da maßgebliche Knotenpunkte innerhalb des physischen Gehirns gelegen sind, besteht der Schlüssel, so Tiller, darin, dass wir lernen, die Information innerhalb der Gitterstruktur zu »lesen« und Zugang zu ihr zu gewinnen. In B haben wir eine Überlagerung zwischen dem Gitter und dem hyperräumlichen Antriebsmechanismus geschaffen (siehe Kapitel 4). Jack Sarfatti zufolge dient eine ganze Palette von »Nanoantennen«, gebildet durch Elektronen innerhalb des Gehirns, dazu, den Mikrotubuli des Gehirns Information zu übermitteln. [37]
62. Nichtlokalität bezeichnet jene Eigenschaft, die mit der sofortigen Weitergabe von Information in Verbindung steht, gleich, wie weit auseinander und wie stark getrennt die Partikel (oder Systeme) sind. Während die Photonen sich voneinander weg bewegten, »kannten« sie weiterhin den Polarisierungszustand des anderen Photons. Dieses Wissen war spontan da – nicht auf die Lichtgeschwindigkeit beschränkt und nicht eingeschränkt durch die Entfernung zwischen ihnen. Ein ähnliches Experiment wurde 1997 wiederholt [Gisin et al., Universität Genf], nur dass dieses Mal die Photonen 11 Kilometer weit voneinander entfernt waren (statt 13, wie beim Aspekt-Experiment). Anhand des Versuchs von 1997 ließ sich nachweisen, dass man das Merkmal der Nichtlokalität selbst dann noch bestätigen könnte, wenn sich die Partikel an entgegengesetzten Enden des Universums befänden. Nichtlokalität verweist auf die Existenz einer unsichtbaren, einer verborgenen Wirklichkeit, die der physischen Wirklichkeit zugrunde liegt. Durch diese Wirklichkeit besteht eine ungeteilte Verbundenheit, die jenseits der Grenzen von Zeit und Raum kommuniziert.
63. Die Informationsmuster der Quanten-Pilotwellen sind nichtlokaler Natur. Sie operieren nicht auf der Basis von Intensität. Vielmehr übertragen sie Form – sie in-form-ieren buchstäblich, indem sie Informationen liefern. Daher kann das mentale Feld selbst hochenergetische Systeme lenken, »steuern« oder beeinflussen. (Die Analogie liegt darin, sich zu überlegen, wie Funkwellen von der Küste her die Manöver eines großen Ozeanschiffes steuern können). In der Abbildung ist die explizite Ordnung die äußerlich wahrgenommene Wirklichkeit. Sarfatti zufolge gehören zur expliziten Ordnung auch die klassischen Felder. Die Interaktion von Geist und Materie, dazu gehört das mentale Feld der Gedanken, das einen organisierenden Einfluss auf alle klassischen Kraftfelder ausübt – hierzu gehören elektromagnetische, Schwerkraft-, Torsions- und andere verbindende Felder. Bearden geht auf diese Interaktion in *Excalibur Briefing* näher ein. Dort bezeichnet er die Absicht, oder das, was er auch »Anfang« nennt, als ein »Mysterium für die gewöhnliche Wissenschaft«.
64. Durch einen Prozess ausreichender Musterkohärenz kann eine Ansammlung von Photonen die Quantenschwelle überwinden. Wenn das geschieht, findet eine beobachtbare Quantenveränderung statt. Die Quantenveränderung erreicht den elektromagnetischen Feldrahmen und erzeugt oder verändert dann das elektromagnetische Feld. Die Folge ist eine beobachtbare physische Veränderung. Man beachte in der Abbildung, wie das virtuelle Photon den »Träger«

darstellt, der das Gedankengebilde zum elektromagnetischen Feld hinbefördert. Tatsache ist, dass wir das Photon als »Boten«-Teilchen des elektromagnetischen Feldes bezeichnen. Ließe sich ein elektromagnetisches Feld beobachten, so böte sich uns die reinste Light Show, mit Photonen, die überall herumtanzen und Botschaften zwischen den Partikeln hin und her transportierten. Innerhalb der virtuellen Wirklichkeit existieren alle Möglichkeiten. Der Schlüssel besteht darin, ausreichend Energie und Kohärenz auf ein bestimmtes Muster oder eine bestimmte Möglichkeit zu richten, damit es sich in physische, beobachtbare Wirklichkeit umwandelt.

KAPITEL 3

1. Einleitende Bemerkungen von D. Lapierre.
2. Ebenda.
3. Dr. Todd Ovokaitys @ www.Gematria.com

KAPITEL 4

1. Bearden, T. E., *Excalibur Briefing*, Tesla Book Company, Box 121873, Chula Vista, CA 91912.
2. Bearden, T. E, A R*edifinition of the Energy Ansatz, Leading to a Fundamental New Class of Nuclear Interaction*, 1992.
3. Bearden, T. E., Gravitobiology: *The New Biophysics*, Tesla Book Company, Box 121873, Chula Vista, CA 91912, 1991.
4. Ebenda.
5. Lazlo, Ervin, »Toward a Physical Foundation for Psi Phenomena«, 1994, http://www.goertzel.org/dynapsyc/1996/ervin.html.
6. Yao, Dr. George, T. F., *Pulsor Miracle of Microcrystals – A Treatise on Energy Balancing*, Gyro Industries, Newport Beach, CA 1986, S. 133.
7. Chicago Research Group & Associates, *Ancient Wisdom & Modern Physics*, Leading Edge International Research Group, P.O. Box 7530, Yelm, Washington State 98597, USA, 1999, www.trufax.org, S. 43.
8. Ebenda, S. 44.
9. Falun Dafa, Falun Gong, www.falundafa.org, http://minghui.ca/eng.html, www.falundafa.ca
10. Chicago Research Group & Associates, *Ancient Wisdom & Modern Physics*, S. 45
11. Valerian, Valdamar, *Matrix III, the Psycho-Social, Chemical, Biological and Elekctromagnetic Manipulation of Human Consciousness*, Bd. I, Leading Edge Research Group, P.O. Box 7530, Yelm, Washington State 98597, USA, S. 339.
12. Ebenda, S. 346.
13. Hameroff, Stuart, http://www.consciousness.arizona.edu/hameroff
14. Leary, Timothy, Timothy Leary's Eight Circuits of Consciousness, www.deoxy.org/8circuit.htm.
15. www.deoxy.org/eoctave.htm.
16. Valerian, Valdamar, Matrix III, S. 61.
17. Ebenda, S. 61.
18. Ebenda, S. 61-95.
19. Leary, Timothy, *Timothy Leary's Eight Circuits of Consciousness*, www.deoxy.org/8circuit.htm.
20. Man vergleiche die Philosophie und den pädagogischen Ansatz von Frau Dr. Maria Montessori, einer Pädogogin, die ihrer Zeit weit voraus war!
21. Man erforsche das Potenzial von Montessori- und Waldorf-(Steiner)-Schulen als Alternativen für die Kinder von heute. Jedes Kind ist ein einzigartiges Individuum, das von seinem eigenen

Entwicklungsplan gelenkt wird. Näheres siehe *Die Indigo-Kinder* von Lee Carroll. Die Kleinen unserer Zeit haben uns eine Menge zu lehren!

KAPITEL 5

1. Tiller, William A, Ph. D., *Science and Human Transformation*, S. 200.
2. Sarfatti, Jack, *Post-Quantum Physics of Consciousness*, Diashow, www.qedcorp.com/pcr/pcr/pq/pql.htm.
3. Tiller, William A, Ph. D., *Science and Human Transformation*, S. 178 & 201.

KAPITEL 6

Der Titel dieses Kapitels wurde durch das Buch der Autoren Albert Roy Davis & Walter C. Rawls *(The Rainbow in Your Hands)*, Exposition Press, Smithtown, N.Y., 1976 inspiriert.

1. Brian Greene, *Das elegante Universum*, Berliner Taschenbuch Verlag, Berlin 2002, S. 244f.
2. Bearden, *Excalibur Briefing*, S. 202.
3. Davis, Albert Roy, und Walter C. Rawls, *The Rainbow in Your Hands*, S. 94.
4. McGee, Charles T., M. D., und Poy Yew Chow, Effie, Ph. D., *Miracle Healing form China – Qigong*, Medipress, Coeur d'Alene, ID, 1994, S. 37.
5. Yao, Dr. George, T. F., *Pulsor- Miracle of Microcrystals – A Treatise on Energy Balancing*, Gyro Industries, Newport Beach, CA 1986.
6. Davis, Albert Roy, und Walter C. Rawls, *The Rainbow in Your Hands.*
7. Ebenda, S. 82.
8. Ebenda, S. 9.
9. Ebenda, S. 104.
10. Ebenda, S. 84.
11. McGee, Charles T., M. D., und Poy Yew Chow, Effie, Ph. D., *Miracle Healing form China – Qigong*, S. 37.
12. Ebenda, S. 37
13. Guo-Iong, Liu, M. D., »Infrasonic Simulation of Emitted Qi from Qi-Gong Masters«, www.practicalqigong.com.
14. Xin, Yan, Dr. Dr., »Yan Xin on Scientific Qigong Research«, www.qigong.net.
15. Bunnell, Toni, »A Tentative Mechanism for Healing«, www.webserve.co.uk/bunnell/healing.html.
18. Popp, Fritz-Albert, *About the Coherence of Biophotons*, Internationales Institut für Biophysik (IIB), Neuss, Deutschland, http://www.datadiwan.de.
19. Tiller, William, *Science and Human Transformation*, S. 135.
20. Yao, Dr. George, T. F., *Pulsor Miracle of Microcrystals – A Treatise on Energy Balancing*, S. 21.
21. Ebenda, S. 21
22. Benveniste, Jacques, M. D., »Understanding Digital Biology«, www.digibio.com.
23. Institute of HeartMath, »The Memory of Water«, http://HeartMath.org/research/index.html
24. Ebenda.
25. Gerber, Richard, M. D., *Vibrational Medicine for the 21st Century*, Harper Collins Books, NY, 2000.
26. Bearden, Gravitobiology: *The New Biophysics.*
27. Rein, Glen, Ph. D., *Non-Hertzian Energy and Electromagnetic Energy: The Biological Connection, Matrix III.*

28. Davis, Albert Roy, und Walter C. Rawls, *The Rainbow in Your Hands*, S. 82.
29. Bearden, *Excalibur Briefing*, S. 198-199.
30. Rauscher, Elizabeth A., Ph. D., *Electromagnetic Phenomena in Complex geometries and Non-Linear Phenomena, Non-Hertzian Waves, and Magnetic Monopoles*, Tesla Book Company, Box 121873, Chula Vista, CA 91912.
31. Zusätzlich existieren Energiebewegungen um dieses Areal, die kreisenden Wirbelmustern folgen (Dr. George Yao und Davis & Rawls). Die kreisenden Wirbelfelder sind Anzeichen für primäre Energiesysteme höherer Dimensionen. Energieemissionen aus diesem Bereich, die mit Heilung wie auch der Demonstration ungewöhnlicher »Kunststücke« in Verbindung stehen, werden »Chi« oder »Qi« genannt. Die Energie und Felder an der Hand werden durch die Emotion und den Ausdruck des Herzens modifiziert.
32. Magnetische Energien bewegen sich spiralförmig von entgegengesetzten Polen aus. Vom Nordpolende aus gesehen, bewegt sich die Nordenergie in Spiralen gegen den Uhrzeigersinn, während sich die Südenergie spiralförmig im Uhrzeigersinn bewegt. Diese entgegengesetzten magnetischen Strömungen tragen zu entgegengesetzten elektrischen Polaritäten bei. In der Blochschen Wand existiert ein Punkt, wo Energie »zu einer nahezu mikroskopisch kleinen Abmessung konstanter Energie herabfokussiert« wird (Davis & Rawls).
33. Es entwickelt sich eine Region, die als Blochsche Wand bezeichnet wird. Unter Einsatz von Permanentmagneten in entgegengesetzten Polkonfigurationen entdeckten Davis & Rawls Inertialfeld-Phänomene (Anti-Schwerkrafteffekte) auf Materie. Die entgegengesetzten magnetischen und Wirbelfelder stören das lokale Gleichgewicht des Vakuumzustands. Diese Hyperfeldeffekte können physikalische Konstanten verändern und im 3D-Raum neue Kräfteerzeugen. Dies kann durch Anzapfen der Vakuumenergie (Nullpunktenergiequelle) zu einem Energiefluss führen.
34. Der Südpol ist bezüglich des Vakuums eine Mangelzone – die Energien bewegen sich spiralförmig in den Südpol hinein. Der Nordpol weist eine Überschuss-Beanspruchung bezüglich des Vakuums auf – die Energien wandern spiralförmig aus dem Nordpol hinaus. In der Abbildung werden primäre Wirbelfelder gezeigt. Es wurden auch noch andere Wirbelfelder beobachtet (siehe andere Abhandlungen), die mit den Magnetpolen in Verbindung stehen. Diese sind die Hyperfelder. Magnetismus ist mit unbeobachteten hyperräumlichen Phänomenen verknüpft.
35. Diese Zone ist ein Bereich, der am Mittelpunkt zwischen magnetischem Nord- und Südpol an entgegengesetzten Seiten der Hand zentriert ist. Hier findet in der primären wirbelnden Spiralbewegung des Feldes eine Phasenverschiebung um 180° statt. Dies bildet das Achterschleifenmuster in der Blochschen Wandzone. Aus diesem Muster entsteht ein neues Feldphänomen. Eine Spannung an der Raumzeit besteht dort, wo entgegengesetzte magnetische und elektrische Pole in der Blochschen Wandzone zusammenfließen. Hier tritt ein hyperräumlicher Fluss »freier« Energie ein, was einem Anzapfen der unbegrenzten Energiequelle des Universums gleichkommt.
36. Von dieser Oszillation tritt ein in der Spule L (Induktion) erzeugter Strom in den L-C-Stromkreis ein. Resonanz entsteht im Stromkreis durch Variieren von C. Das Signal wird jenseits des Verstärkers nachgewiesen. Der menschliche Energiekreis nutzt den Bereich der gebeugten Raumzeit, der aus den Magnetfeldern der Hände resultiert. Das Nervensystem/Gehirnnetzwerk liefert den Resonanzstromkreis zum Nachweis. Der menschliche Nachweis von Skalarwellen ist ein multidimensionaler Prozess. Abstimmbare menschliche Resonanz existiert in weitem Maß.

KAPITEL 7

1. Vor allem Jack Sarfatti und Gennady I. Shipov.
2. Selbstverständlich sind wir nicht in der Lage, diese Behauptungen direkt zu prüfen oder zu verifizieren.

3. Nachalov, Yu. V.: »Theoretical Basics of Experimental Phenomena«, www.centuryinter.net/tjs11/hist/shipov.htm.
4. Akimov, A. E., und V. Ya. Tarasenko, »Models of Polarized States of the Physical Vacuum and Torsion Fields«, Interdepartmental Scientific-Technological Center of Venture Technologies. Übersetzung ins Englische von Izvestiya Vysshikh Uchebnykh Zavedenii, Fizika, Nr. 3, März 1992, S. 13-23.
5. Nachalov, Yu. V.: »Theoretical Basics of Experimental Phenomena«, www.centuryinter.net/tjs11/hist/shipov.htm.
6. Nachalov, Yu. V. und A. N. Sokolov: »Experimental Investigation of New Long-Range Actions, www.amasci.com/freenrg/tors/doc17.html.
7. Nachalov, Yu. V,: »The Basics of Torsion Mechanics«, www.amasci.com/freeenrg/torss/tors24.html.
8. Poponin, Dr. Vladimir, »The DNA Phantom Effect: Direct Measurement of a New Field in the Vacuum Substructure«, http://webcom.com/~hrtmath/IHM/ResearchPapers/DNAPhantom/DNAPhantom.
9. Dies können virtuelle Dichtewellen (Virtual Density Waves, VDW), virtuelle Symmetriewellen (Virtual Symmetry Waves, VSW) oder Vakuumamplitudenwellen (Vacuum Amplitude Waves, VAW) sein, siehe Kaivarainen, Alex, »Unconventional Consequences of Dynamic Model of Wave-Particle Duality«, »Hierarchic Concept of Matter & Field: Hypothesis of Biological & Informational Fields«, »Hierarchic Model of Consciousness, Hierarchic Theory of Complex Systems«, www.karelia.ru/~alexk.
10. Nachalov, Yu. V., und E. A. Parkhomov, »Experimental Detection of the Torsion Field«, www.geocities.co.jp/Technopolis/1228/torsion_field/doc15/doc15.html.
11. Nachalov, Yu. V. und A. N. Sokolov, »Experimental Investigation of New Long-Range Actions«, www.amasci.com/freenrg/tors/doc17.html.
12. Akimov, A. E., Shipov, G. I., und Binhi, V. N., »New Approach to the Problem of Electromagnetobiology«, 1997, www.dataforce.net/~bin
13. Akimov, A. E., und V. Ya. Tarasenko, »Models of Polarized States of the Physical Vacuum and Torsion Fields«, sowie Nachalov, Yu. V., und A. N. Sokolov, »Experimental Investigation of New Long-Range Actions«.
14. Nachalov, Yu. V., »The Basics of Torsion Mechanics«, www.amasci.com/freeenrg/torss/tors24.html.
15. Nachalov, Yu. V., »Theoretical Basics of Experimental Phenomena«, www.centuryinter.net/tjs11/hist/shipov.htm.
16. Siehe Werke von Bearden & Bearden, T. E., *Energetics of Free Energy Systems & vacuum Engine Therapeutics*.
17. Norman, Ruth, Interdimensional Physics – The Mind and the Universe, Unarius Publications, El Cajun, CA, 1989, S. 165.
18. Shpilman, Alexander A., »Physical Properties of Axion (Spin) Fields«, »Spin (Axion) - Field Generator«, »Passive Resonators Axion (Spin) Fields«, »Solar Spin (Axion) Field«, »Some Effects«, Homeopathy & Acupucture, www.pmicro.kz/MISC/UFL/Almanach/NI_98/properties.htm.
19. Die Wirbelwelt von Viktor Schauberger, http://home5.swipmet.se/_w-58759/index.html.
20. Shpilman, Alexander A., »Physical Properties of Axion (Spin) Fields«, www.pmicro.kz/MISC/UFL/Almanach/NI_98/properties.htm.
21. Nachalov, Yu. V., und A. N. Sokolov, »Experimental Investigation of New Long-Range Actions«, www.amasci.com/freenrg/tors/doc17.html, sowie Kaivarainen, Alex, »Unconventional Consequences of Dynamic Model of Wave-Particle Duality«. www.karelia.ru/~alexk.

22. Sarfatti, Jack, »Shipov's Torsion Field Theory for Dummies«, 1999, www.stardrive.org/Jack/ShipovI.pdf, S. 17.
23. Shipov, Gennady I., »A Theory of Physical Vacuum«, 1998.
24. Die stabile Tetraederstruktur kann zu einem Baustein für kunstvollere geometrische Formen wie auch für die Materie als solche werden. Das Quark, Bestandteil von Protonen und Neutronen, lässt sich über die Tetraederform definieren. In C sehen wir eine 2-D-Darstellung eines 3-D-Gebildes. Die Tetraederform finden sich innerhalb dieser selbstähnlichen Struktur – ein Fraktal. Der Maßstab dieser Struktur lässt sich von mikroskopisch zu makroskopisch extrapolieren. Resonanz innerhalb dieses Gebildes kommt einer Ausrichtung der Geometrie gleich, wodurch eine perfekte Symmetrie entsteht, die Kommunikation und Informationsaustausch zwischen Zellen ermöglicht. Innerhalb des Vakuums steht eine solche Struktur auch für Gleichgewicht. Das entstehende Gitter lässt sich als »geometrische Sammlung harmonischer Wellenformen aus Licht, geleitet durch Intelligenz« (Bruce Cathie) beschreiben. Die Frequenzabstimmung bezeichnet den Prozess, bei dem Resonanz zwischen der Geometrie und den geometrischen Zellen hergestellt wird. Licht und Klang durchdringen das Gitter. Geometrie, Licht und Klang sind alle harmonisch miteinander verbunden!
25. Spiralfäden fließender Energie mit höherer Dichte sind mit dem Torsionsfeld verwoben und folgen der Richtung des Vektorpotenzials (Shpilman). Tiller zufolge ist das Vektorpotenzial das Bindeglied zum feinstofflichen Bereich. Torsionsfelder sind hyperräumlich – sie interagieren in virtuellen, nicht beobachtbaren Wirklichkeiten und respektieren keine Einschränkungen durch Zeit und Raum. Spin-Spin-Wechselwirkungen treten zwischen allen Objekten auf – denen physikalischer und denen biologischer Natur. Spin-Spin-Wechselwirkungen können resonanzartig vorkommen. Diese Interaktionen finden sich in den gesamten feinstofflichen Energiefeldern. Bei seiner Interaktion kann ein Torsionsfeld ein anderes Feld mit seiner eigenen Struktur und seinem eigenen Informationsinhalt »laden« (polarisieren, prägen, beeinflussen). Außerdem kann die Wechselwirkung elektrische Eigenschaften, die Magnetisierbarkeit sowie sonstige Merkmale von Feldstrukturen ändern.
26. Zum Beispiel hat man bei Pyramiden, Kegeln, flachen Dreiecken und weiteren Formen oder Figuren festgestellt, dass diese Torsionsfelder mit wahrnehmbarer Wirkung hervorrufen. Passive Torsionsgeneratoren richten sich nach dem Goldenen Schnitt (1:0,618). In der Abbildung ist der Kegel in drei gleiche Teile unterteilt. Diese drei Punkte entsprechen der maximalen Stärke des linken Torsionsfeldes innerhalb des Kegels. Bestimmte Objekte und bestimmte geometrische Figuren erzeugen, wie man entdeckt hat, Resonanzwechselwirkungen mit lebenden Organismen. Forscher haben beobachtet, dass man an jedem physischen Objekt Torsionsfelder »aufzeichnen« kann (Nachalov & Sokolov). Ein weiteres interessantes Merkmal des Torsionsfeldes ist die Wirkung, die es auf das physikalische Vakuum ausübt. Selbst nach Beseitigung eines äußeren Torsionsfeldes aus einer bestimmten räumlichen Region bleibt die räumliche Konfiguration als Muster im physikalischen Vakuum bestehen. Man spricht hier vom Torsionsfeldphantom, oder einfach von einem Torsionsphantom. Der Vakuumzustand wird durch das Torsionsfeld polarisiert und bewahrt für eine gewisse Zeit eine Aufzeichnung des Torsionsfeldes in sich. Man weiß von Torsionsfeldern, dass sie Informationen übertragen, ohne Energie zu übertragen.
27. Es sind die Torsionsfelder, die interagieren. Ein äußeres Torsionsfeld kann die Struktur des Torsionsfeldes aller beliebigen Objekte verändern. Eine neue Konfiguration des Torsionsfeldes bleibt intakt selbst nach Beseitigen der Quelle des außen angelegten Torsionsfeldes. Jedes elektrostatische, elektromagnetische oder Magnetfeld existiert immer zusammen mit einem Torsionsfeld (Nachalov & Sokolov). Daher werden durch die Hände Torsionsfelder manifest. Bei diesen handelt es sich um die hyperräumlichen Felder. Die interaktiven Wirkungen der Torsionsfelder der Hände bestehen auch dann noch fort, wenn man die Hände von der ur-

sprünglichen Stelle entfernt hat. Man weiß von Torsionsfeldern, dass sie eine resonanzartige Interaktion aufweisen. (Natürlich kommen Herz und Gehirn als zentrale Torsionsfeldgeneratoren in Frage). Torsionsfelder weisen sehr ungewöhnliche Eigenschaften auf. Unter den Beobachtungen experimenteller Torsionsfeld-Wechselwirkung findet sich deren Fähigkeit, die charakteristischen Merkmale alles Lebendigen dramatisch zu ändern.

28. Cathie, Bruce L., *The Energy Grid-Harmonic 695. The Pulse of the Universe*, America West Publishers, Carson City, NV, 1990, S. 159-160.

29. Torsionsfelder stehen mit allen anderen Zentren in Verbindung, die Wirbel- oder elektromagnetische Eigenschaften aufweisen: hierzu gehören die Chakras und Akupunkturpunkte. Alle diese Zentren reagieren auf Spin-Spin-Torsionsfeldinteraktionen mit der Hand. Torsionsfeldinteraktionen weisen resonanzartige Effekte auf. Torsionsfelder tragen detaillierte Informationslandkarten als Muster innerhalb ihrer Substruktur. Ein Torsionsfeld teilt seine räumliche Konfiguration anderen Torsionsfeldern mit.

30. Die Interaktion führt zu einer masselosen Polarisierung von Ladung. Dieses Muster bleibt als metastabiler Zustand im Vakuum. Jede masselose Ladung des Vakuumzustands besteht aus einem Fluss virtueller Partikel. Der Fluss erzeugt Potenziale im Vakuum, die nichtlokale Auswirkungen zeigen können.

KAPITEL 8

1. Davis, Albert Roy, und Walter C. Rawls, *The Rainbow in Your Hands.*
2. Institute of HeartMath, »Subtle Energy Research«, www.webcom.com/hrtmath/IHM/Research/SubtelEnergy.html.
3. Chicago Research Group & Associates, *Ancient Wisdom & Modern Physics*, Leading Edge International Research Group, Yelm, WA, 1999, S. 114.
4. Rollin, McCarty, Tiller, William A. und Mike Atkinson, »Head-Heart Entrainment: A Preliminary Survey«, http://www.HeartMath.org/ResearchPapers/HeadHeart/HeadHeart.htm.
5. Childre, Doc, and Mc Craty, Rollin, »Love – The Hidden Power of the Heart: A Scientific Perspective«, Institute of HeartMath, http://www.HeartMath.com/Library/Articles/Caduceus.html.
6. Winter, Dan, »Power Spectral Measurements of EKG and the Earth's ELF Magnetic Resonance«
7. Bearden, Kaivarainen.
8. Gerber, Richard, M. D., *Vibrational Medicine: New Choices for Healing Ourselves*, S. 588.
9. Bearden, T. E., *Technical Background on Regauging a System to Provide Free Excess Energy*, The Virtual Times, 1966, www.hsv.com/writers/bearden/reg01.htm.
10. Bearden, *Excalibur Briefing*, S. 260-265.
11. Cathie, Bruce L, The Energy Grid-Harmonic 695. *The Pulse of the Universe*, America West Publishers, Carson City, NV, 1990, S. 159-160.
12. Takashi AOKI, Yasuo YOSHIHUKU und Yoshinori ADACHI, »Influences of Gauge Field on Living Bodies", Journal of International Society of Life Information Science, Bd. 17, Nr. 2, September 1999,
13. Bearden, T. E., *Energetics of Free Energy Systems & Vacuum Engine Therapeutics*, 1997, Tara Publications Center, Brampton, Ontario, Canada, S. 54f.

ANHANG A

1. Andrej Detela, persönliche Mitteilung.
2. Detela, A., »Ein physikalisches Modell des Biofeldes«, siehe Anhang C dieses Buches.
3. Robert Bruce, *Astral Dynamics – A New Approach to Out-of-Body Experience*, 1999, und Robert

Monroe, *Der zweite Körper – Expeditionen jenseits der Schwelle*, Econ Verlag 2002.
4. Sheldrake, Rupert, Ph.D., www.sheldrake.org, Interviews.
5. Hemetis, »Torus Knot Topology«, http://hemetis.freeyellow.com/TKTODO.htm.
6. Hemetis, »Quantology«, http://hemetis.freeyellow.com/Quantology.htm.
7. Kaku, Michio, *Im Hyperraum. Eine Reise durch Zeittunnel und Paralleluniversen*, rororo, Reinbek bei Hamburg 1998, S. 16 ff.
8. Greene, Brian, *Das elegante Universum*, S. 34: »Wenn die Stringtheorie stimmt, ist die mikroskopische Struktur unseres Universums ein vielfältig verflochtenes, mehrdimensionales Labyrinth, in dem sich die Strings des Universums endlos drehen und schwingen und rhythmisch die Gesetze des Universums trommeln.«
9. Bearden, T. E., *Excalibur Briefing*, Tesla Book Company, Box 121873, Chula Vista, CA 91912, 1988.

ANHANG B

1. Sheldrake, Rupert, »The Variability of the ›Fundamental Constants‹: Do Physical Constants Fluctuate?« www.transaction.net/science/seven/constant.html.
2. Detela, Andrej, »Selbstorganisation innerhalb komplexer Quantenzustände«; siehe Anh. D
3. Tiller, William A., Ph.D., *Science and Human Transformation – Subtle Energies, Intentionality and Consciousness*, Pavior Publishing, Walnut Creek, CA, 1997.
4. Hunt, Valerie, *Infinite Mind: Science of the Human Vibrations of Consciousness*, Malibu Publishing, CA, 1989, 1996.
5. Bearden, T. E., *Excalibur Briefing*, Tesla Book Company, Box 121873, Chula Vista, CA 91912, 1988.
6. Andrej Detela, persönliche Mitteilung.
7. Ljubljana, Quantum Physics Information Consciousness, Themen zum zweiten Tag, »Interconnectedness of Quantum States, Information and Consciousness«, http://ciiiweb.ijs.si/dialogues/detela.htm, http://ciiiweb.ijs.si/dialogues/page1.htm.
8. Kaivarainen, A., »Hierarchic Theory of Complex Systems«, www.karelia.ru/~alexk.
9. Kaivarainen, A., »Dynamic Model of Wave-Particle Duality: Hidden Parameters, Golden Mean, Eigenmoments, Weak and Strong Interaction«, S. 6, www.karelia.ru/~alexk.
10. Drunvalo Melchizedek, *Die Blume des Lebens*, Band 2, KOHA Verlag 2000.
11. Norman, Ruth, *Interdimensional Physics – The Mind and the Universe*, S. 171.
12. Sarfatti, Jack, »Post-Quantum Physics of Consciousness«, Diashow, www.qedcorp.com/pcr/pcr/pq/pq1.htm und »Progress in Post-Quantum Theory«, www.qedcorp.com/pcr/index.html, 7. Aug. 1999.

EINIGE QUELLEN UND LEKTÜREEMPFEHLUNGEN

Bearden, T. E., *Excalibur Briefing*, Tesla Book Company, Box 121873, Chula Vista, CA 91912, 1988.

Bearden, T. E., *Toward a New Electromagnetics*, Teil III, Box 121873, Tesla Book Company, Chula Vista, CA 91912, 1983.

Bearden, T. E., *Toward a New Electromagnetics*, Teil IV, Box 121873, Tesla Book Company, Chula Vista, CA 91912, 1988.

Bearden, T. E., *Gravitobiology – The New BioPhysics*, Box 121873, Tesla Book Company, Chula Vista, CA 91912, 1991.

Braden, Gregg, *Das Erwachen der neuen Erde*, Hans-Nietsch Verlag. Siehe auch seine späteren Werke.

Bryant, Alice, und Seebach, Linda, *Opening to the Infinite – Human Multidimensional Potential*, Wild Flower Press, Mill Spring, NC, 1998.

Carroll, Lee, Indigokinder und Kryon-Bücher.

Chicago Research Group & Associates, Ancient Wisdom and Modern Physics, Leading Edge International Research Group, Yelm, WA, 1999, www.trufax.org.

Childre, Doc, und Martin, Howard, *Die HerzIntelligenz – Methode, Grundlagen, Anwendung, Perspektiven*, VAK Verlags GmbH 2000.

Collinge, William, *Subtle Energy – Awakening to the Unseen Forces in Our Lives*, Warner Books, NY, 1998.

Detela, Andrej., siehe sein bevorstehendes Buch Magnetic Knots.

Drunvalo Melchizedek, *Die Blume des Lebens*, Band 1, KOHA Verlag 1999, und Band 2, KOHA-Verlag 2000.

Galimore, J. G., »United Field Theory – Using Subjective Response to Psi-Plasma for Analysis of Properties Neutral Charge Plasma Fields", Health Research, Pomeroy, WA, 1974, http://www.healthresearchbooks.com.

Gerber, Richard, M.D., *Vibrational Medicine for the 21st Century*, Harper Collins Books, New York, NY, 2000.

Gerber, Richard, M.D., *Vibrational Medicin: New Choices for Healing Ourselves*, Bear & Company, Santa Fe, NM, 1996.

Goswami, Amit, Ph. D., *The Self Aware Universe – How Consciousness Creates the Material World*, Tarcher/Putnam, New York, NY, 1995.

Greene, Brian, *Das elegante Universum*, Berliner Taschenbuch Verlag, Berlin 2002.

Greenia, Mark, *Energy Dynamics – Conscious Human Evolution*, Unlimited Publishing, Bloomington, IN, 2001.

Hunt, Valerie, *Infinite Mind: Science of the Human Vibrations of Consciousness*, Malibu Publishing, CA, 1989, 1996.

Kaku, Michio, *Im Hyperraum. Eine Reise durch Zeittunnel und Paralleluniversen*, rororo, Reinbek bei Hamburg 1998.

Leading Edge International Research Group & Associates, & Val Valerian, *Matrix V – Quest of the Spirit – The Ultimate Frontier*, Leading Edge International Research Group & Associates, Yelm, WA, 2001, www.trufax.org.

Nadeau, Robert, und Kafatos, Menas, *The Non-Local Universe*, Oxford University Press, New York, NY, 1999.

Norman, Ruth, *Interdimensional Physics – The Mind and the Universe*, Unarius Publications, El Cajun, CA, 1989.

Petersen, P. Stephen, *The Quantum Tai Chi-Gauge Theory: The Dance of Mind Over Matter*, Empyrean Quest Edition, Concord, CA, 1996.

Pond, Dale, *The Physics of Love*, The Message Co., Santa Fe, New Mexico, 1996.
Pond, Dale, *Universal Laws Never Before Revealed: Keely's Secrets – Understanding and Using the Scinece of Sympathetic Vibration*, The Message Co., Santa Fe, New Mexico, 2000.
Talbot, Michael, *Das holographische Universum. Die Welt in neuer Dimension*, Droemer Knaur, Mchn., 1994.
Tiller, William A., Ph.D., *Science and Human Transformation – Subtle Energies, Intentionality and Consciousness*, Pavior Publishing, Walnut Creek, CA, 1997.
Walker, Evan Harris, *The Physics of Consciousness – The Quantum Mind and the Meaning of Life*, Perseus Books, Cambridge, Mass., 2000.
Zukav, Gary, *The Dancing Wu Li Masters – An Overview of the New Physics*, Bantam Books, 1980.

Bei Drucklegung der englischen Ausgabe erfuhren wir von der bevorstehenden Veröffentlichung von Andrej Detelas Buch: »Magnetic Knots«.
Detela ist der Physiker, der die beiden Artikel in Anhang C und D dieses Buches verfasste. Detela hat neue Perspektiven eingeführt, indem er den energetischen Aufbau des Biofelds betrachtete und gleichzeitig neue Erkenntnisse im Hinblick auf die Physik des Bewusstseins vorantrieb. Sein neues Buch wird, wie man uns mitteilte, die Bereiche Physik, Biologie und Philosophie berühren. Wir empfehlen all denen, die sich für einen Brückenschlag zwischen Wissenschaft, Physik und Metaphysik interessieren, nach seinen weiteren Publikationen Ausschau zu halten.

SEMINARE MIT PEGGY DUBRO
AUSBILDUNG ZUM EMF BALANCING PRACTITIONER
ADRESSEN VON EMF BALANCING PRACTITIONER

Kontaktadresse:	Thomas Entz
Deutschland	Gartenstr. 18
Österreich	24768 Rendsburg
Schweiz	Tel.: 0700-363-88888
	email: th.entz@t-online.de
	www.EMFBalancingTechnique.com
	www.EMFWorldwide.com

EINIGE EMPFEHLENSWERTE WEBSITES AUS DEM INTERNET

Aspden, Harold,	**www.users.globalnet.co.uk/~haspdn/**
Bearden, T. E.,	**www.disclosureproject.org**
	www.teslabook.com/books.html
	http://hsv.com/writers/bearden/tommenu.htm
	www.newphys.se/elektromagnum/physics/Bearden/
Consciousness Studies,	**www.consciousness.arizona.edu/**
	http://ciiiweb.ijs.si/dialogues/received.htm
	www.trufax.org/w6.html
	www.imprint-academic.demon.co.uk/Tucson/4.htm
Carroll, Lee/Kryon,	**http://kryon.com**
Dielle Davin:	**http://www.dielle.com/**
EMF Balancing Technique,	**www.EMFWorldwide.com**
Flower of Life,	**www.floweroflife.org**
Greene, Brian,	**www.phys.columbia.edu/faculty/greene.htm**
Greenia, Mark,	**www.Luminarch.com**
Hameroff, Stuart, Consciousness Studies (Studien zum menschlichen Bewusstsein),	**http://consciousness.arizona.edu/hameroff/**
HeartMath Institute,	**www.heartmath.com**
Hyperraum,	**http://deoxy.org/hyper.htm**
Indigokinder, Kinder mit übersinnlichen Fähigkeiten,	**www.psykids.net**
Kaivarainen, A.,	**www.karelia.ru/~alexk**
Kaku, Michio,	**www.mkaku.org/**
Kryon/Lee Carroll,	**http://kryon.com**
Lapierre, David P.,	**www.auracom.com/~dpl**
Mind Matter Unification Project (Vereinigung von Geist und Materie),	**www.tcm.phy.cam.ac.uk/~bdj10/mm/top.html**
Monroe Institute,	**www.monroe-inst.com/**
Neue Physik,	**www.dnai.com/~zap/**
	www.trufax.org/w6.html
Popp, Fritz-Albert,	**www.datadiwan.de/iib/ib0200e_.htm**
Sarfatti, Jack,	**www.qedcorp.com/pcr/index.html**
	www.stardrive.org/library.shtml
Sheldrake, Rupert,	**www.sheldrake.org**
Smith, Tony,	**www.innerx.net/personal/tsmith/TShome.html**
Spiritweb,	**www.spiritweb.org/**
Tiller, William,	**www.tiller.org**
Untersuchungen zu feinstofflichen Energien,	**www.issseem.org/**

Drunvalo Melchizedek

Die Blume des Lebens

In diesen beiden Bänden findet sich Drunvalos gesammeltes Wissen über die Geschichte unseres Universums. Ein Meisterwerk über die heilige Geometrie und die Entwicklung der Menschheit von Atlantis bis in unsere nächste Zukunft.

Die Blume des Lebens Band 1,
ISBN 3-929512-57-2
Die Blume des Lebens Band 2,
ISBN 3-929512-63-7
gebunden, je 250 Seiten,
jeweils € 24,60

Gregg Braden

Der Jesaja Effekt

Die in Vergessenheit geratene Wissenschaft des Gebets und der Prophetie neu entschlüsselt
Uralte Vergangenheit hat einen Schimmer von Wissen darüber zurückgelassen, in welcher Beziehung wir zu der Welt und den anderen Menschen stehen. Es geht in diesem Buch um machtvolle Werkzeuge, die uns erlauben den Zustand unserer Körper und unserer Welt zu heilen.
Paperback, 256 Seiten,
ISBN 3-929512-73-4
€ 19,50

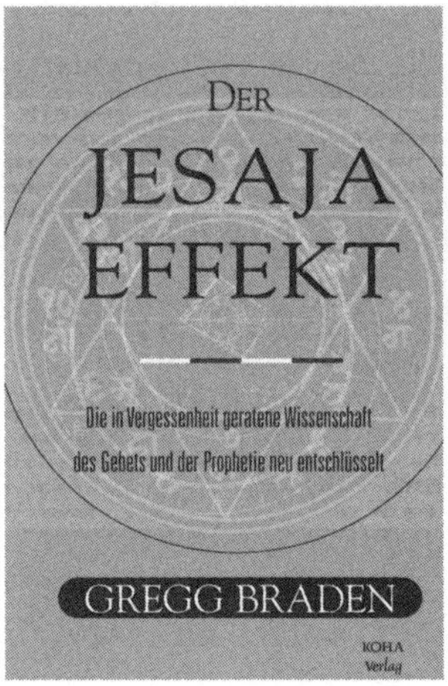

Lee Carroll / Jan Tober

Die Indigo Kinder

Dies ist das allererste Buch zum Phänomen »Indigo-Kinder«, woher sie kommen, warum sie »Indigo«-Kinder heißen u.s.w. In diesem Werk bringen Lee Carroll und Jan Tober einige hochgradig kompetente Fachleute aus Medizin, Pädagogik und Psychologie zusammen. Es geht um einen Kurswechsel beim Umgang mit diesen Kindern und deren Erziehung.

Paperback, € 17,40
ISBN 3-929512-61-0

Kryon - Lee Carroll

Die Reise nach Hause

In dieser faszinierenden Parabel wird die Geschichte von Michael Thomas erzählt, einem scheinbar gewöhnlichen Mann, der in Minnesota geboren wurde und nun in Los Angeles arbeitet. Er stellt das Abbild des normalen – und unzufriedenen – Amerikaners dar. Nach einem Überfall, der ihn in Todesgefahr bringt, wird Michael von einem weisen Engel besucht und gefragt, was er sich in Wahrheit vom Leben wünscht. Michael antwortet, daß er eigentlich … NACH HAUSE gehen möchte! Um sein endgültiges Ziel zu erreichen, muss Michael zunächst eine Reihe von Abenteuern und Prüfungen in einem erstaunlichen Land von Engelswesen, weisen Lehrern und finsteren Kreaturen bestehen. Michaels Suche ist so ergreifend, humorvoll und erstaunlich, wie er es sich nie hätte träumen lassen.

gebunden, 300 Seiten
€19,50 ISBN 3-929512-71-8

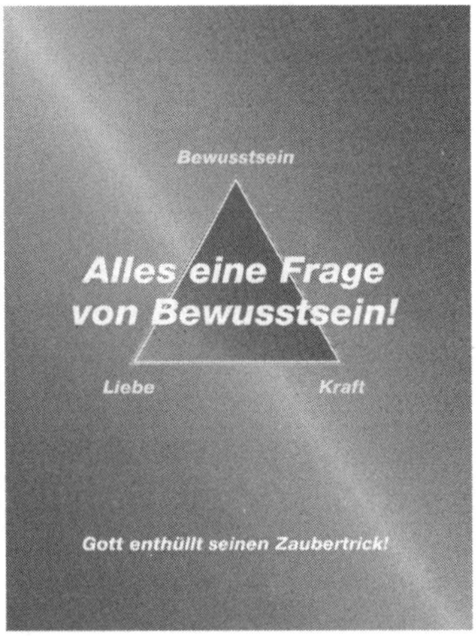

Daniel Ackermann

Alles eine Frage von Bewusstsein

Gott enthüllt seinen Zaubertrick!

Dieses Buch zeigt sehr einfach , logisch und klar strukturiert, wie man die Welt der Erfahrung, des Fühlens und des Denkens von außen betrachten kann, aus dem Bewusstsein. Es beschreibt das Wesen von Gott, der Wirklichkeit und der Schöpfung und zeigt unter anderem den Unterschied zwischen Liebe fühlen und Liebe sein.

256 Seiten, A4-Format

ISBN 3-905334-13-5

geb., € 29,00

Jasmuheen & Jeff

Bliss

BIOFELDER UND GLÜCKSELIGKEIT

Bliss beschreibt die Kunst ein erfolgreiches Leben zu führen indem man die Biofeld-Wissenschaft für sein Leben anwendet. Es beginnt mit einer grundlegenden Einführung in die unterschiedlichen Biofelder und wie man sie durch Meditation, Gebet, Ernährung, körperliche Bewegung und Zeit in der Natur beeinflussen kann. Weitere wichtige Themen sind Gewohnheiten und Konditionierungen, die Programmierung des eigenen Biofeldes, physische Langlebigkeit und zivilisiertes Sterben. Diese Buch ist eine gelungene Mischung aus neuesten grenzwissenschaftlichen Forschungen und praktischer Anwendbarkeit für den Alltag.

ISBN 3-936862-00-1

geb., €17,40